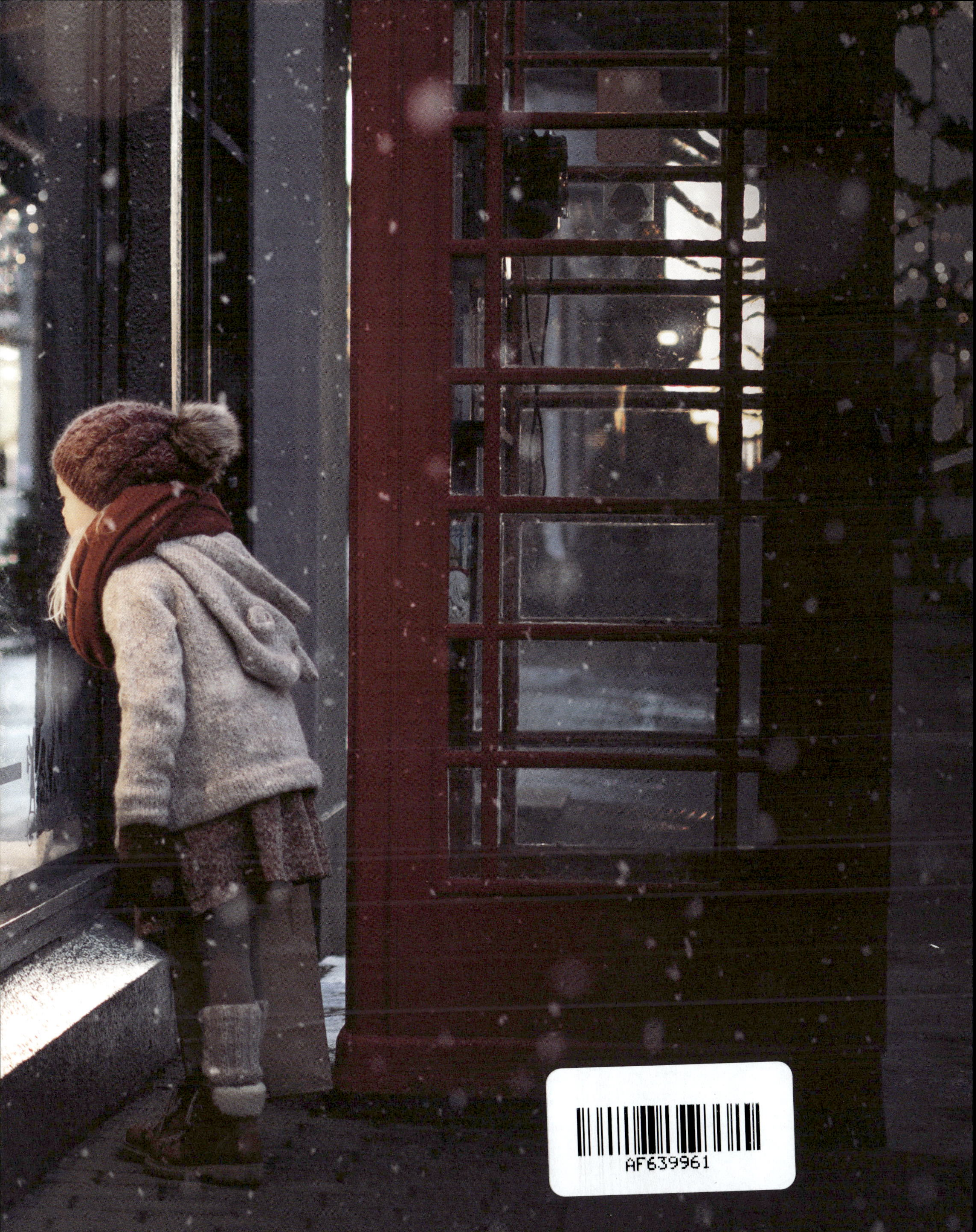

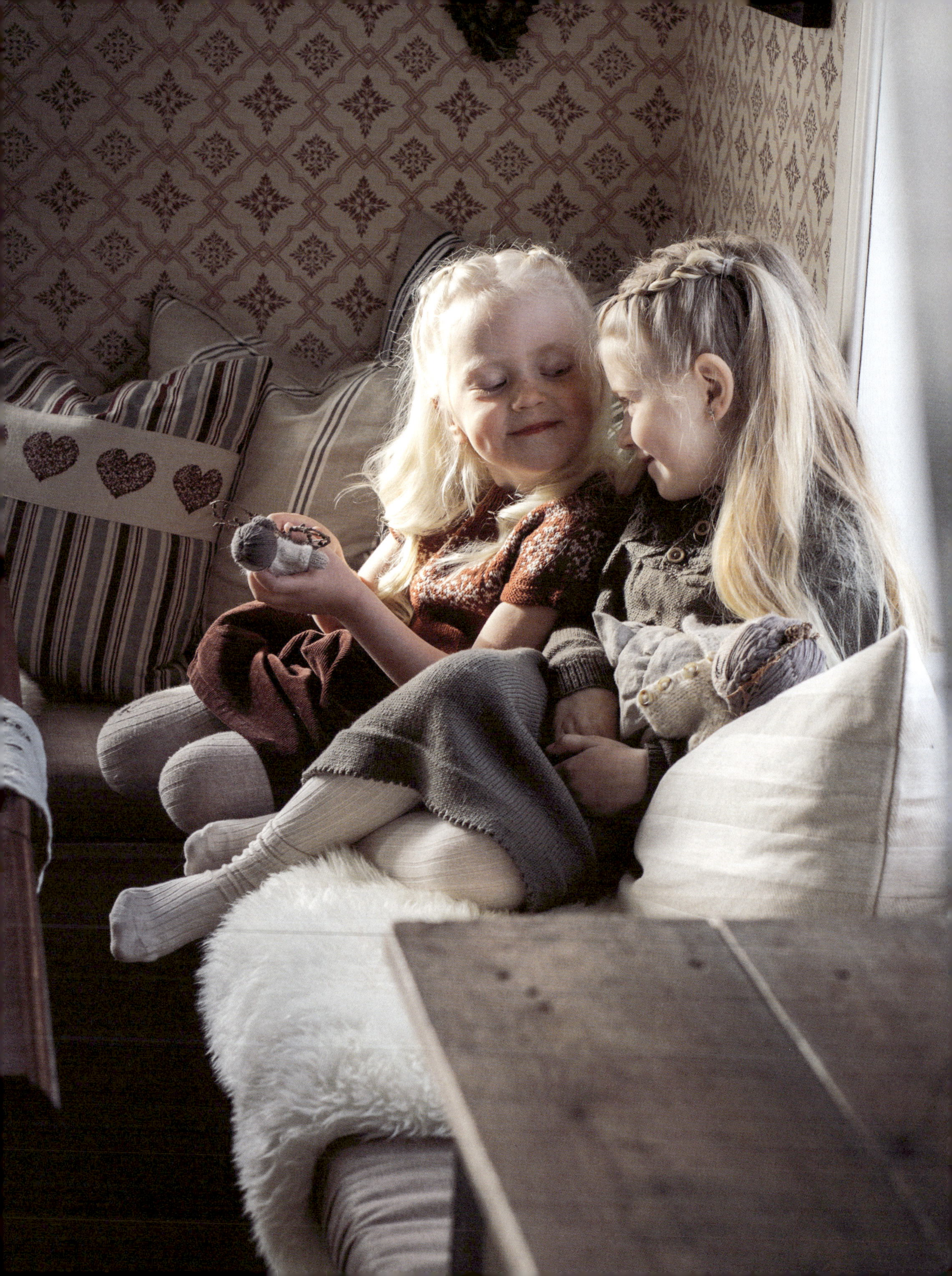

Hanne Andreassen Hjelmås und Torunn Steinsland

WINTERZEIT mit KLOMPELOMPE

Foto: Hanne Andreassen Hjelmås

stiebner

Liebe Leser:innen,

wir freuen uns, dass wir Sie mit diesem Buch inspirieren und Teil Ihrer kreativen Reise sein dürfen. Noch mehr Inspiration, originelle Ideen und besondere Themen finden Sie auf unserer Verlagsseite www.stiebner.com.

Lassen Sie uns zusammen kreativ werden!

Wir sind immer offen für Ihre Anregungen, Wünsche und Kritik – schreiben Sie uns gerne unter verlag@stiebner.com.

Da geteilte Freude bekanntlich doppelte Freude ist: Zeigen Sie uns Ihre kreativen Ideen und fertigen Projekte auf Social Media! Markieren Sie uns mit @stiebnerverlag und die Autorinnen unter @klompelompe oder nutzen Sie die folgenden Hashtags:

#StiebnerVerlag #StiebnerKreativ #WinterzeitMitKlompelompe #KlompelompesJul

Erstmals erschienen unter dem Titel »Julekos med Klompelompe« bei J.M. Stenersens Forlag.

Diese Ausgabe wurde mit einer Lizenzvereinbarung mit Stilton Literary Agency, Norwegen, produziert.
Texte: Hanne Andreassen Hjelmås & Torunn Steinsland
Fotografie: Hanne Andreassen Hjelmås
Übersetzung aus dem Norwegischen: Andrea Hauss-Honkanen
Cover: Danai Afrati
Layout: Anna Vines
Projektleitung: Stefanie Klapetek
Lektorat: Arnhilt Tittes
Satz: BuchHaus Robert Gigler, München
Gedruckt bei Balto print, Litauen
ISBN 978-3-8307-2142-0

Bibliografische Information der Deutschen Nationalbibliothek:

Die Deutsche Nationalbibliothek verzeichnet diese Publikation in der Deutschen Nationalbibliografie; detaillierte bibliografische Daten sind im Internet über http://dnb.dnb.de abrufbar.

Wir produzieren unsere Bücher mit großer Sorgfalt und Genauigkeit. Trotzdem lässt es sich nicht ausschließen, dass uns in Einzelfällen Fehler passieren. Auf unserer Webseite finden sich bei dem jeweiligen Titel eventuelle Korrekturen (Errata). Sollten Sie in diesem Buch einen Fehler finden, so bitten wir um einen Hinweis an verlag@stiebner.com. Für solche Hinweise sind wir sehr dankbar, denn sie helfen uns, besser zu werden.

www.stiebner.com

Inhalt

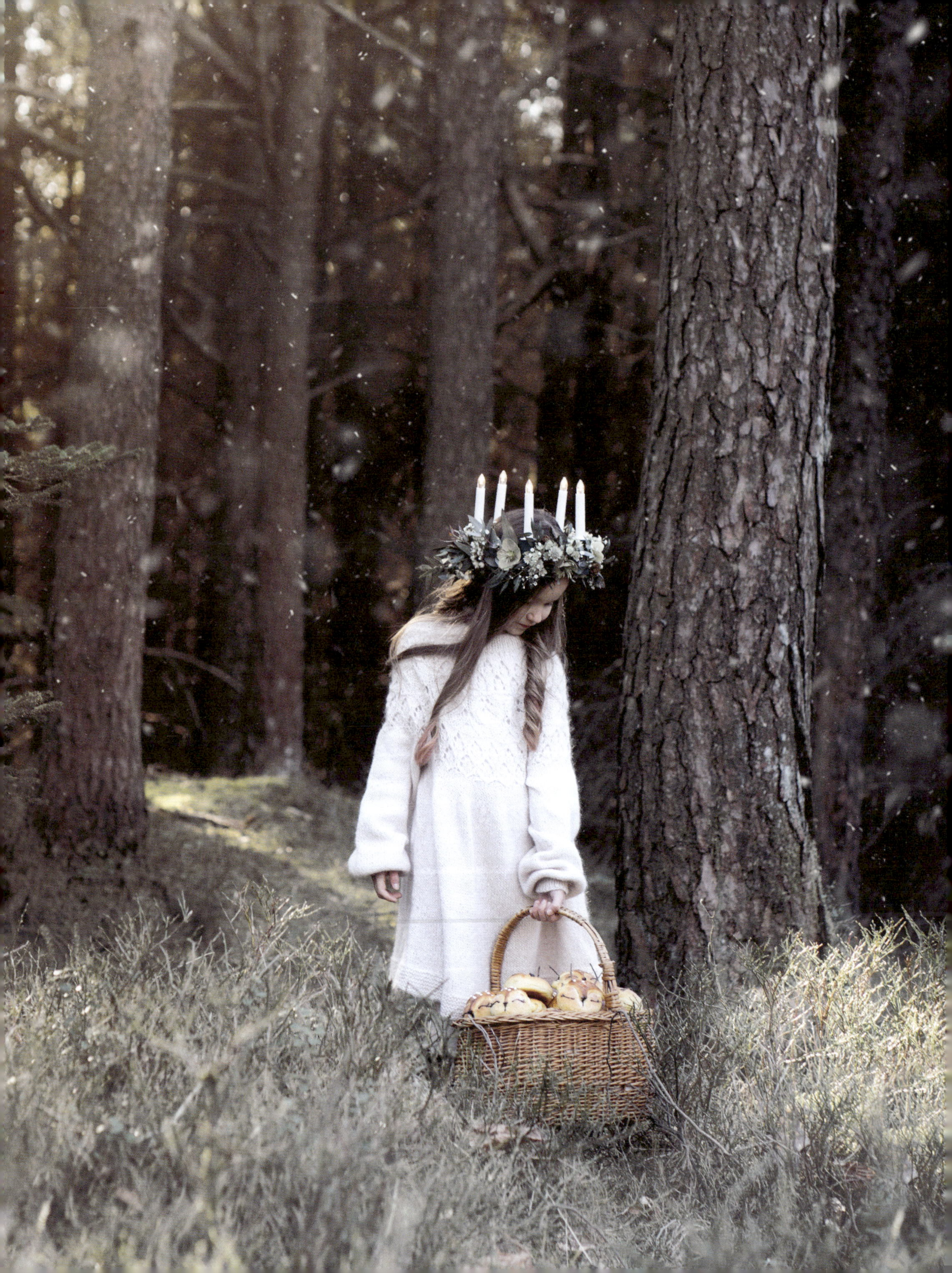

Vorwort

Im Hintergrund läuft leise Weihnachtsmusik, das Kaminfeuer knistert, der Duft von Lebkuchen liegt in der Luft und die Kinder fragen sich, ob ihr Wunschzettel wohl beim Weihnachtsmann angekommen ist – es sind die vielen kleinen Dinge, die uns in Weihnachtsstimmung versetzen. Wir genießen die Zeit vor Weihnachten sehr, sind voller Vorfreude, machen es uns mit der Familie gemütlich und planen selbstgemachte Geschenke. Der Dezember ist der Monat, in dem wir mehr Zeit mit unseren Lieben verbringen, und die ganze Familie versammelt sich gerne auf dem Sofa, um den jährlichen Weihnachtskalender im Fernsehen anzuschauen.

Der Dezember ist auch eine Zeit, in der wir diejenigen vermissen, von denen wir uns wünschten, sie könnten bei uns sein. Und eine Zeit, in der wir diejenigen, die wir in unserem Leben haben, besonders schätzen. Dieses Buch enthält deshalb auch Ideen für schöne Basteleien mit Familie und Freunden. Vielleicht möchten Sie jemanden, der Ihnen am Herzen liegt, zu einem gemütlichen, vorweihnachtlichen Abend einladen?

Unser Buch enthält Vorschläge für die Weihnachtswerkstatt, zum Backen, zur Weihnachts- und Tischdeko sowie Anleitungen für schöne Kleidungsstücke für die ganze Familie. Kleidung sowohl für einen Ausflug in den Schnee als auch für die Weihnachtsfeier. Wir haben Anleitungen in mehreren Schwierigkeitsgraden, und die Größen reichen von Frühchen- bis hin zu Herrengrößen.

Wenn Sie noch nicht viel gestrickt haben, können Sie sich an unseren Weihnachtsdekorationen versuchen. Ehe man sich versieht, hat man an einem Abend mehrere Weihnachtskugeln gestrickt. Die Kugeln eignen sich auch hervorragend als Geschenk für einen lieben Menschen.

Weihnachten ist eine Zeit vieler Traditionen. Wir hoffen, dass dieses Buch Sie dazu inspirieren wird, Ihre eigenen Traditionen zu schaffen, mit Ihren eigenen Plätzchen, Ihrem eigenen Weihnachtsschmuck und Ihren eigenen Erlebnissen.

Frohes Stricken und eine gemütliche Vorweihnachtszeit!

Hanne und Torunn

ABKÜRZUNGEN

abh = abheben
abk = abketten
abn = abnehmen
arb = arbeiten
Hilfsndl = Hilfsnadel(n)
Km = Kettmasche(n)
li = links
Lm = Luftmasche(n)
lrM = lange rechte Masche
M = Masche(n)
MM = Maschenmarkierer
Mon = Monate
Ndl = Nadel(n)
R = Reihe(n)
Rd = Runde(n)
re = rechts
Rundndl = Rundnadel(n)
str = stricken
U = Umschlag
verschr = verschränkt
wdh = wiederholen
zun = zunehmen
zus = zusammen
von * bis * wdh = die Angaben zwischen den * wiederholen
von # bis # wdh = die Angaben zwischen den # wiederholen

MASCHENSTICH

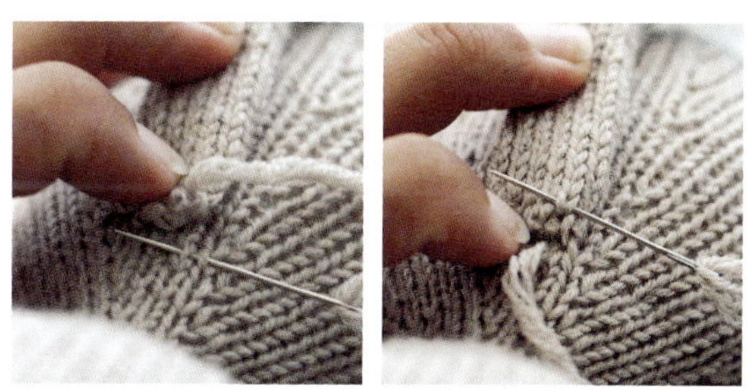

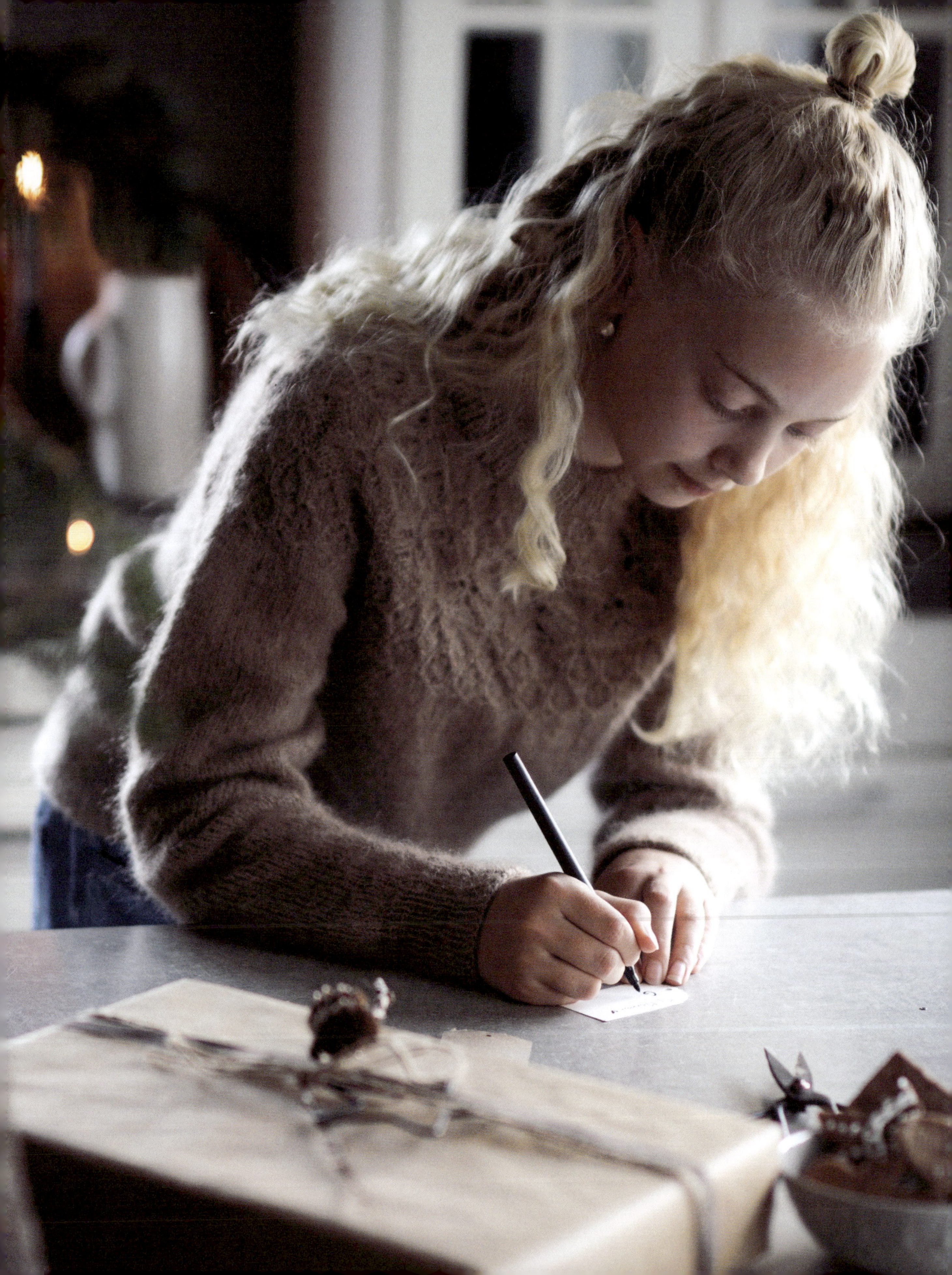

Mohairpullover Ragnhild Kind

Ein schöner Mohairpulli, perfekt für die Weihnachtsfeier oder vielleicht als Geschenk für einen lieben Menschen?

Schwierigkeitsgrad 2

GRÖSSEN
(1) 2 (4) 6 (8) 10 (12) 14 Jahre

GARN
Sandnes Garn Tynn Silk Mohair, Farbe 3041

MENGE
(100) 100 (125) 125 (175) 175 (225) 225 g

NADELN
Rundnadeln Nr. 3 und Nr. 3,5, je 60 cm und 80 cm

MASCHENPROBE
22 M mit Ndl Nr. 3,5 = 10 cm

MASSE
Oberweite: ca. (60) 63 (67) 69 (73) 78 (86) 93 cm
Gesamtlänge: ca. (31) 33 (37) 43 (45) 49 (52) 56 cm

Der Pullover wird in Runden von oben auf der Rundnadel gestrickt.

(98) 98 (98) 106 (106) 110 (110) 114 M mit doppeltem Faden mit Ndl Nr. 3,5 anschlagen und zur Rd schließen. Zu Ndl Nr. 3 wechseln. (22) 22 (24) 24 (26) 26 (26) 26 Rd im Rippenmuster (1 M re, 1 M li im Wechsel) str. Zu Ndl Nr. 3,5 wechseln. 1 Rd re M, dabei die Anschlagkante auf der Innenseite nach oben klappen und immer 1 M mit 1 M der Anschlagkante zus str. Wenn das zu knifflig ist, kann die Anschlagkante stattdessen am Schluss angenäht werden.

Jetzt werden verkürzte R mit »German Short Rows« gearbeitet (siehe Video unter klompelompe.no).

Nächste Rd: *12 M re, 1 M zun*, von * bis * insgesamt 3-mal arb, 2 M re, wenden, 41 M li, *12 M li, 1 M li zun*, von * bis * insgesamt 3-mal arb, 2 M li, wenden, re M bis 3 M nach dem letzten Wenden str, wenden, li M bis 3 M nach dem letzten Wenden str, wenden, re M str bis Rd-Ende = (104) 104 (104) 112 (112) 116 (116) 120 M auf der Ndl.

Nächste Rd: *11 M re, 1 M zun*, von * bis * insgesamt 3-mal arb, 2 M re, wenden, 38 M li, *11 M li, 1 M li zun*, von * bis * insgesamt 3-mal arb, 2 M li, wenden, re M bis 3 M nach dem letzten Wenden str, wenden, li M bis 3 M nach dem letzten Wenden str, wenden, re M str bis Rd-Ende = (110) 110 (110) 118 (118) 122 (122) 126 M auf der Ndl.
1 Rd re M str.
1 Rd re M str, dabei gleichmäßig verteilt (22) 28 (28) 26 (38) 40 (46) 42 M zun = (132) 138 (138) 144 (156) 162 (168) 168 M auf der Ndl.

Nach Strickschrift A str, dabei mit den M vor dem Rapport beginnen, den Rapport stets wdh und mit den M nach dem Rapport enden.

1 Rd li M und 1 Rd re M str.
1 Rd re M str, dabei gleichmäßig verteilt (36) 42 (54) 52 (40) 48 (56) 56 M zun = (168) 180 (192) 196 (196) 210 (224) 224 M auf der Ndl.

Nach Strickschrift B für die entsprechende Größe str.

1 Rd li M und 1 Rd re M str.

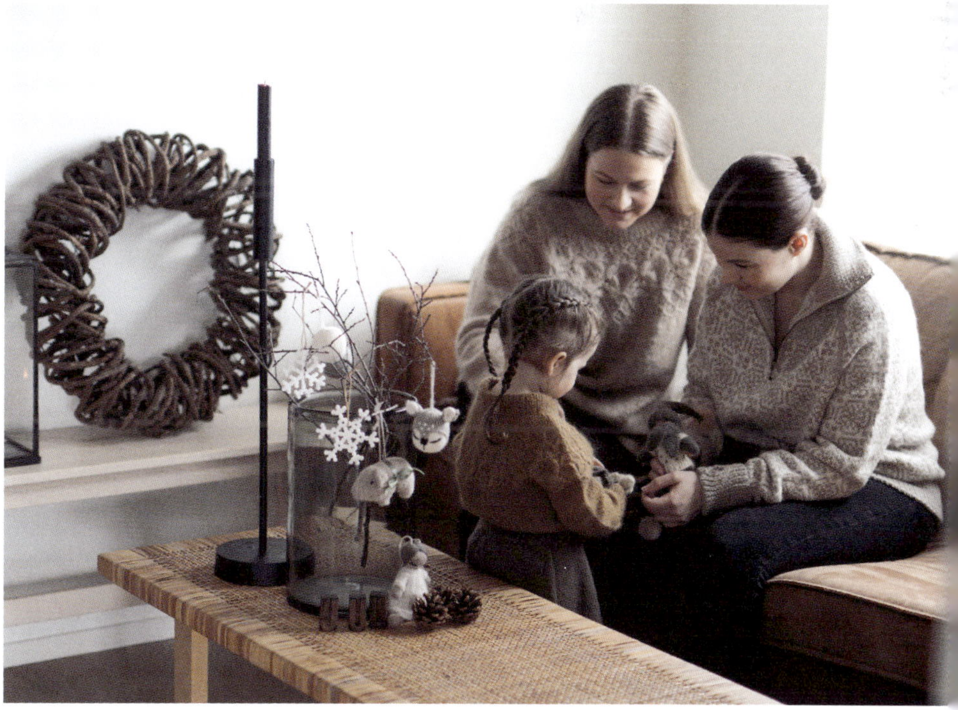

Für Größe 6 Jahre und älter:
1 Rd re M str, dabei gleichmäßig verteilt (-) - (-) 14 (26) 24 (34) 40 M zun = (-) - (-) 210 (222) 234 (258) 264 M auf der Ndl.

Nach Strickschrift C str.

Alle Größen:
1 Rd re M str.
1 Rd re M str, dabei gleichmäßig verteilt (32) 30 (36) 30 (38) 48 (50) 64 M zun = (200) 210 (228) 240 (260) 282 (308) 328 M auf der Ndl.

(4) 8 (12) 2 (4) 8 (12) 14 Rd re M str.

In der nächsten Rd die M für die Ärmel und den Rumpf aufteilen wie folgt: (29) 30 (33) 34 (36) 39 (43) 47 M re str, die nächsten (42) 44 (48) 52 (58) 62 (68) 70 M auf einer Hilfsndl stilllegen (Ärmel-M), 8 M unter dem Ärmel anschl, (58) 62 (66) 68 (72) 80 (86) 94 M re str, die nächsten (42) 44 (48) 52 (58) 62 (68) 70 M auf einer Hilfsndl stilllegen (Ärmel-M), 8 M unter dem Ärmel anschl, (29) 30 (33) 34 (36) 39 (43) 47 M re str = (132) 138 (148) 152 (160) 174 (188) 204 M auf der Ndl.

Glatt rechts str, bis die Arbeit (ab der Schulter) (26) 28 (32) 37 (39) 42 (45) 49 cm misst. Zu Ndl Nr. 3 wechseln und (5) 5 (5) 6 (6) 7 (7) 7 cm im Rippenmuster (1 M re, 1 M li im Wechsel) str. In der letzten Rd die M (nicht zu fest) abk.

ÄRMEL
Mit Ndl Nr. 3,5 arb. Aus den unter dem Ärmel angeschlagenen M ab der Mitte 4 M und 1 M aus dem Übergang zum Rumpf auffassen, die (42) 44 (48) 52 (58) 62 (68) 70 M von der Hilfsndl str, 1 M aus dem Übergang zum Rumpf und 4 M bis zum Rd-Ende auffassen.

In Rd glatt rechts weiter str. Die 1. M ist eine Markierungs-M und wird immer li gestrickt.

Wenn der Ärmel 2 cm misst, wie folgt abn: Bis 2 M vor der Markierungs-M str, 1 M abh, 1 M re, die abgehob M darüberziehen. Die Markierungs-M li str und 2 M re zus str.

Diese Abnahmen alle (3,5) 4 (4) 4 (3) 3 (2,5) 2,5 cm wdh, bis noch (40) 42 (44) 46 (48) 50 (50) 52 M auf der Ndl sind.

Wenn der Ärmel (20) 22 (26) 29 (33) 36 (38) 41 cm misst, 1 Rd re M str, dabei die M-Zahl auf (36) 38 (40) 40 (42) 42 (44) 46 M reduzieren. Zu Ndl Nr. 3 wechseln und für das Bündchen (5) 5 (5) 6 (6) 7 (7) 7 cm im Rippenmuster (1 M re, 1 M li im Wechsel) str. In der letzten Rd die M abk.

Alle Fäden vernähen, den Pullover unter einem feuchten Handtuch trocknen lassen.

Strickschrift A

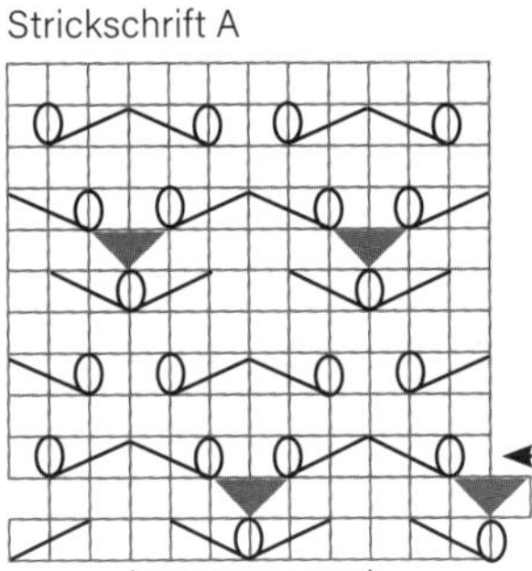

1 M re str und den MM hier setzen = Rd-Beginn

Raport

Strickschrift B 1–4 Jahre

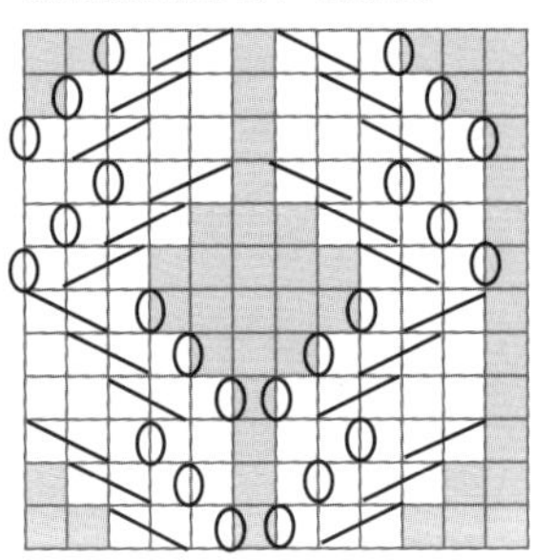

Raport

Strickschrift B 12–14 Jahre

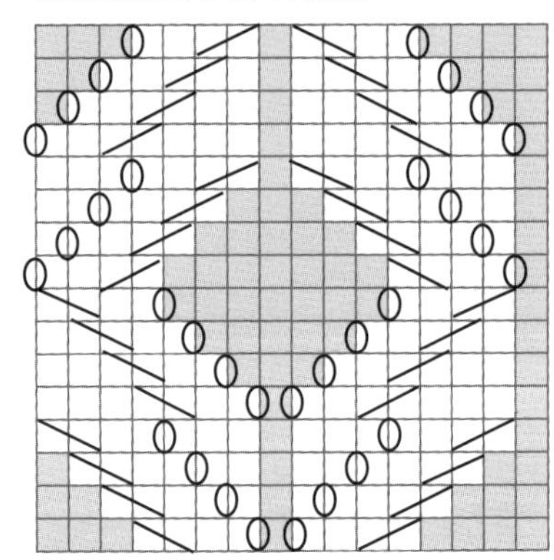

Raport

Strickschrift C

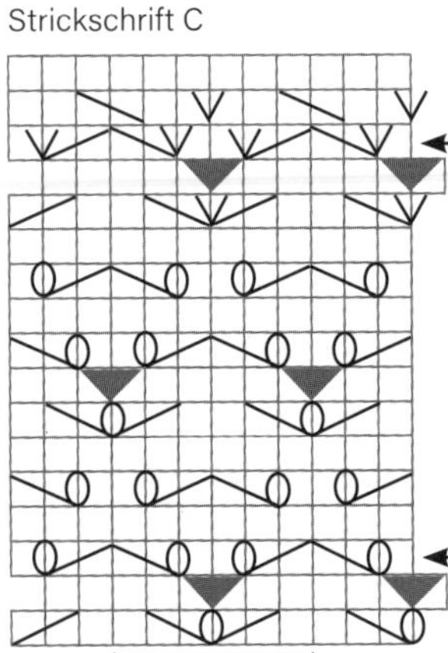

Nicht str für Größe 8 Jahre

1 M re str und den MM hier setzen = Rd-Beginn

1 M re str und den MM hier setzen = Rd-Beginn

Raport

Strickschrift B 6–10 Jahre

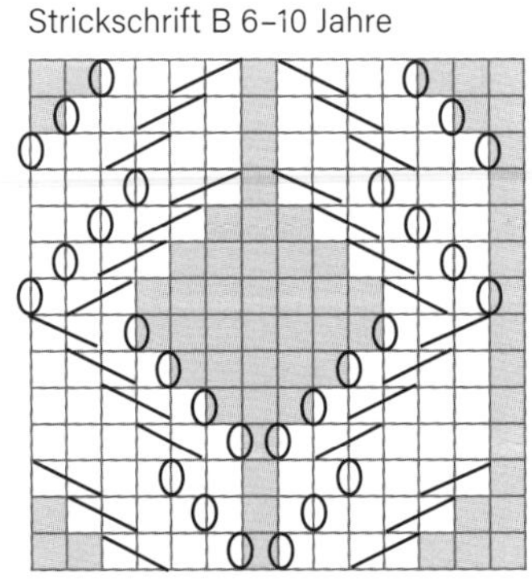

Raport

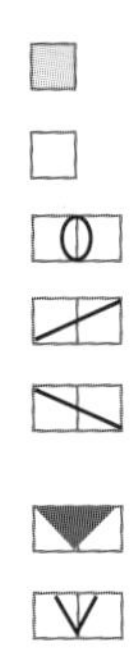

= 1 M links

= 1 M rechts

= 1 Umschlag zwischen 2 M

= 2 M re zus str

= 1 M abh, 1 M re, die abgehobene M darüberziehen

= [1 M re, 1 M re verschr] in 1 M str

= 1 M re verschr aus dem Querfaden zun

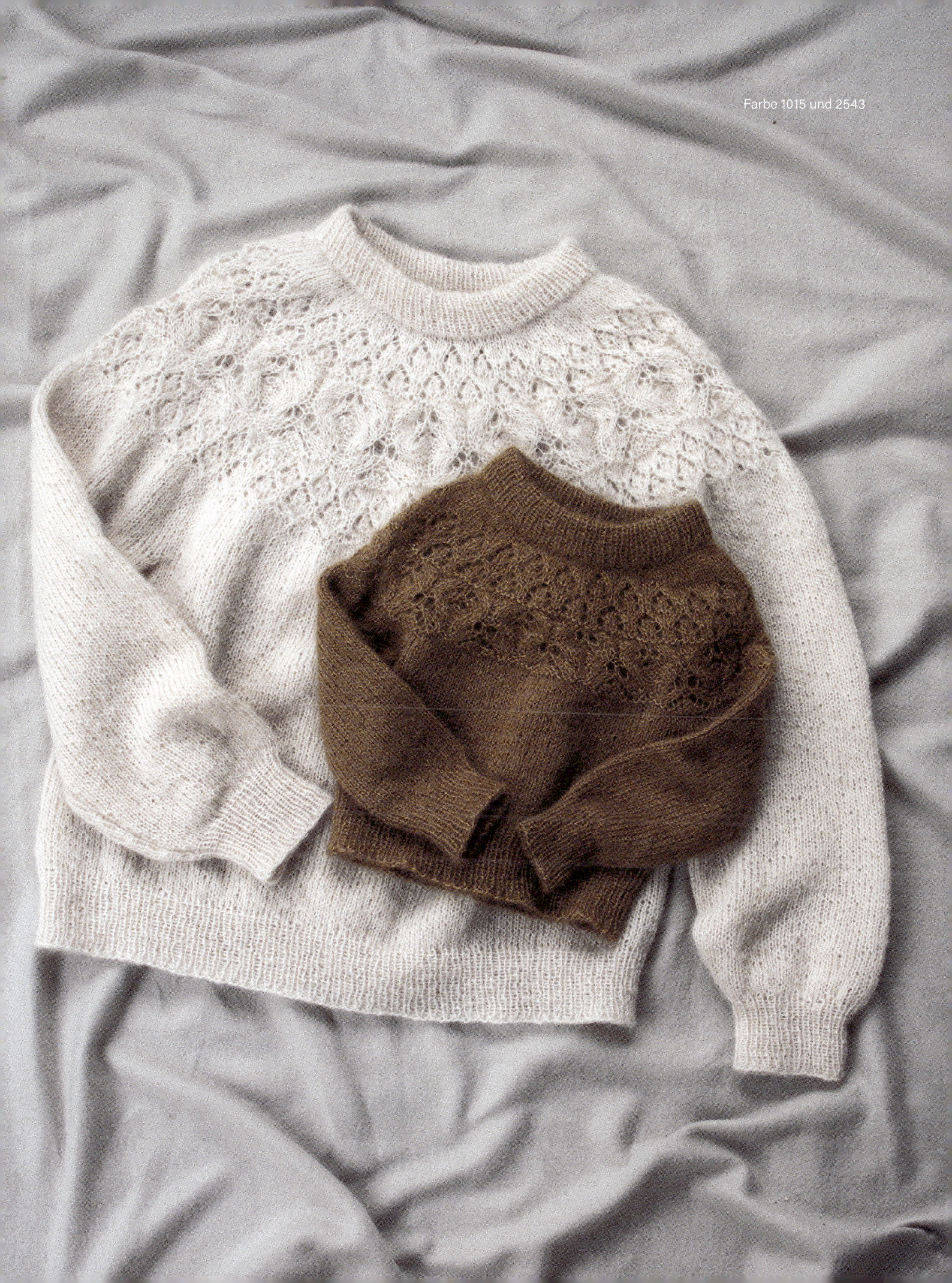

Farbe 1015 und 2543

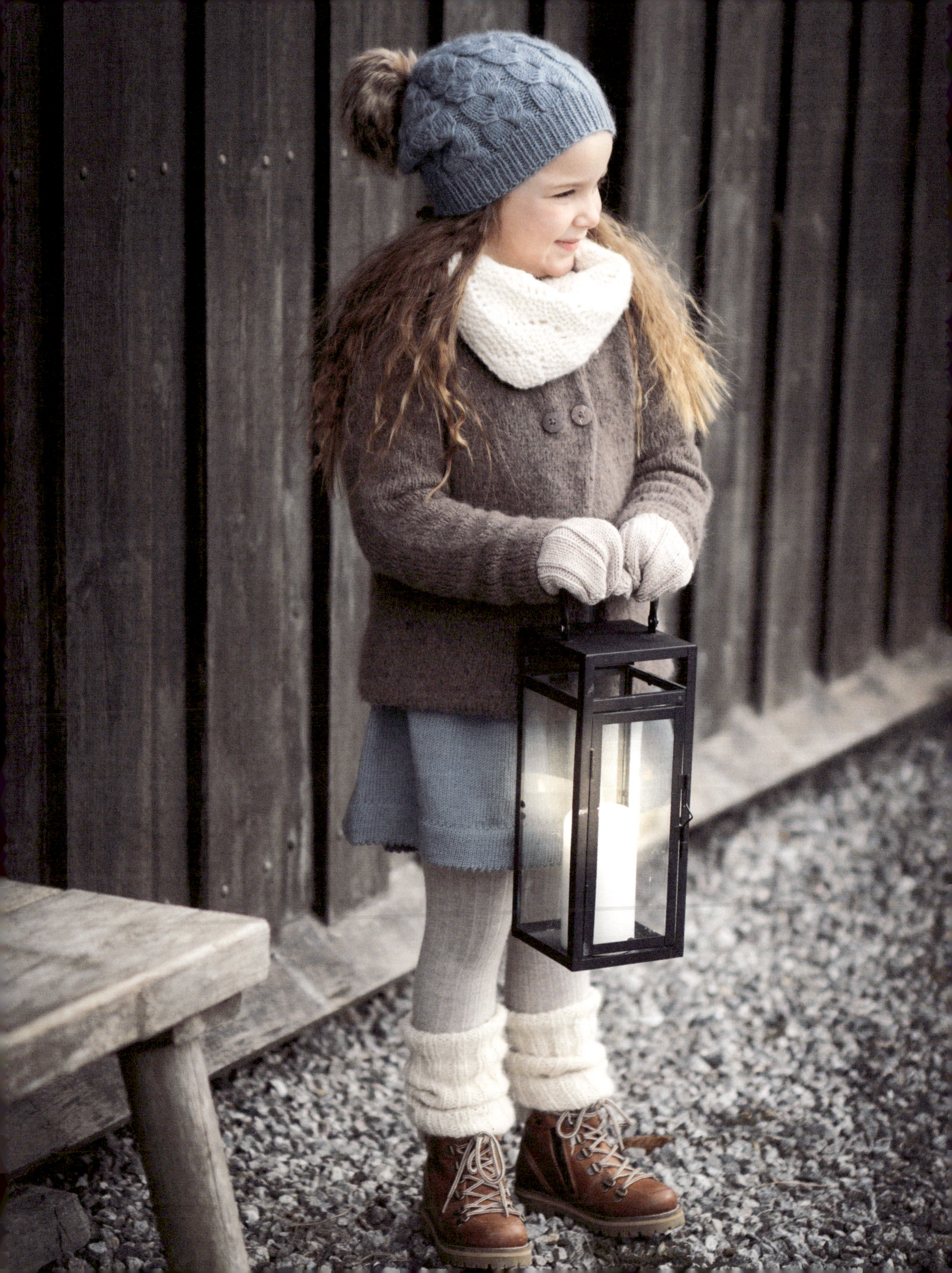

Mütze Martine

Süße Mütze mit lustigem Muster.
Je nachdem, welche Farbkombination Sie für die verschiedenen Garntypen wählen, sieht die Mütze anders aus.

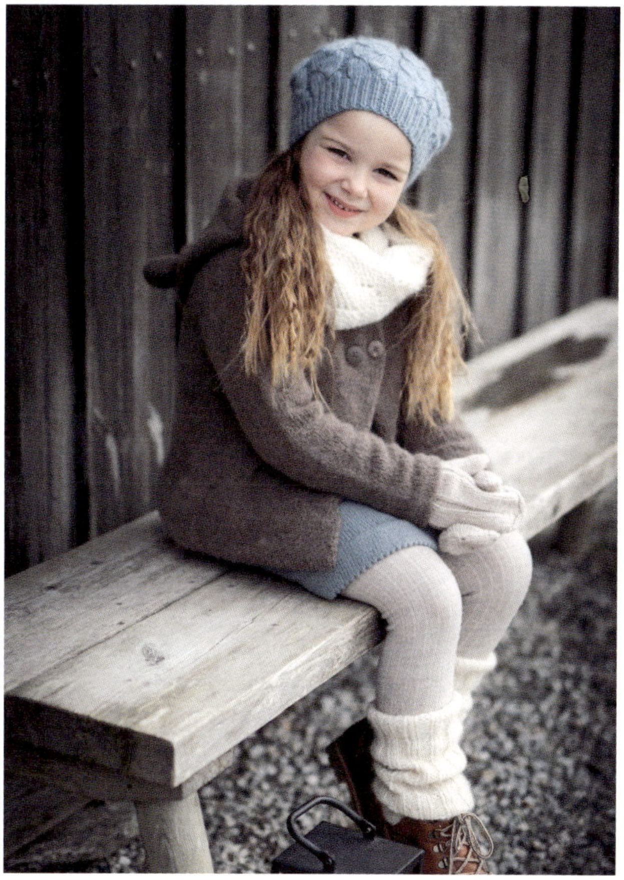

Schwierigkeitsgrad 2

GRÖSSEN
(1–3 Jahre) 3–6 Jahre (8–14 Jahre)
Erwachsene

GARN
KlompeLOMPE Merinoull, Farbe 7251 und Sandnes Garn Tynn Silk Mohair, Farbe 6023

MENGE
KlompeLOMPE Merinoull: (100) 100 (100) 150 g
Sandnes Garn Tynn Silk Mohair: 25 g für alle Größen

NADELN
Rundnadeln Nr. 3,5 und Nr. 4, je 40 cm lang, und Rundnadel Nr. 4, 80 cm lang, für Magic loop

MASCHENPROBE
20 M mit Ndl Nr. 4 = 10 cm

(84) 88 (92) 96 M mit Ndl Nr. 3,5 doppelfädig mit 1 Faden KlompeLOMPE Merinoull und 1 Faden Sandnes Garn Tynn Silk Mohair anschlagen und zur Rd schließen. (12) 14 (14) 16 Rd im Rippenmuster (1 M re, 1 M li im Wechsel) str.
Zu Ndl Nr. 4 wechseln. 1 Rd re M str, dabei gleichmäßig verteilt (4) 11 (18) 25 M zun = (88) 99 (110) 121 M.
Nach der Strickschrift weiterstr. Teil A in der Höhe insgesamt 3 (4) 4 (5)-mal str, danach Teil B str.
Den Faden durch die restlichen M fädeln und festziehen.

Alle Fäden vernähen und einen Bommel aus Kunstfell annähen.

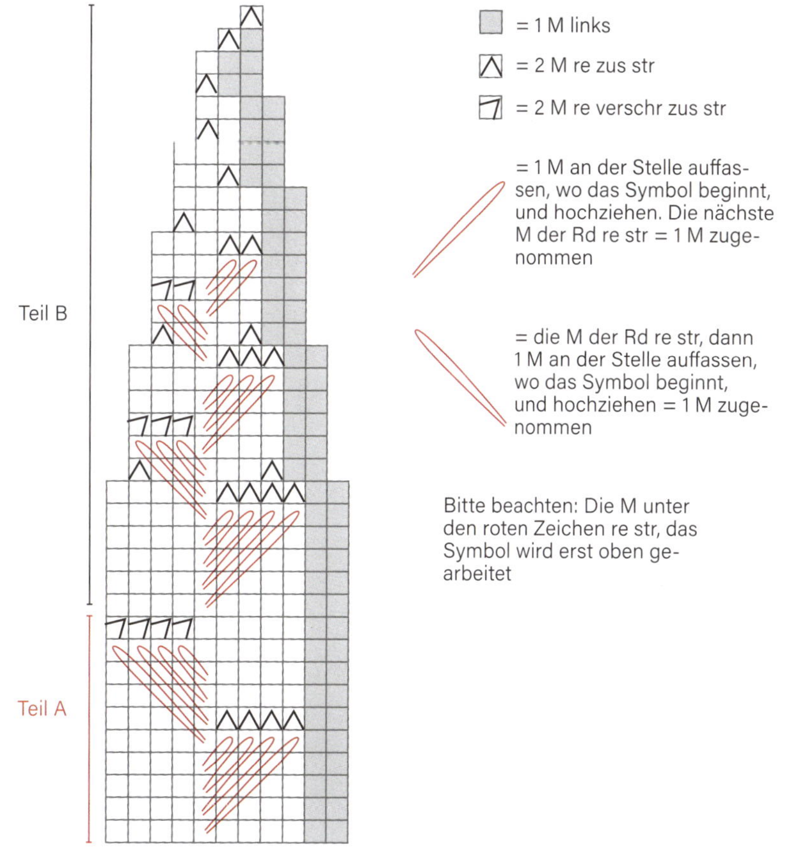

Bitte beachten: Die M unter den roten Zeichen re str, das Symbol wird erst oben gearbeitet

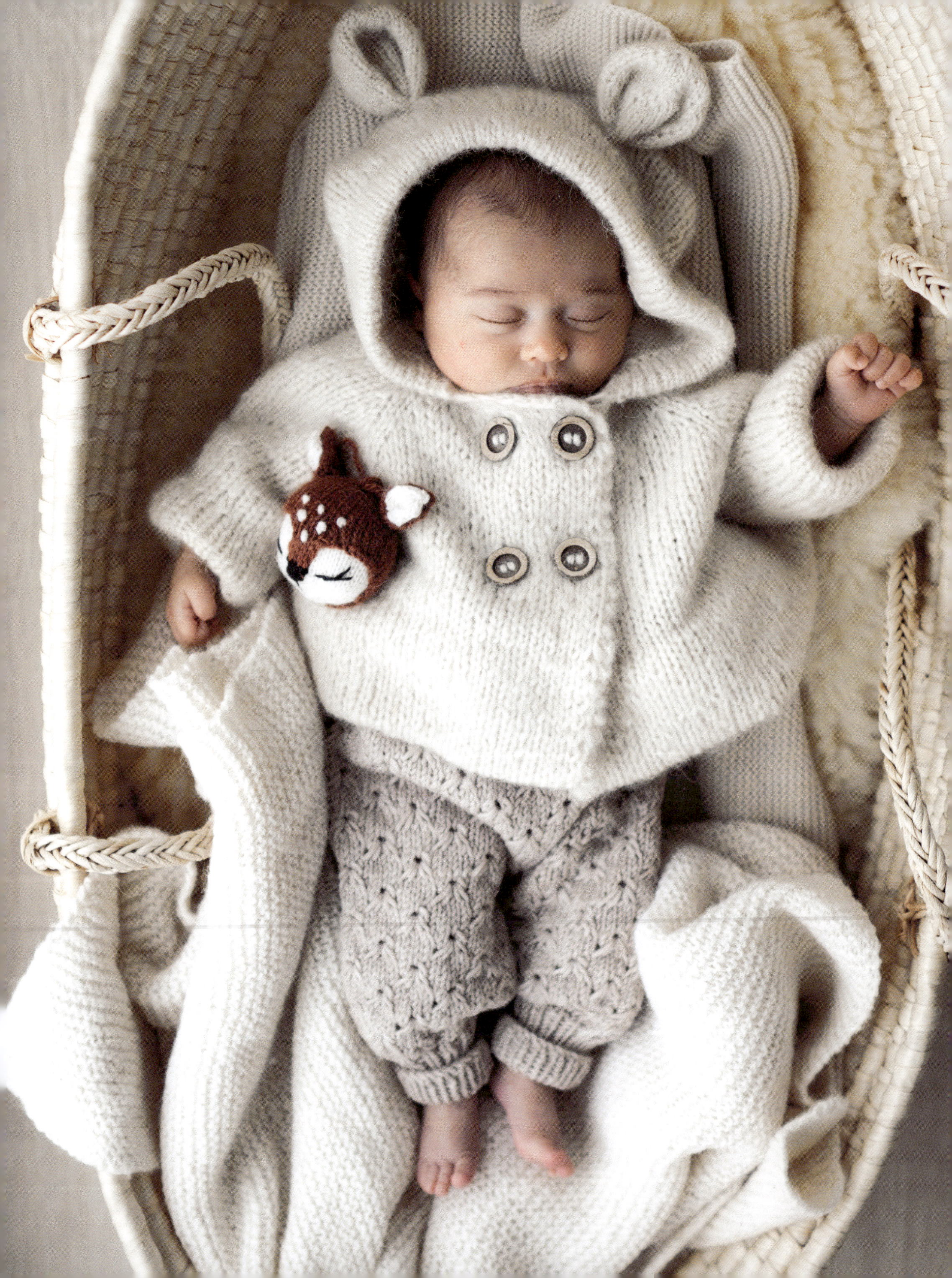

Kuschelige Teddyjacke

Diese weiche, schön kuschelige Jacke mit niedlichen Ohren an der Kapuze hat das Potenzial, schnell zum Lieblingsteil Ihres Kindes zu werden.

Schwierigkeitsgrad 2

GRÖSSEN
(0–2 Mon) 3 Mon (6–9 Mon) 1 (2) 4 (6) 8 Jahre
GARN
Sandnes Garn KOS, Farbe 2310
MENGE
(150) 150 (150) 200 (250) 250 (300) 350 g
NADELN
Rundnadeln Nr. 3,5 und Nr. 5, je 80 cm
MASCHENPROBE
16 M mit Ndl Nr. 5 = 10 cm

Mit der Kapuze beginnen.

(72) 76 (82) 90 (98) 102 (106) 108 M mit Ndl Nr. 5 anschlagen. Zu Ndl Nr. 3,5 wechseln und (16) 16 (16) 18 (18) 18 (18) 18 R glatt rechts str. Zu Ndl Nr. 5 wechseln. 1 R re M str, dabei die Anschlagkante auf der li Seite nach oben klappen und immer 1 M mit 1 M der Anschlagkante zus str.
(3) 3 (3) 5 (5) 5 (7) 7 R glatt rechts str.

Nächste R (Hin-R): Re M str bis 5 M vor R-Ende, wenden, li M str bis 5 M vor R-Ende, wenden, re M str 5 M vor dem letzten Wenden, wenden, li M str bis 5 M vor dem letzten Wenden, wenden, re M str bis R-Ende.

3 R glatt rechts str.

*Nächste R (Hin-R): Re M str bis 6 M vor R-Ende, wenden, li M str bis 6 M vor R-Ende, wenden, re M str bis 6 M vor dem letzten Wenden, wenden, li M str bis 6 M vor dem letzten Wenden. Auf diese Art fortfahren, bis insgesamt (5) 5 (6) 6 (7) 7 (7) 7-mal an jeder Seite gewendet wurde, wenden, re M str bis R-Ende.
1 R li M str.*

Größe (2) 4 (6) 8 Jahre: Von * bis * 1-mal wdh.

Nächste R: (30) 31 (33) 37 (40) 42 (43) 44 M re, MM setzen, (12) 14 (16) 16 (18) 18 (20) 20 M re, MM setzen, (30) 31 (33) 37 (40) 42 (43) 44 M re.
1 R li M str.

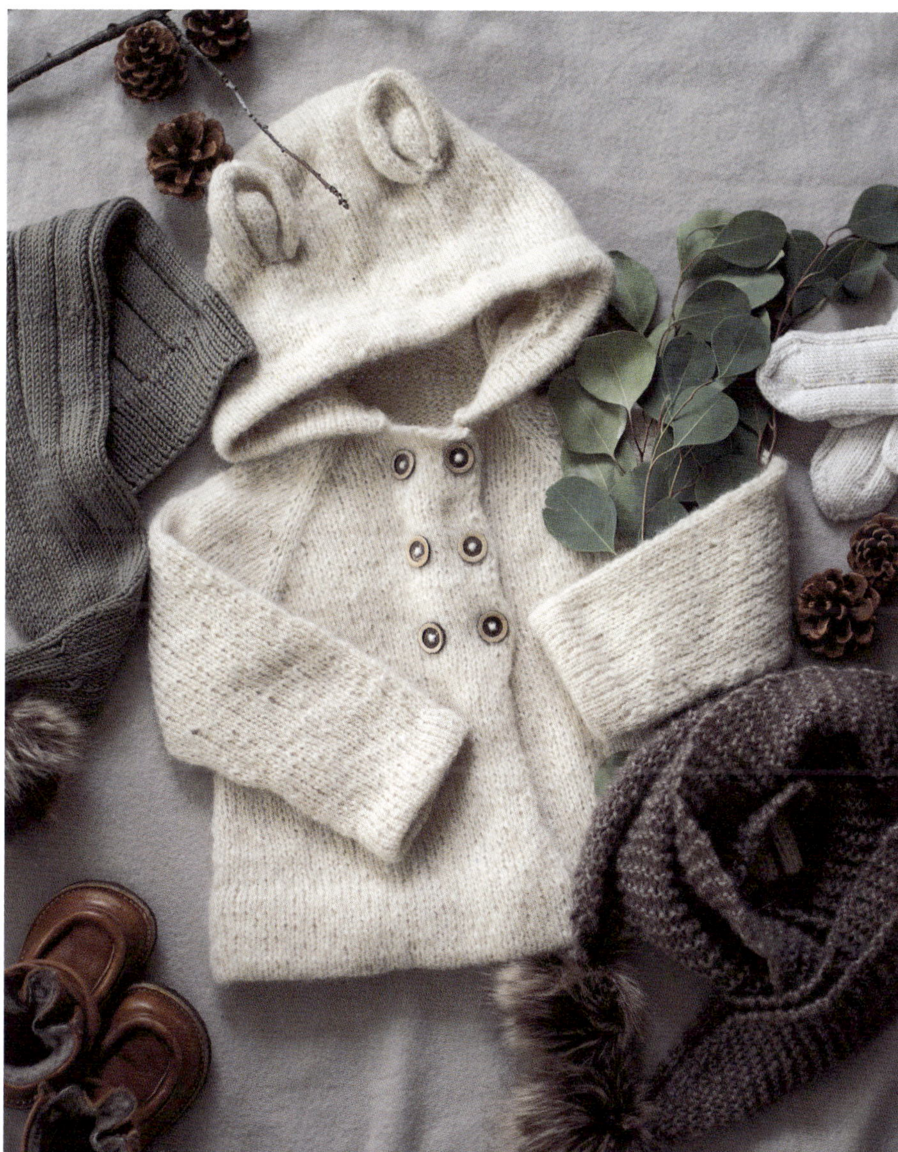

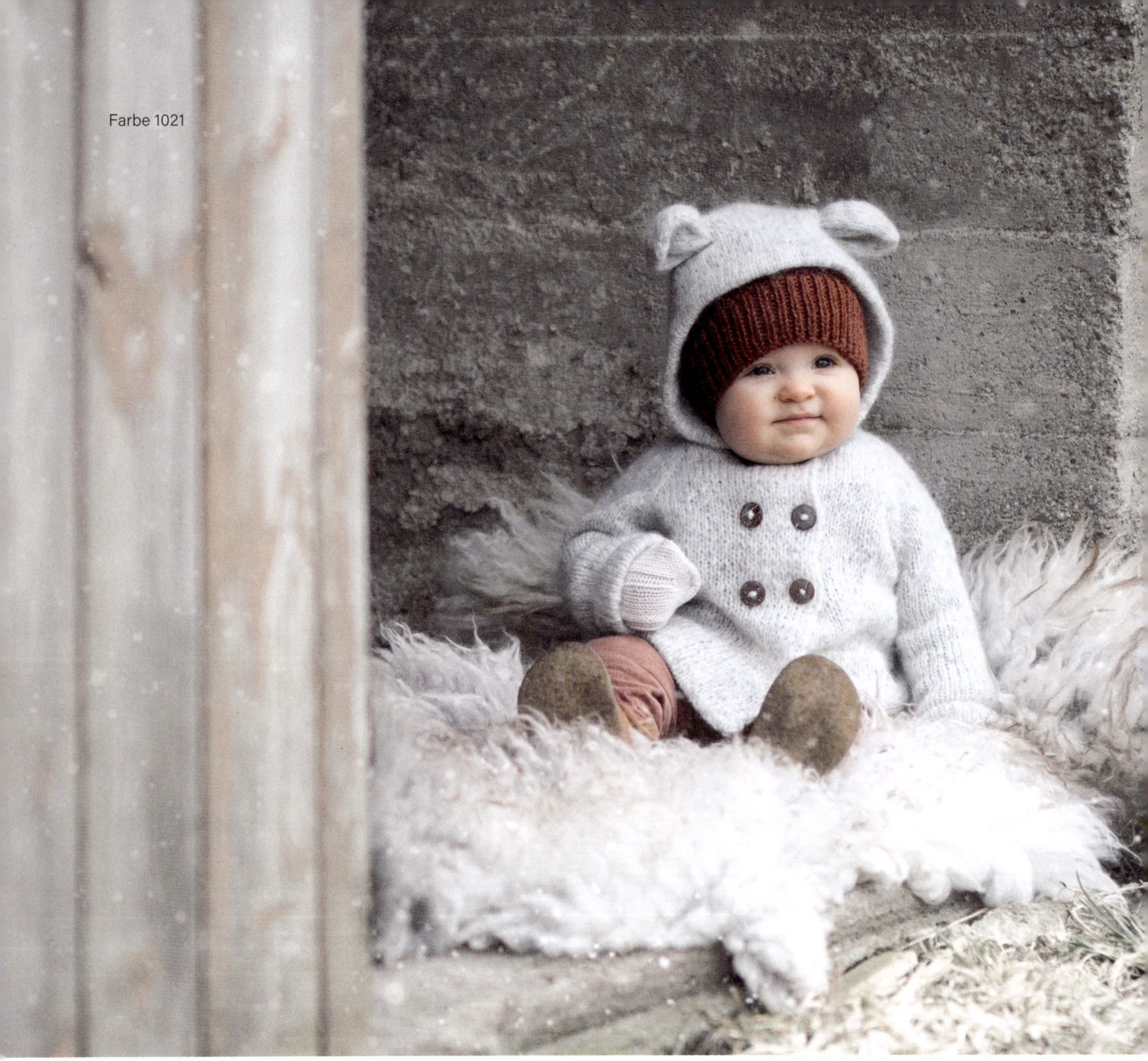

Für den Hinterkopf wie folgt abn:
Re M bis über den 2. MM str, 2 M re zus str, 1 M re, wenden, li M bis über beide MM str, 2 M li zus str, 1 M li, wenden, auf diese Art fortfahren, bis über alle M beidseitig der (12) 14 (16) 16 (18) 18 (20) 20 mittleren M gestrickt wurde; in den letzten 2 R beidseitig wenden, nachdem die 2 M zus gestrickt wurden = (14) 16 (18) 18 (20) 20 (22) 22 M auf der Ndl.

Die letzte R ist eine Rück-R.

Den Faden abschneiden. Die M auf einer Hilfsndl stilllegen.

Mit Ndl Nr. 5 aus dem linken Kapuzenrand (14) 15 (16) 17 (18) 19 (20) 22 M aufnehmen (die ersten M ab der Kante durch beide Lagen aufnehmen), die (14) 16 (18) 18 (20) 20 (22) 22 M auf der Ndl re str, (14) 15 (16) 17 (18) 19 (20) 22 M aus dem anderen Kapuzenrand aufnehmen (die letzten M durch beide Lagen aufnehmen) = (42) 46 (50) 52 (56) 58 (62) 66 M auf der Ndl. 1 R li M str, am Ende 6 M anschlagen.

1 R re M str, am Ende 6 M anschlagen = (54) 58 (62) 64 (68) 70 (74) 78 M auf der Ndl.

MM setzen, ohne zu str:

(14) 15 (15) 16 (16) 17 (17) 18 M, MM setzen, (6) 6 (7) 7 (8) 8 (9) 9 M, MM

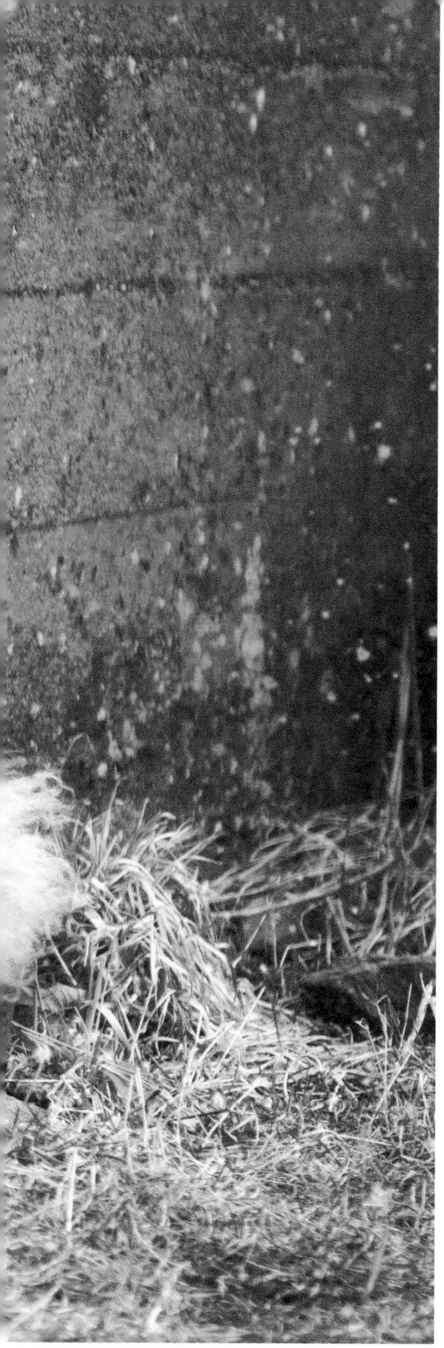

setzen, (14) 16 (18) 18 (20) 20 (22) 24 M, MM setzen, (6) 6 (7) 7 (8) 8 (9) 9 M, MM setzen, (14) 15 (15) 16 (16) 17 (17) 18 M.

Für die weiteren Zunahmen jeweils 1 M re verschr aus dem Querfaden zun.

Nun in jeder Hin-R bei den MM wie folgt zunehmen: *Re M bis 1 M vor dem MM str, 1 M zun, 2 M re, 1 M zun*, von * bis * insgesamt 4-mal arb, re M str bis R-Ende.

Nach ca. 3,5 cm ab dem Aufnehmen der M an der Kapuze ein Paar Knopflöcher einarbeiten: Re M mit Raglanzunahmen str bis 11 M vor R-Ende, 2 M re zus str, 1 U, 4 M re, 2 M re zus str, 1 U, 3 M re.

13 R zwischen jedem Knopflochpaar str.

Insgesamt (11) 12 (13) 14 (15) 17 (18) 19-mal für den Raglan zun = (142) 154 (166) 176 (188) 206 (218) 230 M auf der Nd.

Nächste R (Hin-R): Die je (28) 30 (33) 35 (38) 42 (45) 47 Ärmel-M auf Hilfsndl stilllegen und 6 M unter jedem Ärmel anschlagen. Beidseitig der 6 M je einen MM setzen.
Glatt rechts weiter str.

Nach (7) 7 (9) 9 (9) 9 (11) 11 R auf beiden Seiten der 6 M je 1 M zun.

(7) 7 (9) 9 (9) 9 (11) 11 R glatt rechts str und in der nächsten R die Zunahmen wdh.

In jeder (8.) 8. (10.) 10. (10.) 10. (12.) 12. R die Zunahmen wdh, bis insgesamt (3) 3 (3) 3 (4) 4 (4) 5-mal zugenommen wurde. Glatt rechts weiterstr, bis die Arbeit ab der Halskante (25) 30 (35) 38 (42) 48 (51) 57 cm misst. Die M abk.

Die untere Kante 6 cm breit nach innen umklappen und annähen.

ÄRMEL

Mit Ndl Nr. 5 aus den unter dem Ärmel angeschlagenen M ab der Mitte 3 M aufnehmen, 1 M aus dem Übergang zum Rumpf aufnehmen, die (28) 30 (33) 35 (38) 42 (45) 47 Ärmel-M von der Hilfsndl re str, 1 M aus dem Übergang zum Rumpf aufnehmen, 3 M aus den unter dem Ärmel angeschlagenen M bis zum Rd-Ende aufnehmen.

Glatt rechts in Rd str. Nach 3 cm M abn wie folgt: 1 M re, 2 M re zus str, re M str bis 3 M vor Rd-Ende, 1 M abh, 1 M re, die abgehobene M darüberziehen, 1 M re.
Diese Abnahmen alle (2,5) 3 (3,5) 4 (4,5) 3,5 (3,5) 3 cm wdh, bis (28) 30 (31) 33 (36) 36 (37) 37 M auf der Ndl liegen. Glatt rechts str, bis der Ärmel (11) 14 (19) 21 (25) 28 (32) 34 cm misst. Zu Ndl Nr. 3,5 wechseln und 6 cm glatt rechts str. Die M mit Ndl Nr. 5 abk. Die untere Kante 3 cm breit nach innen umklappen und annähen.

OHREN

Die Ohren werden mit der Magic-Loop-Technik in Rd gestrickt.

40 M mit Ndl Nr. 3,5 anschlagen und zur Rd schließen. 10 Rd re M str.

Nächste Rd: *6 M re, 2 M re zus str*, von * bis * bis Rd-Ende wdh.

1 Rd re M str.

Nächste Rd: *5 M re, 2 M re zus str*, von * bis * bis Rd-Ende wdh.

1 Rd re M str.

Nächste Rd: *4 M re, 2 M re zus str*, von * bis * bis Rd-Ende wdh.

1 Rd re M str.

Nächste Rd: *3 M re, 2 M re zus str*, von * bis * bis Rd-Ende wdh.

1 Rd re M str.

Nächste Rd: *2 M re, 2 M re zus str*, von * bis * bis Rd-Ende wdh.

1 Rd re M str.

Nächste Rd: *1 M re, 2 M re zus str*, von * bis * bis Rd-Ende wdh.

Den Faden durch die übrigen M fädeln und festziehen.

Die Ohren an der unteren Kante wie ein W falten und unten zus nähen. Die Ohren ca. 6–8 cm von der Kapuzenkante mit ca. (8) 8 (9) 10 (11) 11 (12) 12 cm Abstand zueinander an die Kapuze nähen.

Die Vorderteile dämpfen, damit sie sich nicht einrollen. Die Kanten evtl. mit Kettmaschen behäkeln, damit die Knopfleiste stabiler wird. Alle Fäden vernähen und die Knöpfe annähen.

Rollkragenpullover Herren

Ein schöner Lieblingspullover für Männer mit einem weichen und hohen Rollkragen.

Schwierigkeitsgrad 2

GRÖSSEN
(S) M (L) XL (XXL)

GARN
Sandnes Garn KOS, Farbe 3161

MENGE
(350) 400 (450) 500 (550) g

NADELN
Rundnadeln Nr. 4 und Nr. 5, je 40 cm und 80 cm

MASCHENPROBE
16 M mit Ndl Nr. 5 = 10 cm

MASSE
Oberweite: ca. (97,5) 102,5 (110) 117,5 (126) cm
Gesamtlänge: ca. (60) 64 (67) 70 (73) cm

Der Pullover wird von unten nach oben auf der Rundnadel gestrickt. Der Rd-Anfang liegt an der Seite.

(152) 158 (170) 182 (194) M mit Ndl Nr. 4 anschlagen und zur Rd schließen.
16 Rd im Rippenmuster (1 M re, 1 M li im Wechsel) str. Zu Ndl Nr. 5 wechseln.
1 Rd re M str, dabei gleichmäßig verteilt (4) 6 (6) 6 (6) M zunehmen.

STRUKTURMUSTER:
1. und 2. Rd: *1 M re, 1 M li*, von * bis * bis Rd-Ende wdh.
3. Rd: Re M str bis Rd-Ende.
4. Rd: Li M str bis Rd-Ende.

Im Strukturmuster str, bis die Arbeit ca. (43) 44 (46) 48 (51) cm misst.

In der nächsten Rd für die Ärmel abk: 4 M abk, (71) 75 (81) 87 (93) M im Strukturmuster str, 7 M abk, (71) 75 (81) 87 (93) M im Strukturmuster str, 3 M abk.
Die Arbeit beiseitelegen und die Ärmel str.

ÄRMEL
(38) 40 (44) 46 (48) M mit Ndl Nr. 4 anschlagen. In Rd 6 cm im Rippenmuster (1 M re, 1 M li im Wechsel) str. Zu Ndl Nr. 5 wechseln. 1 Rd re M str, dabei gleichmäßig verteilt 4 M zunehmen.

Die erste M der Rd ist eine Markierungs-M und wird immer li gestrickt.

Alle (4) 4 (4) 3,5 (3) cm wie folgt zun: 1 M li, 1 M zun, im Strukturmuster str bis 1 M vor Rd-Ende, 1 M zun.

Im Strukturmuster und mit den Zunahmen fortfahren, bis (58) 62 (66) 72 (76) M auf der Ndl liegen. Weiterstr, bis die Arbeit ca. 49 cm misst (oder bis zur gewünschten Länge).

In der nächsten Rd die ersten 4 und die letzten 3 M abk.

Die Ärmel und den Rumpf auf einer Ndl Nr. 5 vereinen = (244) 260 (280) 304 (324) M auf der Ndl.

Die ersten 4 M des linken Ärmels auf die rechte Ndl legen. Hier ist der Rd-Anfang.

Wie folgt MM setzen: *MM setzen, (43) 47 (51) 57 (61) M im Strukturmuster str, MM setzen, (79) 83 (89) 95 (101) M im Strukturmuster str*, von * bis * wdh.

Ab jetzt bei jedem MM in jeder 2. Rd wie folgt abn: *1 M re, 1 M abh, 1 M re, die abgehob M über die gestrickte M ziehen, im Strukturmuster bis 3 M vor dem MM str, 2 M re zus str, 1 M re*, von * bis * bis Rd-Ende wdh = 8 M in der Rd abgenommen.

Die 2 M vor und die 2 M nach dem MM in den Rd, in denen nicht abgenommen wird, re str.

Wenn sich die Raglanlinien treffen, in der Ärmelmitte wie folgt abn: 1 M abh, 2 M re zus str, die abgehob M darüberziehen.

Nachdem insgesamt (19) 21 (23) 26 (27)-mal abgenommen wurde sind noch (92) 92 (96) 96 (108) M auf der Ndl. Noch 1 Rd ohne Abnahmen str, dann den Faden abschneiden.

Die mittleren (19) 19 (24) 21 (25) M des Vorderteils auf einer Hilfsndl stilllegen und in R weiterstr.

Auf der linken Seite der Arbeit beginnen und *1 Rückr im Strukturmuster str.

Nächste R: 2 M re zus str, im Strukturmuster mit Raglanabnahmen str bis 2 M vor R-Ende, 1 M abh, 1 M re, die abgehob M darüberziehen*.

Von * bis * insgesamt 4-mal arb.

Den Faden abschneiden und in der rückwärtigen Mitte neu beginnen. Re M str bis R-Ende, 3 M bis zu den M auf der Hilfsndl aufnehmen, die M auf der Hilfsndl re str, 3 M bis zur Ndl aufnehmen, re M str bis Rd-Ende. Ab jetzt wieder in Rd arb.

Zu Ndl Nr. 4 wechseln und 30 cm im Rippenmuster (1 M re, 1 M li im Wechsel) str. In der letzten Rd die M locker abk.

Alle Fäden vernähen, den Pullover unter einem feuchten Handtuch trocknen lassen oder leicht dämpfen.

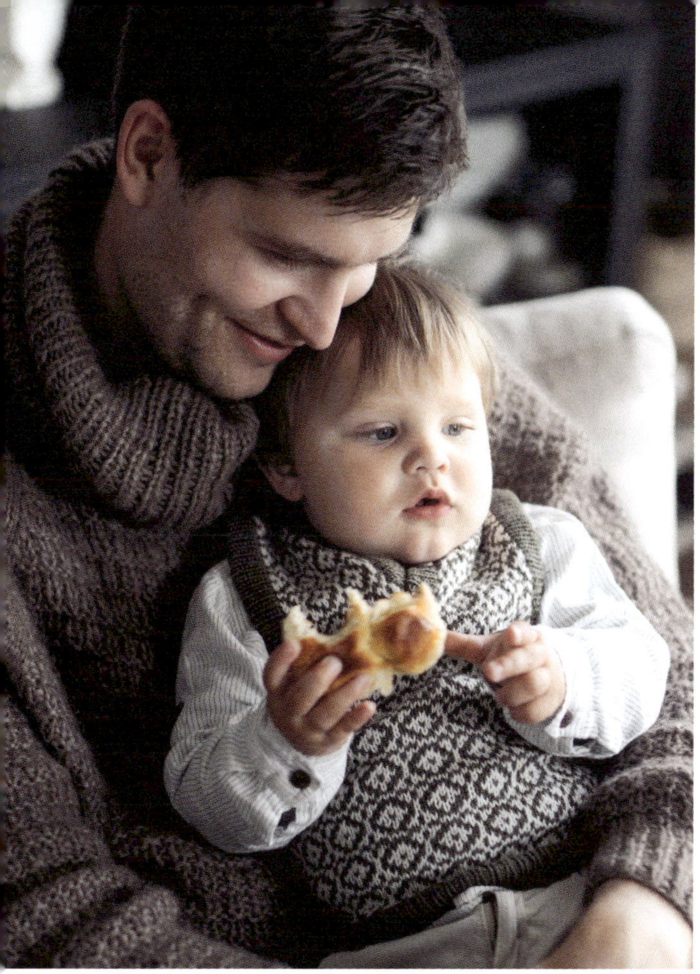
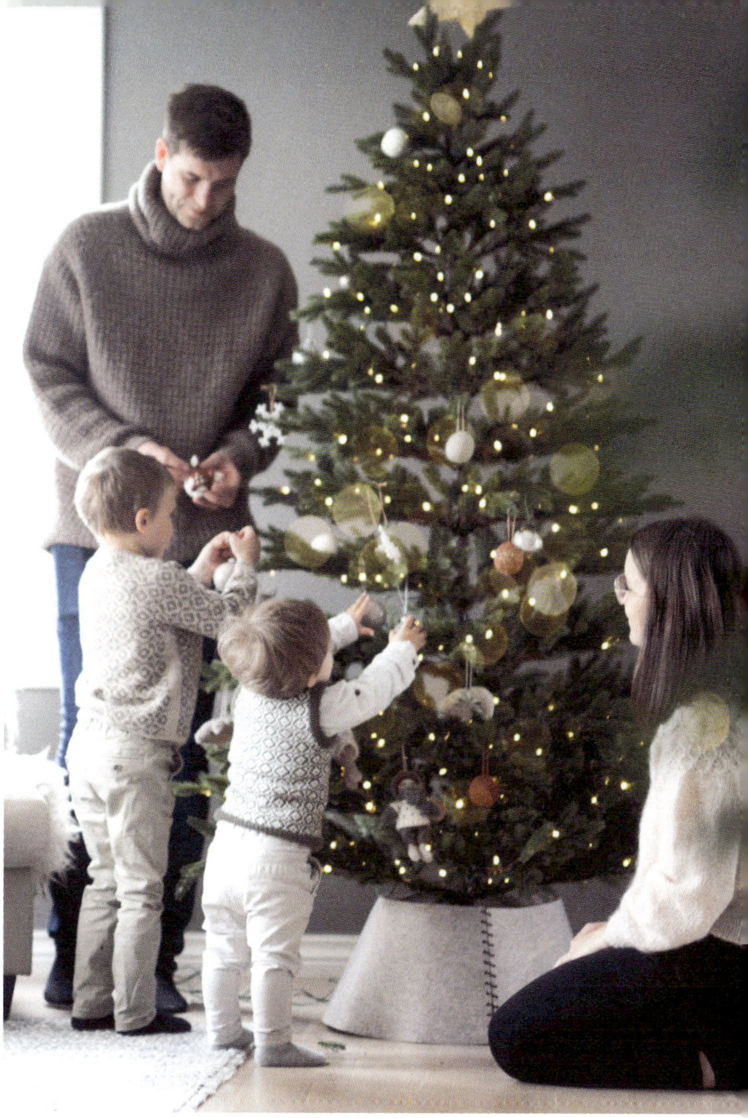
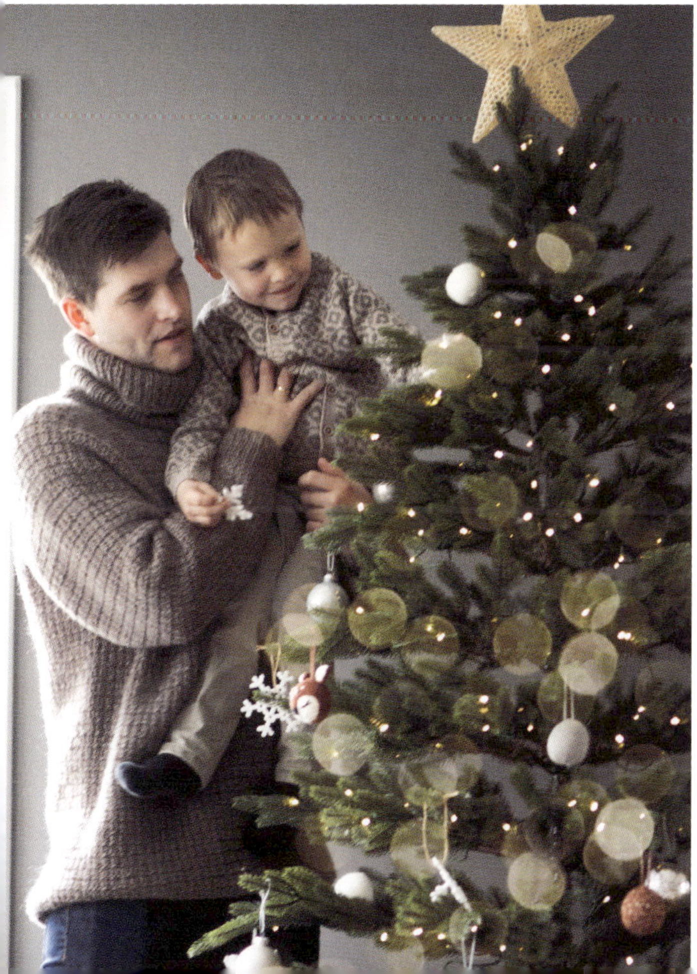
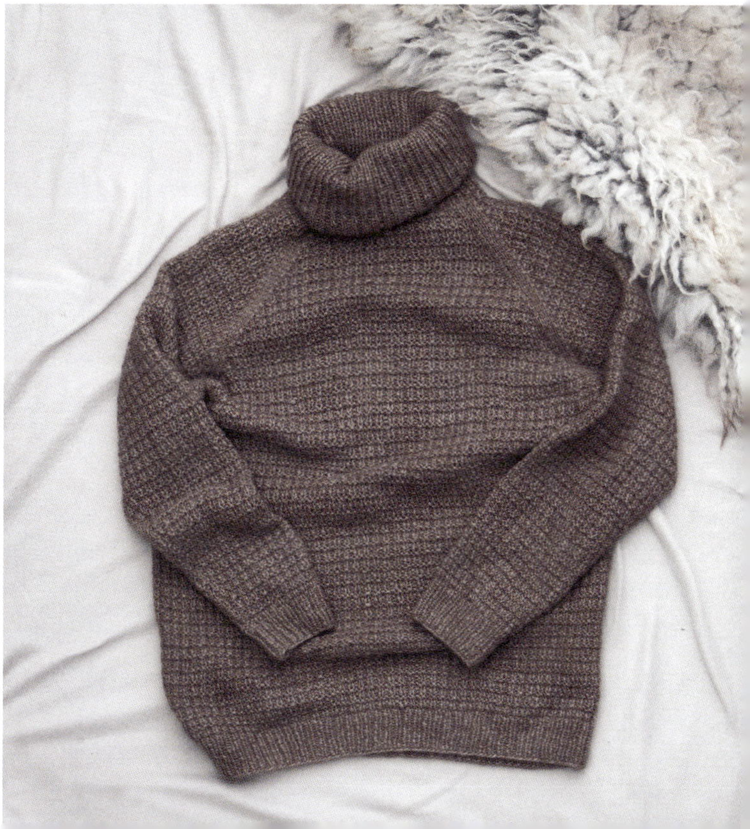

Jäckchen Tobias

Ein guter alter Klompelompe-Klassiker,
jetzt erweitert auf weitere Größen und mit verbesserter Passform.

Schwierigkeitsgrad 3

GRÖSSEN
(1–3 Mon) 6 Mon (9 Mon) 1 Jahr
(18 Mon) 2 (4) 6 (8) 10 (12) 14 Jahre

GARN
KlompeLOMPE Tynn Merinoull
Farbe A: 2652
Farbe B: 6521

MENGE
Farbe A: (100) 100 (100) 150 (150) 150 (150) 200 (250) 250 (250) 300 g
Farbe B: (50) 50 (50) 100 (100) 100 (100) 150 (200) 200 (200) 250 g

NADELN
Rundnadeln Nr. 2,5 und Nr. 3, je 40 cm und 80 cm

MASCHENPROBE
27 M mit Ndl Nr. 3 = 10 cm

MASSE
Oberweite: ca. (54) 57 (62) 63 (65) 66 (71) 75 (78) 82 (85) 88 cm
Gesamtlänge: ca. (27) 29 (34) 37 (38) 40 (42) 49 (53) 57 (60) 62,5 cm

Das Jäckchen wird von unten zunächst in Hin- und Rückreihen gestrickt.

(141) 149 (161) 165 (169) 173 (185) 197 (205) 215 (225) 235 M in Farbe A mit Ndl Nr. 2,5 anschlagen. (8) 8 (10) 10 (10) 10 (12) 12 (12) 14 (14) 14 R im Rippenmuster (1 M re, 1 M li im Wechsel) str. 9 M für einen Steek anschlagen. Die Steek-M werden bei der Maschenzahl und im Zählmuster nicht mitgerechnet.

Ab jetzt in Runden str. Zu Ndl Nr. 3 wechseln. 1 Rd re M in Farbe A str und für die Seitenstreifen MM setzen wie folgt: (30) 32 (35) 36 (37) 38 (41) 44 (46) 48 (51) 54 M re, MM setzen, 9 M re (Seiten-M), MM setzen, (63) 67 (73) 75 (77) 79 (85) 91 (95) 101 (105) 109 M re, MM setzen, 9 M re (Seiten-M), MM setzen, (30) 32 (35) 36 (37) 38 (41) 44 (46) 48 (51) 54 M re.

Weiter alle M glatt re nach dem Zählmuster str, außer den je 9 Seiten-M, die mit Farbe A gestrickt werden. Bitte beachten: Den Faden auf der Rückseite der Arbeit an den Seiten-M ein- oder 2-mal verkreuzen, um lange Spannfäden zu vermeiden.

Weiterstr, bis die Arbeit (16) 18 (21) 23 (24,5) 26 (28) 33 (35) 38 (40) 42 cm misst.

In der nächsten Rd jeweils die 9 Seiten-M abk. Die Arbeit beiseitelegen und die Ärmel str.

ÄRMEL
(40) 40 (42) 44 (48) 48 (50) 50 (50) 52 (52) 54 M in Farbe A mit Ndl Nr. 2,5 anschlagen. (8) 8 (10) 10 (10) 10 (12) 12 (12) 14 (14) 14 Rd im Rippenmuster (1 M re, 1 M li im Wechsel) str.

Zu Ndl Nr. 3 wechseln. 1 Rd re M str, dabei gleichmäßig verteilt (7) 7 (7) 5 (7) 7 (5) 5 (7) 5 (7) 7 M zun = (47) 47 (49) 49 (55) 55 (55) 55 (57) 57 (59) 61 M auf der Ndl.

Weiter alle M glatt rechts nach dem Zählmuster str, außer den 5 ersten und den 4 letzten M = 9 Seiten-M, die mit Farbe A gestrickt werden.

(14) 16 (18) 20 (22) 24,5 (25) 27 (29) 31,5 (34,5) 38,5 cm von der Oberkante des Rumpfes nach unten abmessen und nachsehen, mit welcher Rd des Zählmusters begonnen werden muss, damit die Raglanpasse an beiden Ärmeln und am Rumpf mit der gleichen Rd beginnt (so müssen Sie nur einer Zeile in der Strickschrift folgen).

Glatt rechts nach dem Zählmuster arb, dabei nach 3 cm mit Muster wie folgt zunehmen: 5 M re (Seiten-M), 1 M zun (in der Farbe, die zur Position im Zählmuster passt), im Muster str bis 4 M vor Rd-Ende, 1 M zun (in der Farbe, die zur Position im Zählmuster passt), 4 M re (Seiten-M).

Die Zunahmen alle 3 cm wdh, bis (51) 55 (59) 61 (63) 63 (67) 71 (73) 77 (81) 83 M auf der Ndl liegen, und weiter glatt rechts im Muster über die Muster-M und in Farbe A über die Seiten-M str, bis der Ärmel (16) 18 (20) 22 (24,5) 26 (28) 30 (32) 35 (38) 42 cm misst. In der nächsten Rd die Seiten-M abk. Die Arbeit beiseitelegen und den zweiten Ärmel str.

Die Ärmel und den Rumpf auf einer Rundnadel Nr. 3 vereinen = (207) 223 (243) 251 (259) 263 (283) 303 (315) 333 (351) 365 M auf der Ndl.

Jeden Übergang zwischen 2 Teilen mit einem MM kennzeichnen. Die Rd beginnt in der vorderen Mitte. 2 Rd glatt rechts im Muster str (bitte beachten: Sie befinden sich im Zählmuster an den Ärmeln und am Rumpf an unterschiedlichen Stellen, obwohl es die gleiche Rd bzw Zeile ist).

In der nächsten Rd bei jedem MM wie folgt abn:

*Im Muster bis 2 M vor dem MM str, 1 M abh, 1 M re (in der zum Muster

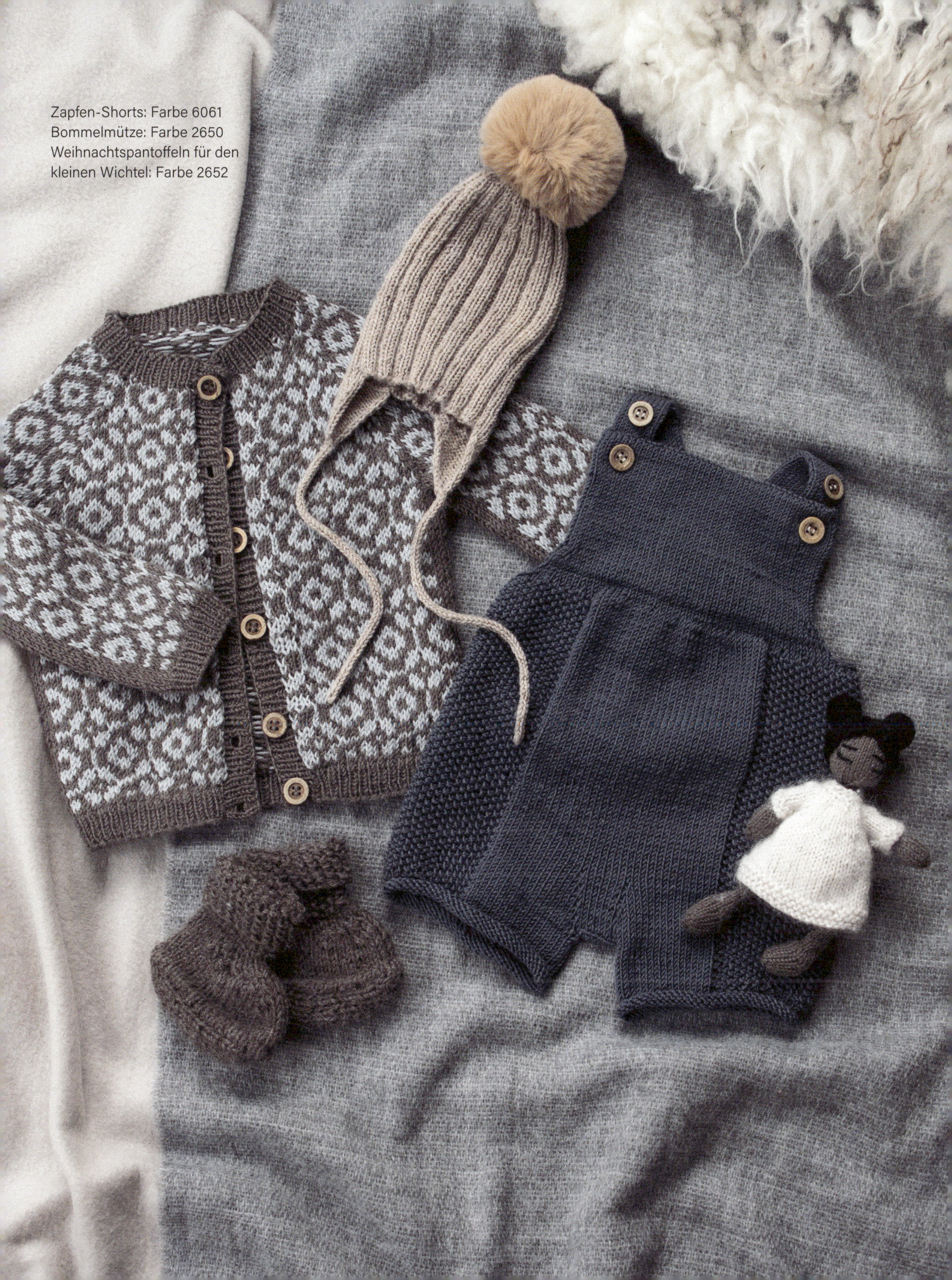

Zapfen-Shorts: Farbe 6061
Bommelmütze: Farbe 2650
Weihnachtspantoffeln für den kleinen Wichtel: Farbe 2652

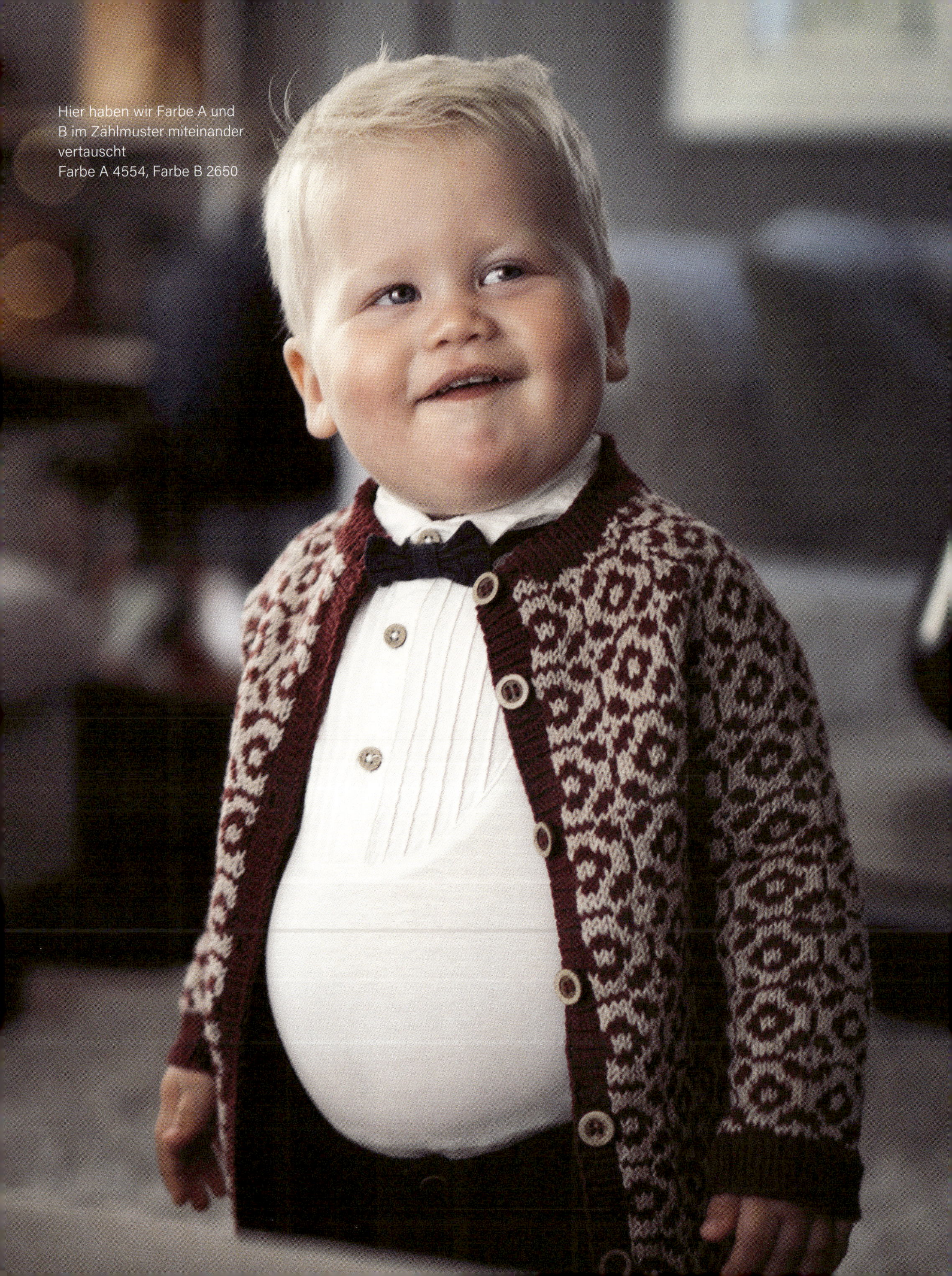
Hier haben wir Farbe A und
B im Zählmuster miteinander
vertauscht
Farbe A 4554, Farbe B 2650

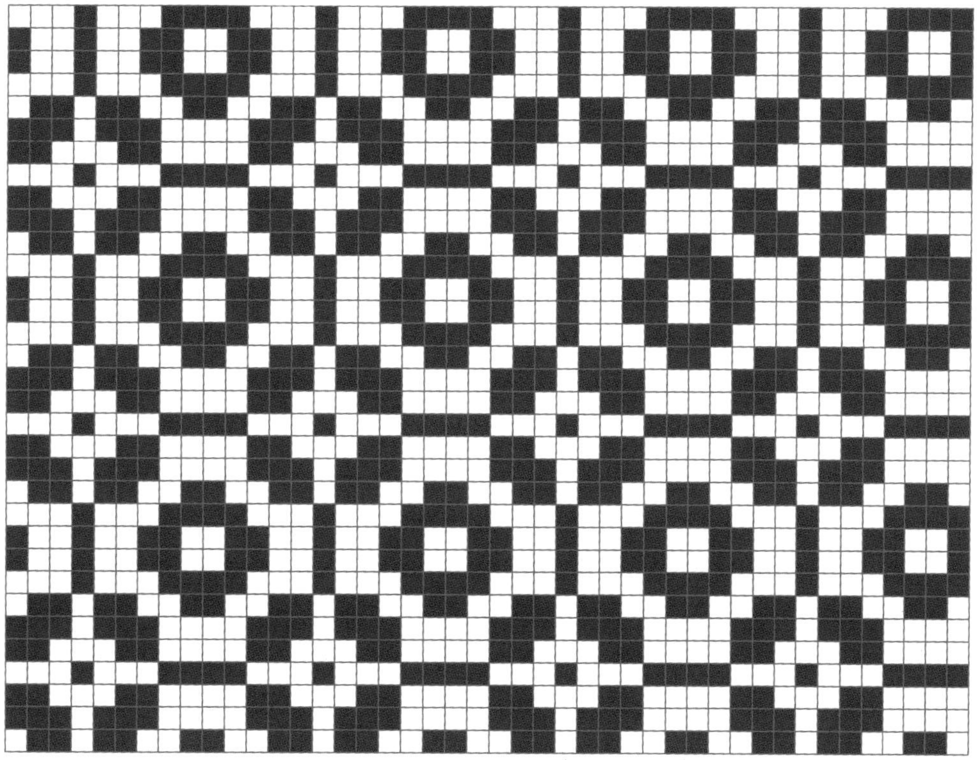

passenden Farbe), die abgehobene M darüberziehen, 2 M re zus str (in der zum Muster passenden Farbe)*, von * bis * insgesamt 4-mal arb, im Muster str bis Rd-Ende.

Die Abnahmen in jeder 2. Rd wdh, bis insgesamt (13) 15 (17) 18 (19) 19 (21) 23 (24) 25 (27) 28-mal abgenommen wurde.

Die ersten und die letzten (8) 11 (12) 12 (12) 13 (14) 15 (15) 17 (17) 19 M (und die Steek-M) auf einer Hilfsndl stilllegen.

Mit dem rechten Vorderteil beginnen (nach den ersten (8) 11 (12) 12 (12) 13 (14) 15 (15) 17 (17) 19 M, die auf der Hilfsndl stillgelegt wurden). Im Muster mit Raglan-Abnahmen bis R-Ende str, wenden. Li M im Muster str bis 3 M vor R-Ende, wenden, re M im Muster und mit Raglan-Abnahmen str bis 3 M vor R-Ende, wenden, li M im Muster str bis 3 M vor dem letzten Wenden, wenden, re M im Muster und mit Raglan-Abnahmen str bis 3 M vor dem letzten Wenden, den Faden abschneiden.

Die M von der Hilfsndl wieder auf dieselbe Ndl heben. In der vorderen Mitte beginnen, 1 Rd re M in Fb A str. Die Steekmaschen abk. Zu Ndl Nr. 2,5 wechseln und (8) 8 (8) 8 (8) 8 (8) 8 (10) 10 (10) 10 R im Rippenmuster (1 M re, 1 M li im Wechsel) str. Gleichzeitig in der letzten R alle M abk.

FERTIGSTELLUNG

2-mal mit kleinen Stichen beidseitig der mittleren Steek-Masche steppen. Den Steek in der Mitte aufschneiden. Mit Ndl Nr. 2,5 an den Kanten (hinter den Steek-M) für die Knopf- bzw. Knopflochleiste ca. 1 M pro M auffassen, dabei jede 4. M überspringen. 8 R im Rippenmuster (1 M re, 1 M li im Wechsel) str, dann (nicht zu fest) abk.

Für Mädchen in der rechten Leiste und für Jungen in der linken Leiste (6) 6 (7) 7 (8) 8 (9) 9 (10) 10 (11) 11 Knopflöcher gleichmäßig verteilt einarbeiten, dafür in der 3. R jeweils 2 M re zus str und 1 U arb. Die Schnittkanten des Steeks nach innen wenden und mit kleinen Stichen von Hand annähen.

Dies ist einfach, weil es mehr Steekmaschen als üblich sind. Falls es nicht gelingt, auf diese Weise eine schöne Kante zu erhalten, können Sie einen Beleg str und diesen über die Schnittkante nähen. In diesem Fall M aufnehmen (wie bei der Knopfleiste) und glatt rechts str, bis die Schnittkante bedeckt ist. Abketten und annähen, gerne in der Hauptfarbe der Jacke, sodass die Stiche nicht sichtbar sind.

Alle Fäden vernähen, Knöpfe annähen und die Jacke unter einem feuchten Handtuch trocknen lassen oder vorsichtig dämpfen.

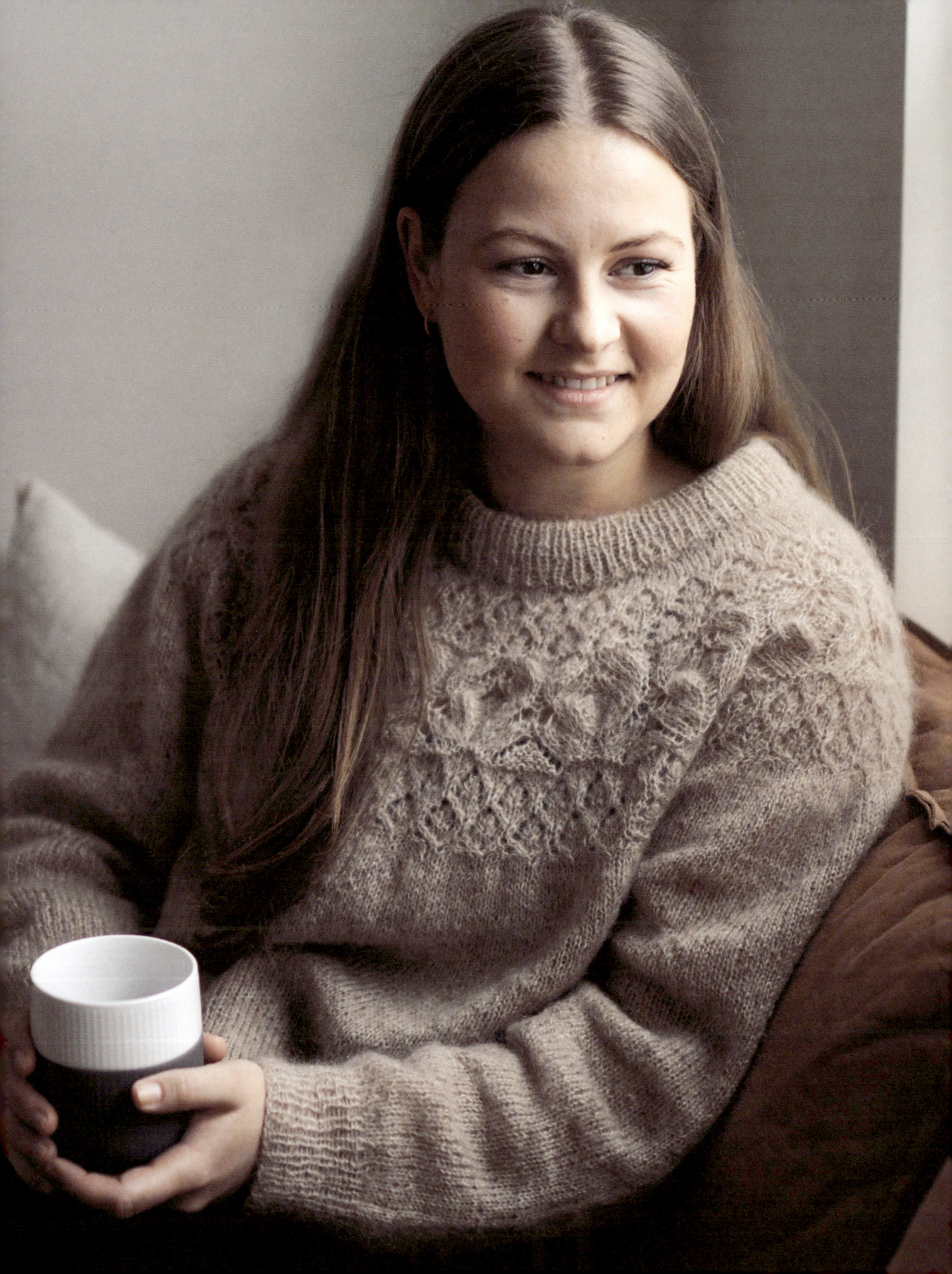

Mohairpullover Ragnhild

Das leichte Garn und das feine Lochmuster verleihen diesem Modell einen exklusiven Look. Der Pullover eignet sich daher für die Weihnachtsfeier genauso gut wie für einen gemütlichen Abend in der Weihnachtszeit.

Schwierigkeitsgrad 2

GRÖSSEN
(XS) S (M) L (XL) XXL

GARN
Sandnes Garn Tynn Silk Mohair, Farbe 3021

MENGE
(225) 250 (250) 300 (300) 350 g

NADELN
Rundnadeln Nr. 3 und Nr. 3,5, je 60 cm und 80 cm

MASCHENPROBE
22 M mit Ndl Nr. 3,5 = 10 cm

MASSE
Oberweite: ca. (96) 100 (105) 108 (111) 115 cm
Gesamtlänge: ca. (56) 61 (63) 65 (67) 69 cm

Der Pullover wird von oben auf der Rundnadel gestrickt.

(118) 120 (124) 124 (128) 128 M mit doppeltem Faden mit Ndl Nr. 3,5 anschlagen und zur Rd schließen. Zu Ndl Nr. 3 wechseln. 26 Rd im Rippenmuster (1 M re, 1 M li im Wechsel) str. Zu Ndl Nr. 3,5 wechseln.

1 Rd re M str, dabei die Anschlagkante auf der Innenseite nach oben klappen und immer 1 M mit 1 M der Anschlagkante zus str. Wenn das zu knifflig ist, kann die Anschlagkante auch später angenäht werden.

Jetzt werden verkürzte R mit »German Short Rows« gearbeitet (siehe Video unter klompelompe.no).

Nächste Rd: *12 M re, 1 M zun*, von * bis * insgesamt 4-mal arb, 2 M re, wenden, 54 M li, *12 M li, 1 M li zun*, von * bis * insgesamt 4-mal arb, 2 M li, wenden, re M bis 3 M nach dem letzten Wenden str, wenden, li M bis 3 M nach dem letzten Wenden str, wenden, re M str bis Rd-Ende = (126) 128 (132) 132 (136) 136 M auf der Ndl.

Nächste Rd: *11 M re, 1 M zun*, von * bis * insgesamt 4-mal arb, 2 M re, wenden, 50 M li, *11 M li, 1 M li zun*, von * bis * insgesamt 4-mal arb, 2 M li, wenden, re M bis 3 M nach dem letzten Wenden str, wenden, li M bis 3 M nach dem letzten Wenden str, wenden, re M bis Rd-Ende str = (134) 136 (140) 140 (144) 144 M auf der Ndl.

1 Rd re M str.

1 Rd re M str, dabei gleichmäßig verteilt (40) 38 (34) 46 (48) 48 M zun = (174) 174 (174) 186 (192) 192 M auf der Ndl.

Nach Strickschrift A str, dabei mit den M vor dem Rapport beginnen, den Rapport stets wdh und mit den M nach dem Rapport enden.

1 Rd li M und 1 Rd re M str.

1 Rd re M str, dabei gleichmäßig verteilt (50) 66 (66) 70 (80) 80 M zun = (224) 240 (240) 256 (272) 272 M auf der Ndl.

Nach Strickschrift B str.
1 Rd li M und 1 Rd re M str.

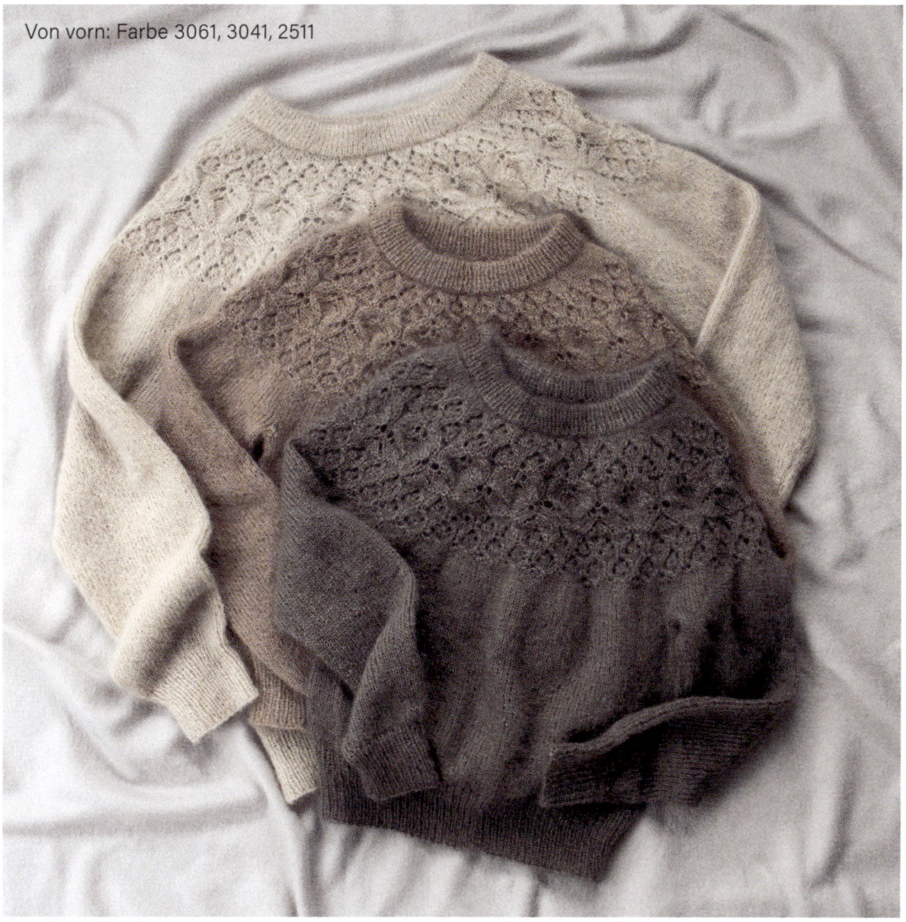
Von vorn: Farbe 3061, 3041, 2511

1 Rd re M str, dabei gleichmäßig verteilt (64) 54 (54) 56 (58) 70 M zun = (288) 294 (294) 312 (330) 342 M auf der Ndl.

Nach Strickschrift C str.

1 Rd re M str.

1 Rd re M str, dabei gleichmäßig verteilt (54) 56 (66) 68 (68) 72 M zun = (342) 350 (360) 380 (398) 414 M auf der Nd.

(14) 16 (18) 20 (22) 24 Rd re M str.

In der nächsten Rd die M für die Ärmel und den Rumpf einteilen wie folgt:

(48) 50 (53) 55 (56) 58 M re str, die nächsten (74) 74 (74) 80 (86) 90 M auf einer Hilfsndl stilllegen (Ärmel-M), 9 M unter dem Ärmel anschl, (98) 102 (106) 110 (114) 118 M re str, die nächsten (74) 74 (74) 80 (86) 90 M auf einer Hilfsndl stilllegen (Ärmel-M), 9 M unter dem Ärmel anschl, (48) 50 (53) 55 (56) 58 M re str = (212) 220 (230) 238 (244) 252 M auf der Ndl.

Glatt rechts str, bis die Arbeit (ab der Schulter) (49) 54 (56) 58 (60) 62 cm misst. Zu Ndl Nr. 3 wechseln und 7 cm im Rippenmuster (1 M re, 1 li im Wechsel) str. In der letzten Rd alle M (nicht zu fest) abk.

ÄRMEL

Mit Ndl Nr. 3,5 arb. Aus den unter dem Ärmel angeschlagenen M ab der Mitte 5 M plus 1 M aus dem Übergang zum Rumpf auffassen, die (74) 74 (74) 80 (86) 90 M von der Hilfsndl re str, 1 M aus dem Übergang zum Rumpf und 4 M bis zum Rd-Ende auffassen.

In Rd str. Die 1. M ist eine Markierungs-M und wird immer li gestrickt.

Wenn der Ärmel 2 cm misst, wie folgt abn: Bis 2 M vor der Markierungs-M re M str, 1 M abh, 1 M re, die abgehob M darüberziehen. Die Markierungs-M li str und 2 M re zus str.

Diese Abnahmen alle (2,5) 2,5 (2,5) 2 (2) 2 cm wdh, bis (53) 53 (55) 57 (59) 61 M auf der Ndl liegen.

Weiter glatt rechts str, bis der Ärmel 41 cm misst (oder die gewünschte Länge hat), dann 1 Rd re M str, dabei gleichmäßig verteilt (7) 7 (7) 9 (9) 9 M abn = (46) 46 (48) 48 (50) 52 M. Zu Ndl Nr. 3 wechseln und für das Bündchen 7 cm im Rippenmuster (1 M re, 1 M li im Wechsel) str. In der letzten Rd alle M abk.

Alle Fäden vernähen und den Pullover unter einem feuchten Handtuch trocknen lassen.

Strickschrift A

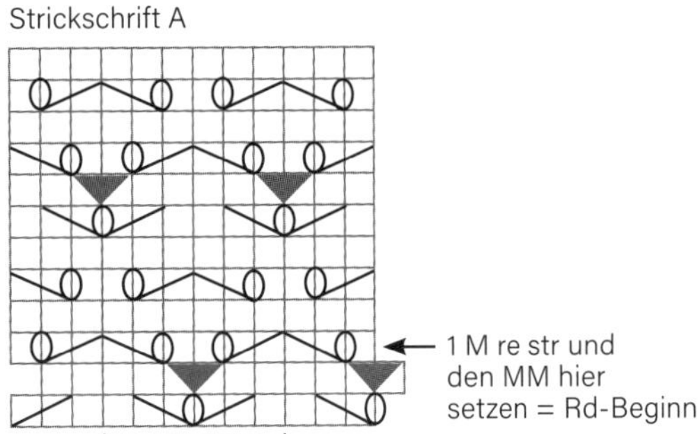

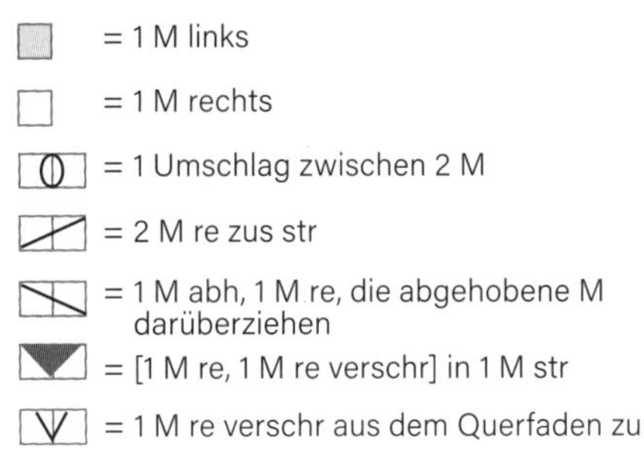

Strickschrift B

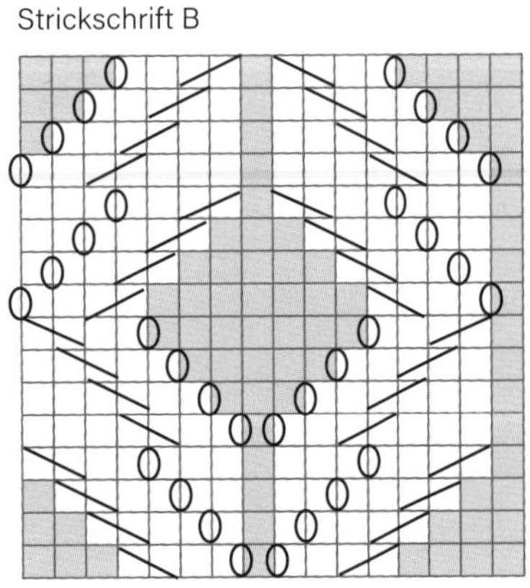

Strickschrift C

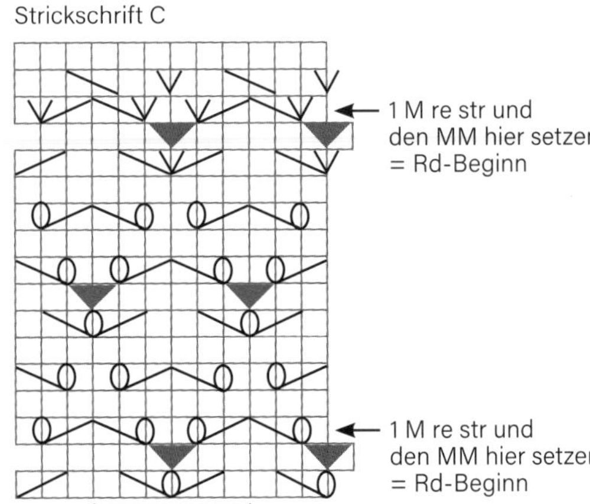

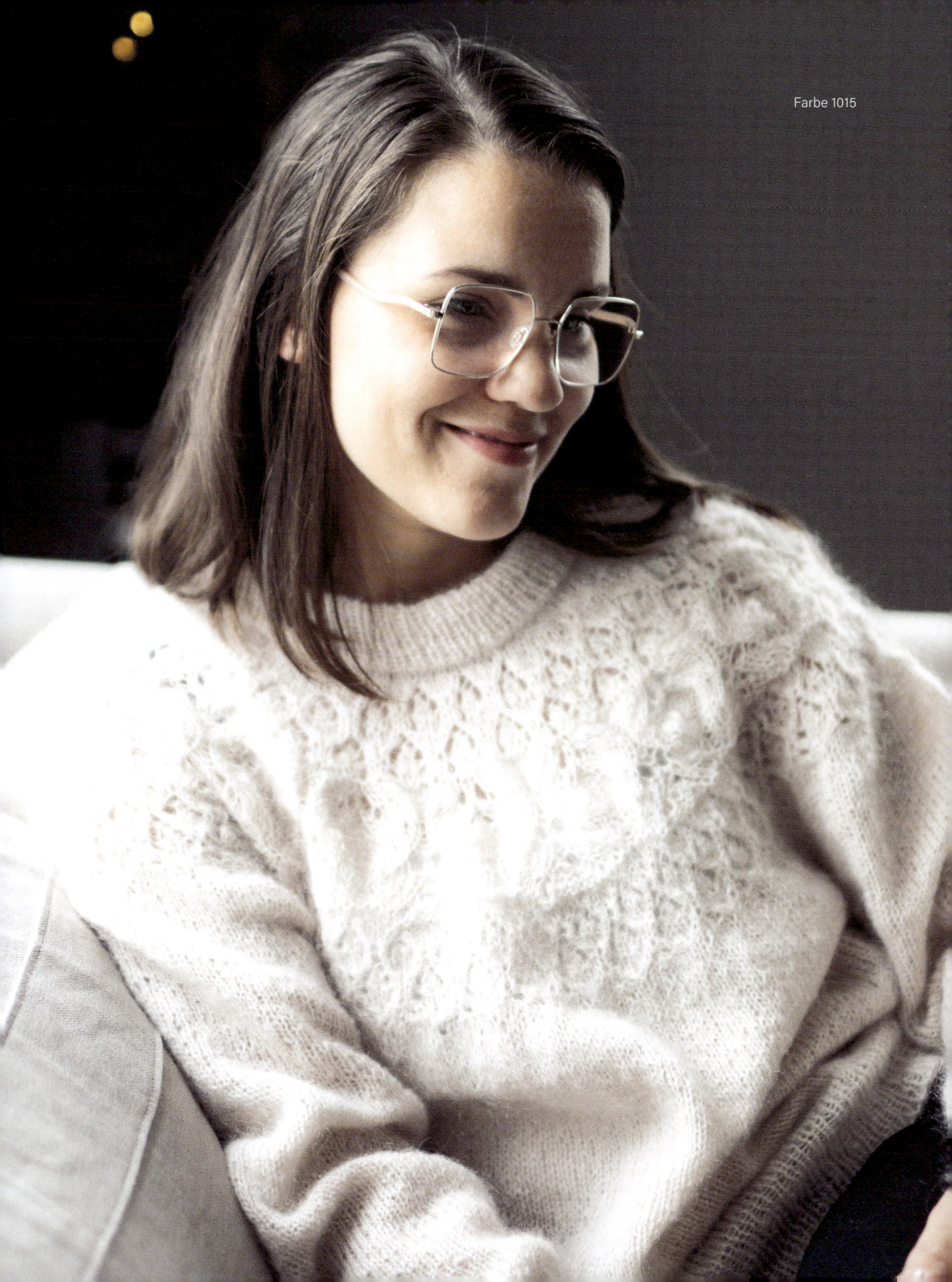
Farbe 1015

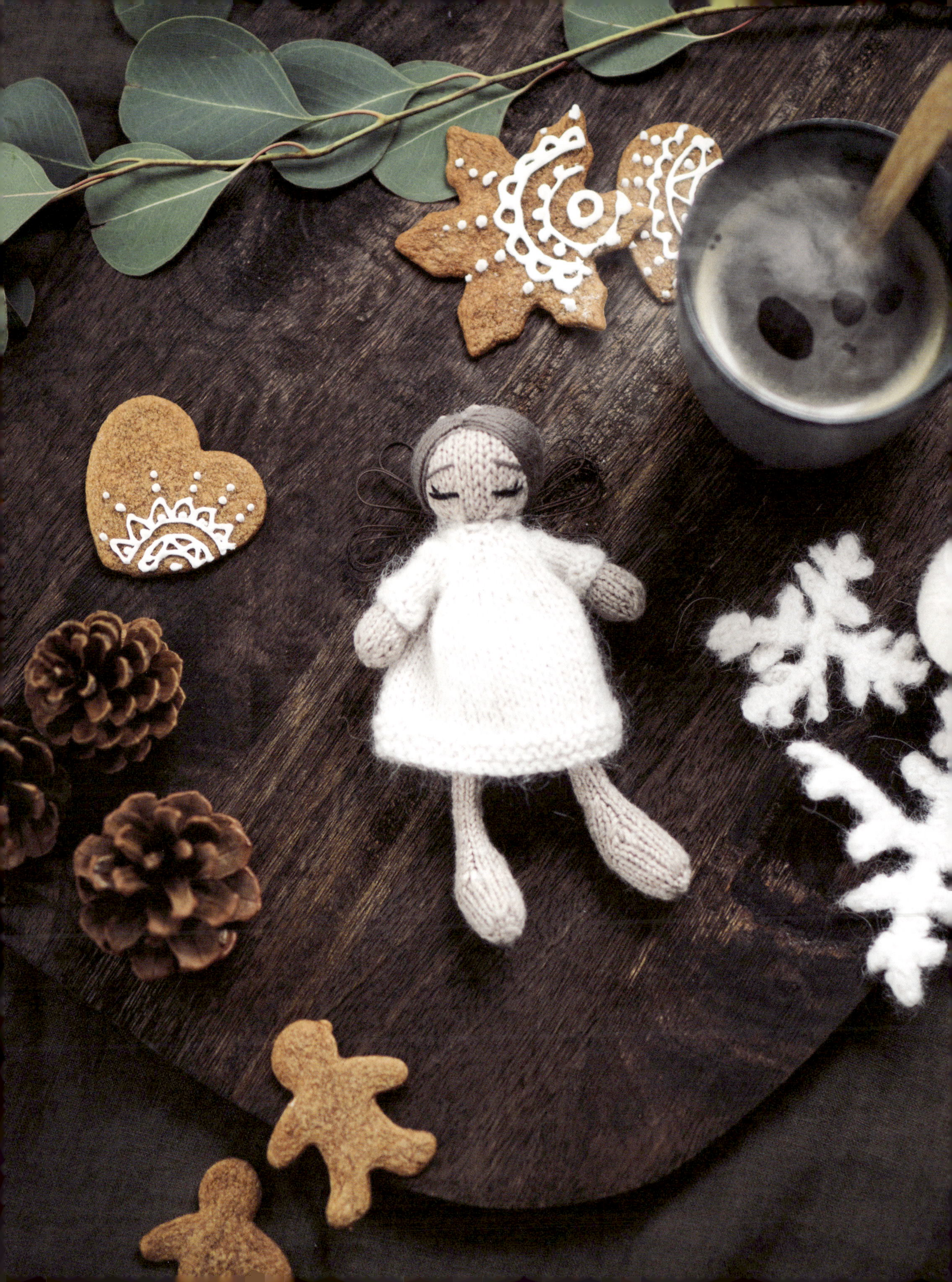

Kleiner Engel/Wichtel

Diese kleine Figur lässt sich an einem Abend stricken. Daraus werden entweder Engel zum Aufhängen am Weihnachtsbaum, Wichtel zum Dekorieren des Tisches oder einfach kleine Püppchen für den Adventskalender.

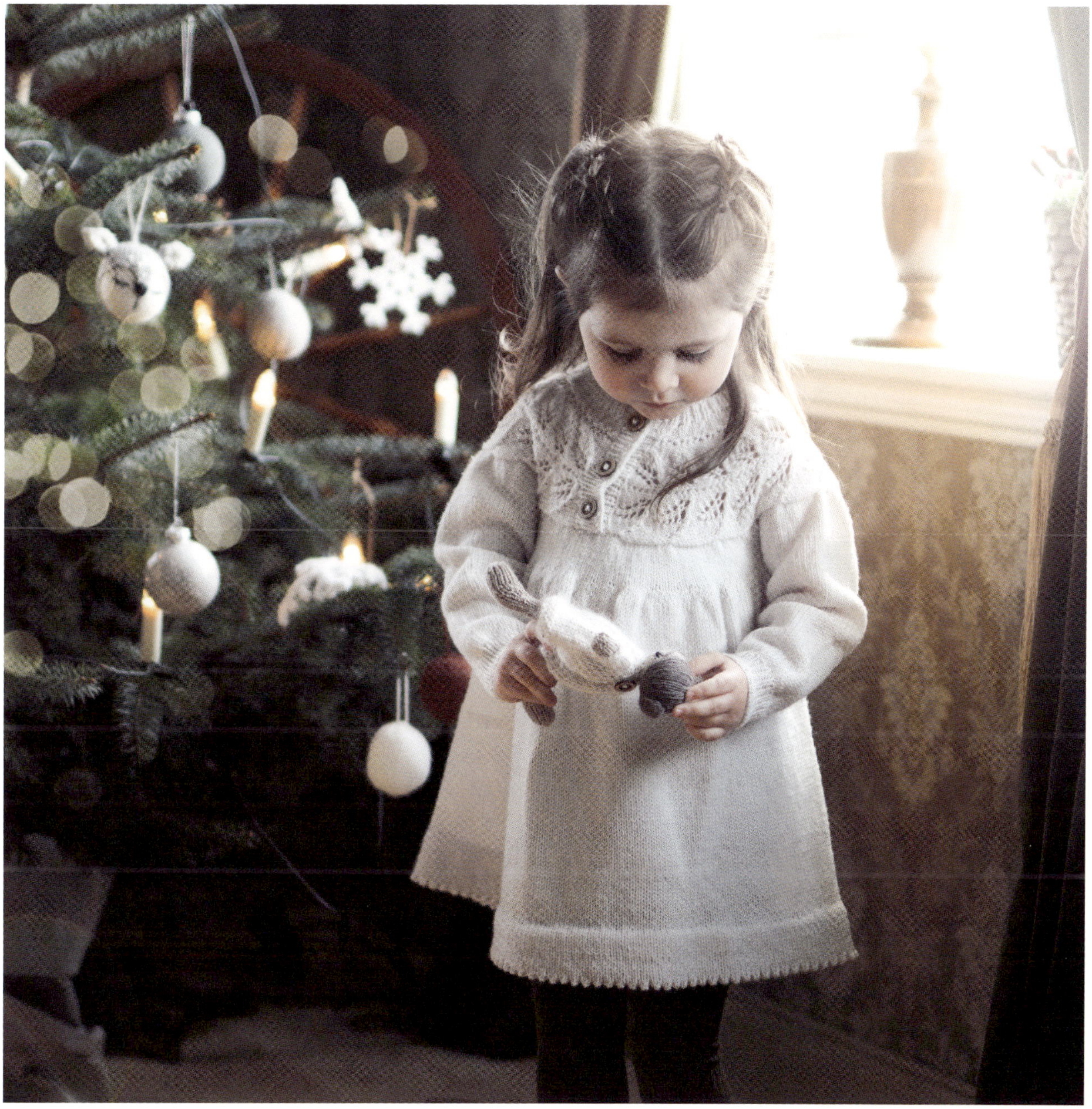

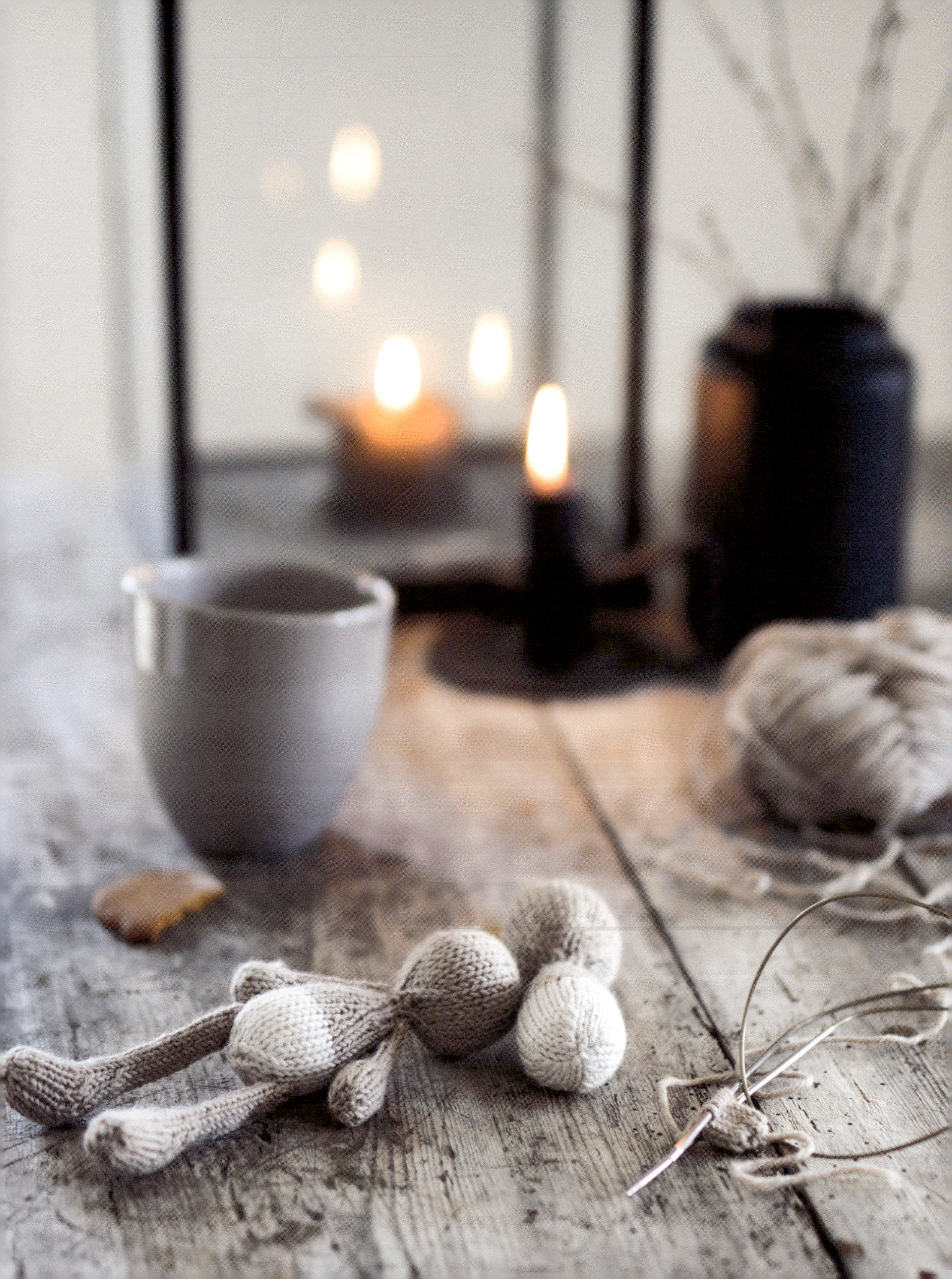

Schwierigkeitsgrad 3

GARN
KlompeLOMPE Merinoull
Farbe A: 2650 oder 2652
Farbe B: 1013 (oder beliebiger Rest)
MENGE
KlompeLOMPE Merinoull
Farbe A: 50 g
Farbe B (Unterhose): Rest
Rest für die Haare (beliebig)
Rest Sandnes Garn Tynn Merinoull 1099 oder beliebiges Garn für die Augen
NADELN
Rundnadel Nr. 2,5, 80 cm, für Magic Loop
MASCHENPROBE
25 M mit Ndl Nr. 2,5 = 10 cm

Die Figur während des Strickens mit Füllwatte ausstopfen.

Die Arbeit beginnt mit dem Kopf.

Für eine Abnahme 2 M re zus str. Wenn nur wenige M auf der Ndl sind und die M aufgrund der Füllwatte zu stramm sitzen, stattdessen 1 M abh, 1 M re und die abgehobene M darüberziehen.

6 M mit Ndl Nr. 2,5 in Farbe A anschlagen.

Die M auf 2 Ndl verteilen, falls mit Magic Loop gestrickt wird und zur Rd schließen.

1. Rd: *[1 M re, 1 M re verschr] in 1 M str*, von * bis * fortl wdh = 12 M.

Nächste Rd: *1 M re, [1 M re, 1 M re verschr] in 1 M str*, von * bis * bis zum Rd-Ende wdh.

Nächste Rd: *2 M re, [1 M re, 1 M re verschr] in 1 M str*, von * bis * bis zum Rd-Ende wdh.

Nächste Rd: *3 M re, [1 M re, 1 M re verschr] in 1 M str*, von * bis * bis zum Rd-Ende wdh.

10 Rd re M str.

Nächste Rd: *3 M re, 2 M re zus str*, von * bis * bis zum Rd-Ende wdh.

Nächste Rd: *2 M re, 2 M re zus str*, von * bis * bis zum Rd-Ende wdh.

Nächste Rd: *1 M re, 2 M re zus str*, von * bis * bis zum Rd-Ende wdh.

Nächste Rd: *2 M re zus str*, von * bis * bis zum Rd-Ende wdh.

2 Rd re M str.

Nächste Rd: *2 M re, 1 M zun (= 1 M re verschr aus dem Querfaden zun)*, von * bis * bis zum Rd-Ende wdh.

2 Rd re M str.

Nächste Rd: *3 M re, 1 M zun*, von * bis * bis zum Rd-Ende wdh.

2 Rd re M str.

Nächste Rd: *4 M re, 1 M zun*, von * bis * bis zum Rd-Ende wdh.

2 Rd re M str.

Nächste Rd: *5 M re, 1 M zun*, von * bis * bis zum Rd-Ende wdh.

2 Rd re M str.

Nächste Rd: *6 M re, 1 M zun*, von * bis * bis zum Rd-Ende wdh.

2 Rd re M str.

Nächste Rd: *7 M re, 1 M zun*, von * bis * bis zum Rd-Ende wdh.

Zu Farbe B wechseln und 8 Rd re M str.

Nächste Rd: *4 M re, 2 M re zus str*, von * bis * bis zum Rd-Ende wdh.

Nächste Rd: *3 M re, 2 M re zus str*, von * bis * bis zum Rd-Ende wdh.

Nächste Rd: *2 M re, 2 M re zus str*, von * bis * bis zum Rd-Ende wdh.

Nächste Rd: *1 M re, 2 M re zus str*, von * bis * bis zum Rd-Ende wdh.

Nächste Rd: *2 M re zus str*, von * bis * fortl wdh.

Faden abschneiden, durch die letzten M ziehen und die M damit zus ziehen.

ARME

6 M mit Ndl Nr. 2,5 anschlagen. 1 Rd re M str.

1. Rd: *[1 M re, 1 M re verschr] in 1 M str*, von * bis * bis zum Rd-Ende wdh = 12 M.

Aus Basteldraht oder weichen Ästen Engelsflügel formen und auf der Rückseite der Figur befestigen.

6 Rd re M str.

Nächste Rd: *1 M re, 2 M re zus str*, von * bis * bis zum Rd-Ende wdh.

8 Rd re M str.

Nächste Rd: 1 M re, 2 M re zus str, 2 M re, 2 M re zus str, 1 M re.

3 Rd re M str.

3 M abk, 3 M re.

3 M li, gleichzeitig die M abk.

BEINE

6 M mit Ndl Nr. 2,5 anschlagen. 1 Rd re M str.

1. Rd: *[1 M re, 1 M re verschr] in 1 M str*, von * bis * bis zum Rd-Ende wdh = 12 M.

7 Rd re M str.

Jetzt verkürzte R str (»German Short Rows«, siehe Video unter klompelompe.no):

3 M re, wenden, 6 M li, wenden, 7 M re, wenden, 8 M li, wenden, 9 M re, wenden, 10 M li, wenden, 5 M re.

1 Rd re M str.

Nächste Rd: 3 M re, 2 M re zus str, 2 M re, 2 M re zus str, 3 M re.

3 Rd re M str.

Nächste Rd: 2 M re, 2 M re zus str, 2 M re, 2 M re zus str, 2 M re.

16 Rd re M str.

RECHTER FUSS

4 M abk, 4 M re.

Nächste R: 4 M li, gleichzeitig abk.

LINKER FUSS

4 M re, 4 M abk.

Nächste R: 4 M re, gleichzeitig abk.

Beine und Arme an die Minipuppe nähen und alle Fäden vernähen. Augen, Augenbrauen und Nase aufsticken.

Die Haare in langen Stichen aufnähen oder Fäden einknoten, wenn es Locken sein sollen. Auch ein Zopf lässt sich flechten. Wenn die Puppe lange Haare haben soll, gibt es dazu unter klompelompe.no ein Anleitungsvideo.

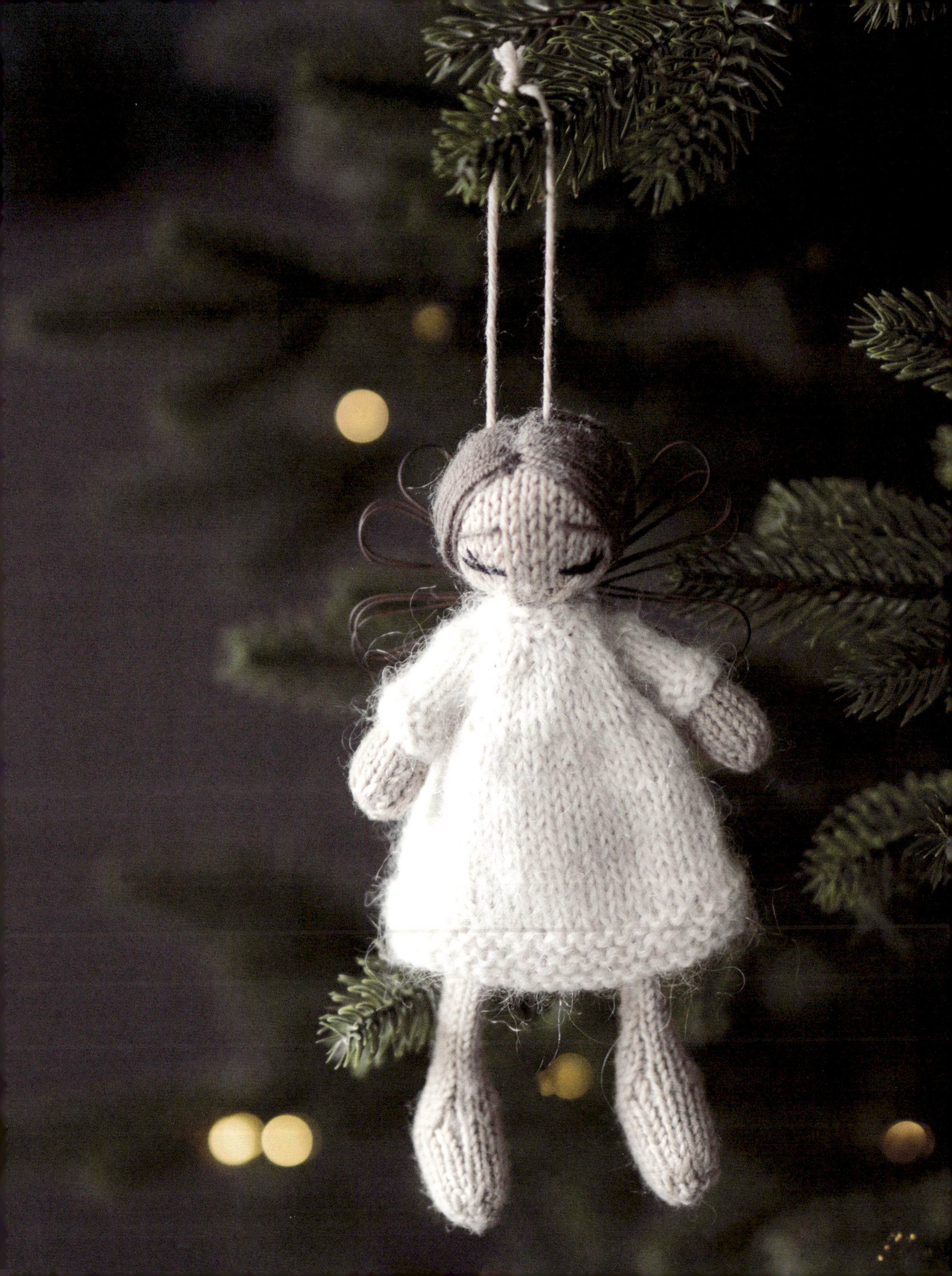

Kleidchen für den kleinen Engel

Ein süßes Kleidchen für den Engel.

Schwierigkeitsgrad 2

GARN
KlompeLOMPE Tynn Merinoull, Farbe 1013
Sandnes Garn Tynn Silk Mohair, Farbe 1012

MENGE
Ein Rest

NADELN
Rundnadel Nr. 2,5, 60 cm, für Magic Loop
Häkelnadel Nr. 3.

Die Arbeit beginnt oben.

14 M doppelfädig (1 Faden pro Garnqualität) mit Ndl Nr. 2,5 anschlagen. 2 R re M str.

1 R re M str, dabei gleichmäßig verteilt 6 M zun.

1 R li M str.

1 R re M str, dabei gleichmäßig verteilt 10 M zun.

1 R li M str.

1 R re M str, dabei gleichmäßig verteilt 8 M zun.

Nächste R: 5 M re, die nächsten 8 M auf einer Hilfsndl stilllegen (Ärmel-M), 4 M anschlagen, 12 M re, die nächsten 8 M auf einer Hilfsndl stilllegen (Ärmel-M), 4 M anschlagen, 5 M re.

1 R li M str.

1 R re M str.

1 R li M str.

Nächste R: *2 M re, 1 M zun*, von * bis * bis zu den letzten 2 M wdh, 2 M re.

1 R li M str.

1 R re M str.

Ab jetzt glatt rechts in Rd str, bis die Arbeit 6,5 cm misst.

1 Rd li M, 1 Rd re M, 1 Rd li M, 1 Rd re M str.

1 Rd li M str und die M gleichzeitig abk.

ÄRMEL

Aus den unter dem Ärmel angeschlagenen M ab der Mitte 2 M auffassen, die 8 M von der Hilfsndl re str, 2 M auffassen bis Rd-Ende.

7 Rd re M str.

1 Rd li M, 1 Rd re M str.

1 Rd li M str und die M gleichzeitig abk.

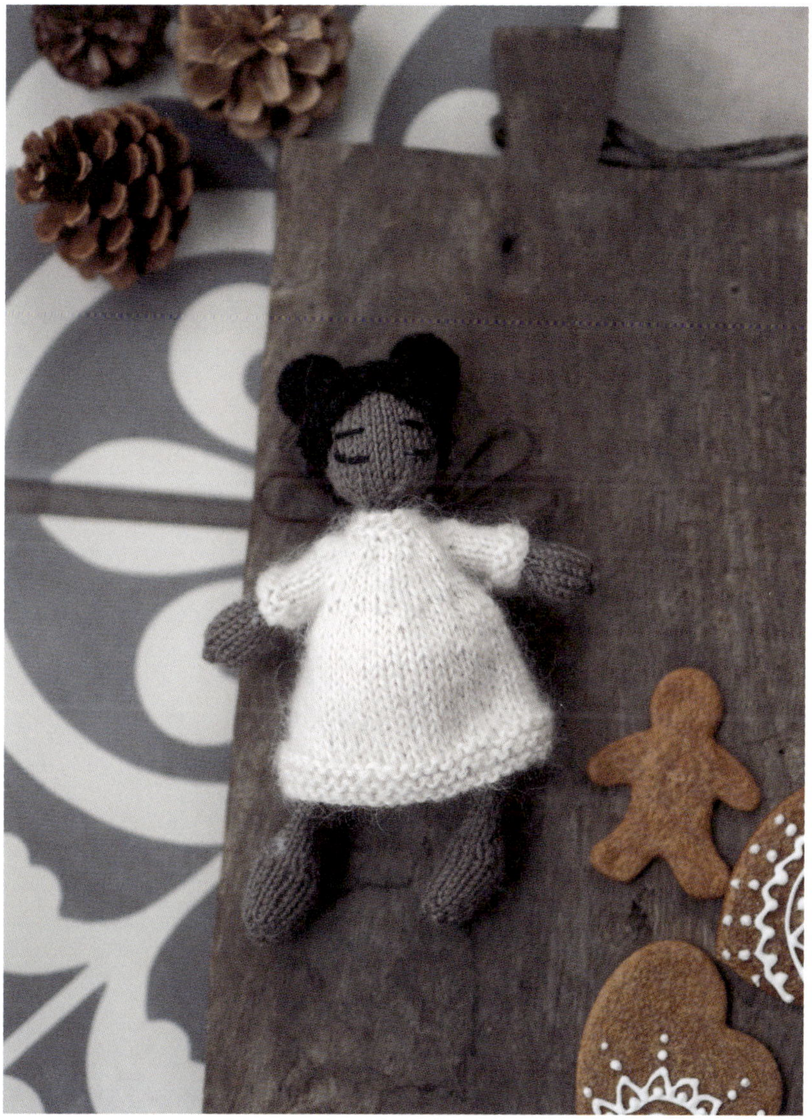

KNOPFLOCH

Für das Knopfloch 4 Lm häkeln und mit 1 Kettm hinten oben am Schlitz befestigen. An der anderen Seite einen Knopf annähen. Alle Fäden vernähen.

Balaclava Ragnhild

Eine kuschelige und süße Balaclava mit Futter, damit besonders die Ohren gut geschützt sind. Die Mütze hat ein zartes Lochmuster und ist mit einem niedlichen Bommel verziert.

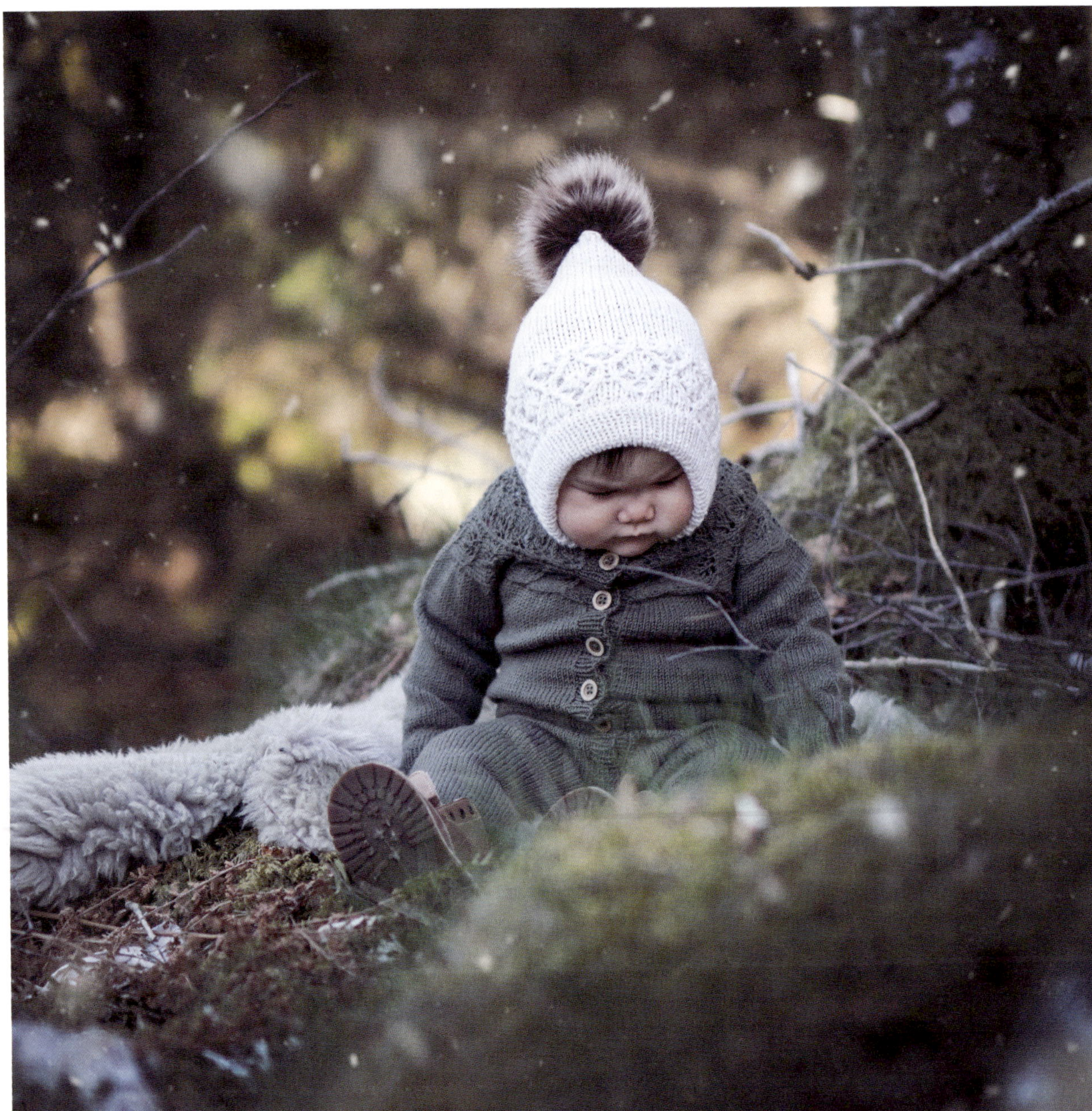

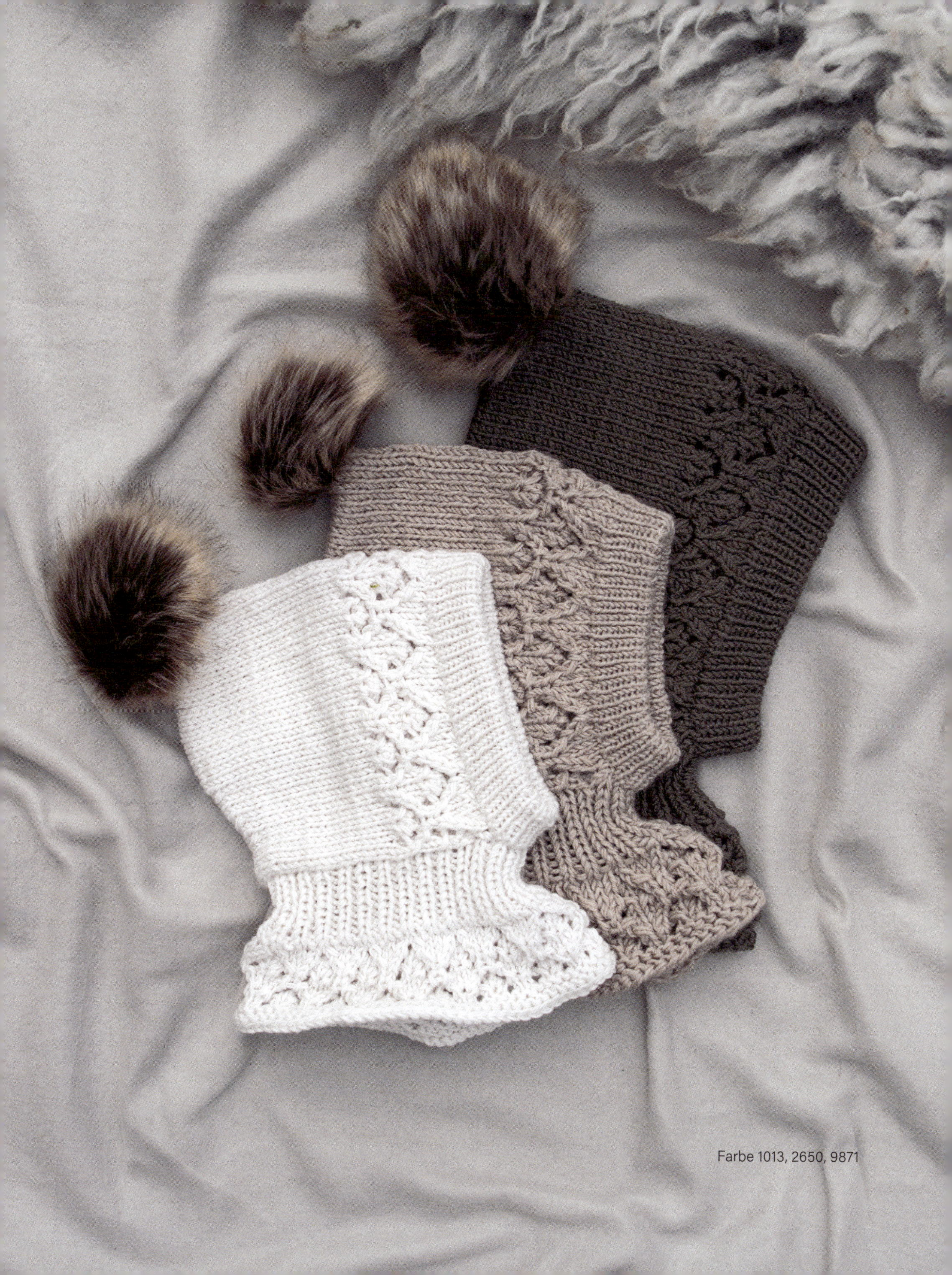

Farbe 1013, 2650, 9871

Schwierigkeitsgrad 2

GRÖSSEN
6–12 Mon (1–2 Jahre) 3–4 Jahre (5–6 Jahre)

GARN
KlompeLOMPE Merinoull und KlompeLOMPE Tynn Merinoull, beide Farbe 1013

MENGE
KlompeLOMPE Merinoull: 100 (100) 150 (150) g
KlompeLOMPE Tynn Merinoull: 50 g für alle Größen

NADELN
Rundnadeln Nr. 3, Nr. 3,5 und Nr. 5, je 40 cm und 80 cm.

MASCHENPROBE
16 M mit Ndl Nr. 5 = 10 cm

Die Arbeit beginnt mit dem Rippenmuster rund um das Gesicht.

(86) 90 (94) 94 M mit Ndl Nr. 3,5 mit KlompeLOMPE Merinoull anschlagen. Zu Ndl Nr. 3 wechseln. 20 Rd im Rippenmuster (1 M re, 1 M li im Wechsel) str.

Die Anschlagkante innen nach oben klappen. Zu Ndl Nr. 3,5 wechseln. 1 Rd re M str, dabei immer 1 M mit 1 M der Anschlagkante zus str (es reicht, jede 2. M so anzustr). Wenn das zu knifflig ist, kann die Anschlagkante auch später angenäht werden.

Zu Ndl Nr. 5 wechseln, jetzt doppelfädig mit 1 Faden KlompeLOMPE Tynn Merinoull und 1 Faden KlompeLOMPE Merinoull arb.

Die letzten 7 M auf einer Hilfsndl stilllegen und über die restlichen (79) 83 (87) 87 M in R weiter str. 1 R re M str, dabei gleichmäßig verteilt (23) 21 (19) 19 M abn = (56) 62 (68) 68 M auf der Ndl.

Nach Strickschrift A str, dabei mit den M vor dem Rapport beginnen, den Rapport stets wdh und mit den M nach dem Rapport enden.

Nach dem Ende der Strickschrift glatt rechts weiterstr, bis die Arbeit (15) 16 (17) 18 cm misst.

Nächste R (Hin-R): Re M str bis 6 M vor R-Ende, wenden, li M str bis 6 M vor R-Ende, wenden, re M bis 2 M vor dem letzten Wenden str, wenden, li M bis 2 M vor dem letzten Wenden str, wenden, re M bis 3 M vor dem letzten Wenden str, wenden, li M bis 3 M vor dem letzten Wenden str, wenden, re M bis R-Ende str.

Die Arbeit zur Hälfte rechts auf rechts legen. Die Hälften mit einer Hilfsnd miteinander verbinden: 1 M von der vorderen Ndl und 1 M von der hinteren Ndl re zus str und gleichzeitig abk. So bis R-Ende arb. Die Arbeit wieder auf rechts wenden.

RIPPENMUSTER AM HALS

In der rückwärtigen Mitte beginnen. Mit Ndl Nr. 5 doppelfädig mit 1 Faden KlompeLOMPE Tynn Merinoull und 1 Faden KlompeLOMPE Merinoull arb.

(25) 27 (30) 30 M aus dem Rand aufnehmen, die 7 M der Hilfsndl re str, (24) 26 (29) 29 M aus dem Rand aufnehmen = (56) 60 (66) 66 M auf der Ndl.

4 (5) 6 (8) cm im Rippenmuster in Rd str.

Mit 2 Fäden KlompeLOMPE Merinoull weiter str. Wenn Sie nur ein Knäuel KlompeLOMPE Merinoull haben, str Sie mit einem Faden aus dem Inneren und einem von der Außenseite des Knäuels.

1 Rd re M str.

1 Rd re M str, dabei gleichmäßig verteilt (28) 30 (30) 30 M zun = (84) 90 (96) 96 M.

Nach Strickschrift B arb.

1 Rd li M und 1 Rd re M str.

1 Rd li M str, dabei die M gleichzeitig abk.

FUTTER UNTER DEM LOCHMUSTER

(98) 102 (108) 108 M mit Ndl Nr. 3 und 1 Faden KlompeLOMPE Tynn Merinoull auf der Innenseite der Mütze an derselben Stelle aufnehmen, wo die Anschlagkante an das Rippenmuster gestrickt wurde.

Glatt rechts in R str, bis das Musterfeld bedeckt ist. Die M mit Ndl Nr. 3,5 abk. Das Futter sehr locker innen annähen, dabei nicht nach außen durchstechen.

Strickschrift A

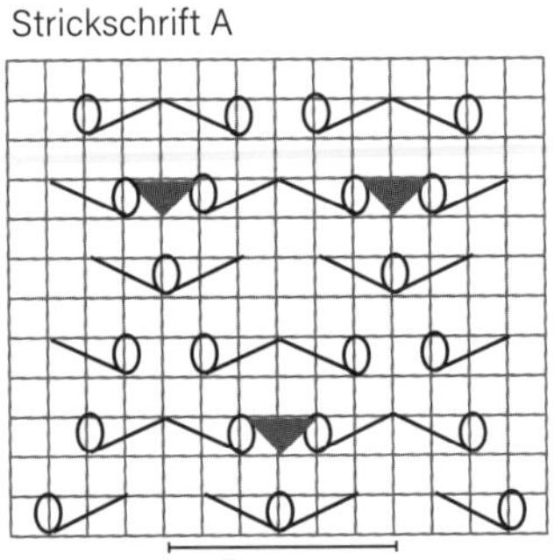

Strickschrift B

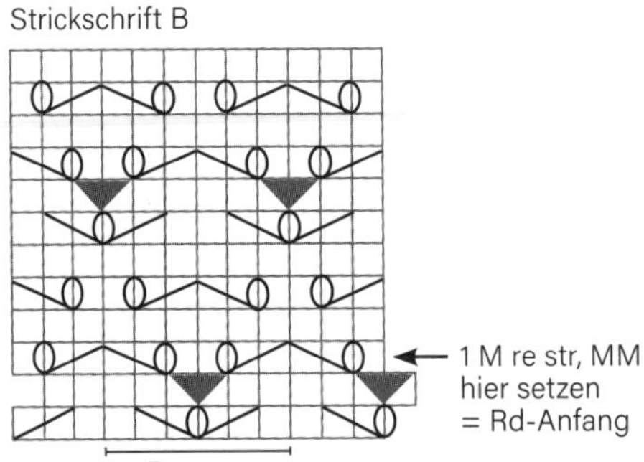

- = 1 M glatt rechts
- = 1 Umschlag zwischen 2 M
- = 2 M re zus str
- = 1 M abh, 1 M re, die abgehob M darüberziehen
- = [1 M re, 1 M re verschr] in 1 M str

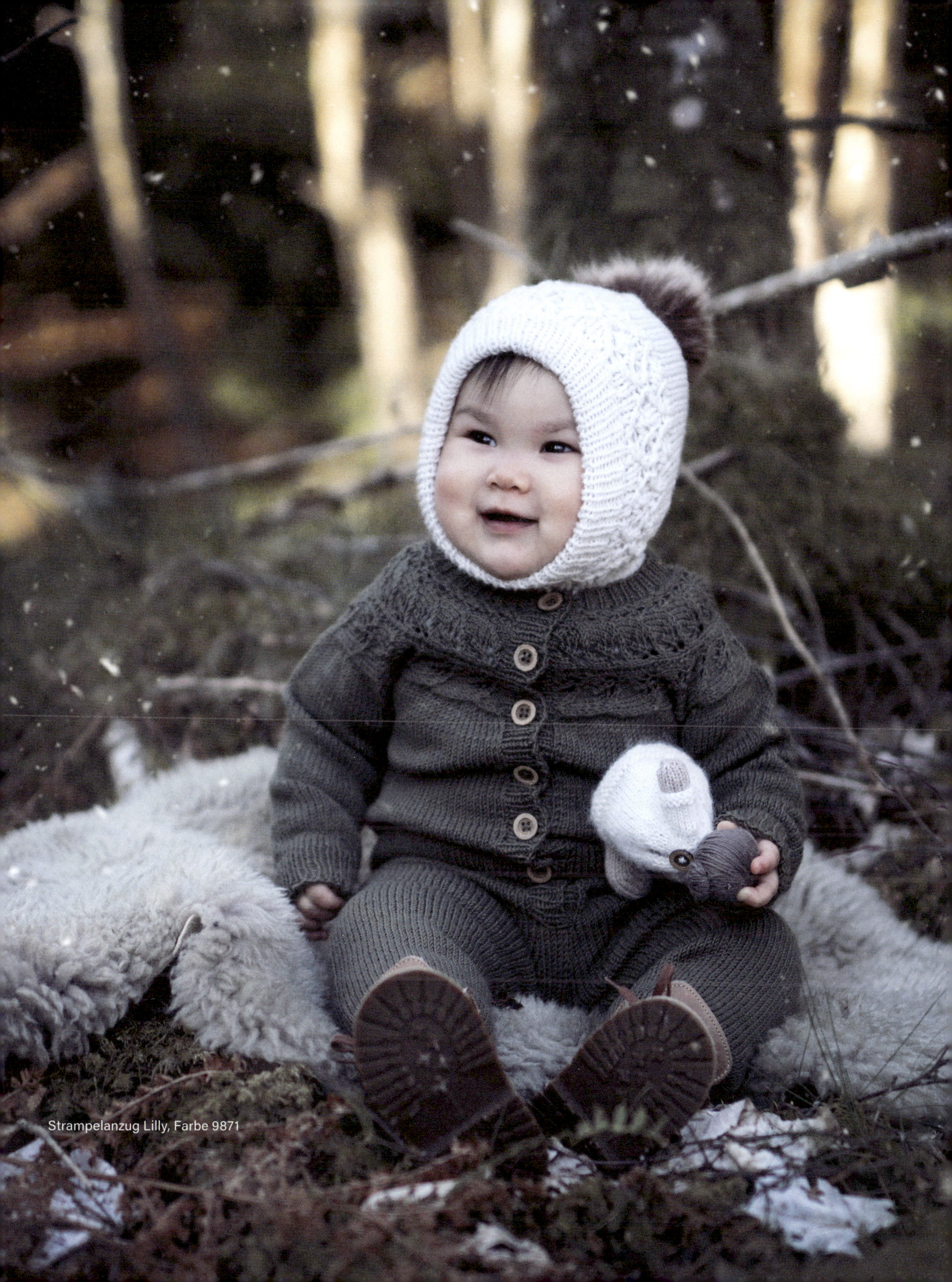

Strampelanzug Lilly, Farbe 9871

Dünne Jacke Goldjunge

Die Goldjungen-Jacke aus unserem ersten Buch war die erste Jacke, für die wir eine Anleitung erstellt hatten. Nun haben wir eine Variante für dünne Wolle, sogar ab Frühchen-Größe.

Schwierigkeitsgrad 2

GRÖSSEN
(Frühchen) 0–2 Mon (3 Mon) 6–9 Mon (1 Jahr) 2 Jahre

GARN
KlompeLOMPE Tynn Merinoull, Farbe 2652

MENGE
(100) 100 (100) 150 (150) 150 g

NADELN
Rundnadeln Nr. 2,5 und Nr. 3, je 80 cm

MASCHENPROBE
27 M mit Ndl Nr. 3 = 10 cm

MASSE
Oberweite: ca. (39) 43 (47) 49 (53) 56 cm
Gesamtlänge: ca. (18,5) 22 (26,5) 29,5 (33) 36 cm

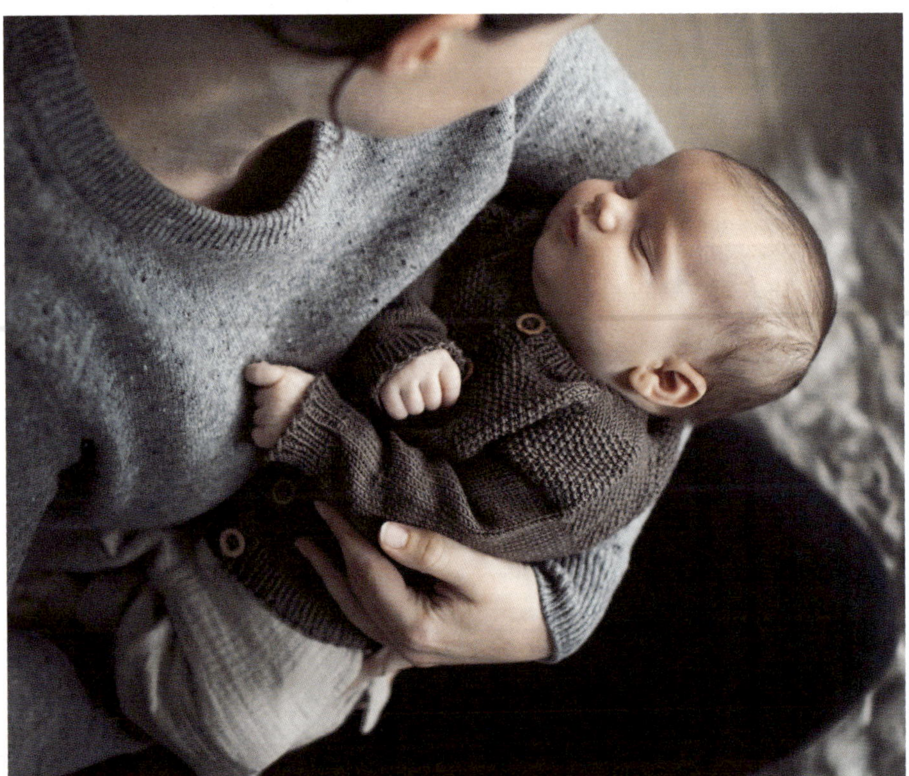

Die Jacke wird in Reihen von oben nach unten gestrickt.

(71) 73 (77) 77 (81) 81 M mit Ndl Nr. 2,5 anschl. 6 R im Rippenmuster (1 M re, 1 M li im Wechsel) str.

In der 3. R ein Knopfloch wie folgt einarb: 2 M im Rippenmuster, 1 U, 2 M re zus str, Rippenmuster str bis R-Ende.

An beiden Seiten die 5 äußeren M (Knopfleisten) stets kraus rechts arb (= in Hin- und Rück-R re M str).

Zu Ndl Nr. 3 wechseln.

Nächste R: 5 M re (Knopfleiste), (8) 9 (10) 10 (11) 11 M re, 1 M zun, 1 M re (Raglan-M), 1 M zun, 9 M re (Ärmel-M), 1 M zun, 1 M re (Raglan-M), 1 M zun, (23) 23 (25) 25 (27) 27 M re, 1 M zun, 1 M re (Raglan-M), 1 M zun, 9 M re (Ärmel-M), 1 M zun, 1 M re (Raglan-M), 1 M zun, (8) 9 (10) 10 (11) 11 M re, 5 M re (Knopfleiste).

Nächste R: 5 M re, li M str bis zu den letzten 5 M, 5 M re.

Verkürzte R im Nacken: Re M mit Raglan-Zunahmen str bis 12 M vor R-Ende, wenden, li M str bis 12 M vor R-Ende, wenden, re M mit Raglan-Zunahmen bis 2 M nach dem letzten Wenden str, wenden, li M bis 2 M nach dem letzten Wenden str, wenden, re M mit Raglan-Zunahmen bis 2 M nach dem letzten Wenden str, wenden, li M bis 2 M nach dem letzten Wenden str, wenden, re M mit Raglan-Zunahmen bis R-Ende str.

Außer an den Knopfleisten weiter im Perlmuster (1 M re, 1 M li im Wechsel, umgekehrt in der nächsten R) str und in jeder Hin-R stets für den Raglan zun, dazu jeweils 1 M re verschr oder li verschr aus dem Querfaden zwischen 2 M zun, je nachdem, wie es in das Perlmuster passt. Die Raglan-M in der Hin-R re und in der Rück-R li str.

Ca. (3,5) 3,5 (4) 4 (4,5) 4 cm nach dem vorigen Knopfloch ein weiteres str. Insgesamt (5) 6 (6) 7 (7) 8 Knopflöcher str.

Nachdem (13) 15 (17) 18 (20) 22-mal zugenommen wurde, 2 R glatt rechts str.

Nächste R (Hin-R): Re M bis einschließlich der 1. Raglan-M str, die Ärmel-M (ohne Raglan-M) auf einer Hilfsndl stilllegen, 5 M anschl, re M bis einschließlich der 3. Raglan-M str, die Ärmel-M (ohne Raglan-M) auf einer Hilfsndl stilllegen, 5 M anschl, re M bis R-Ende str = (105) 115 (127) 131 (143) 151 M auf der Ndl.

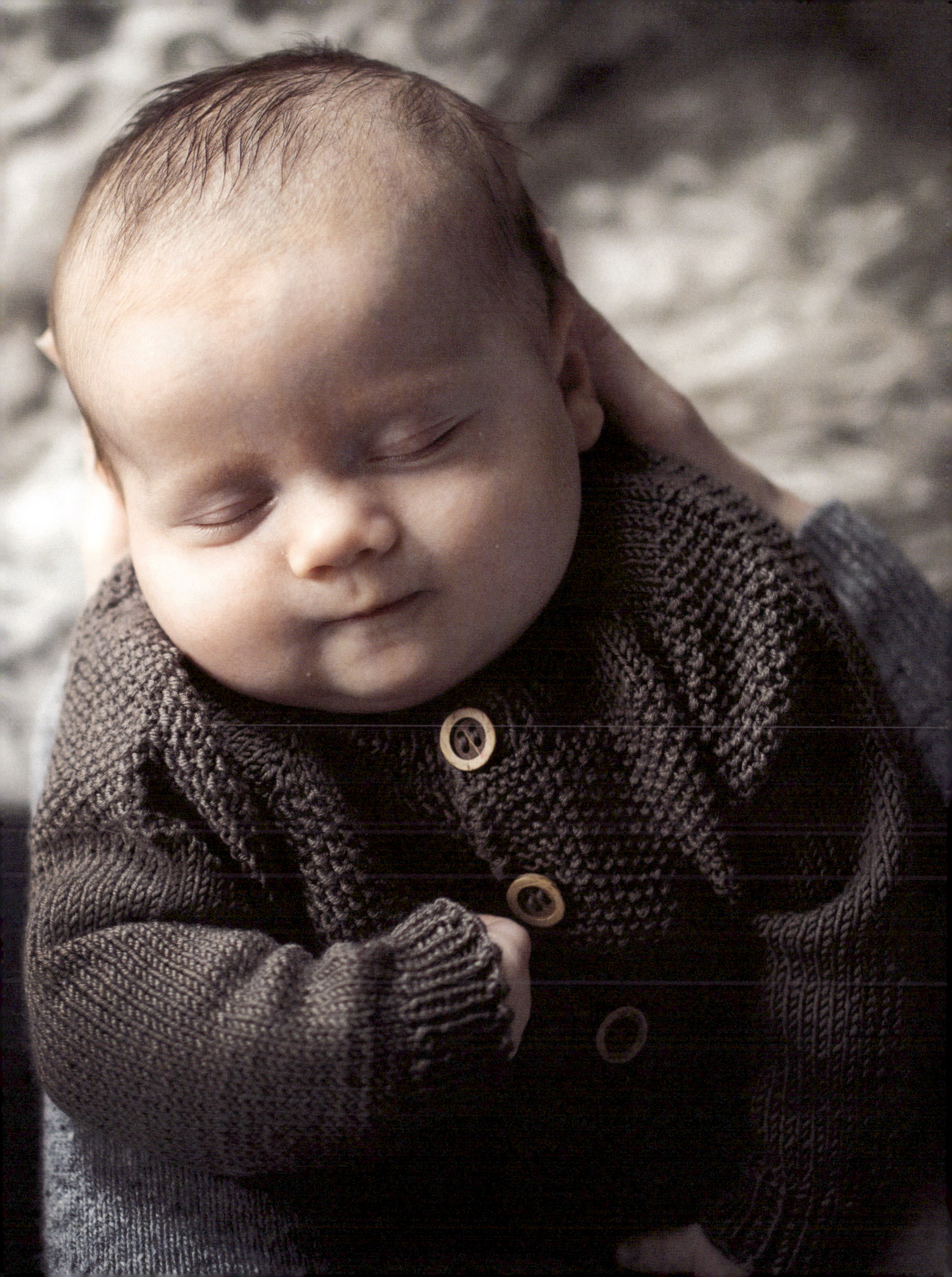

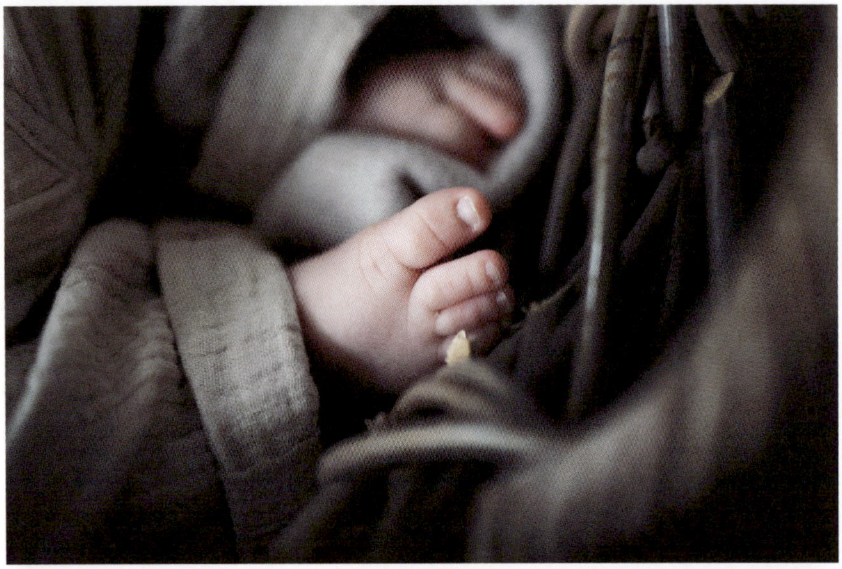

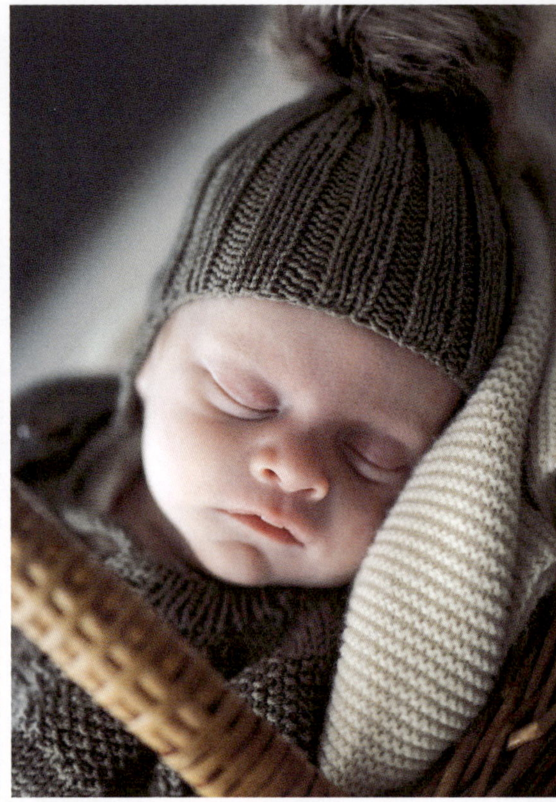

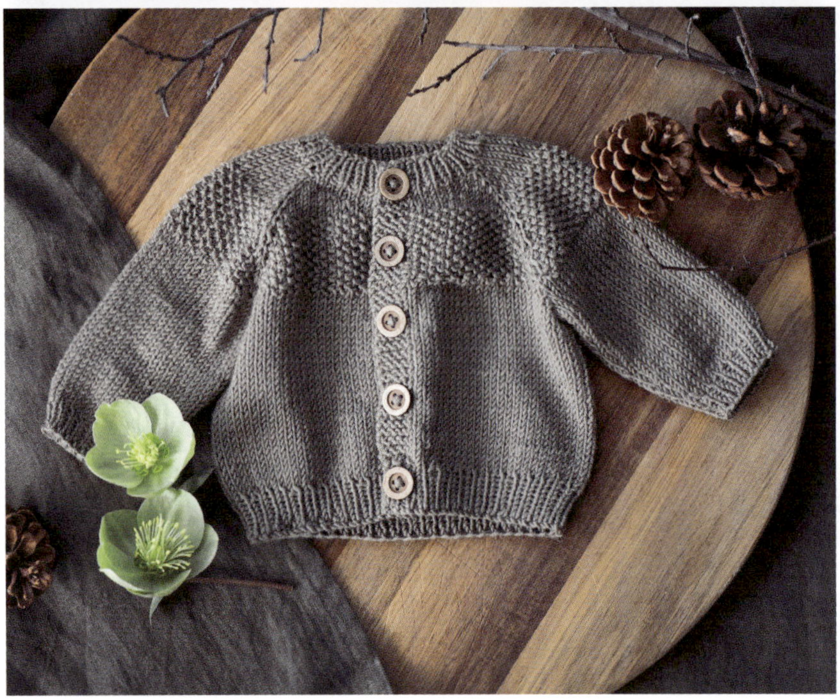

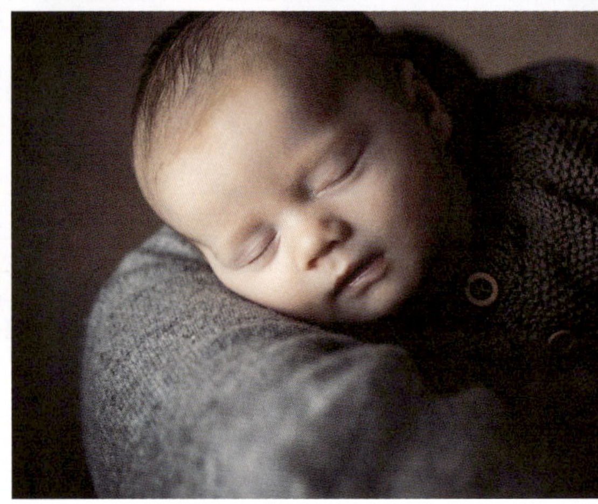

Glatt rechts mit beidseitig 5 M kraus re str, bis die Arbeit ab der Schulter ca. (17) 20 (24) 27 (30) 33 cm misst.

Zu Ndl Nr. 2,5 wechseln. (6) 8 (10) 10 (12) 12 R im Rippenmuster (auch die Knopfleisten) str.

Das letzte Knopfloch in der Mitte der Rippen str. In der letzten R alle M abk.

ÄRMEL

Aus den unter dem Ärmel angeschlagenen M ab der Mitte 3 M plus 1 M aus dem Übergang zum Rumpf aufnehmen, die (35) 39 (43) 45 (49) 53 M von der Hilfsndl re str, 1 M aus dem Übergang zum Rumpf und 2 M aus den unter dem Ärmel angeschlagenen M aufnehmen = (42) 46 (50) 52 (56) 60 M auf der Ndl.

Die 1. M ist eine Markierungs-M und wird immer li gestrickt.

Wenn der Ärmel 1,5 cm misst, wie folgt abn: 1 M li (Markierungs-M), 2 M re zus str, bis 2 M vor Rd-Ende str, 1 M abh, 1 M re, die abgehobene M darüberziehen.

Diese Abnahmen alle 2 cm wdh, bis noch (32) 34 (36) 38 (40) 42 M übrig sind. Weiterstr, bis der Ärmel (10) 12 (14) 18 (22) 24 cm misst.

Zu Ndl Nr. 2,5 wechseln. (8) 8 (10) 10 (12) 12 Rd im Rippenmuster str und in der letzten Rd alle M abk.

Die Fäden vernähen und Knöpfe annähen. Das Strickstück unter einem feuchten Handtuch trocknen lassen oder vorsichtig dämpfen.

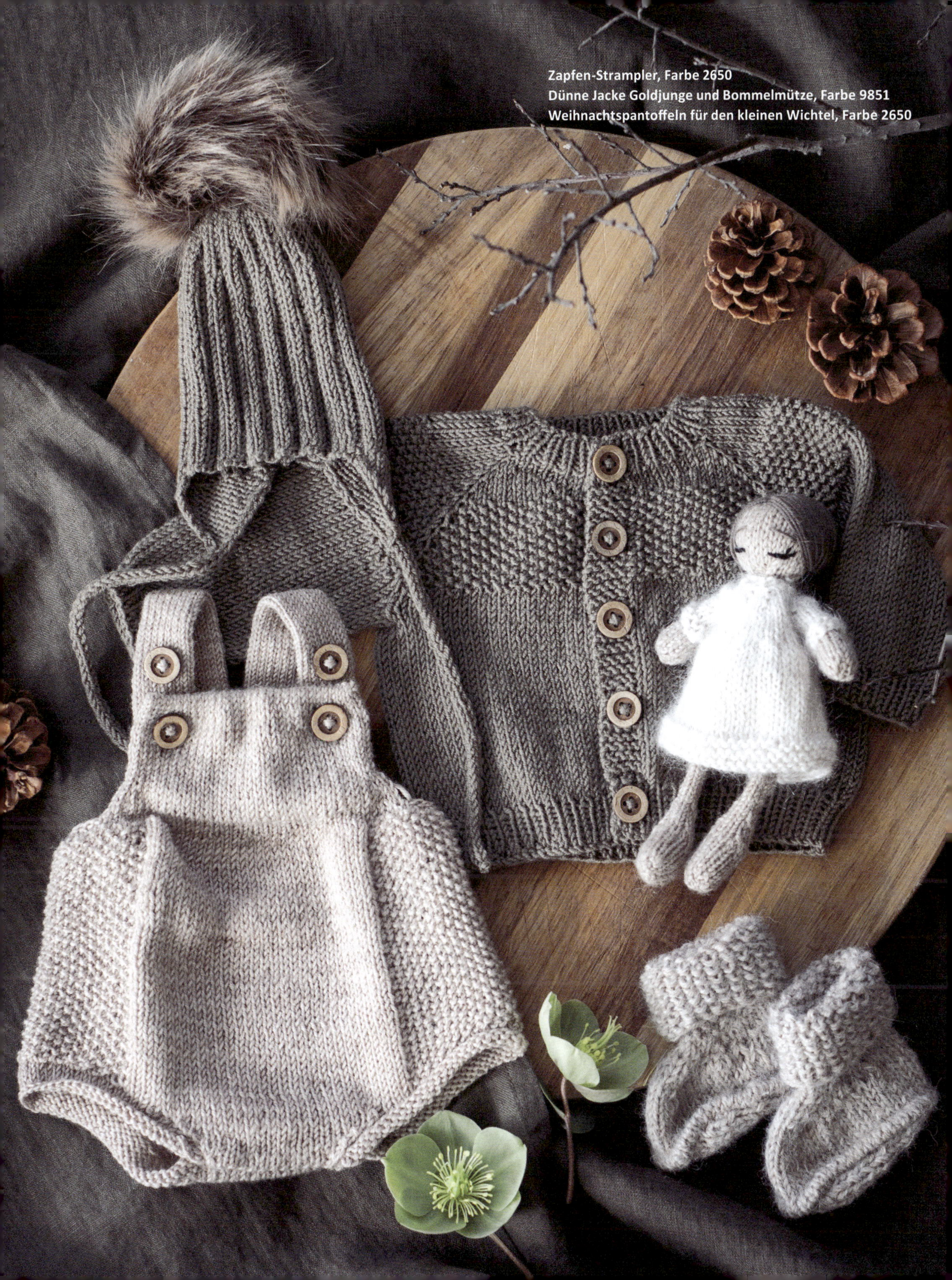

Zapfen-Strampler, Farbe 2650
Dünne Jacke Goldjunge und Bommelmütze, Farbe 9851
Weihnachtspantoffeln für den kleinen Wichtel, Farbe 2650

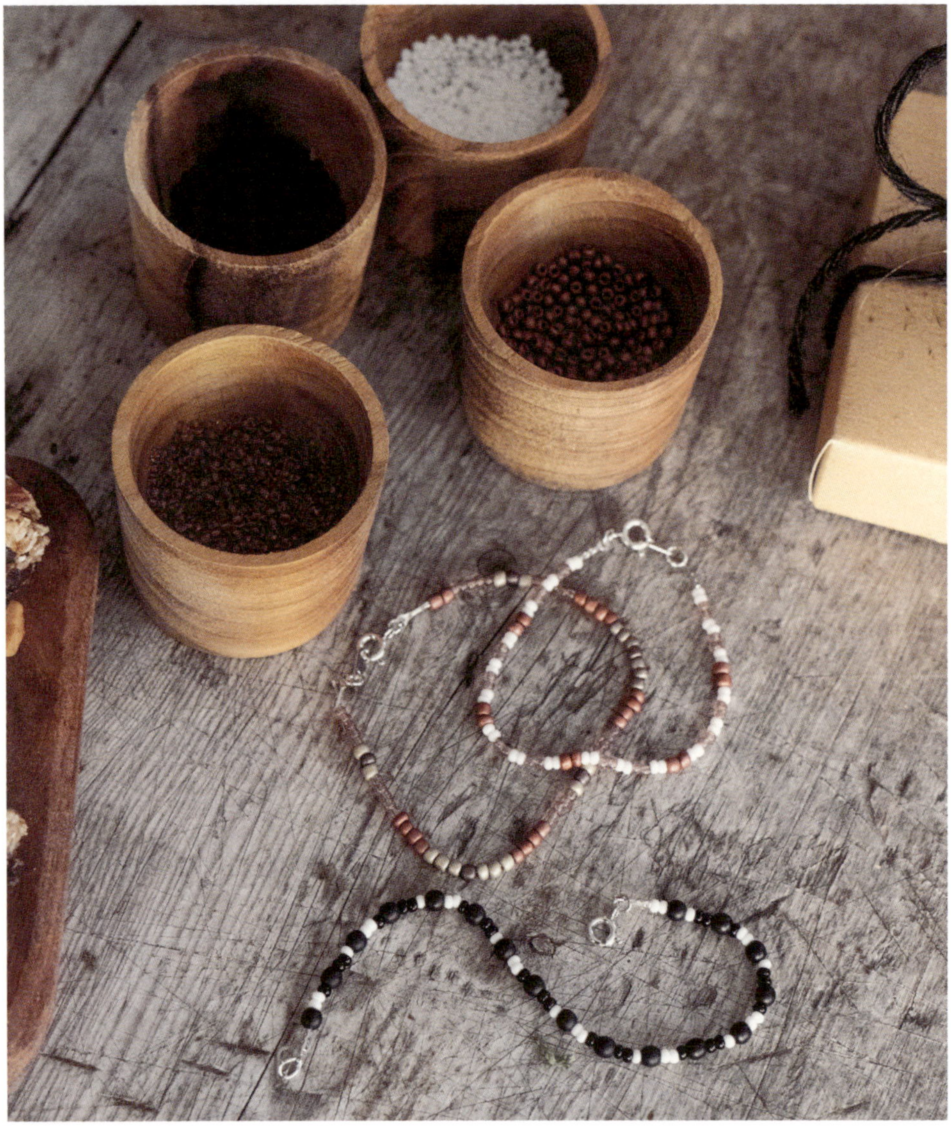
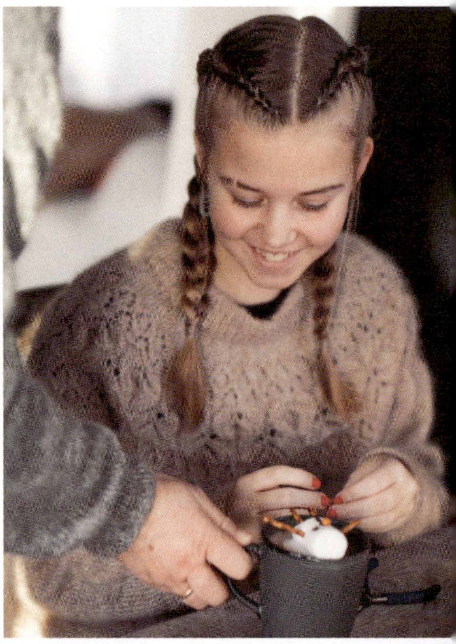
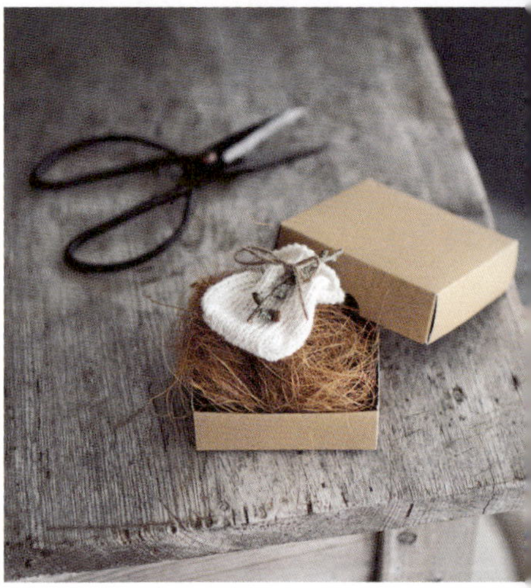
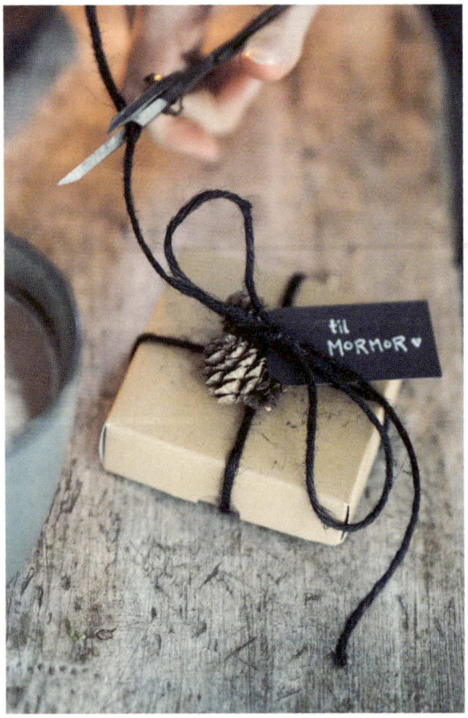
til
MORMOR ♥
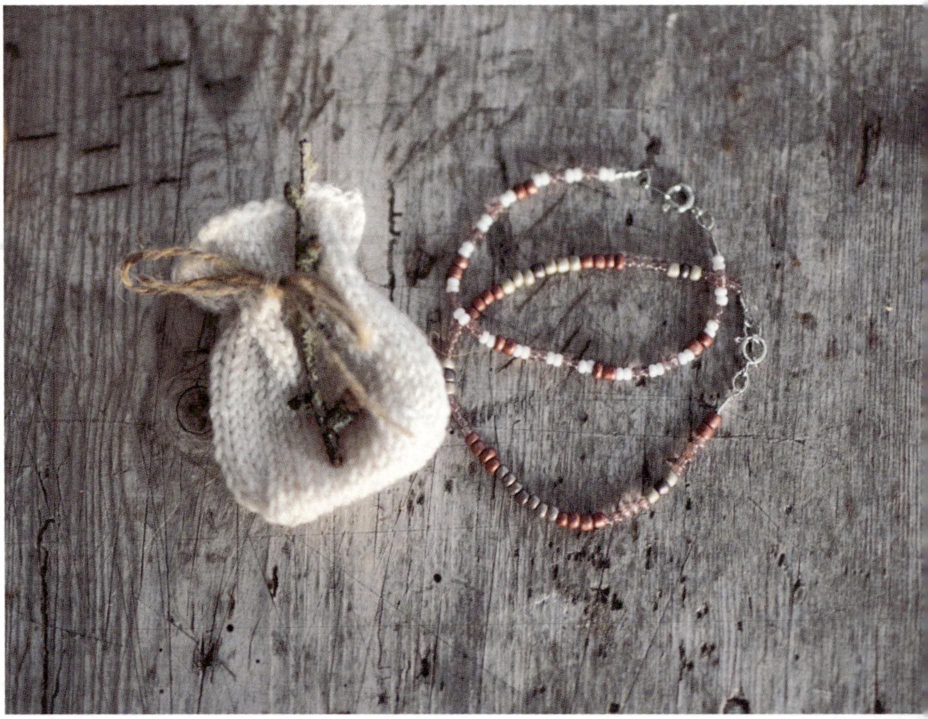

Weihnachtswerkstatt

Wir lieben es, selbstgemachte Geschenke zu Weihnachten zu bekommen und zu verschenken. Diese schönen Armbänder machen sowohl Erwachsenen als auch Kindern Spaß. Stricken Sie für das Armband noch ein hübsches Schmucksäckchen und schon haben Sie ein zauberhaftes Weihnachtsgeschenk.

PERLENARMBAND

MATERIAL

Beliebige Schmuckperlen
Elastischer Schmuckfaden
Schmuckverschluss
Zange

SCHMUCKSÄCKCHEN

GARN

KlompeLOMPE Tynn Merinoull oder anderes Garn nach Wahl

MENGE

Ein Rest

NADELN

Rundnadel Nr. 2,5, 80 cm lang, für Magic Loop

32 M mit Ndl Nr. 2,5 anschlagen. In der Magic-Loop-Technik 7 Rd re M str.

Nächste Rd: *2 M re, 2 M re zus str, 1 U*, von * bis * bis Rd-Ende wdh.

15 Rd re M str. An beiden Seiten einen MM setzen.

Nächste Rd: *2 M re, 2 M re zus str, re M bis 4 M vor dem MM str, 1 M abh, 1 M re, die abgehobene M darüberziehen, 2 M re*, von * bis * 2-mal arb.

Nächste Rd: *1 M re, 2 M re zus str, re M bis 3 M vor dem MM str, 1 M abh, 1 M re, die abgehobene M darüberziehen, 1 M re*, von * bis * 2-mal arb.

Nächste Rd: *2 M re zus str, re M bis 2 M vor dem MM str, 1 M abh, 1 M re, die abgehobene M darüberziehen*, von * bis * 2-mal arb.

Die Arbeit auf links wenden und die Teile unten zus str: Mit einer Hilfsndl stets 1 M von der vorderen Ndl und 1 M von der hinteren Ndl zus str und dabei abk.

Alle Fäden vernähen. Eine Hanfschnur oder ein Seidenband durch die Lochreihe fädeln.

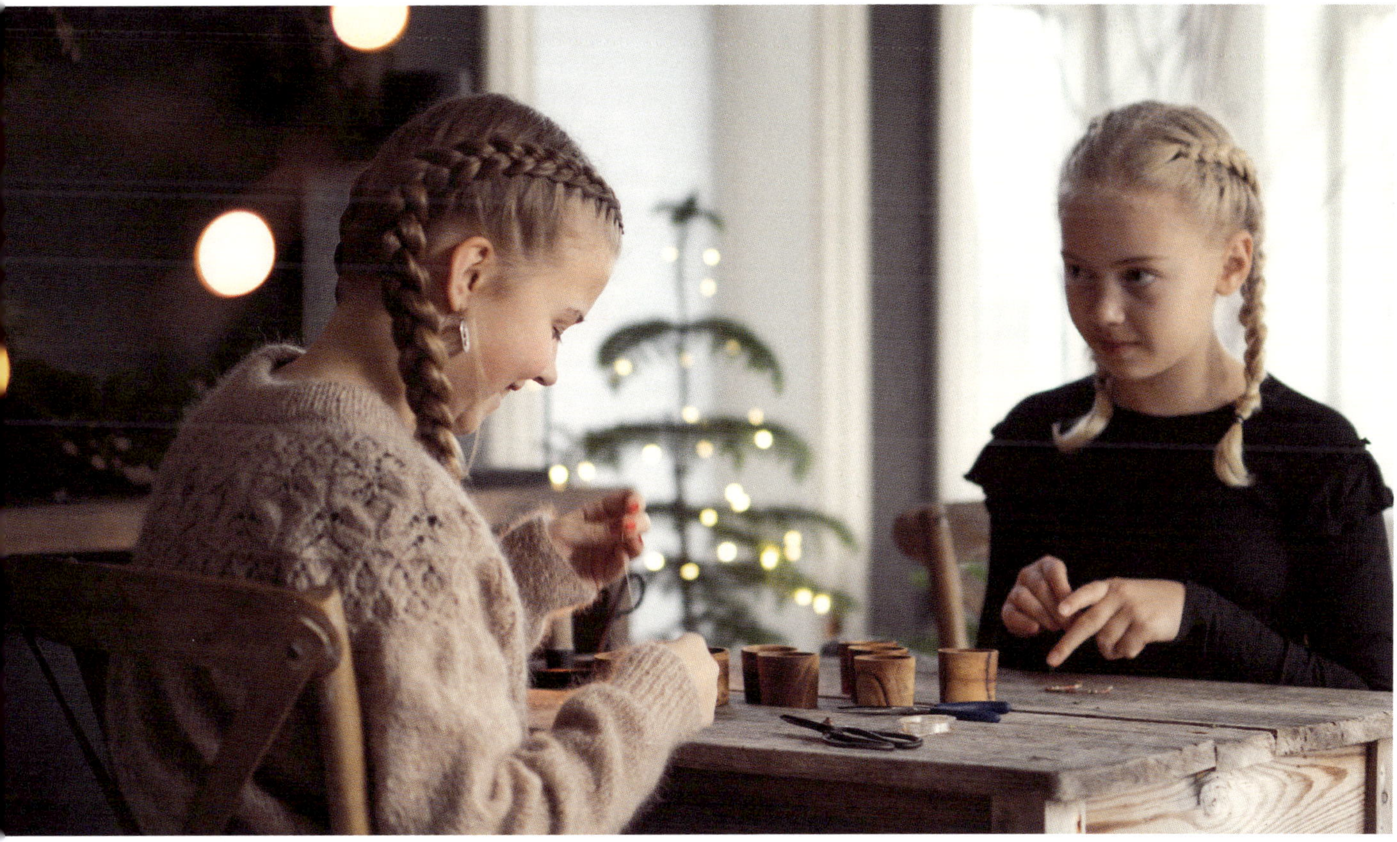

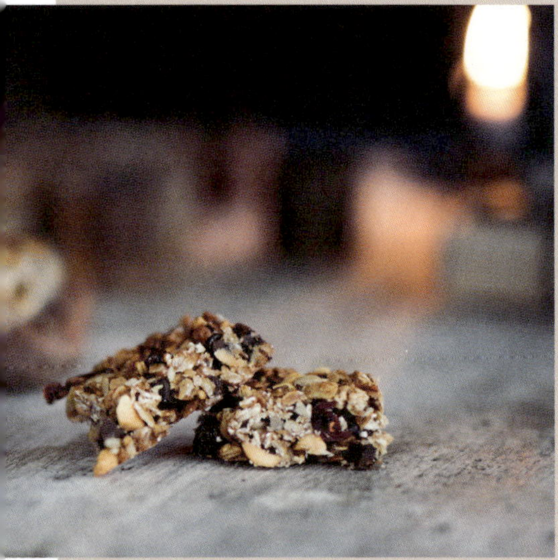

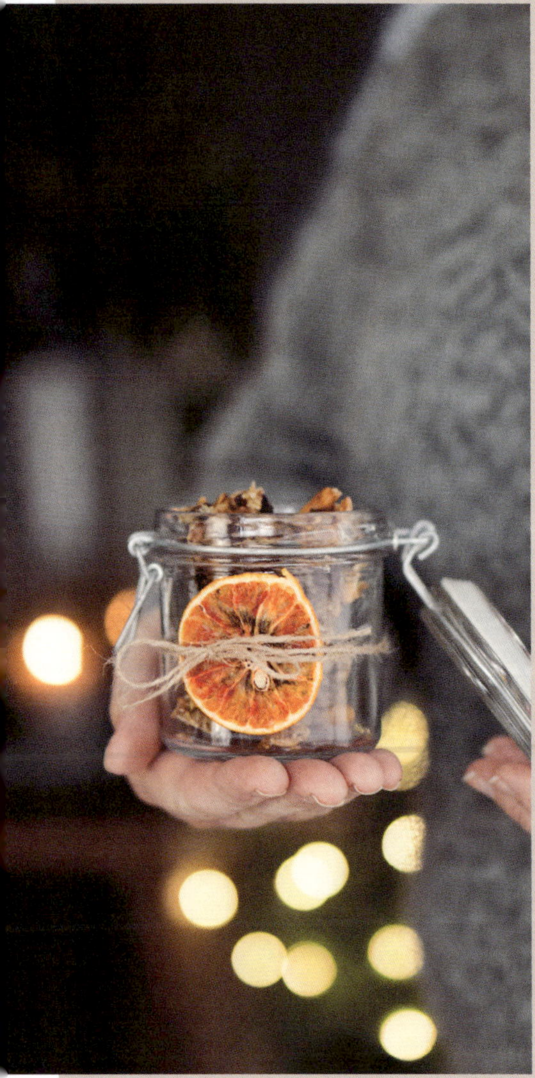

Granola-Weihnachtskuchen

Ein etwas gesünderer Weihnachtskuchen, der eigentlich das ganze Jahr über gegessen werden kann. Voller Ballaststoffe und gesunder Fette.

ZUTATEN
50 g Mandeln
100 g gesalzene Erdnüsse
150 g dunkle Schokolade
150 g Butter
50 g brauner Zucker oder ein anderes Süßungsmittel
2 EL Agaven- oder Ahornsirup
1 Ei
30 g Sonnenblumenkerne
150 g zuckerfreies Granola (wir haben uns für eines mit gepufftem Quinoa entschieden)
30 g Haferflocken
100 g getrocknete Beeren, z.B. Cranberrys

Den Backofen auf 180 Grad (Ober- und Unterhitze) vorheizen.

Nüsse und Schokolade grob hacken.

Butter schmelzen und mit dem Zucker, Sirup und Ei verrühren.

Alles mit den anderen Zutaten vermischen.

Den Teig in eine mit Backpapier ausgelegte Form füllen und gleichmäßig verteilen.

Auf der untersten Schiene 20–25 Min. backen. Abkühlen lassen. Den Kuchen vor dem Anschneiden eine Stunde in den Gefrierschrank legen, damit er sich besser in Stücke schneiden lässt. Die Schnitten in einer luftdichten Box im Gefrierfach aufbewahren. 10–15 Min. vor dem Servieren herausnehmen (oder direkt aus dem Gefrierfach in die Vesperbox geben).

Orangen- und Granolariegel

ZUTATEN
50 g Mandeln
100 g gesalzene Erdnüsse
30 g Sonnenblumenkerne
60 g zuckerfreies Granola
120 g Haferflocken
150 g Butter
50 g brauner Zucker oder ein anderes Süßungsmittel
Schale von 2 kleinen Orangen
Saft von einer halben Orange
2 EL Honig
1 Ei
150 g dunkle Schokolade

Den Backofen auf 180 Grad (Ober- und Unterhitze) vorheizen.

Nüsse und Schokolade hacken.

Geschmolzene Butter, Zucker, Honig, Orangensaft und Ei verrühren.

Geriebene Orangenschale (darauf achten, dass nur die Orangenschale abgerieben wird und kein weißes Fruchtfleisch, da es sonst zu bitter wird) mit den Nüssen und der Schokolade mischen. Dann alle Zutaten miteinander vermengen.

Den Teig in eine mit Backpapier ausgelegte Form füllen und gleichmäßig verteilen. 25–30 Min. backen. Abkühlen lassen. Den Kuchen vor dem Anschneiden eine Stunde in den Gefrierschrank legen, damit er sich besser in Stücke schneiden lässt. Die Riegel in einer luftdichten Box im Gefrierfach aufbewahren. 10–15 Min. vor dem Servieren herausnehmen.

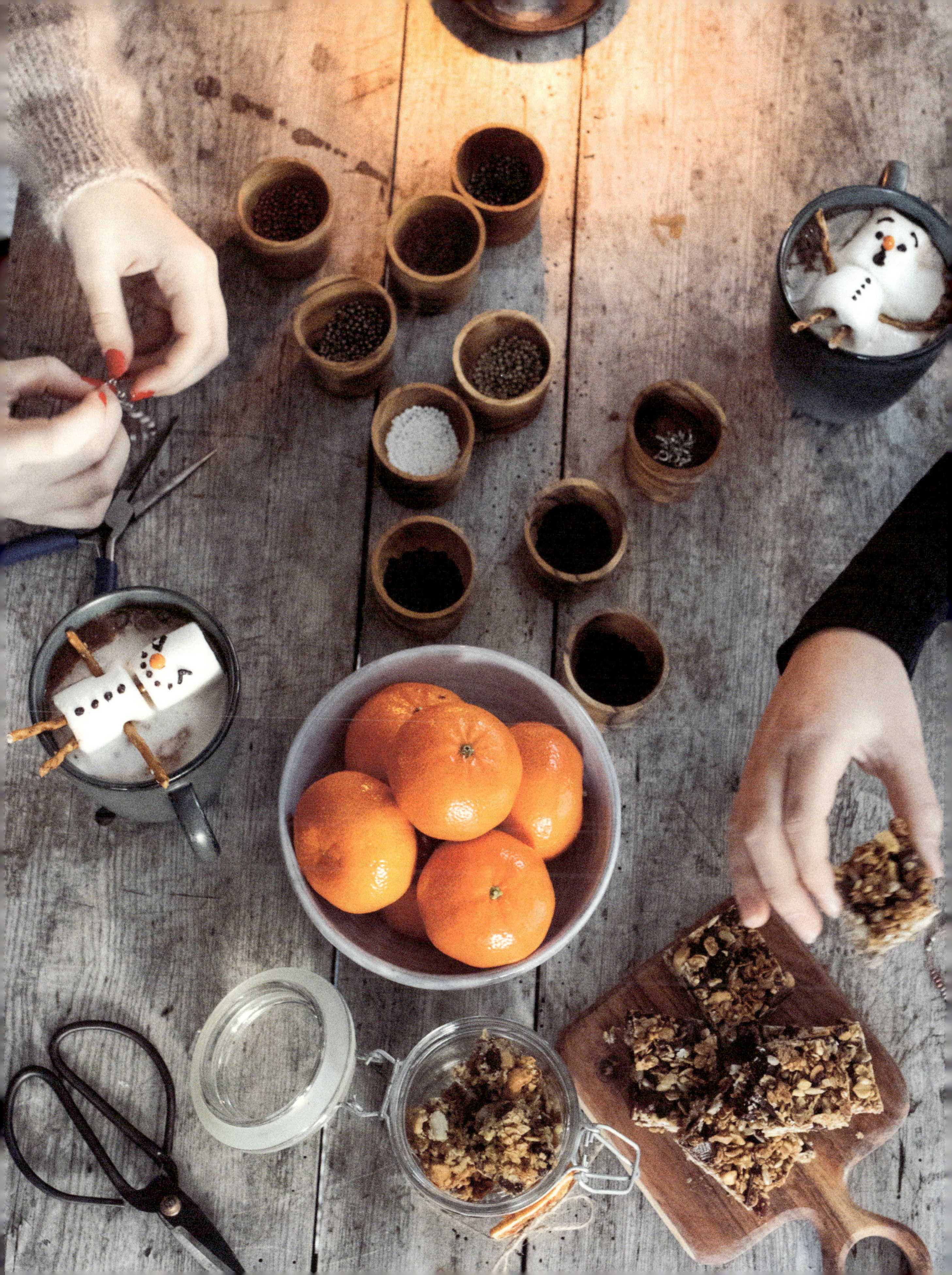

Weihnachtswichtel/Engel

Erschaffen Sie Ihren eigenen süßen kleinen Engel mit einem genähten Leinenkleid und einer selbstgestrickten Jacke. Mit Mütze, Fäustlingen und Schal wird ein knuddeliger, kleiner Fjøsnisse – ein Hauskobold – daraus – oder Fjosnisse, wie wir in unserem Dialekt sagen.

Schwierigkeitsgrad 2

GARN
KlompeLOMPE Merinoull
Farbe A: 2650
Farbe B: 1013 (oder beliebiges Restgarn)

MENGE
Farbe A: 50 g
Farbe B (Hose): ein Rest
20–100 g für die Haare (beliebig)
Rest Sandnes Garn Tynn Merinoull 1099 oder beliebiges Garn für die Augen

NADELN
Rundnadel Nr. 2,5, 80 cm lang, für Magic Loop

MASCHENPROBE
25 M mit Ndl Nr. 2,5 = 10 cm

Die Figur während des Strickens mit Füllwatte ausstopfen. Darauf achten, am Hals besonders fest zu stopfen, damit der Kopf oben bleibt.

Die Arbeit beginnt mit dem Kopf.

1 M zun: Den Querfaden zwischen 2 M aufnehmen und re verschr str. Wenn dafür zu wenig M auf der Ndl sind, sodass diese Art des Zunehmens schwierig ist, kann man alternativ auch [1 M re, 1 M re verschr] in 1 M gestrickt werden.

1 M abn: 2 M re zus str. Wenn dafür zu wenig M auf der Ndl sind, sodass diese Art des Abnehmens wegen der Füllwatte zu unhandlich ist, kann man alternativ auch 1 M abheben, 1 M re, die abgehobene M darüberziehen.

6 M mit Ndl Nr. 2,5 in Farbe A anschlagen.

Die M auf 2 Ndl verteilen, falls mit Magic Loop gestrickt wird (empfohlen).

Nächste Rd: *1 M re, 1 M zun*, von * bis * bis Rd-Ende wdh.

1 Rd re M str.

Nächste Rd: *2 M re, 1 M zun*, von * bis * bis Rd-Ende wdh.

1 Rd re M str.

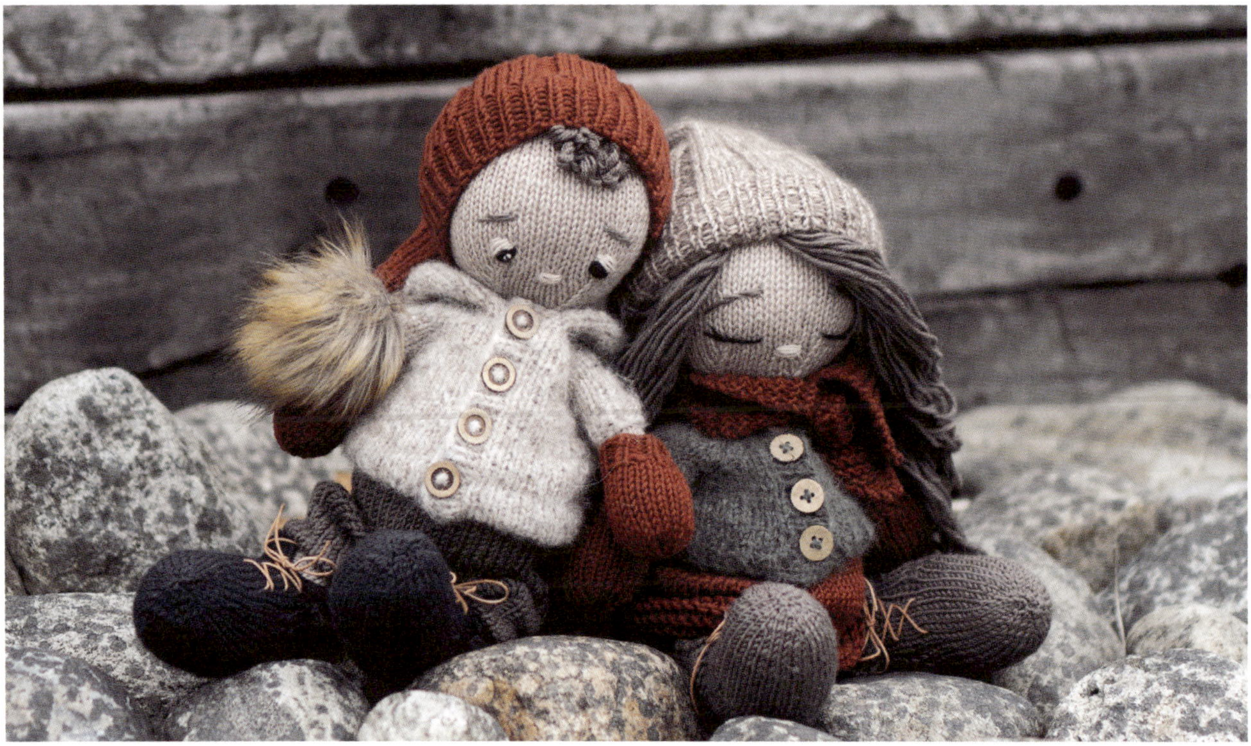

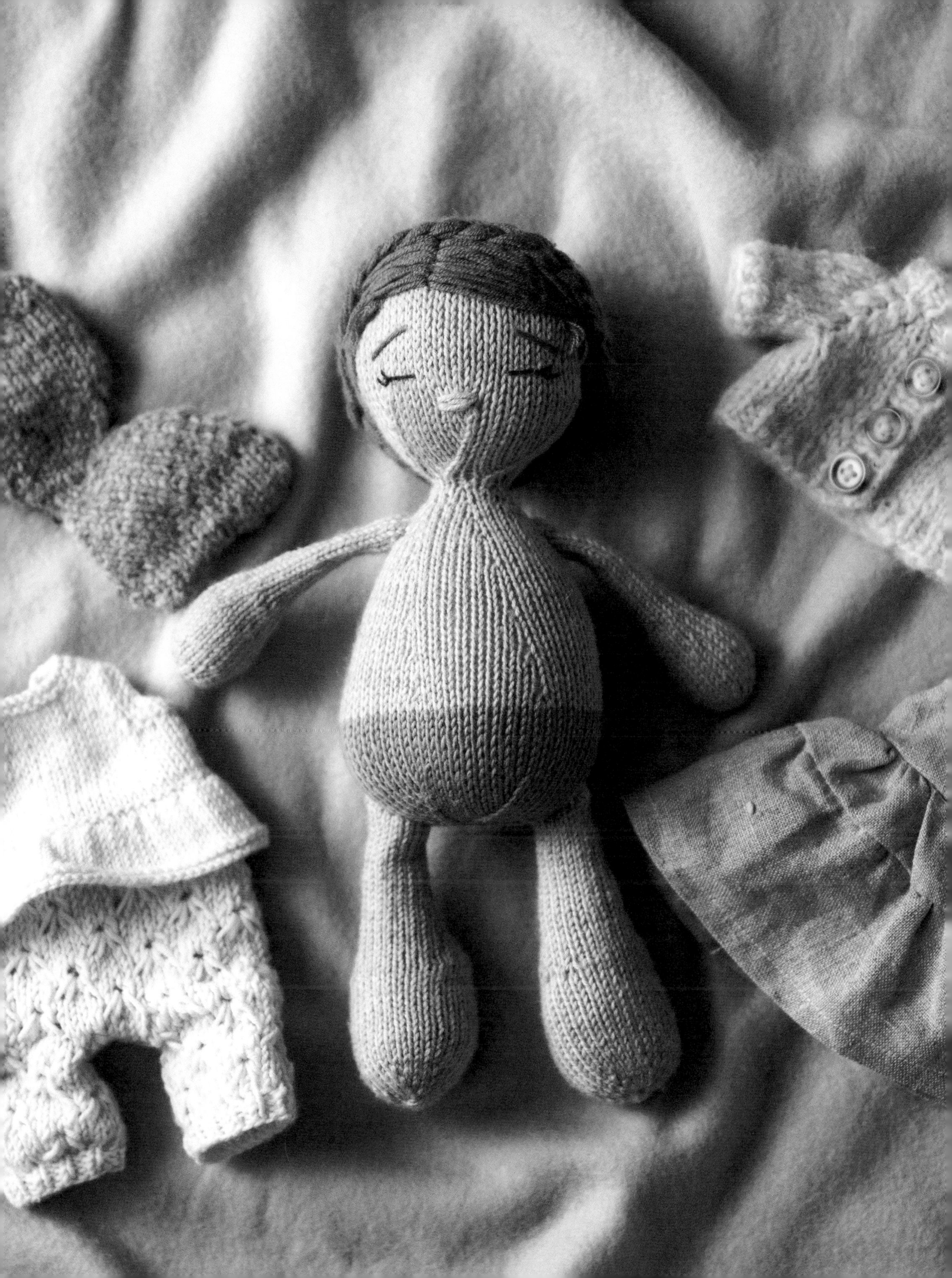

Nächste Rd: *3 M re, 1 M zun*, von * bis * bis Rd-Ende wdh.
1 Rd re M str.
Nächste Rd: *4 M re, 1 M zun*, von * bis * bis Rd-Ende wdh.
1 Rd re M str.
Nächste Rd: *5 M re, 1 M zun*, von * bis * bis Rd-Ende wdh.
1 Rd re M str.
Nächste Rd: *6 M re, 1 M zun*, von * bis * bis Rd-Ende wdh.
1 Rd re M str.
Nächste Rd: *7 M re, 1 M zun*, von * bis * bis Rd-Ende wdh.
1 Rd re M str.
Nächste Rd: *8 M re, 1 M zun*, von * bis * bis Rd-Ende wdh.
1 Rd re M str.
Nächste Rd: *9 M re, 1 M zun*, von * bis * bis Rd-Ende wdh.
4,5 cm glatt rechts str.
Nächste Rd: *8 M re, 2 M re zus str*, von * bis * bis Rd-Ende wdh.
1 Rd re M str.
Nächste Rd: *7 M re, 2 M re zus str*, von * bis * bis Rd-Ende wdh.
1 Rd re M str.
Nächste Rd: *6 M re, 2 M re zus str*, von * bis * bis Rd-Ende wdh.
1 Rd re M str.
Nächste Rd: *5 M re, 2 M re zus str*, von * bis * bis Rd-Ende wdh.
1 Rd re M str.
Nächste Rd: *4 M re, 2 M re zus str*, von * bis * bis Rd-Ende wdh.
Nächste Rd: *3 M re, 2 M re zus str*, von * bis * bis Rd-Ende wdh.
Nächste Rd: *2 M re, 2 M re zus str*, von * bis * bis Rd-Ende wdh.
Nächste Rd: *1 M re, 2 M re zus str*, von * bis * bis Rd-Ende wdh.

KÖRPER

Jetzt liegen 12 M für den Hals auf der Ndl.
3 Rd re M str.
Nächste Rd: *2 M re, 1 M zun*, von * bis * bis Rd-Ende wdh.
2 Rd re M str.
Nächste Rd: *3 M re, 1 M zun*, von * bis * bis Rd-Ende wdh.
2 Rd re M str.
Nächste Rd: *4 M re, 1 M zun*, von * bis * bis Rd-Ende wdh.
2 Rd re M str.
Nächste Rd: *5 M re, 1 M zun*, von * bis * bis Rd-Ende wdh.
4 Rd re M str.
Nächste Rd: *6 M re, 1 M zun*, von * bis * bis Rd-Ende wdh.
6 Rd re M str.
Nächste Rd: *7 M re, 1 M zun*, von * bis * bis Rd-Ende wdh.
4 Rd re M str.
Nächste Rd: *8 M re, 1 M zun*, von * bis * bis Rd-Ende wdh.
4 Rd re M str.
Nächste Rd: *9 M re, 1 M zun*, von * bis * bis Rd-Ende wdh.

Zu Farbe B wechseln (Hose).

8 Rd re M str.
Nächste Rd: *8 M re, 2 M re zus str*, von * bis * bis Rd-Ende wdh.
1 Rd re M str.
Nächste Rd: *7 M re, 2 M re zus str*, von * bis * bis Rd-Ende wdh.
1 Rd re M str.
Nächste Rd: *6 M re, 2 M re zus str*, von * bis * bis Rd-Ende wdh.
Nächste Rd: *5 M re, 2 M re zus str*, von * bis * bis Rd-Ende wdh.
Nächste Rd: *4 M re, 2 M re zus str*, von * bis * bis Rd-Ende wdh.
Nächste Rd: *3 M re, 2 M re zus str*, von * bis * bis Rd-Ende wdh.
Nächste Rd: *2 M re, 2 M re zus str*, von * bis * bis Rd-Ende wdh.
Nächste Rd: *1 M re, 2 M re zus str*, von * bis * bis Rd-Ende wdh.

Den Faden durch die übrigen M fädeln und festziehen.

FUSS

6 M mit Ndl Nr. 2,5 in Farbe A anschlagen.
Nächste Rd: *1 M re, 1 M zun*, von * bis * bis Rd-Ende wdh.
1 Rd re M str.
Nächste Rd: *2 M re, 1 M zun*, von * bis * bis Rd-Ende wdh.
1 Rd re M str.
Nächste Rd: *3 M re, 1 M zun*, von * bis * bis Rd-Ende wdh.
1 Rd re M str.
Nächste Rd: *4 M re, 1 M zun*, von * bis * bis Rd-Ende wdh.

Re M str, bis der Fuß 5 cm misst.

Nächste Rd:
Re M str bis 4 M vor Rd-Ende, wenden. Li M str bis 4 M vor Rd-Ende, wenden. Re M bis 2 M vor dem letzten Wenden str, wenden. Li M bis 2 M vor dem letzten Wenden str, wenden. Re M bis 2 M vor dem letzten Wenden str, wenden. Li M bis 2 M vor dem letzten Wenden str, wenden. Re M bis Rd-Ende str. Von * bis * wdh.

Nächste Rd: 12 M re, 2 M re zus str, 2 M re, 2 M re zus str, 12 M re.
Nächste Rd: 8 M re, 2 M re zus str, 1 M re, 2 M re zus str, 2 M re, 2 M re zus str, 1 M re, 2 M re zus str, 8 M re.
1 Rd re M str.
Nächste Rd: 6 M re, 2 M re zus str, 1 M re, 2 M re zus str, 2 M re, 2 M re zus str, 1 M re, 2 M re zus str, 6 M re.
6 Rd re M str.
Nächste Rd: 7 M re, 2 M re zus str, 2 M re, 2 M re zus str, 7 M re.
10 Rd re M str.

Linker Fuß:
Nächste Rd: 9 M abk, 9 M re, wenden. Ab jetzt in R str.
2 M li zus str, 5 M li, 2 M li zus str.
Die nächste R str wie folgt, dabei die M abk: 2 M re zus str, 3 M re, 2 M re zus str.

Rechter Fuß:
Nächste Rd: 9 M re, 9 M abk.
Die M von der re auf die li Ndl heben.
2 M re zus str, 5 M re, 2 M re zus str.
Ab jetzt in R str.
Die nächste R str wie folgt, dabei die M abk: 2 M li zus str, 3 M li, 2 M li zus str.
Die Füße unten fest ausstopfen und mit ca. 4 cm Abstand zueinander am Körper annähen.

ARM

6 M mit Ndl Nr. 2,5 in Farbe A anschlagen.

Nächste Rd: *1 M re, 1 M zun*, von * bis * bis Rd-Ende wdh.

1 Rd re M str.

Nächste Rd: *2 M re, 1 M zun*, von * bis * bis Rd-Ende wdh.

1 Rd re M str.

Nächste Rd: *3 M re, 1 M zun*, von * bis * bis Rd-Ende wdh.

8 Rd re M str.

Nächste Rd: *2 M re, 2 M re zus str*, von * bis * bis Rd-Ende wdh.

4 Rd re M str.

Nächste Rd: *1 M re, 2 M re zus str*, von * bis * bis Rd-Ende wdh.

Glatt rechts str, bis der Arm 9 cm misst.

Nächste Rd: 4 M abk, re M bis Rd-Ende str.

Ab jetzt in R str.

Nächste R (Rück-R): 2 M li zus str, 4 M li, 2 M li zus str.

Nächste R: 2 M re zus str, 2 M re, 2 M re zus str.

Nächste R: 2 M li zus str, 2 M li zus str und die M gleichzeitig abk.

Die Arme ca. 1 cm vom Kopf entfernt an den Körper nähen.

Die Augen mit KlompeLOMPE Tynn Merinoull in Schwarz oder einem beliebigen Garn aufsticken. Es sollten 10 M zwischen den Augen sichtbar sein. Die Augen direkt über den Abnahmen für den Hals platzieren.

Zunächst einen kleinen Kreis aufsticken und rundum vergrößern, bis das Auge groß genug ist. Zwei Wimpern sticken. Jeweils einen kleinen weißen Punkt rechts in jedem Auge aufsticken.

Einen Faden in der Haarfarbe teilen und einen einzelnen, langen Stich für die Augenbraue über jedes Auge sticken.

Die Nase über 3 M in Farbe A aufsticken, dazu zwei Stiche an derselben Stelle machen.

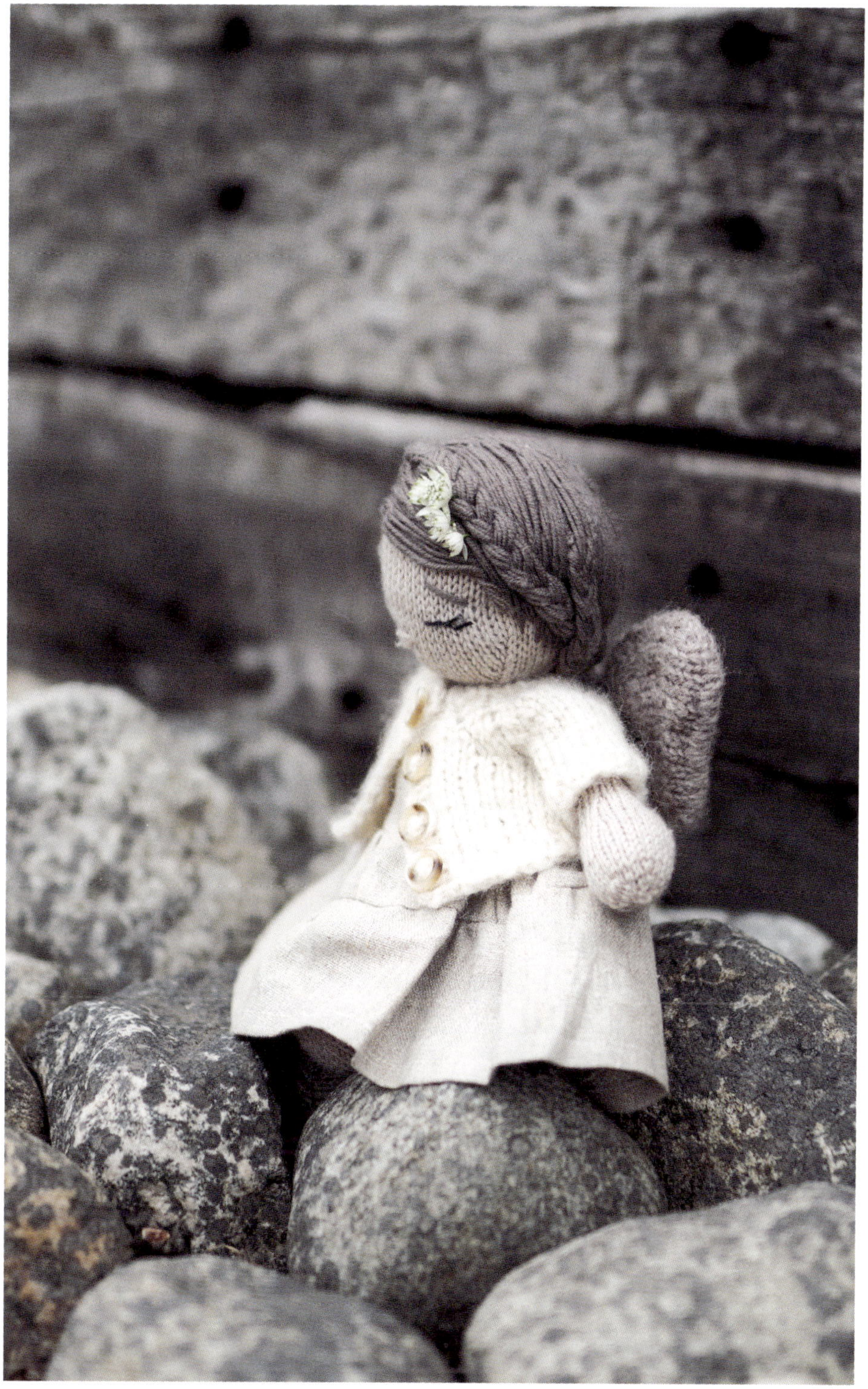

HAAR

Wenn die Haarfarbe viel dunkler als die Hautfarbe ist, vor dem Befestigen der Haare zuerst eine Kappe herstellen, um nicht den ganzen Kopf mit Haarsträhnen versehen zu müssen.

Kappe:

6 M mit Garn in beliebiger Farbe mit Ndl Nr. 3 anschlagen.

Die M auf 2 Ndl verteilen, falls mit Magic Loop gestrickt wird (empfohlen).

1 Rd re M str.

Weihnachtspullover: Farbe A: 1013
Loop Nora: Farbe 9071
Winterrock Vilde und Wichtel-Fäustlinge:
Farbe 3355
Wichtelmütze: Farbe 2650

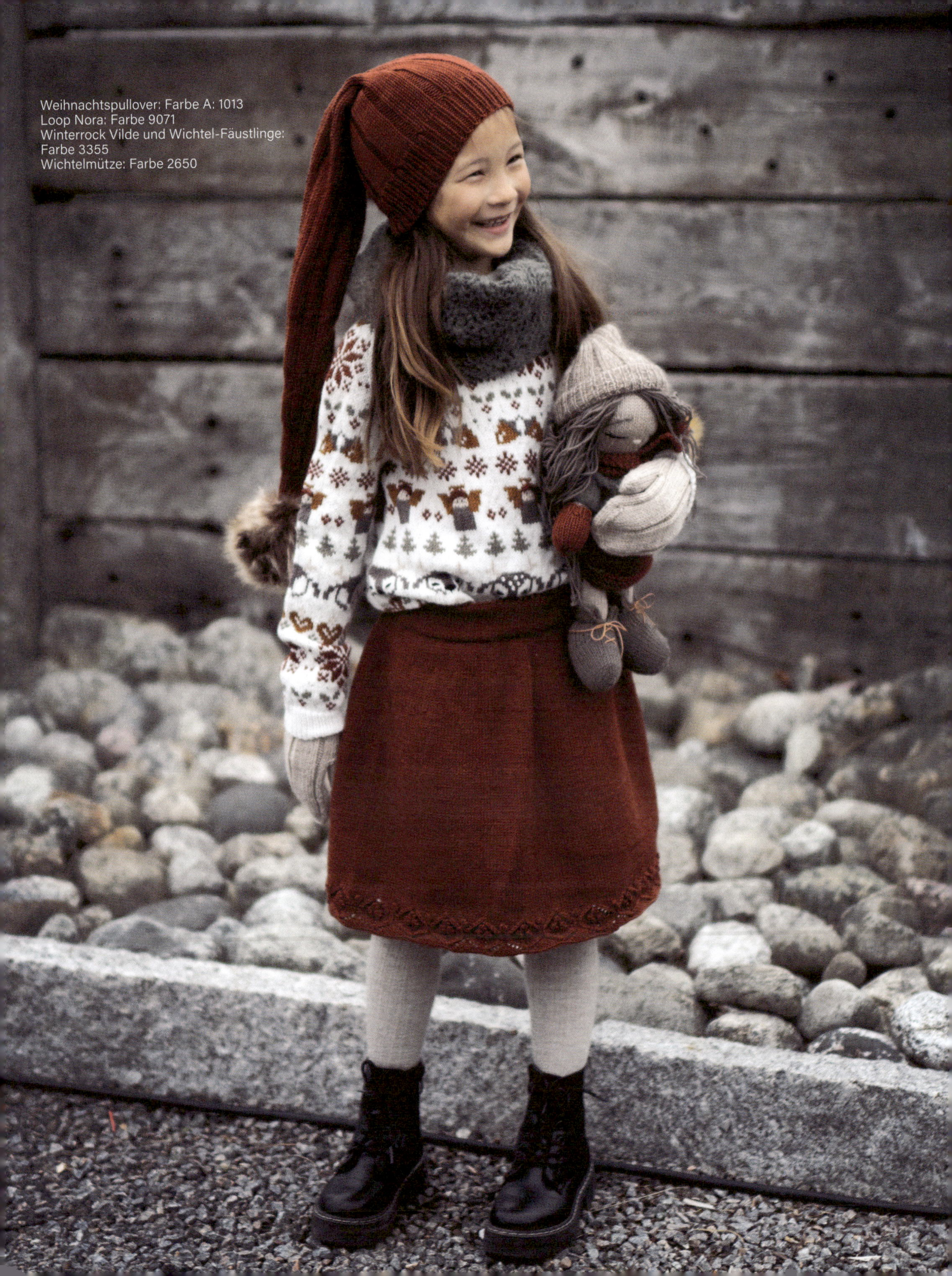

Nächste Rd: *1 M re, 1 M zun*, von * bis * bis Rd-Ende wdh.

1 Rd re M str.

Nächste Rd: *2 M re, 1 M zun*, von * bis * bis Rd-Ende wdh.

1 Rd re M str.

Nächste Rd: *3 M re, 1 M zun*, von * bis * bis Rd-Ende wdh.

1 Rd re M str.

Nächste Rd: *4 M re, 1 M zun*, von * bis * bis Rd-Ende wdh.

1 Rd re M str.

Nächste Rd: *5 M re, 1 M zun*, von * bis * bis Rd-Ende wdh.

1 Rd re M str.

Nächste Rd: *6 M re, 1 M zun*, von * bis * bis Rd-Ende wdh.

1 Rd re M str.

Nächste Rd: *7 M re, 1 M zun*, von * bis * bis Rd-Ende wdh.

1 Rd re M str.

Nächste Rd: *8 M re, 1 M zun*, von * bis * bis Rd-Ende wdh.

1 Rd re M str.

Nächste Rd: *9 M re, 1 M zun*, von * bis * bis Rd-Ende wdh.

10 Rd re M str.

Die Hälfte der M abk.

Über die restlichen M in R str, dabei auf beiden Seiten in jeder R wie folgt abn: In der Hin-R 2 M re zus str und in der Rück-R 2 M li zus str.

Nach 6 R die nächste R wie folgt str: *2 M re zus str, 1 M re*, von * bis * bis R-Ende wdh und die M gleichzeitig abk.

Die Kappe an der Oberseite des Kopfes annähen und mit dem Befestigen der Haare beginnen.

Unter klompelompe.no gibt es ein Video zur Technik und zu verschiedenen Frisuren.

BEFESTIGEN DER HAARE

Haarsträhnen in gewünschter Länge zuschneiden, dafür das Garn z.B. um ein Buch wickeln und an einem Ende aufschneiden.

Die Fäden in der Mitte gefaltet lassen. Mit einer Häkelnadel Nr. 2,5 (oder in einer anderen Stärke) die Haarsträhnen am Rand der Kappe entlang wie folgt einknüpfen:

Die Häkelnadel unter eine vollständige M stechen und den Faden für die Haarsträhne durchholen, sodass eine Schlinge entsteht. Die Häkelnadel unter die nächste M rechts davon stechen und durch die M und die Schlinge der vorherigen Haarsträhne einen neuen Faden holen, sodass wieder eine Schlinge entsteht. Die erste Schlinge festziehen. So um den gesamten Rand der Kappe herum arbeiten. Am Hinterkopf können zwischen den Haarsträhnen jeweils zwei M liegen.

Jetzt kann man wählen, ob Haarsträhnen zu beiden Seiten eines Scheitels angeknüft werden sollen, damit vorhanden sind, oder ob der ganze Kopf mit Haaren bedeckt sein soll.

Unter klompelompe.no zeigen wir verschiedene Frisurvarianten, die sowohl mit wenig als auch mit viel Garn möglich sind.

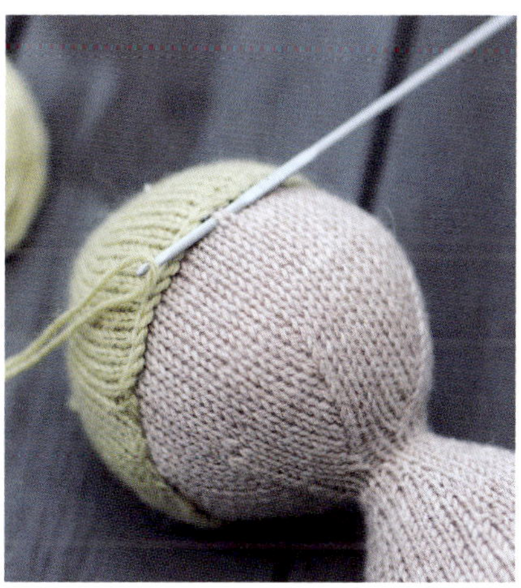

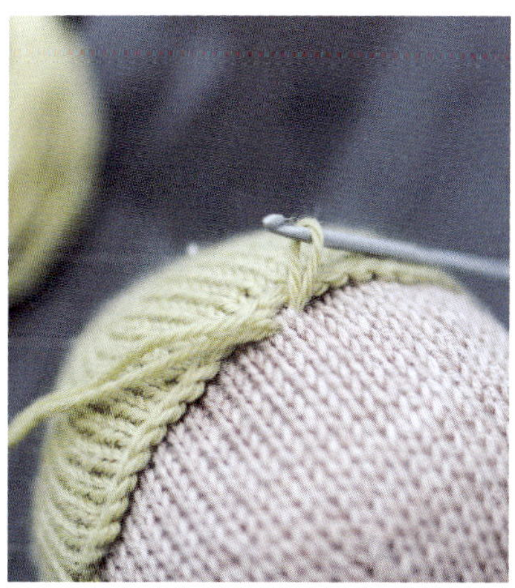

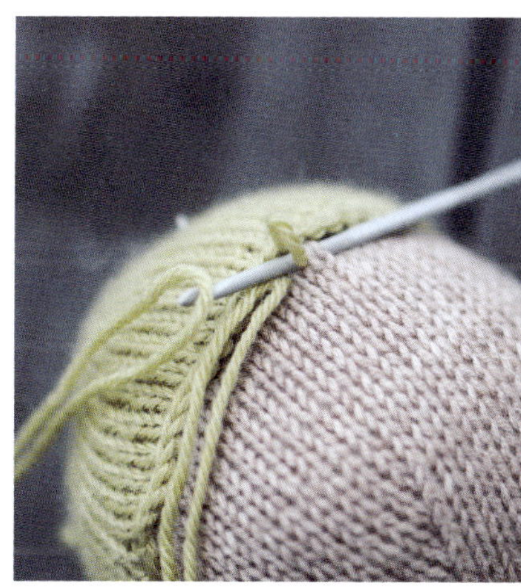

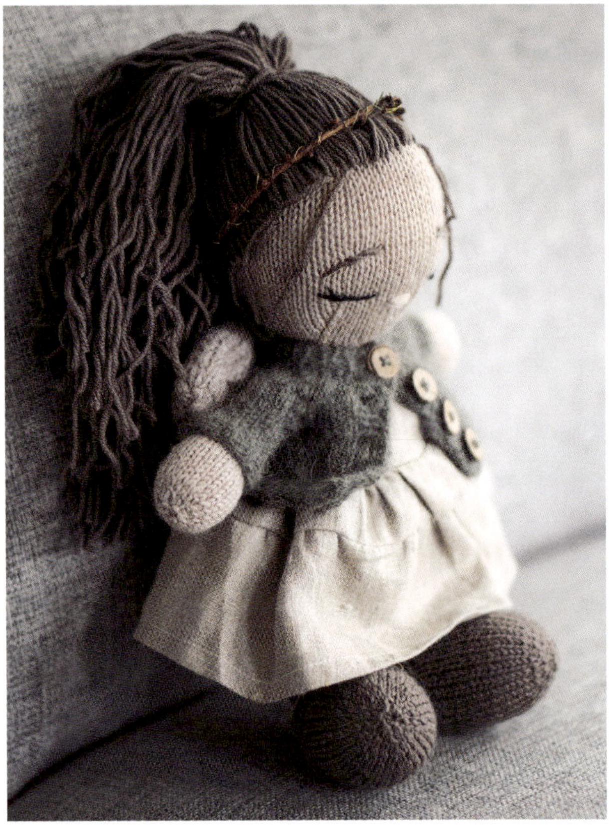

Dickes Puppenjäckchen

Das Püppchen bekommt eine eigene Version der beliebten Kinderjacke.

Schwierigkeitsgrad 2

GRÖSSEN
Einheitsgröße
GARN
Sandnes Garn KOS, Farbe 9871 oder 1012
MENGE
50 g oder ein Rest
NADELN
Rundnadeln Nr. 3 und Nr. 3,5, je 60 cm oder 80 cm
MASCHENPROBE
18 M mit Ndl Nr. 3,5 = 10 cm

23 M mit Ndl Nr. 3 anschl und 8 R im Rippenmuster (1 M re, 1 M li im Wechsel) str.

1 R re M str, dabei die Anschlagkante auf der linken Seite nach oben klappen und immer 1 M mit 1 M der Anschlagkante zus str.

Zu Ndl Nr. 3,5 wechseln. 1 R li M str, dabei wie folgt MM setzen: 1 M li, MM setzen, 4 M li (Raglan Muster-M), MM setzen, 1 M li, MM setzen, 1 M li (Raglan), MM setzen, 9 M li, MM setzen, 1 M li (Raglan), MM setzen, 1 M li, MM setzen, 4 M li (Raglan Muster-M), MM setzen, 1 M li.

Die 4 Muster-M in jeder Hin-R stets wie folgt str: Die 2. M auf der li Ndl vor der 1. M re str, ohne die M von der li Ndl gleiten zu lassen, dann die 1. M auf der li Ndl re str, beide M von der li Ndl gleiten lassen, die 2. M auf der li Ndl hinter der 1. M re str, ohne die M von der linken Ndl gleiten zu lassen, dann die 1. M auf der li Ndl re str, beide M von der linken Ndl gleiten lassen.

Weiter in jeder Hin-R beidseitig der 4 Raglan-Muster-M und beidseitig der hinteren Raglan-M immer 1 M zunehmen.

In den Rück-R alle M li str. Die Zunahmen und das Muster immer auf der re Seite der Arbeit (in den Hin-R) str, insgesamt 4-mal.

In der nächsten Hin-R die Ärmel abteilen: 7 M re, die nächsten 12 M auf einer Hilfsndl stilllegen, 5 M dazu anschl, 17 M re, die nächsten 12 M auf einer Hilfsndl stilllegen, 5 M neu anschl, 7 M re.

1 R li M str.

In der nächsten R beidseitig der unter dem Ärmel angeschlagenen 5 M 1 M zun.

3 R glatt rechts str. In der nächsten R die Zunahmen wdh.

2 R glatt rechts str. Mit 3 R im Rippenmuster enden, dabei in der letzten R die M abk.

ÄRMEL

In der Mitte der unter dem Ärmel angeschlagen 5 M beginnen: 3 M plus 1 M aus dem Übergang zum Rumpf auffassen, die 12 M auf der Hilfsndl re str, 1 M aus dem Übergang zum Rumpf plus 2 M am Ende auffassen.

7 Rd re M str. In der letzten Rd 1 M abn. Mit 3 Rd im Rippenmuster enden, dabei in der letzten Rd die M abk.

KNOPFLEISTE

23 M mit Ndl Nr. 3 aus den vorderen Kanten auffassen und 4 R im Rippenmuster str. In der rechten Leiste gleichmäßig verteilt 4 Knopflöcher einarbeiten, dazu 2 M re zus str und 1 U str.

Knöpfe annähen und alle Fadenenden vernähen.

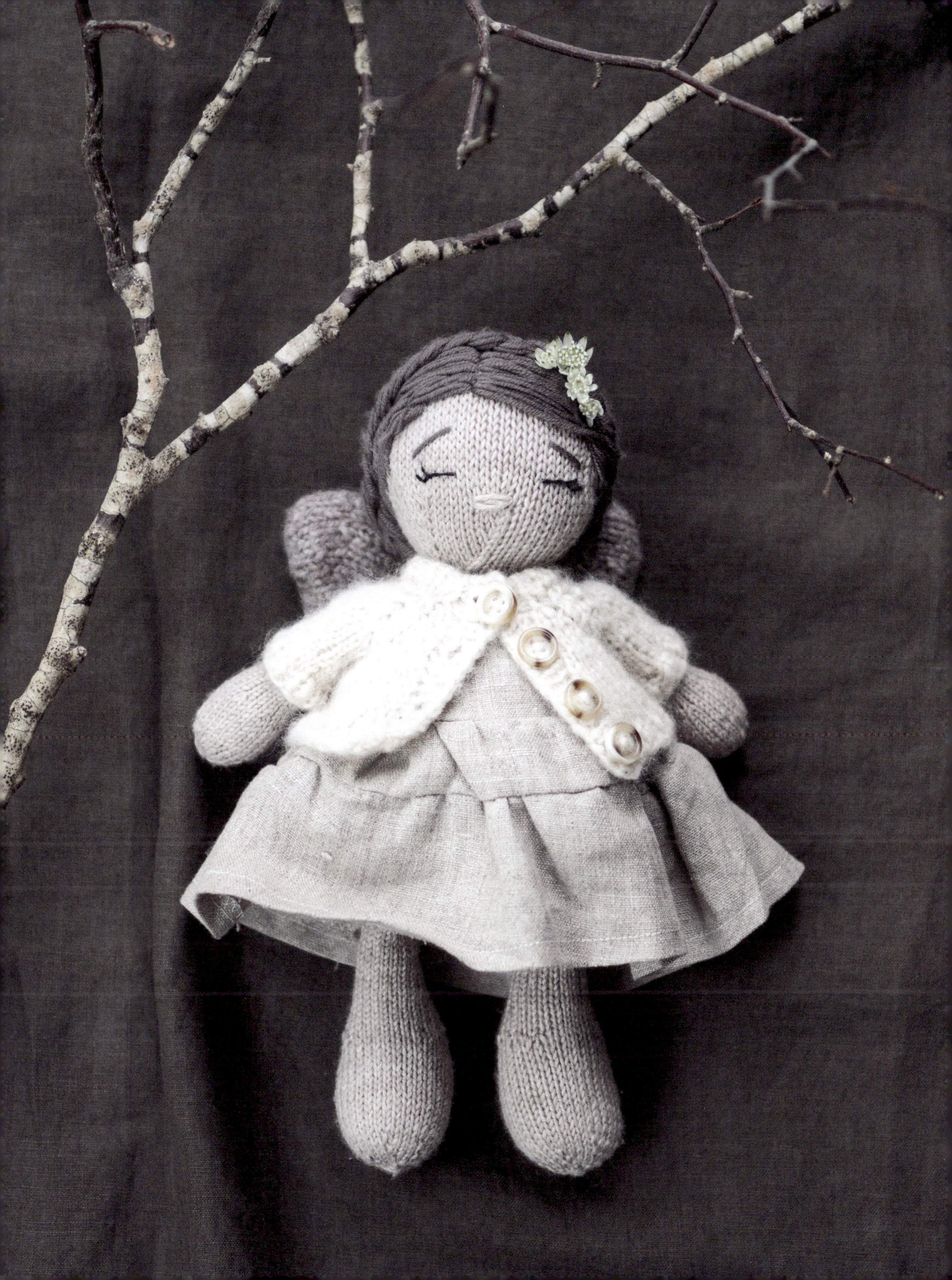

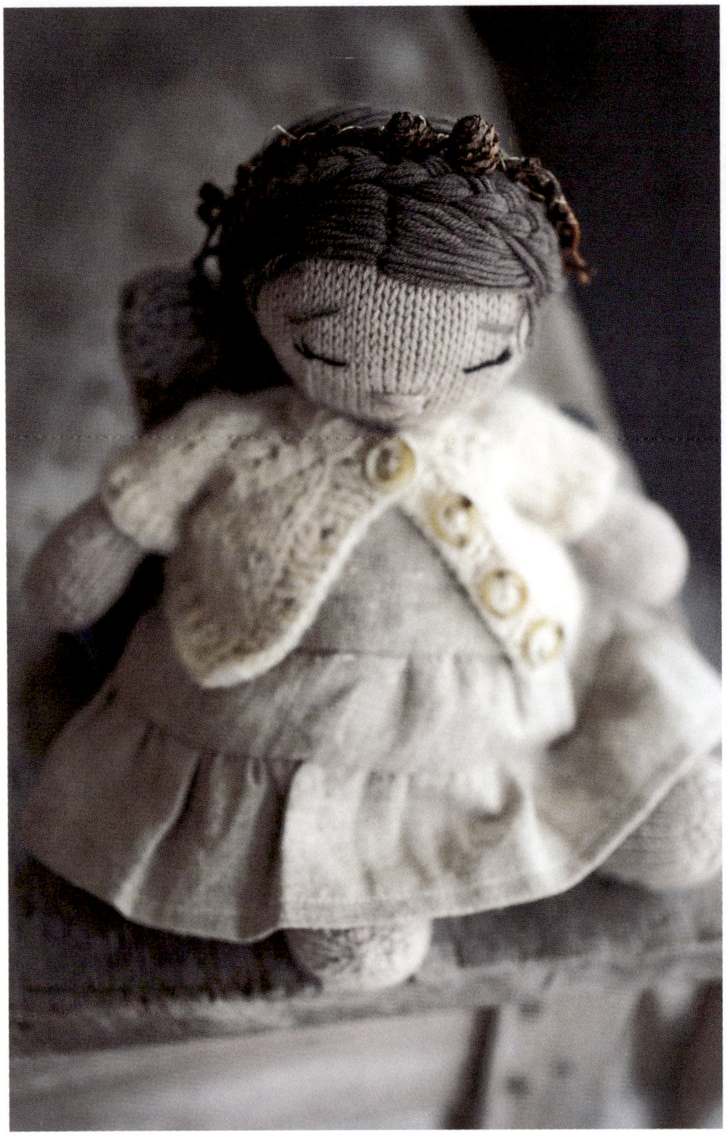

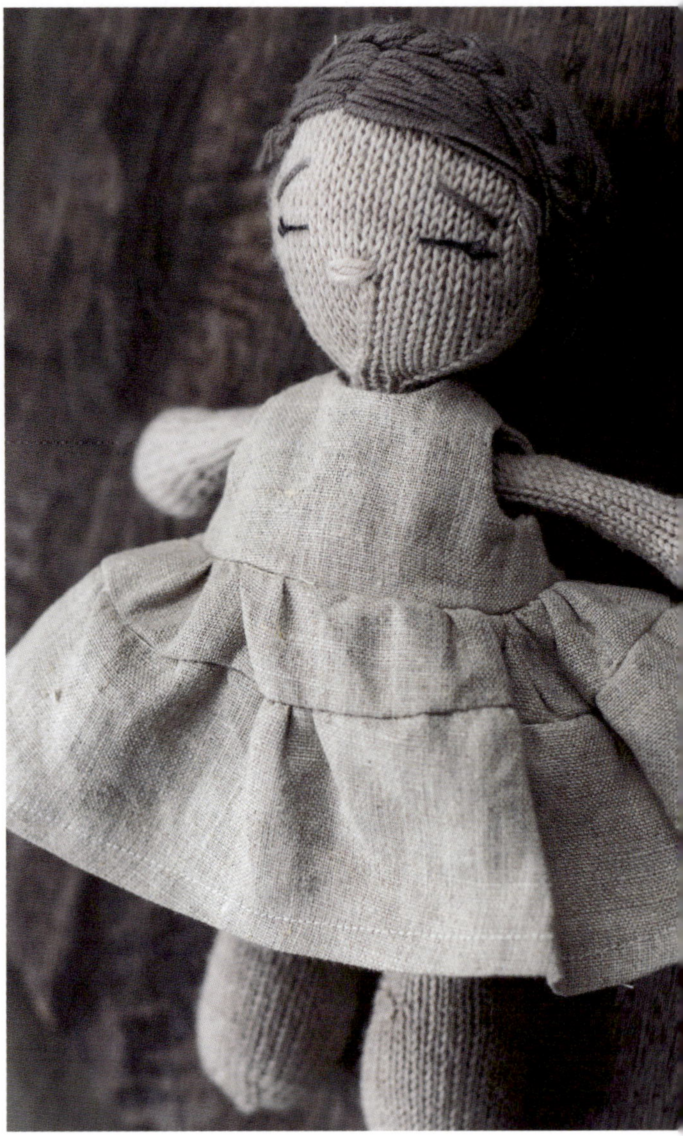

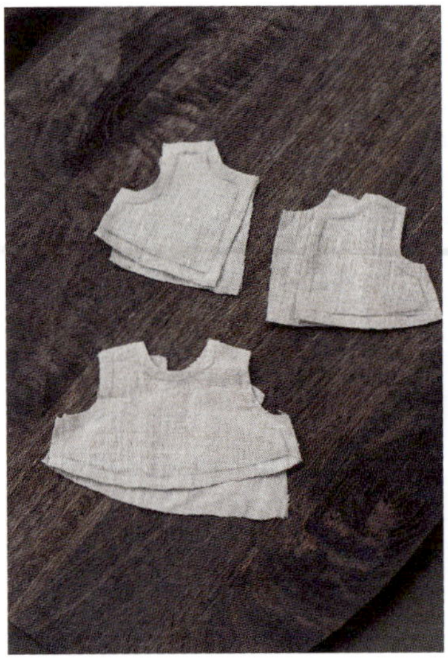

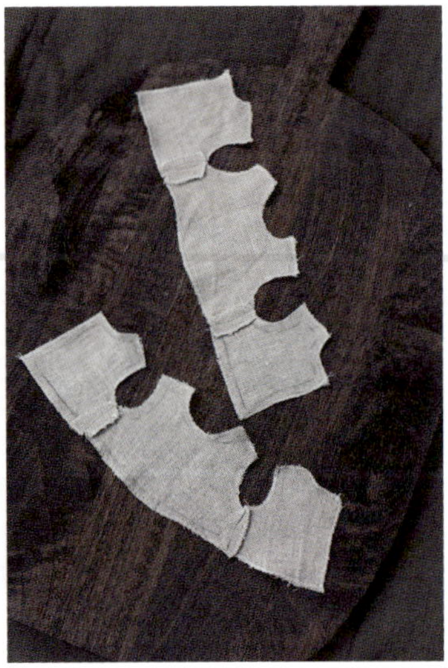

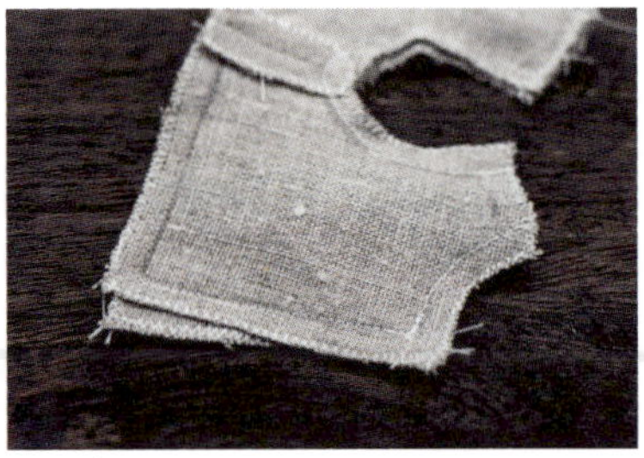

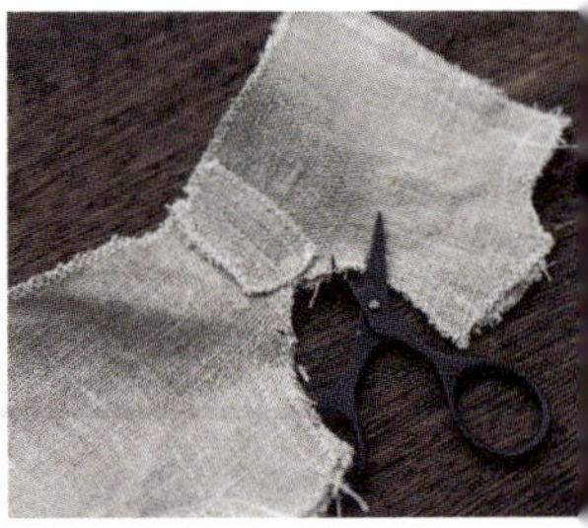

Leinenkleid für den Engel

Wir lieben natürliche Materialien und dekorieren zu Weihnachten gerne mit Ästen, Tannenzapfen und Moos. Deshalb ist es für uns ganz selbstverständlich, Leinen als Material für das Engelskleid zu wählen.

MATERIAL
ca. 30 cm Leinenstoff und 1 Druckknopf.

Die 3 Schnittteile für den oberen Teil des Kleides abpausen. Jedes Schnittteil 2-mal mit 0,5 cm Nahtzugabe zuschneiden.

Alle Schnittteile rundum mit Zickzackstichen versäubern.

Es sind ein Vorderteil und zwei Rückenteile jeweils für den Oberstoff und das Futter. Die 3 Teile für den Oberstoff und für das Futter jeweils an den Seitennähten zus nähen. Die Nahtzugaben auseinanderbügeln.

Oberstoff und Futter rechts auf rechts legen und an den äußeren Kanten, dem Halsausschnitt und den Armausschnitten zus nähen. Die Schulternähte und die untere Kante zum Wenden offen lassen.

Die Nahtzugaben an den Rundungen mehrmals einschneiden und an den Ecken schräg abschneiden, damit sich der Stoff beim Wenden schön legt.

Die Arbeit wenden.

Die rückwärtigen Schultern über die vorderen Schultern legen und zus nähen.

Zwei Streifen für das Rockteil zuschneiden: einmal 72 cm x 9 cm und einmal 5 cm x 58 cm. Alle Kanten mit Zickzackstichen versäubern.

Mit dem größeren Streifen beginnen. Eine Längsseite 1,5 cm breit nach innen wenden, bügeln, feststeppen.

Zum Einreihen an der anderen Längsseite 2-mal nebeneinander mit großen Stichen steppen. Beide Oberfäden (nicht die unteren) vorsichtig an einer Seite anziehen, bis der Streifen die gleiche Weite wie das kürzere Stoffstück hat. Die Falten gleichmäßig verteilen. Die beiden Stoffstreifen rechts auf rechts legen, an der eingereihten Kante aufeinanderstecken und zus nähen.

An der oberen Kante des kürzeren Stoffstücks 2-mal nebeneinander mit großen Stichen steppen und die Kante genauso einreihen.

Oberteil und Rockteil rechts auf rechts legen, dabei die eingereihte Kante so anpassen, dass sie 3 cm länger ist als die untere Kante des Oberteils. Teile feststecken und zus nähen.

Die rückwärtige Mittelnaht des Rockteils von der unteren Kante bis zur ersten Naht steppen.

Am rückwärtigen Halsausschnitt einen Druckknopf annähen.

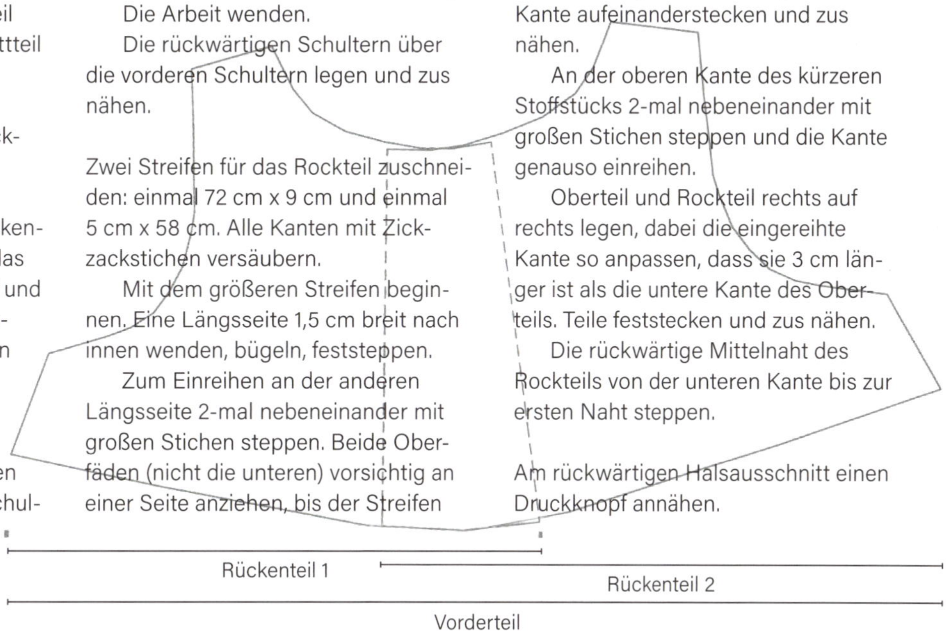

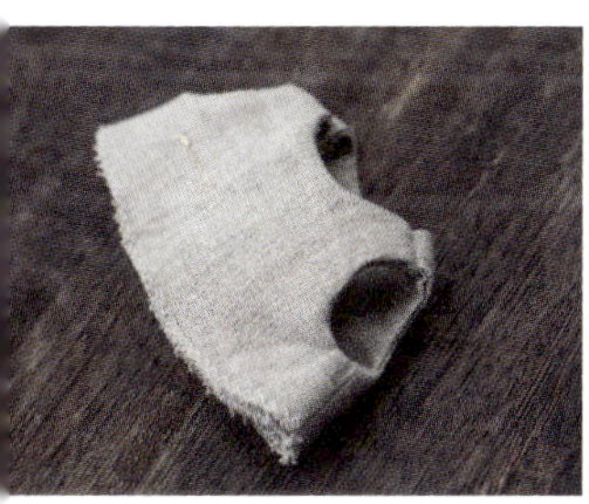

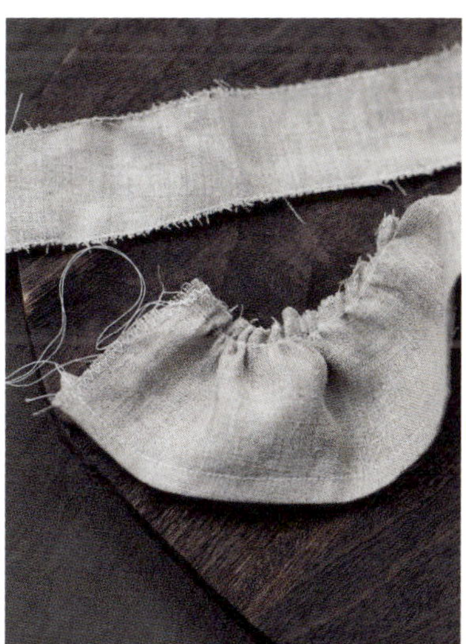

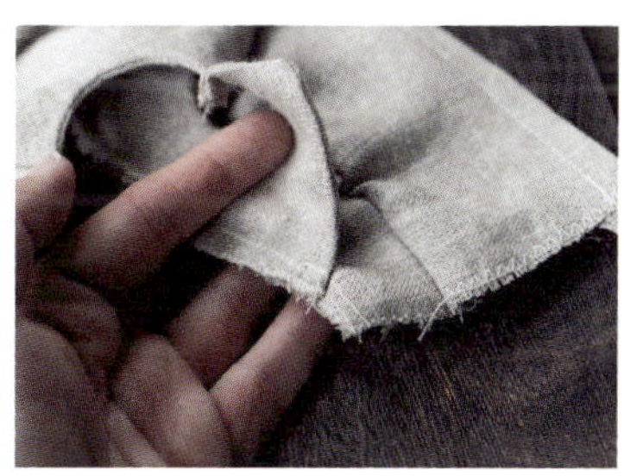

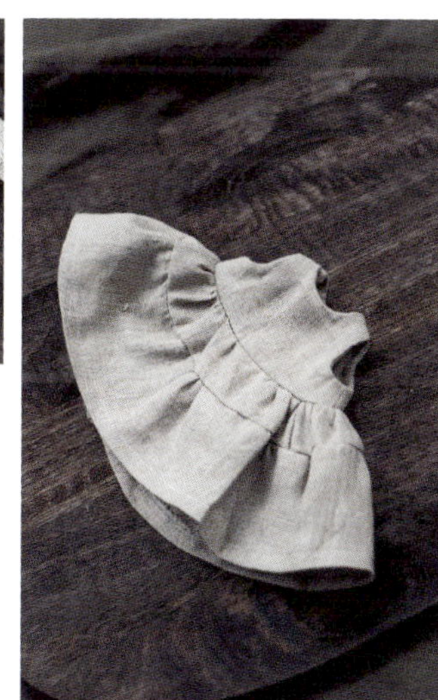

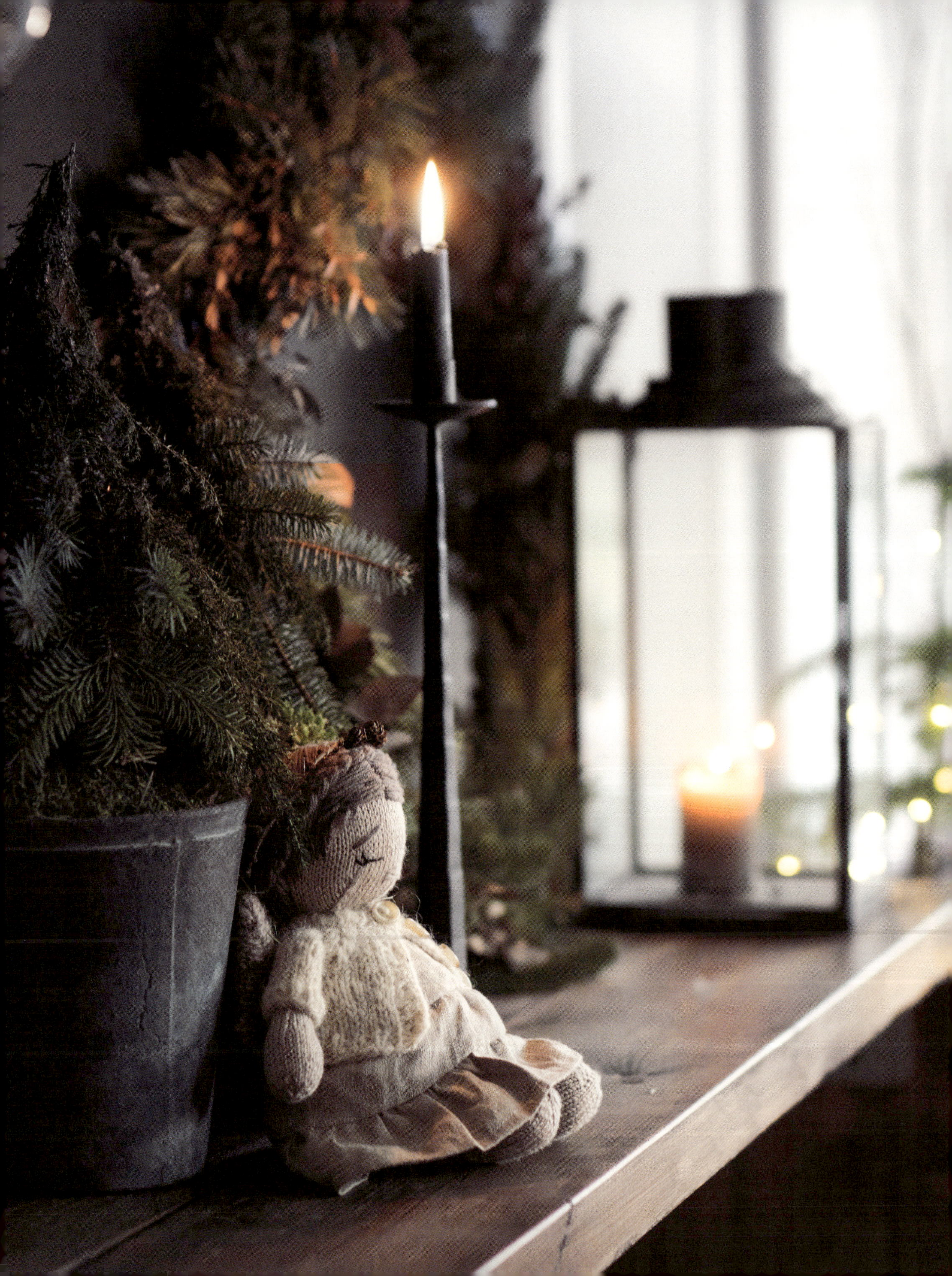

Engelsflügel

Schwierigkeitsgrad 2

GARN
Sandnes Garn Fritidsgarn, Farbe 2650
MENGE
Ein Rest
NADELN
Rundnadel Nr. 4, 80 cm, für Magic Loop
MASCHENPROBE
20 M mit Ndl Nr. 4 = 10 cm

8 M mit Ndl Nr. 4 anschlagen und zur Rd schließen.

Nächste Rd: *[1 M re, 1 M re verschr] in 1 M str, 2 M re, [1 M re, 1 M re verschr] in 1 M str *, von * bis * wdh.

1 Rd re M str.

Nächste Rd: *[1 M re, 1 M re verschr] in 1 M str, 4 M re, [1 M re, 1 M re verschr] in 1 M str *, von * bis * wdh.

1 Rd re M str.

So in jeder 2. Rd zun, bis 28 M auf der Ndl sind.

Nächste Rd: 12 M re, wenden, 24 M li, wenden, * bis 2 M vor dem letzten Wenden re M str, wenden, bis 2 M vor dem letzten Wenden li M str, wenden*, von * bis * wdh, bis an jeder Seite 5-mal gewendet wurde, re M bis Rd-Ende str.

2 Rd re M str.

Nächste Rd: 6 M re, wenden, 12 M li, wenden, re M bis Rd-Ende str.

1 Rd re M str.

Nächste Rd: *2 M re zus str, re M str bis 2 M vor der Hälfte, 1 M abh, 1 M re, die abgehobene M darüberziehen*, von * bis * wdh.

1 Rd re M str, gleichzeitig die M abk.

Die Öffnung im Maschenstich (siehe Fotos) zunähen. Einen zweiten Flügel str.

Die zwei Flügel an den Anschlagkanten zus nähen. Alle Fäden vernähen. Auf Wunsch können die Flügel an einem Kleidungsstück des Engels fest angenäht oder mithilfe eines zurechtgebogenen Drahtstücks (siehe Fotos) nach Belieben aufgesetzt bzw. abgezogen werden.

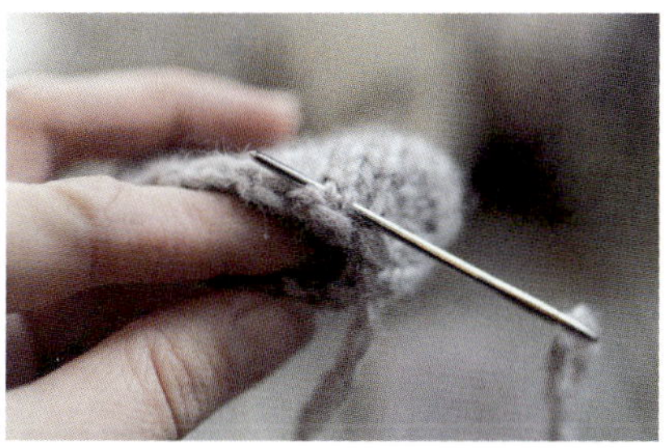
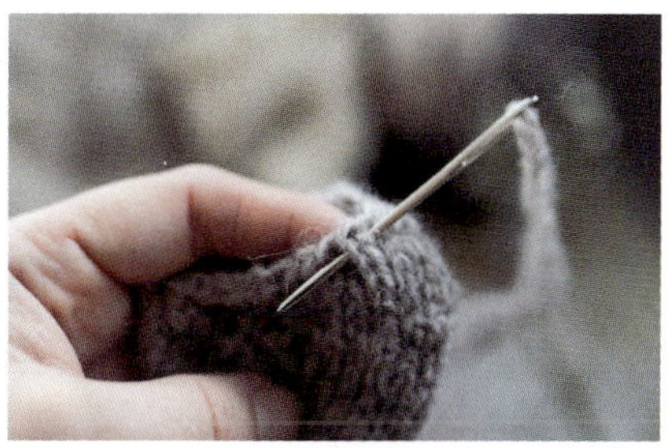
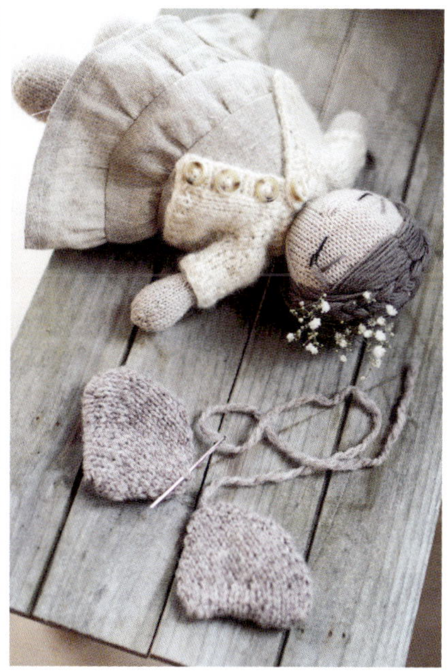
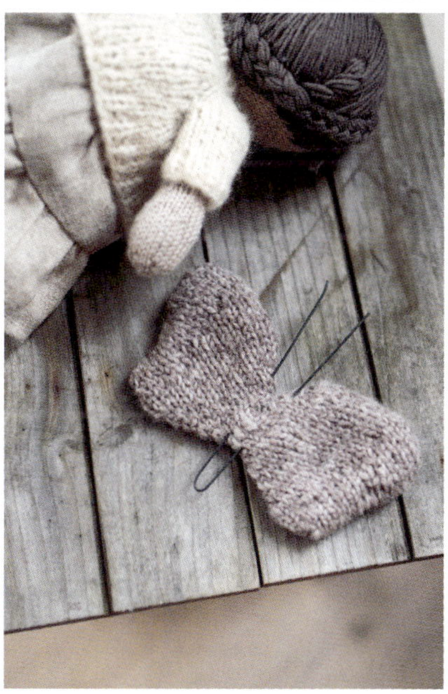
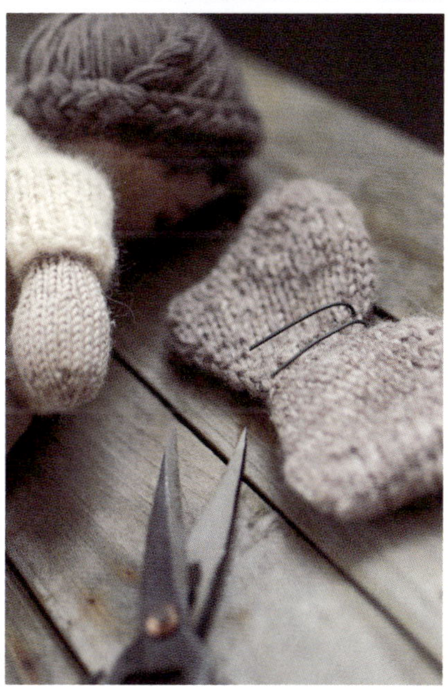
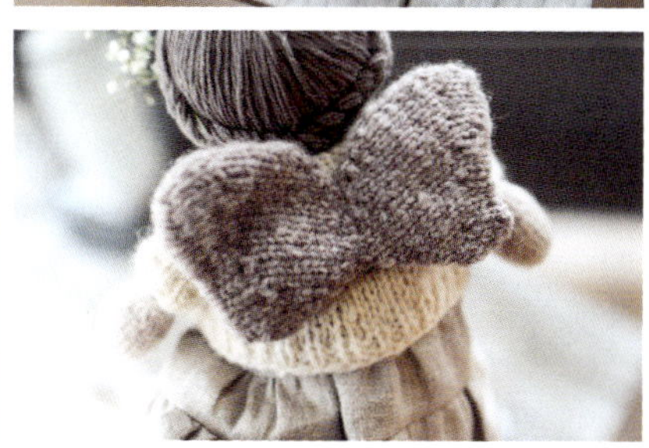

Lillemors schicke Hose für die Puppe

Lillemor und Lillemors Puppe müssen die gleichen Hosen haben. Rüschen und ein süßes Strukturmuster machen dies zu einem vergnüglichen Projekt.

Schwierigkeitsgrad 2

GRÖSSEN
Einheitsgröße

GARN
KlompeLOMPE Merinoull und Klompe-LOMPE Tynn Merinoull, Farbe 1013

MENGE
50 g oder ein Rest jeder Garnqualität

NADELN
Rundnadeln Nr. 2,5, Nr. 3 und Nr. 3,5 je 60 cm oder 80 cm

MASCHENPROBE
22 M mit Ndl Nr. 3,5 = 10 cm
27 M mit Ndl Nr. 3 = 10 cm

Erklärung zu den lrM (lange rechte M): *In der Mitte der M, die 2 Rd tiefer als 2 M re zus str und 2 M re verschr zus str gestrickt wurden, einstechen. Faden holen, langziehen und auf die re Ndl legen (= 1 M zugenommen). Für die nächste lrM an derselben Stelle einstechen und ebenso arb*, von * bis * wdh (siehe Video unter klompelompe.no).

Die Arbeit beginnt in der Mitte an der Taille, dann wird nach unten gestrickt. Der Rundenbeginn liegt in der rückwärtigen Hosenmitte.

64 M mit Ndl Nr. 3,5 anschlagen und zur Rd schließen. 1 Rd re M str.

Das Rückenteil wie folgt verlängern (»German Short Rows«, siehe Video unter klompelompe.no): 10 M re, wenden, 20 M li, wenden, 24 M re, wenden, 28 M li, wenden, re M bis Rd-Ende str.

1 Rd re M str.

MUSTER
1. Rd: *2 M re zus str, 2 M re verschr zus, 4 M re*, von * bis * bis Rd-Ende wdh.

2. Rd: Re M str.

3. Rd: * 1 lrM, 2 M re, 1 lrM, 4 M re*, von * bis * bis Rd-Ende wdh.

4. Rd: Re M str.

5. Rd: *4 M re, 2 M re zus str, 2 M re verschr zus*, von * bis * bis Rd-Ende wdh.

6. Rd: Re M str.

7. Rd: *4 M re, 1 lrM, 2 M re, 1 lrM *, von * bis * bis Rd-Ende wdh.

8. Rd: Re M str.

Wenn die Arbeit ca. 6,5 cm misst (nach 2,5 Musterrapporten), beidseitig der vorderen und hinteren mittleren 8 M je einen MM setzen.

In jeder 2. Rd beidseitig dieser mittleren M je 1 M zun, dafür je 1 M aus dem Querfaden re verschr zun. Im Muster über alle M fortfahren. Die zugenommenen M re str, bis genug M für einen Mustersatz vorhanden sind.

Insgesamt 4-mal zun. In der nächsten Rd jeweils die mittleren 8 M vorn und hinten abk.

Die Beine werden getrennt in Rd gestrickt. 1,5 Musterrapporte str. Zu Ndl Nr. 3 wechseln. 1 Rd re M str, dabei die M-Zahl auf 22 M reduzieren.

4 Rd im Rippenmuster (1 M re, 1 M li im Wechsel) str, gleichzeitig die M in der letzten Rd abk.

Das andere Bein ebenso str.

OBERTEIL
In der rückwärtigen Mitte beginnen. 66 M aus der oberen Kante mit KlompeLOMPE Tynn Merinoull und Ndl Nr. 3 auffassen.

2 Rd re M str.

Ab jetzt in R str. 7 R glatt rechts str.

Die ersten 12 M für das li Rückenteil re str. Die restlichen M auf einer Hilfsndl stilllegen.

1 R li M str.

Nächste R: *Re M bis 3 M vor R-Ende str, 1 M abh, 1 M re, die abgehobene M darüberziehen, 1 M re.

1 R li M str.*

Von * bis * insgesamt 3-mal arb.

Nächste R (Hin-R): 3 M re auf eine Hilfsndl str, die restlichen 6 M für die Schulter str wie folgt: 1 M re, 2 M re zus str, re M bis R-Ende str.

1 R li M str.

Nächste R: 1 M re, 2 M re zus str, re M bis R-Ende str.

1 R li M str, gleichzeitig die M abk.

Die letzten 12 M von der Hilfsnd für das re Rückenteil re str.

1 R li M str.

Nächste R: *1 M re, 2 M re zus str, re M bis R-Ende str.

1 R li M str.*

Von * bis * insgesamt 3-mal arb.

Nächste R: 3 M re, 1 M abh, 1 M re, die abgehobene M darüberziehen, 1 M re, die letzten 3 M auf eine Hilfsndl str. Den Faden abschneiden.

1 R li M str.

Re M bis 3 M vor R-Ende str, 1 M abh, 1 M re, die abgehobene M darüberziehen, 1 M re.

1 R li M str, gleichzeitig die M abk.

Von den restlichen stillgelegten M 8 M an beiden Seiten auf Hilfsndl stilllegen.

Über die restlichen 26 M für das Vorderteil str.

Nächste R: *1 M re, 2 M re zus str, re M bis 3 M vor R-Ende str, 1 M abh, 1 M re, die abgehobene M darüberziehen, 1 M re.

1 R li M str.*

Von * bis * insgesamt 3-mal arb.

2 R glatt rechts str.
Über die ersten 6 M für das li Vorderteil wie folgt str: 3 M re, 1 M abh, 1 M re, die abgehobene M darüberziehen, 1 M re.

1 R li M str.

Nächste R: 2 M re, 1 M abh, 1 M re, die abgehobene M darüberziehen, 1 M re.

1 R li M und 1 R re M str. 1 R li M str, gleichzeitig die M abk.

Die mittleren 8 M auf einer Hilfsndl stilllegen und über die restlichen 6 M für das re Vorderteil str.

Nächste R: 1 M re, 2 M re zus str, 3 M re.

1 R li M str.

Nächste R: 1 M re, 2 M re zus str, 2 M re.

1 R li M und 1 R re M str. 1 R li M str, gleichzeitig die M abk.

Die Schulternähte schließen.

Das Halsbündchen mit Ndl Nr. 2,5 str. Die 3 stillgelegten M am linken Rückenteil re str, 8 M aus dem linken Vorderteil auffassen, die M von der Hilfsndl re str, 8 M auffassen, die letzten 3 M re str.

3 R re M str, in der letzten R gleichzeitig die M abk.

ARMLOCH

In der Mitte der 8 stillgelegten M unter dem Arm beginnen. 4 M re str, aus jeder M des Armlochs 1 M auffassen, dabei jede 4. M überspringen, 4 M re.

1 Rd li M und 1 Rd re M str. 1 Rd li M str und gleichzeitig die M abk.

Um das zweite Armloch ebenso arb.

RÜSCHE

Am Übergang zwischen dem Glatt rechts gestrickten Teil und dem Muster (um die Taille herum):

Aus jeder M 1 M aufnehmen.

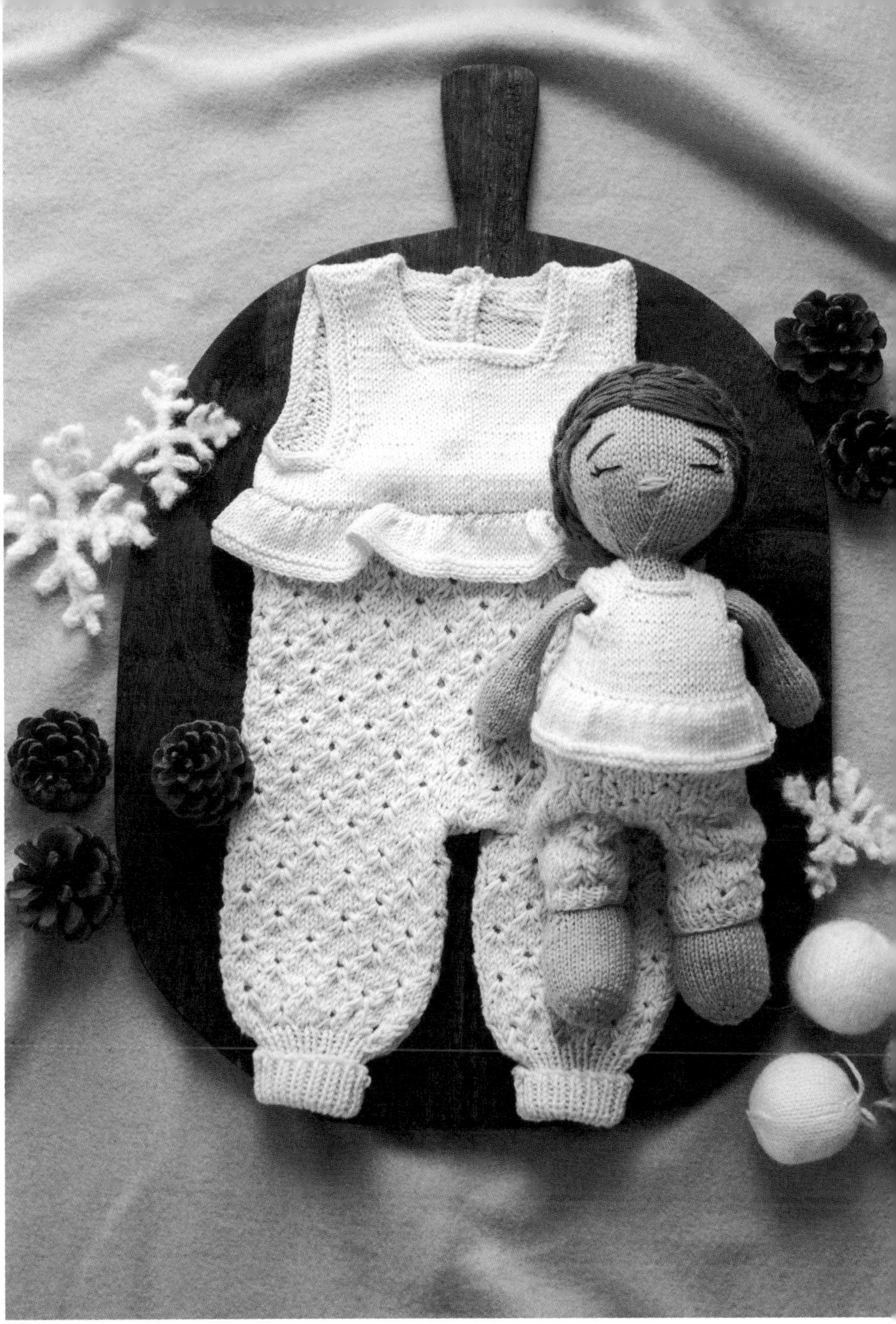

1 Rd re M str.
Nächste Rd: *2 M re, 1 M zun*, von * bis * bis Rd-Ende wdh.

8 Rd re M str.

1 Rd li M und 1 Rd re M str. 1 Rd li M str, gleichzeitig die M abk.

KNOPFLEISTE

Am rückwärtigen Oberteil 1 M aus jeder M von oben an der rechten Seite bis oben an der linken Seite aufnehmen.

3 R re M str, gleichzeitig in der letzten R die M abk. In der 1. R Knopflöcher wie folgt einarb: 2 M re, 2 M re zus str, 1 U, 2 M re, 2 M re zus str, 1 U, re M bis R-Ende str.

Alle Fäden vernähen und hinten 2 kleine Knöpfe annähen.

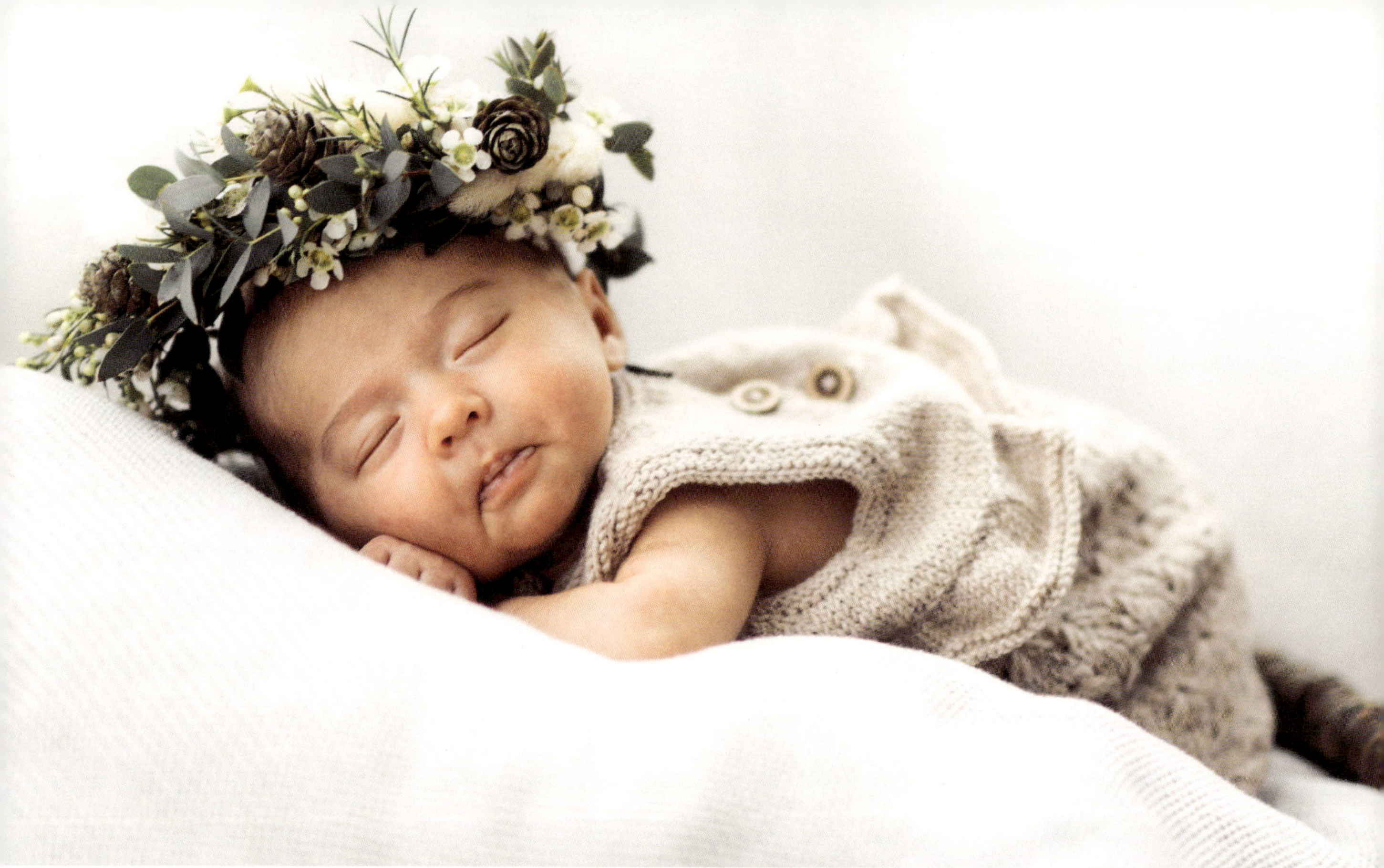

Lillemors schicke Hose

Die süßeste, schicke Hose mit Rüschen und schönem Muster. Die Hose ist für den Alltag genauso gut geeignet wie für festliche Gelegenheiten.

Schwierigkeitsgrad 2

GRÖSSEN
0–1 Mon (3 Mon) 6 Mon (9 Mon) 12 Mon (18 Mon) 2 Jahre (3 Jahre)

GARN
KlompeLOMPE Tynn Merinoull und KlompeLOMPE Merinoull, Farbe 2652

MENGE
KlompeLOMPE Tynn Merinoull: 50 (50) 50 (50) 50 (100) 100 (150) g
KlompeLOMPE Merinoull: 100 (150) 150 (200) 200 (200) 250 (250) g

NADELN
Rundnadeln Nr. 2,5, Nr. 3 und Nr. 3,5, je 80 cm, Rundnadeln Nr. 3 und Nr. 3,5, je 40 cm

MASCHENPROBE IM MUSTER
24 M mit Ndl Nr. 3,5 = 10 cm

MASCHENPROBE
27 M mit Ndl Nr. 3 = 10 cm

Erklärung zu den lrM (lange rechte M): *In der Mitte der M, die 2 Rd tiefer als 2 M re zus str und 2 M re verschr zus str gestrickt wurden, einstechen. Faden holen, langziehen und auf die re Ndl legen (= 1 M zugenommen). Für die nächste lrM an derselben Stelle einstechen und ebenso arb*, von * bis * wdh (siehe Video unter klompelompe.no).

Die Arbeit beginnt in der Mitte an der Taille, dann wird nach unten gestrickt. Der Rundenbeginn liegt in der rückwärtigen Hosenmitte.

112 (120) 120 (128) 128 (136) 144 (152) M mit Ndl Nr. 3,5 mit KlompeLOMPE Merinoull anschlagen und zur Rd schließen.

1 Rd re M str.

Nun wird das rückwärtige Hosenteil verlängert.

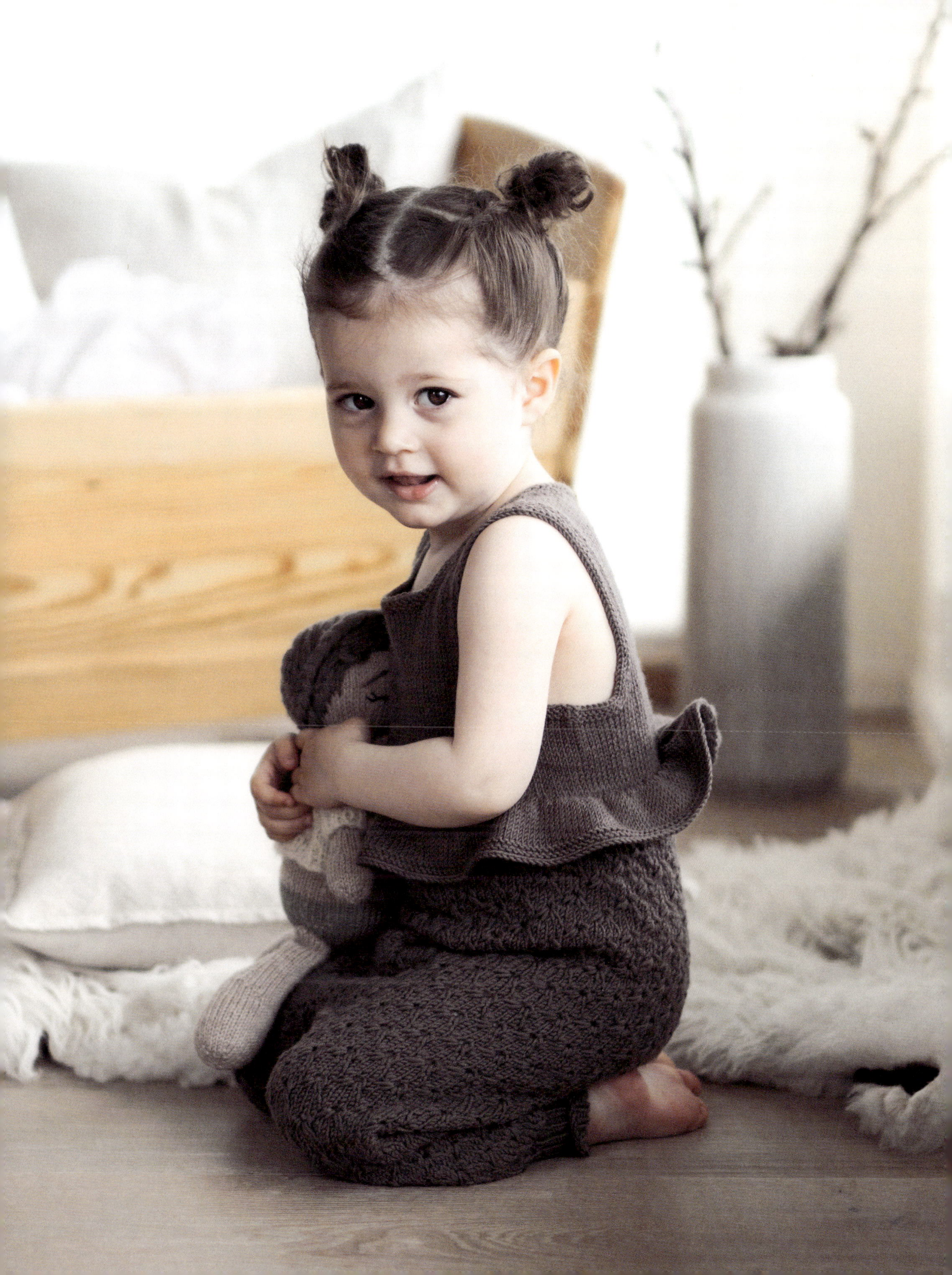

Größen 0–1 Mon (3 Mon) 6 Mon:
10 M re, wenden, 20 M li, wenden, 25 M re, wenden, 30 M li, wenden, 35 M re, wenden, 40 M li, wenden, re M bis Rd-Ende str.

Größen (9 Mon) 12 Mon (18 Mon) 2 Jahre (3 Jahre):
10 M re, wenden, 20 M li, wenden, 25 M re, wenden, 30 M li, wenden, 35 M re, wenden, 40 M li, wenden, 45 M re, wenden, 50 M li, wenden, 55 M re, wenden, 60 M li, wenden, re M bis Rd-Ende str.

1 Rd re M str.

Alle Größen:
MUSTER
1. Rd: *2 M re zus str, 2 M re verschr zus, 4 M re*, von * bis * bis Rd-Ende wdh.
2. Rd: Re M str.
3. Rd: * 1 lrM, 2 M re, 1 lrM, 4 M re*, von * bis * bis Rd-Ende wdh.
4. Rd: Re M str.
5. Rd: *4 M re, 2 M re zus str, 2 M re verschr zus*, von * bis * bis Rd-Ende wdh.
6. Rd: Re M str.
7. Rd: *4 M re, 1 lrM, 2 M re, 1 lrM *, von * bis * bis Rd-Ende wdh.
8. Rd: Re M str.

Wenn die Arbeit ca. 15 (19) 20 (23) 25 (27) 29 (32) cm misst, beidseitig der vorderen und hinteren mittleren 8 M je einen MM setzen.

In jeder 2. Rd beidseitig dieser mittleren M je 1 M zun, dafür je 1 M aus dem Querfaden re verschr zun. Im Muster über alle M fortfahren. Die zugenommenen M re str, bis ausreichend M für einen Mustersatz vorhanden sind.

Insgesamt 4 (6) 6 (4) 4 (6) 4 (6)-mal zun; dann mit einer 4. oder 8. Muster-Rd enden. In der nächsten Rd jeweils die markierten 8 M vorn und hinten abk. Die Beine werden getrennt in Rd gestrickt = 56 (64) 64 (64) 64 (72) 72 (80) M.

Im Muster str, bis die Beine 10 (11) 12 (14) 16 (19) 23 (26) cm lang sind.

Dann 1 Rd re M str, dabei gleichmäßig verteilt 22 (26) 26 (26) 22 (30) 30 (38) M abk = 34 (38) 38 (38) 42 (42) 42 (42) M auf der Ndl.

Zu Ndl Nr. 3 wechseln und 20 Rd *1 M re, 1 M li*, von * bis * wdh str, in der letzten Rd die M abk.

OBERTEIL
In der rückwärtigen Mitte beginnen. An der oberen Kante mit KlompeLOMPE Tynn Merinoull ca. 1 M aus jeder M mit Ndl Nr. 3 aufnehmen.

1 Rd re M str, dabei gleichmäßig verteilt M zun, bis die M-Zahl 120 (126) 130 (138) 144 (150) 154 (158) M erreicht ist.

1 (1) 2 (2) 2 (2) 2 (3) cm glatt rechts in Rd str. Ab jetzt für den rückwärtigen Schlitz glatt rechts in Reihen weiterstr (re M in der Hin-R, li M in der Rück-R). Weiterstr, bis das Strickstück 2 (2,5) 3,5 (4) 4,5 (5) 5,5 (6,5) cm ab der Stelle misst, an der die M aufgenommen wurden.

Nächste R: 23 (24) 25 (25) 27 (28) 29 (30) M re (li Rückenteil), 14 (15) 15 (18) 18 (18) 18 (18) M re auf eine Hilfsndl str (Armloch), 46 (48) 50 (52) 54 (58) 60 (62) M re (Vorderteil), 14 (15) 15 (18) 18 (18) 18 (18) M re auf eine Hilfsndl str (Armloch), 23 (24) 25 (25) 27 (28) 29 (30) M re (re Rückenteil).

RECHTES RÜCKENTEIL
Über die M des re Rückenteils 1 Rück-R li M str.

Nächste R: 1 M re, 2 M re zus str, re M bis R-Ende str.

Diese 2 R insgesamt 3 (3) 4 (4) 4 (4) 4 (4)-mal arb = 20 (21) 21 (21) 23 (24) 25 (26) M auf der Ndl.

Weiter glatt rechts in R str, bis das Strickstück 10 (11) 13 (14) 14,5 (15) 16 (17) cm ab der Stelle misst, an der die M aufgenommen wurden.

In der nächsten R (= Rück-R) die ersten 8 (9) 9 (9) 10 (10) 10 (10) M li auf eine Hilfsndl str. Die restlichen 12 (12) 12 (12) 13 (14) 15 (16) M für die Schulter li str.

Nächste R: Re str bis 3 M vor R-Ende, 2 M re zus str, 1 M re.

Nächste R: Alle M li str.

Diese 2 R insgesamt 4-mal arb. In der nächsten R (Hin-R) alle M abk.

LINKES RÜCKENTEIL
Über die M des linken Rückenteils 1 Rück-R li M str.

Nächste R: Re M str bis 3 M vor R-Ende, 1 M abh, 1 M re, die abgehobene M darüberziehen, 1 M re.

Diese 2 R insgesamt 3 (3) 4 (4) 4 (4) 4 (4)-mal arb = 20 (21) 21 (21) 23 (24) 25 (26) M auf der Ndl. Weiter glatt rechts in R str, bis das Strickstück 10 (11) 13 (14) 14,5 (15) 16 (17) cm ab der Stelle misst, an der die M aufgenommen wurden.

In der nächsten R (= Rück-R) die letzten 8 (9) 9 (9) 10 (10) 10 (10) M li auf eine Hilfsndl str. Den Faden abschneiden und über die restlichen 12 (12) 12 (12) 13 (14) 15 (16) M für die Schulter weiterstr.

Nächste R (Hin-R): 1 M re, 1 M abh, 1 M re, die abgehobene M darüberziehen, re M bis R-Ende str.

Nächste R: Alle M li str.

Diese 2 R insgesamt 4-mal arb. In der nächsten R (Hin-R) alle M abk.

VORDERTEIL
Über die M des Vorderteils 1 Rück-R li M str.

Nächste R: 1 M re, 2 M re zus str, re M bis 3 M vor R-Ende str, 1 M abh, 1 M re, die abgehobene M darüberziehen, 1 M re.

Diese 2 R insgesamt 4-mal arb.

Weiter glatt rechts ohne Abnahmen str, bis das Strickstück 7,5 (8) 10 (10,5) 11 (11,5) 12 (13) cm ab der Stelle misst, an der die M aufgenommen wurden.

In der nächsten Rück-R die ersten 26 (28) 30 (32) 33 (36) 37 (38) M li auf eine Hilfsndl str und die letzten 12 (12) 12 (12) 13 (14) 15 (16) M für die linke Schulter li str.

Nächste R: Re M str, bis 3 M vor R-Ende, 2 M re zus str, 1 M re.

Nächste R: Alle M li str.

Diese 2 R insgesamt 4-mal arb.

7 (9) 9 (11) 11 (11) 11 (11) R glatt rechts str, in der letzten R die M abk.

Dann über die ersten 12 (12) 12 (12) 13 (14) 15 (16) M von der Hilfsndl für die rechte Schulter str (= Hin-R): 1 M re, 1 M abh, 1 M re, die abgehobene M darüberziehen, re M bis R-Ende str.

Nächste R: Alle M li str.

Diese 2 R insgesamt 4-mal arb.

7 (9) 9 (11) 11 (11) 11 (11) R glatt rechts str, in der letzten R die M abk.

Die Schulternähte schließen.

Krausrippen um das Armloch herum mit Ndl Nr. 2,5 str:

Die Rd in der Mitte der 14 (15) 15 (18) 18 (18) 18 (18) M auf der Hilfsndl für das Armloch beginnen.

7 (7) 7 (9) 9 (9) 9 (9) M re str, um das Armloch herum M auffassen (aus jeder M 1 M, dabei jede 4. M überspringen), 7 (8) 8 (9) 9 (9) 9 (9) M re bis Rd-Ende str.

2 Krausrippen str (1 Rd li M, 1 Rd re M, 1 Rd li M, 1 Rd re M), in der letzten Rd gleichzeitig die M abk.

Um das zweite Armloch ebenso arb.

Krausrippen am Halsausschnitt mit Ndl Nr. 2,5 str:

Die M von der Hilfsndl am li Rückenteil re str, M entlang der Kante der Schulter auffassen (1 M pro M, dabei jede 4. M überspringen), die M von der Hilfsndl des Vorderteils re str, M entlang der Kante der anderen Schulter auffassen, die M von der Hilfsndl am re Rückenteil re str.

1 Rück-R re M, 1 Hin-R re M, 1 Rück-R re M str. 1 Hin-R re M str und gleichzeitig die M abk.

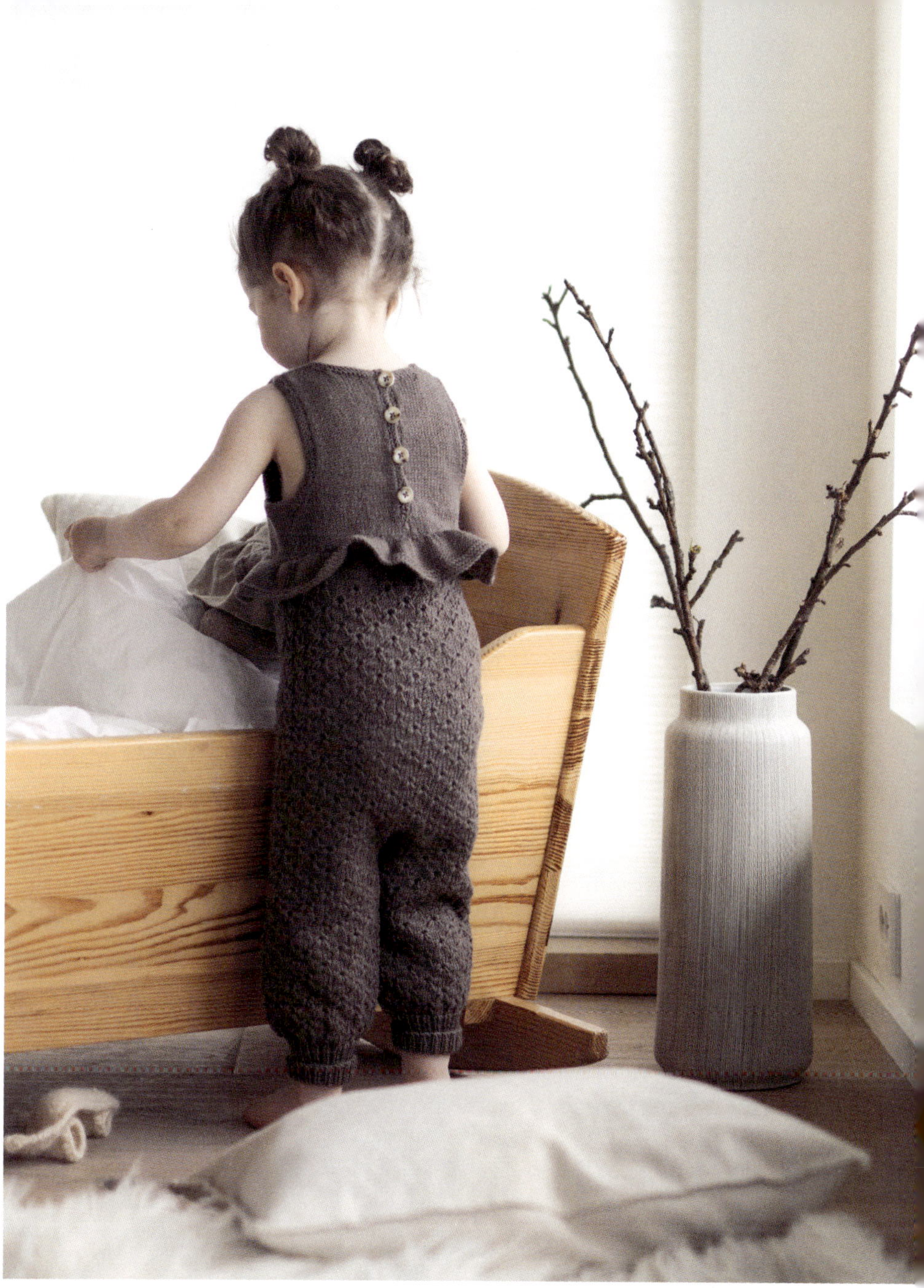

RÜCKWÄRTIGE KNOPFLEISTE

Die Knopfleiste in einem Stück entlang der re und der li Kante des Schlitzes mit Ndl Nr. 2,5 arb. 1 M pro M auffassen, dabei jede 4. M an jeder Kante überspringen. 1 Rück-R re M str. 1 Hin-R re M str, dabei gleichzeitig gleichmäßig verteilt 3 (3) 3 (4) 4 (4) 4 (4) Knopflöcher (2 M abk, 1 U) an der li Seite einarb. Noch 1 R re M str und dabei die M abk.

RÜSCHE

Mit Ndl Nr. 3 und KlompeLOMPE Tynn Merinoull 1 M pro M aus der unteren Kante der Rd auffassen, wo die M für das Oberteil aufgenommen wurden (siehe Foto).

Wenden, 1 Rd re M str, dabei gleichmäßig verteilt M zun, bis die M-Zahl 120 (126) 130 (138) 144 (150) 154 (158) M erreicht ist.

Nächste Rd: *2 M re, 1 M zun*, von * bis * bis Rd-Ende wdh.

6 (7) 8 (8) 9 (9) 10 (10) Rd re M str. 2 Krausrippen str, in der letzten Rd gleichzeitig die M abk.

Alle Fäden vernähen, Knöpfe hinten auf der Knopfleiste annähen.

Die Arbeit vorsichtig dämpfen oder unter einem feuchten Handtuch trocknen lassen.

Dünne Bommelmütze

In unserem allerersten Buch hatten wir eine klassische Bommelmütze, die gerne als Geschenk für einen neuen Erdenbürger gestrickt wird. Wir wollten eine dünnere Version mit mehr Größen entwerfen und sind mit dem Ergebnis sehr zufrieden.

Schwierigkeitsgrad 2

GRÖSSEN
(Frühchen) 0–2 Mon (3 Mon) 6 Mon (9 Mon) 1-2 Jahre (3-6 Jahre)

GARN
KlompeLOMPE Tynn Merinoull, Farbe 2652 oder 2650

MENGE
50 g für alle Größen

NADELN
Rundnadeln Nr. 3, 40 cm und 80 cm

MASCHENPROBE
27 M mit Ndl Nr. 3 = 10 cm

Die Mütze wird in Rd gestrickt.

(70) 75 (80) 85 (95) 100 (105) M auf Rundndl Nr. 3 anschlagen und zur Rd schließen.

1. Rd: *3 M re, 2 M li*, von * bis * bis Rd-Ende wdh.

Diese Rd wdh, bis die Arbeit (8,5) 9,5 (11) 12 (13) 14 (15) cm misst.

Jetzt wird abgenommen. Zwischen den Abnahmen die M str wie sie erscheinen.

Abnahmen:

Nächste Rd: In jeder 2. Rechts-Rippe 2 M re zus str.

3 Rd im Muster (wie die M erscheinen) str.

Nächste Rd: In den anderen Rechts-Rippen je 2 M re zus str.

3 Rd im Muster str.

Nächste Rd: In jeder 2. Links-Rippe 2 M li zus str.

2 Rd im Muster str.

Nächste Rd: In den anderen Links-Rippen je 2 M li zus str.

1 Rd im Muster str.

In jeder Rechts-Rippe 2 M re zus str.

Nächste Rd: *1 M re, 1 M li*, von * bis * bis Rd-Ende wdh.

Nächste Rd: *2 M re zus str*, von * bis * bis Rd-Ende wdh.

Den Faden durch die M fädeln und festziehen.

OHRENKLAPPEN

Ohrenklappen mit auf der Rückseite (10) 10 (12) 12 (14) 14 (14) M dazwischen wie folgt arb:

Von der rechten Seite der Arbeit (15) 15 (17) 17 (17) 19 (19) M aus der Anschlagkante auffassen.

1 R li M, 1 R re M, 1 R li M str.

Glatt rechts weiterstr und in jeder Hin-R wie folgt abn:

1 M re, 1 M abh, 1 M re, die abgehobene M darüberziehen, re M str bis 3 M vor R-Ende, 2 M re zus str, 1 M re.

Wenn noch 5 M auf der Ndl liegen, wie folgt abn: 1 M re, 1 M abh, 2 M re zus str, die abgehobene M darüberziehen, 1 M re.

Eine (18) 18 (20) 20 (20) 22 (22) cm lange Strickkordel (I-Cord) str, dazu die M an das andere Ende der Ndl schieben ohne zu wenden, und diese M wieder re abstr (siehe Video unter klompelompe.no).

An der anderen Seite ebenso arb.

Alle Fäden vernähen und einen Bommel aus Kunstpelz auf die Mütze nähen.

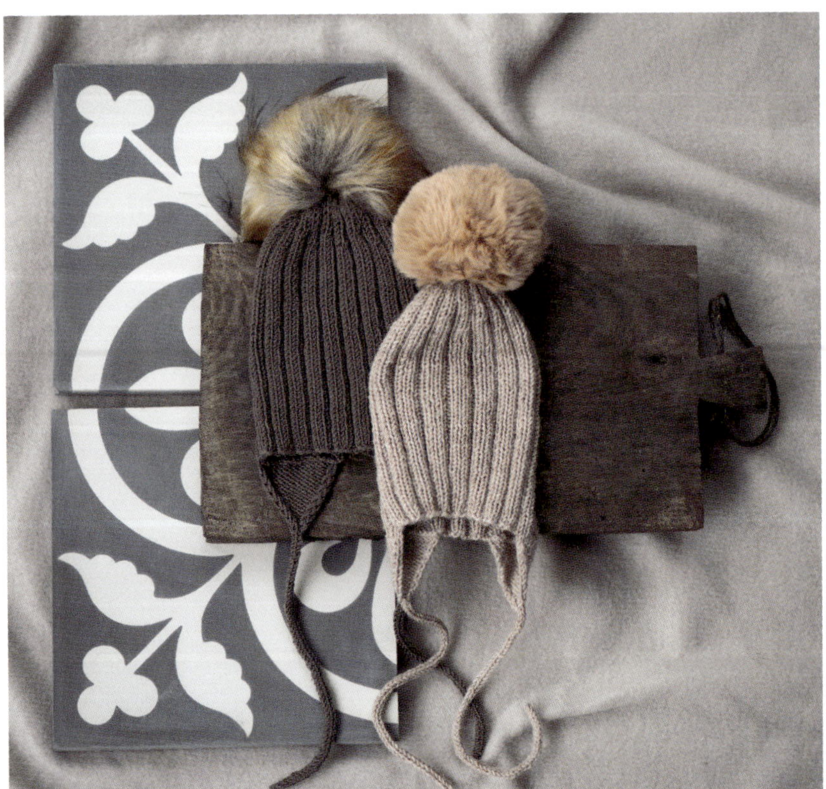

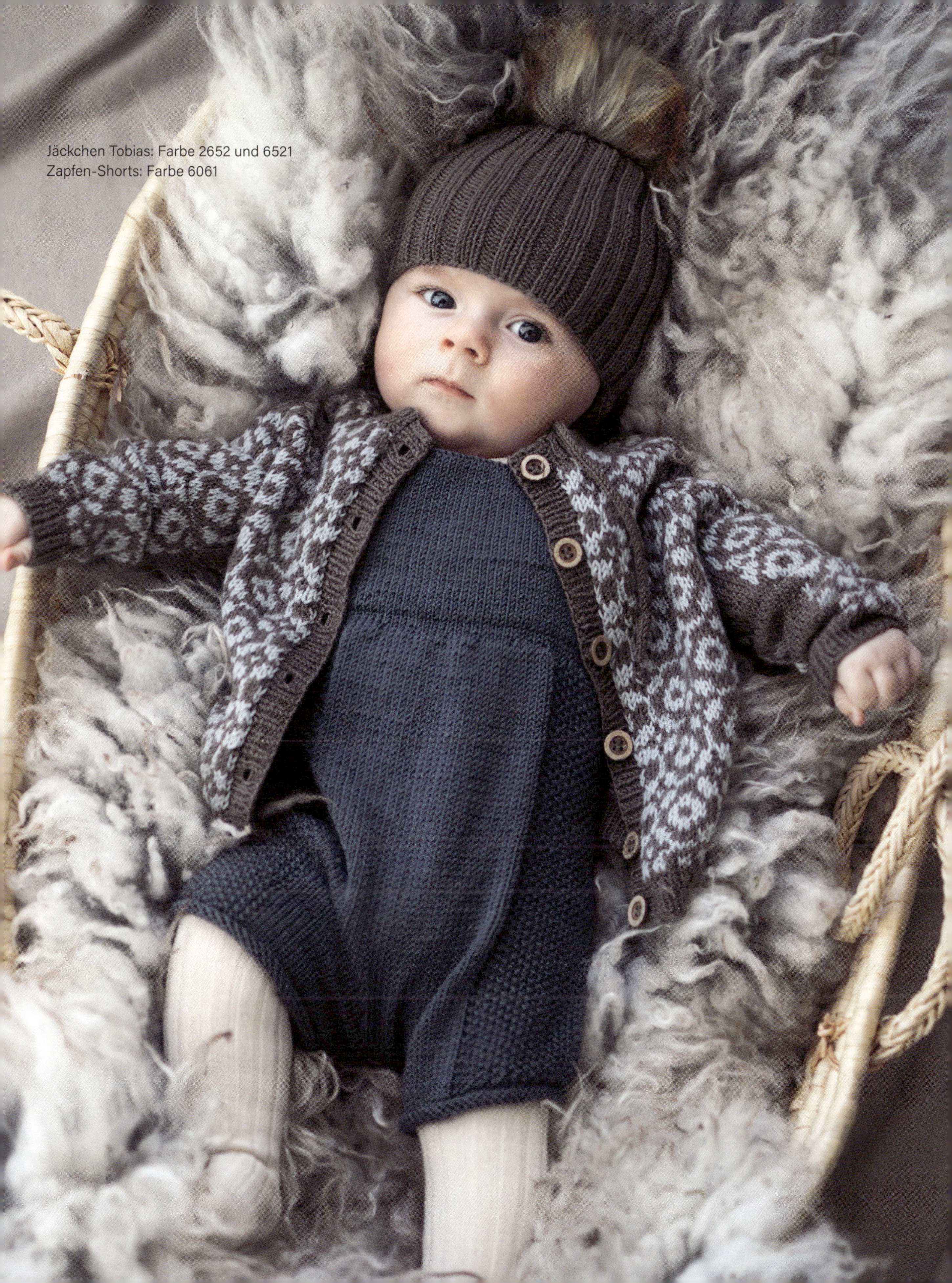

Jäckchen Tobias: Farbe 2652 und 6521
Zapfen-Shorts: Farbe 6061

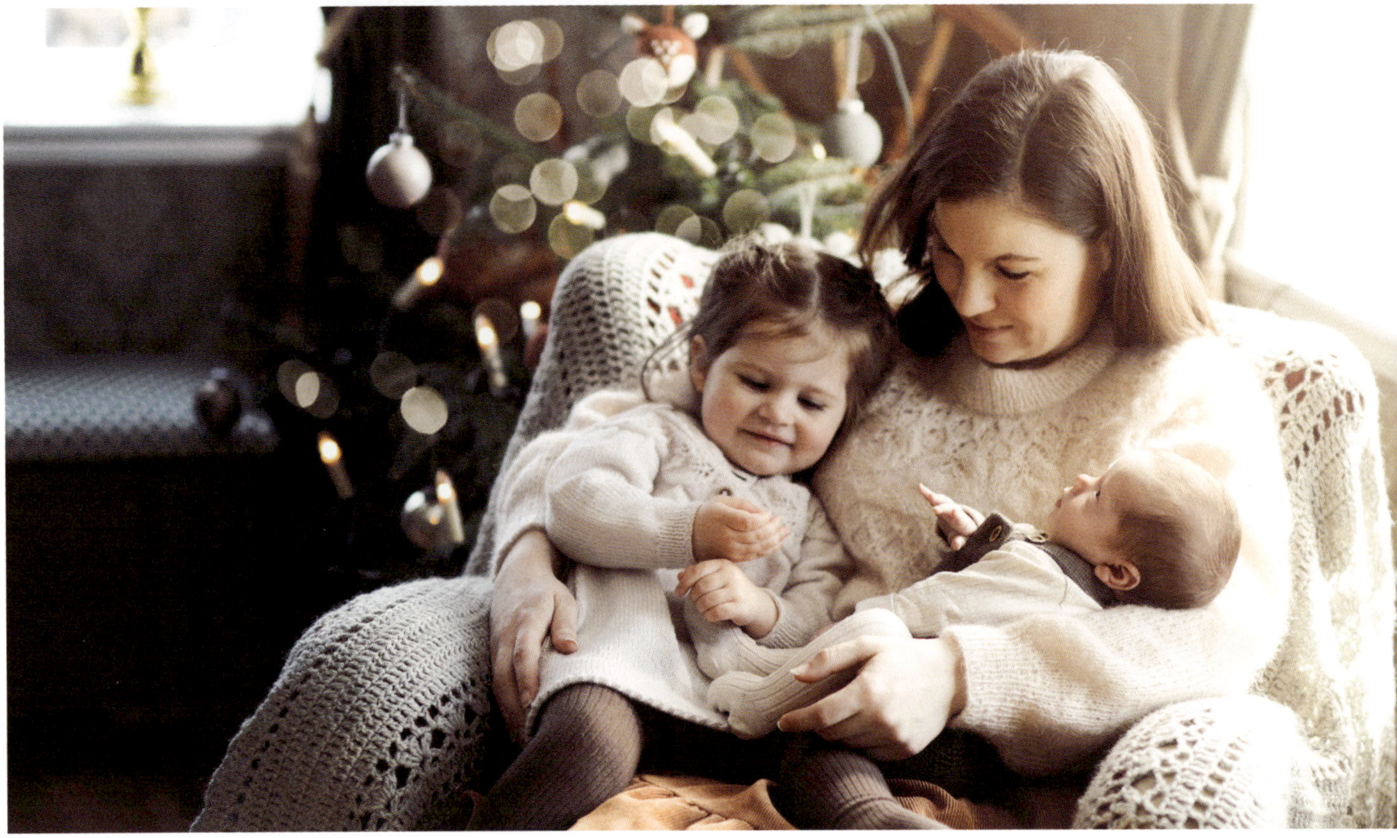

Zapfen-Shorts

Mit Hemd und Strumpfhose darunter ergeben die schönen Trägershorts ein tolles Weihnachtsoutfit. Im Alltag machen sie sich gut mit einem warmen Body darunter.

Schwierigkeitsgrad 2

GRÖSSEN
Frühchen (0–1) 2–3 (6–9) 12 (18) 24 Mon

GARN
KlompeLOMPE Tynn Merinoull, Farbe 9871

MENGE
100 (100) 100 (100) 150 (150) 200 g

NADELN
Rundnadeln Nr. 2,5 und Nr. 3, je 40 cm und 80 cm

MASCHENPROBE
27 M mit Ndl Nr. 3 = 10 cm

MASSE
Oberweite: ca. 34 (35,5) 38,5 (43) 47 (53) 59 cm

Die Arbeit beginnt mit den Trägern am Rückenteil.

16 (16) 16 (16) 18 (18) 20 M mit Ndl Nr. 2,5 anschlagen. Die Arbeit in zwei Hälften teilen und in der Magic-Loop-Technik in Rd re M str, bis der Träger 13 (15) 15 (17) 19 (21) 23 cm lang ist. Beiseitelegen und einen zweiten Träger str.

8 (8) 8 (8) 9 (9) 10 M re str, die 16 (16) 16 (16) 18 (18) 20 M des ersten Trägers auf dieselbe Ndl str, die restlichen 8 (8) 8 (8) 9 (9) 10 M re str.
2,5 cm in Rd re M str. Beiseitelegen.

LATZ
34 (38) 42 (46) 48 (50) 54 M anschlagen. 1 R re M str. Aus der Anschlagkante 34 (38) 42 (46) 48 (50) 54 M aufnehmen und mit der Magic-Loop-Technik in Rd str.

Wenn diese Methode zu knifflig ist, stattdessen 34 (38) 42 (46) 48 (50) 54 M anschlagen und Vorderseite und Futter am Schluss zus nähen.

An beiden Seiten einen MM setzen oder die Arbeit mit Magic Loop teilen (die ersten 34 (38) 42 (46) 48 (50) 54 M sind für die Vorderseite des Latzes und die nächsten 34 (38) 42 (46) 48 (50) 54 M für das Futter).

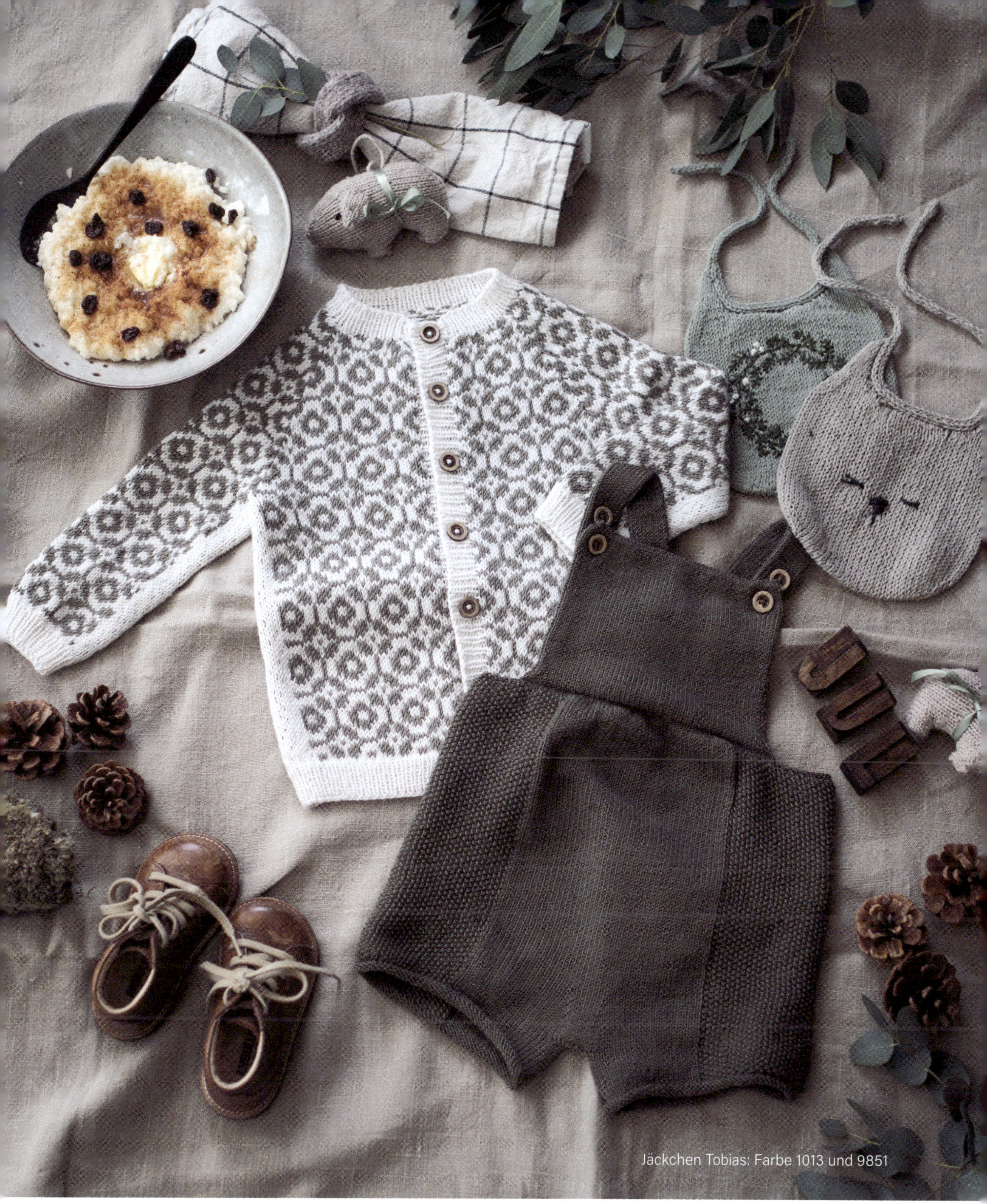

Jäckchen Tobias: Farbe 1013 und 9851

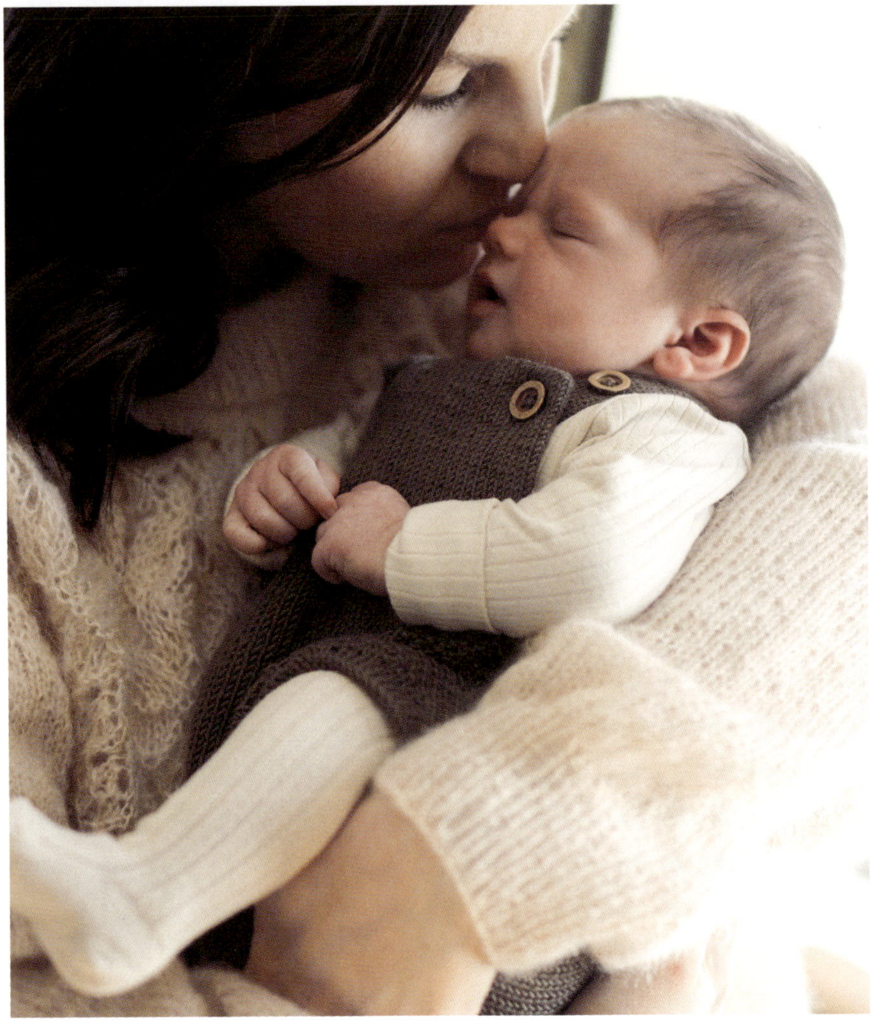

Gemessen wird ab jetzt in der vorderen Mitte, ab der Stelle, wo der Latz zusammengestrickt wurde.

In Rd glatt rechts und an den Seiten im Perlmuster str, bis die Arbeit 13 (15) 16 (17) 18 (20) 24 cm misst. Für die Größen Frühchen und 6–9 Mon in der vorderen Mitte 1 M abn.

Das Rückenteil wie folgt verlängern (»German Short Rows«, siehe Video unter klompelompe.no).

An den Seiten Perlmuster wie bisher str: 27 (27) 28 (31) 35 (40) 45 M mustergemäß, wenden, 54 (54) 56 (62) 70 (80) 90 M mustergemäß, wenden, 56 (56) 58 (64) 72 (82) 92 M mustergemäß, wenden, 58 (58) 60 (66) 74 (84) 94 M mustergemäß, wenden, mustergemäß bis Rd-Ende str.

2 Rd mustergemäß str.

Beidseitig der 6 mittleren M von Vorder- und Rückenteil je 1 MM setzen.

Nächste Rd: Beidseitig der 6 markierten mittleren M vorn und hinten je 1 M zun.

2 Rd mustergemäß str.

Die Zunahmen in jeder 3. Rd wdh, insgesamt 4-mal arb.

2 Rd mustergemäß str.

In der nächsten Rd die markierten 6 M vorn und hinten abk = 59 (62) 67 (74) 82 (92) 102 M für jedes Bein.

Die Beine getrennt in Rd weiterstr.

6 Rd re M str.

Nächste Rd: *3 M re, 2 M re zus str, 1 U, re M bis 6 M vor dem MM str, 2 M re zus str, 1 U, 4 M re*, von * bis * wdh.

Glatt rechts weiterstr, bis die Arbeit 5 (6,5) 7,5 (9) 10,5 (11,5) 13 cm misst.

Nächste Rd: *2 M re, 1 M zun, re M bis 2 M vor dem MM str, 1 M zun, 2 M re*, von * bis * wdh.

1 Rd re M str.

Die Zunahmen in der nächsten Rd wdh.

1 Rd re M str.

Mit einer Hilfsndl die M vom Futter und die M von der Vorderseite des Latzes zus str, dafür immer 1 M von der vorderen Ndl mit 1 M von der hinteren Ndl re zus str. Dies bis zum R-Ende wdh = 38 (42) 46 (50) 52 (56) 58 M auf der Ndl. Direkt nach den M des Latzes 19 (19) 21 (25) 29 (35) 41 M anschlagen, die M vom Träger wie beim Latz zus str, 19 (19) 21 (25) 29 (35) 41 M anschlagen = 92 (96) 104 (116) 128 (144) 160 M auf der Ndl.

2 Rd re M str.

Den Faden abschneiden und in der rückwärtigen Mitte neu beginnen.

Zu Ndl Nr. 3 wechseln.

Nächste Rd: *4 M re, 1 M zun*, bis zum Rd-Ende wdh = 115 (120) 130 (145) 160 (180) 200 M auf der Ndl.

Nächste Rd: 14 (15) 16 (18) 20 (22) 25 M re, MM, 29 (30) 33 (36) 40 (46) 50 M im Perlmuster, MM, 29 (30) 32 (37) 40 (44) 50 M re, MM, 29 (30) 33 (36) 40 (46) 50 M im Perlmuster (1 M re, 1 M li im Wechsel, umgekehrt in der nächsten R), MM, 14 (15) 16 (18) 20 (22) 25 M re.

BEIN

9 (11) 11 (13) 13 (15) 17 Rd mustergemäß str, weiterhin mit Perlmuster an den Seiten.

Zu Ndl Nr. 2,5 wechseln.

Nächste Rd: 20 (22) 24 (28) 31 (36) 42 M re, *2 M re zus str, 1 M re*, von * bis * insgesamt 8-mal arb, re M bis Rd-Ende str.

6 Rd re M str, in der letzten Rd gleichzeitig die M abk.

Alle Fadenenden vernähen und das Strickstück unter einem feuchten Handtuch trocknen lassen.

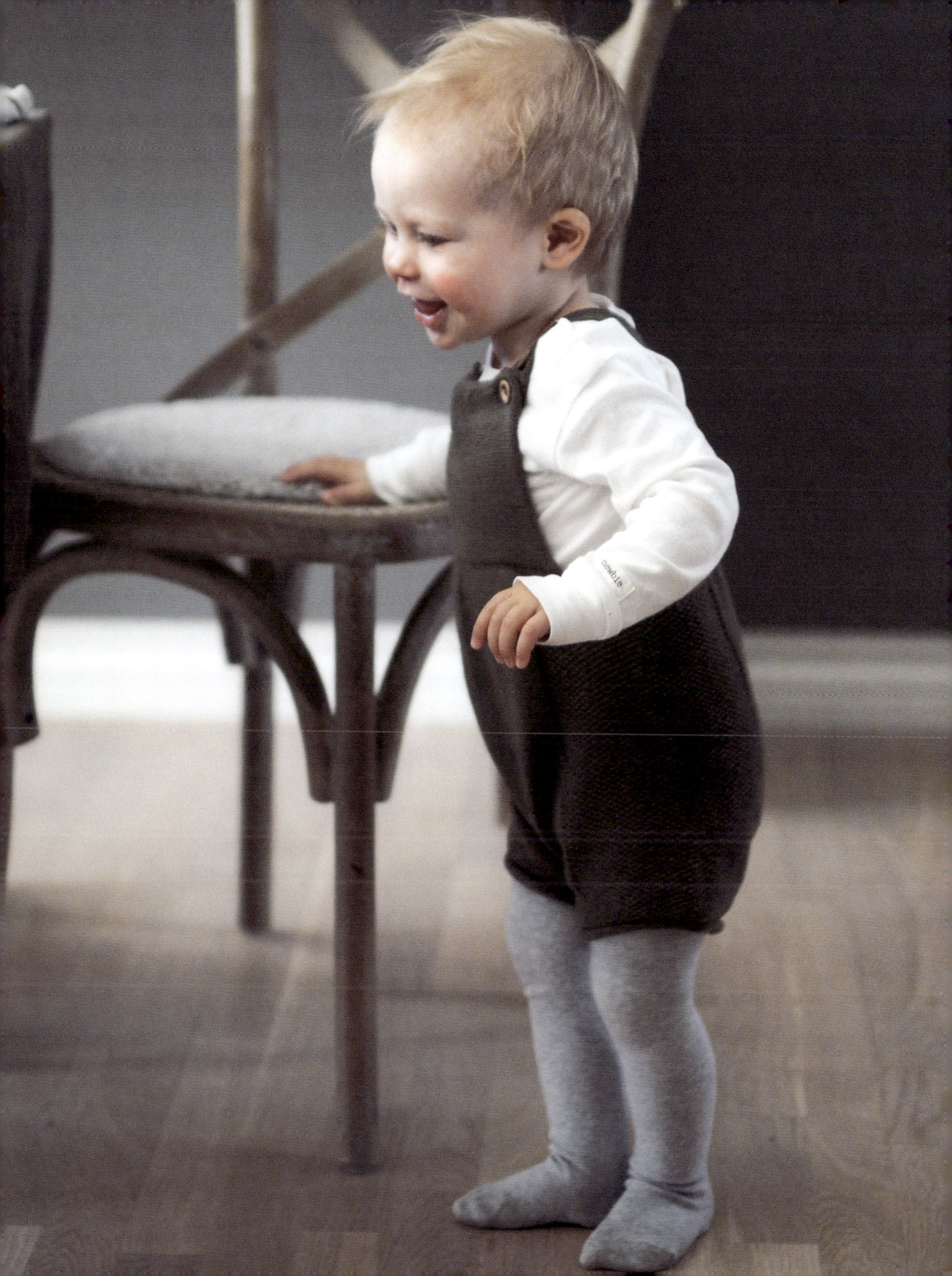

Weihnachtslätzchen

Unsere Großmütter haben wunderschöne Lätzchen aus Baumwolle gehäkelt, als wir klein waren. Lätzchen kann man immer gut gebrauchen und sie sind auch heute noch genauso süß. Unsere Lätzchen-Version ist klassisch und zeitlos und kann auf Wunsch mit Stickereien verziert werden.

Schwierigkeitsgrad 2

GRÖSSEN
Einheitsgröße

GARN
Sandnes Garn Mandarin Naturell, Farbe 9041 und 2431

MENGE
50 g

NADELN
Rundnadel Nr. 2,5, 80 cm, für Magic Loop, evtl. Nadelspiel Nr. 2,5 für I-Cord

MASCHENPROBE
24 M mit Ndl Nr. 2,5 = 10 cm

Die Arbeit beginnt unten und wird mit der Magic-Loop-Technik in Rd gestrickt.

26 M mit Ndl Nr. 2,5 anschlagen. Wenden und 26 M von der Rückseite der 26 M aufnehmen, die soeben angeschlagen wurden. Beidseitig 1 MM setzen oder die Arbeit mit dem Magic Loop teilen (empfohlen).

1 Rd re M str.

In der nächsten Rd wie folgt zun: 1 M re, 1 M zun, re M bis 1 M vor dem MM str, 1 M zun, 2 M re, 1 M zun, re M bis 1 M vor dem MM str, 1 M zun, 1 M re.

So in jeder Rd zun, insgesamt 4-mal = 68 M auf der Ndl (34 M pro Seite).

Weiter in jeder 2. Rd zun, insgesamt 2-mal = 76 auf der Ndl (38 M pro Seite).

Glatt rechts in Rd str, bis die Arbeit 14 cm misst.

Nächste Rd: 1 M re, 1 M abh, 1 M re, die abgehobene M darüberziehen, 10 M re, 12 M abk, 10 M re, 2 M re zus str, 2 M re, 1 M abh, 1 M re, die abgehobene M darüberziehen, 10 M re, 12 M abk, 10 M re, 2 M re zus str, 1 M re.

Beide Seiten getrennt beenden, dabei beidseitig der 12 M von Vorder- und Rückseite (an der Außenkante und an der Halskante) je 1 MM setzen. Rd-Anfang ist an der Außenkante.

In der nächsten Rd an der Halskante wie folgt abn: Re M bis 2 M vor dem MM str, 1 M abh, 1 M re, die abgehobene M darüberziehen, 2 M re zus str, re M bis Rd- Ende str.

Diese Abnahmen in der nächsten Rd wdh.

In der nächsten Rd an der Außenkante und der Halskante wie folgt abn: 1 M re, 1 M abh, 1 M re, die abgehobene M darüberziehen, re bis 2 M vor dem MM str, 1 M abh, 1 M re, die abgehobene M darüberziehen, 2 M re zus str, re M str bis 3 M vor Rd-Ende, 2 M re zus str, 1 M re.

In der nächsten Rd die Abnahmen an der Halskante wdh.

1 Rd re M str.

In der nächsten Rd an der Außenkante abn: 1 M re, 1 M abh, 1 M re, die abgehobene M darüberziehen, re M str bis 3 M vor Rd-Ende, 2 M re zus str, 1 M re.

1 Rd re M str.

1 Rd mit Abnahmen an der Halskante str.

3 Rd re M str.

1 Rd mit Abnahmen an der Halskante str.

3 Rd re M str.

1 Rd mit Abnahmen an der Halskante str.

2 Rd re M str.

1 Rd mit Abnahmen an der Halskante str.

Nächste Rd: 2 M re zus str, 2 M re zus str.

Auf der anderen Seite ebenso arb, dabei an der Außenseite beginnen.

STRICKKORDEL

Aus der Halskante zwischen den restlichen je 2 M der Seiten 35 M mit Ndl Nr. 2,5 aufnehmen, dabei in der Mitte die M jeweils aus den abgeketteten M der Vorder- und Rückseite zusammen aufnehmen. Die M auf der Ndl lassen und mit der Strickkordel beginnen.

4 M mit Ndl Nr. 2,5 anschlagen. Eine ca. 19 cm lange Strickkordel (I-Cord, siehe Video unter klompelompe.no) herstellen. Die Kordel mit dem Lätzchen zus str und die aufgenommenen M mit einem I-Cord-Rand abk (siehe Video auf klompelompe.no) wie folgt:

3 M re, 2 M re verschr zus str. Die letzten 4 M zurück auf die linke Nadel legen und wieder so arb. So weiter abk, bis alle aufgenommenen M am Hals aufgebraucht wurden. Mit den restlichen M noch eine zweite ca. 19 cm lange Strickkordel str.

Alle Fadenenden vernähen.

Auf Wunsch kann noch ein Motiv auf das Lätzchen gestickt werden. Dazu das Motiv auf wasserlösliches Stickvlies zeichnen und mit einem kleinen Stickrahmen oder mit Stecknadeln auf dem Lätzchen befestigen. Wie aufgezeichnet sticken. Dann das Lätzchen mit dem Stickvlies in Wasser legen, bis sich das Stickvlies aufgelöst hat.

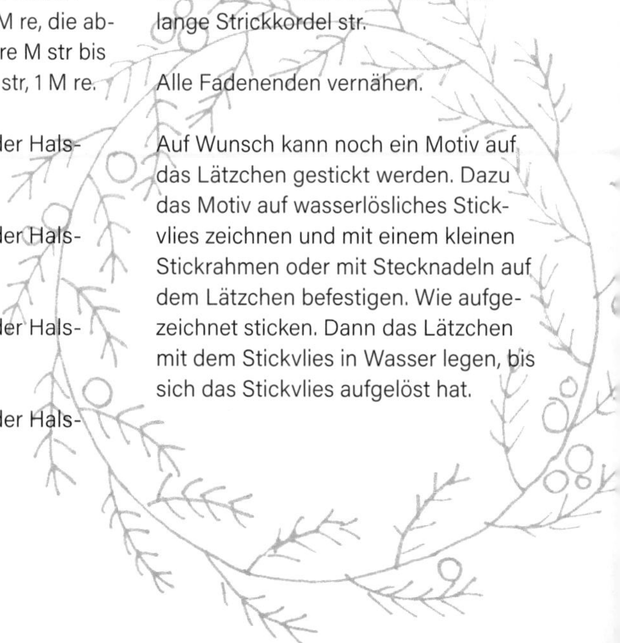

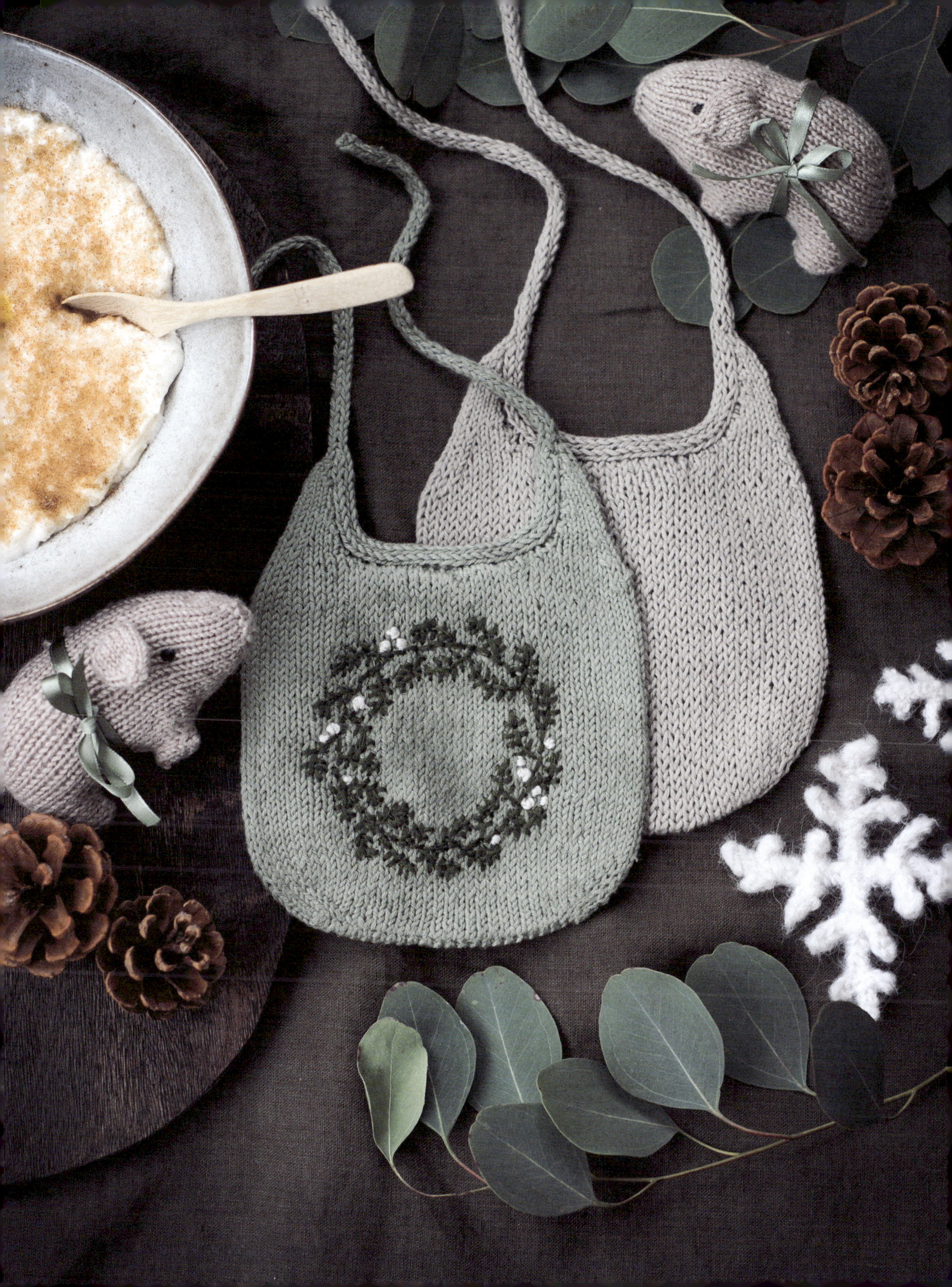

Gestricktes Marzipanschweinchen

Seit Kindertagen haben wir eine Tradition mit Weihnachtsbrei am Morgen des Heiligen Abends. Der Preis war immer ein Marzipanschwein, obwohl nicht jeder Marzipan mochte. Wir wollten ein Marzipanschweinchen stricken, weil es bei uns schöne Erinnerungen weckt.

Schwierigkeitsgrad 2

GRÖSSEN
Einheitsgröße

GARN
KlompeLOMPE Merinoull, Farbe 2650

MENGE
50 g oder ein Rest. Kleiner Rest in Schwarz für die Augen

NADELN
Rundnadel Nr. 2,5, 80 cm,
Häkelnadel Nr. 3

MASCHENPROBE
25 M mit Ndl Nr. 2,5 = 10 cm

Das Schweinchen während dem Stricken mit Füllwatte ausstopfen.

Die Arbeit beginnt am Hinterteil. 12 M mit Ndl Nr. 2,5 anschlagen.

Wenden und auf der anderen Seite weitere 12 M aus der Anschlagkante aufnehmen.

Beidseitig der je 12 M einen MM setzen oder mit dem Magic Loop teilen.

1 Rd re M str.

Nächste Rd: *1 M re, 1 M zun, re M bis 1 M vor dem MM str, 1 M zun, 1 M re*, von * bis * wdh.

1 Rd re M str.

Die Rd mit Zunahmen wdh.

1 Rd re M str.

Nächste Rd: Re M bis 1 M vor dem MM str, 1 M zun, 2 M re, 1 M zun, re M bis Rd-Ende str.

1 Rd re M str.

Die Rd mit Zunahmen wdh.

Nächste Rd: 4 M abk, re M str bis 4 M vor Rd-Ende, 4 M abk.

Über die restlichen M weiter in Rd str.

4 Rd re M str.

Die je 4 abgeketteten M (Vorderseite des hinteren Fußes) zus nähen und mit Füllwatte ausstopfen.

Jetzt verkürzte R wie folgt str: Re M str bis 4 M vor Rd-Ende, wenden, li M str bis 4 M vor R-Ende, wenden, re M bis 3 M vor dem letzten Wenden str, wenden, li M bis 3 M vor dem letzten Wenden str, wenden, re M bis 3 M vor dem letzten Wenden str, wenden, li M bis 3 M vor dem letzten Wenden str, wenden, re M bis Rd-Ende str.

4 Rd re M str.

4 M dazu anschlagen. Wenden und 4 M aus den angeschlagenen M aufnehmen, bis zum Rd-Ende re M str (Rd-Ende ist an den Zehen, also nach den ersten 4 angeschlagenen M). Ab jetzt beginnt die Rd hier, dazu einen neuen MM setzen.

4 Rd re M str.
Nächste Rd: Re M str bis 2 M vor Rd-Ende, wenden, li M str bis 2 M vor Rd-Ende, wenden, re M bis 2 M vor dem letzten Wenden str, wenden, li M bis 2 M vor dem letzten Wenden str, wenden, re M bis Rd-Ende str.

Nächste Rd: Re M bis 3 M vor dem MM str, 2 M re zus str, 2 M re, 1 M abh, 1 M re, die abgehobene M darüberziehen, re M str bis 4 M vor Rd-Ende, 4 M abk.

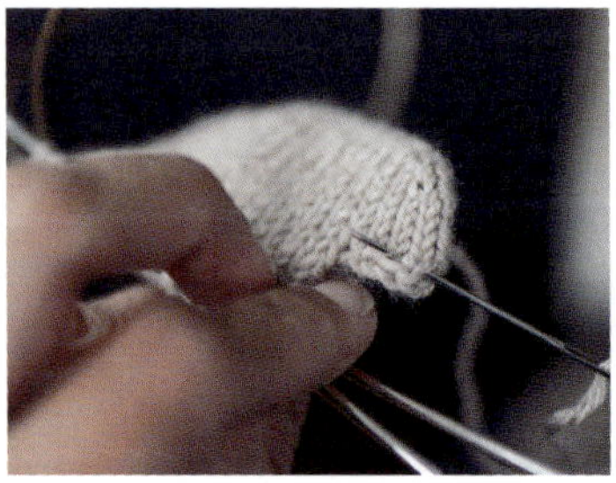

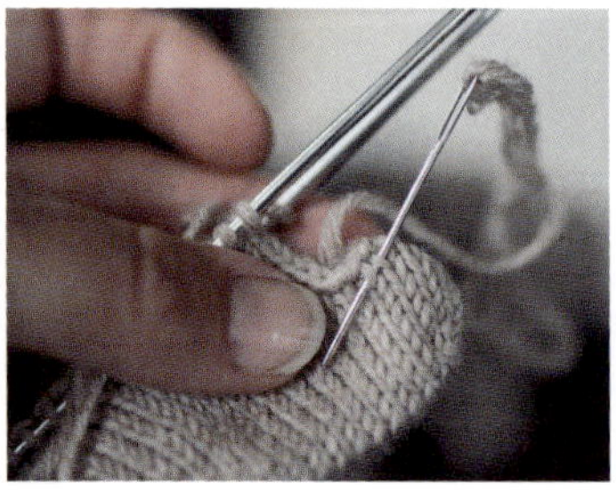

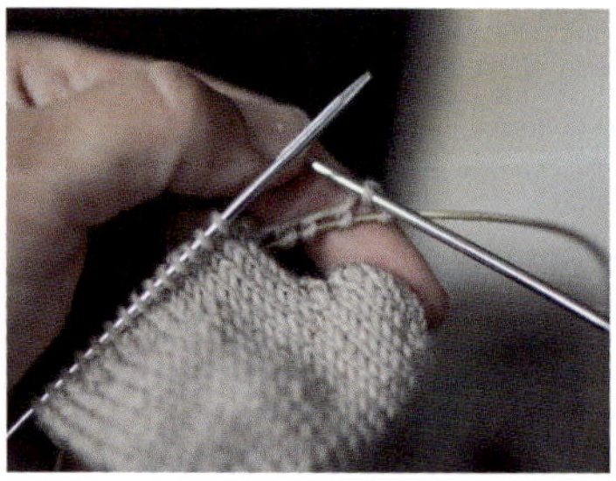

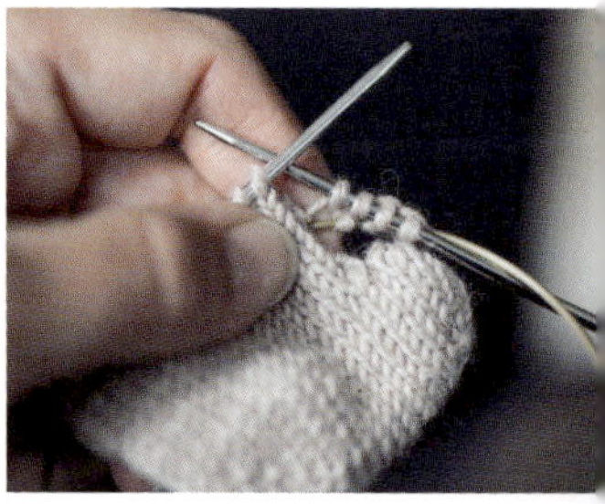

Nächste Rd: 4 M abk, re M bis Rd-Ende str.

Über die restlichen M weiter in Rd str.

Einen neuen MM am Rd-Beginn setzen.

Nächste Rd: 1 M re, 2 M re zus str, re M str bis 3 M vor Rd-Ende, 1 M abh, 1 M re, die abgehobene M darüberziehen, 1 M re.

3 Rd re M str.

Die Rd mit Abnahmen wdh.

3 Rd re M str.

Die Rd mit Abnahmen wdh.

Nächste Rd: Re M bis 3 M vor dem MM str, 1 M abh, 1 M re, die abgehobene M darüberziehen, 2 M re, 2 M re zus str, re M bis Rd-Ende str.

Die Rd wdh.

Nächste Rd: 1 M re, 2 M re zus str, re M bis 3 M vor dem MM str, 1 M abh, 1 M re, die abgehobene M darüberziehen, 2 M re, 2 M re zus str, re M str bis 3 M vor Rd-Ende, 1 M abh, 1 M re, die abgehobene M darüberziehen, 1 M re.

1 Rd li M str.

Nächste Rd: *1 M re, 2 M re zus str*, von * bis * bis Rd-Ende wdh.

Den Faden durch die M fädeln und festziehen.

OHREN

14 M mit Ndl Nr. 2,5 anschlagen. Zu 7 M auf jeder Ndl verteilen für den Magic Loop.

6 Rd re M str.

Nächste Rd: *1 M re, 2 M re zus str, 1 M re, 1 M abh, 1 M re, die abgehobene M darüberziehen, 1 M re*, von * bis * wdh.

1 Rd re M str.

Nächste Rd: *1 M re, 2 M abh (wie zum Rechts zus str), 1 M re, die abgehobenen 2 M darüberziehen, 1 M re*, von * bis * wdh.

1 Rd re M str.

Den Faden durch die M fädeln und festziehen.

Das zweite Ohr genauso str.

Die Ohren jeweils unten flach zus nähen, dabei den Faden ein wenig festziehen. Die Ohren mit ca. 3,5 cm Abstand zueinander ca. 4,5 cm vor der Schnauze an das Schweinchen nähen. Unter dem Ohr noch einen Stich machen, damit es gut fällt.

SCHWÄNZCHEN

Mit 1 Km in der Mitte des Hinterteils beginnen und 7 Lm häkeln. Wenden. Die Lm mit Km behäkeln. Den Faden vernähen.

Die Augen aufsticken.

Alle Fäden vernähen.

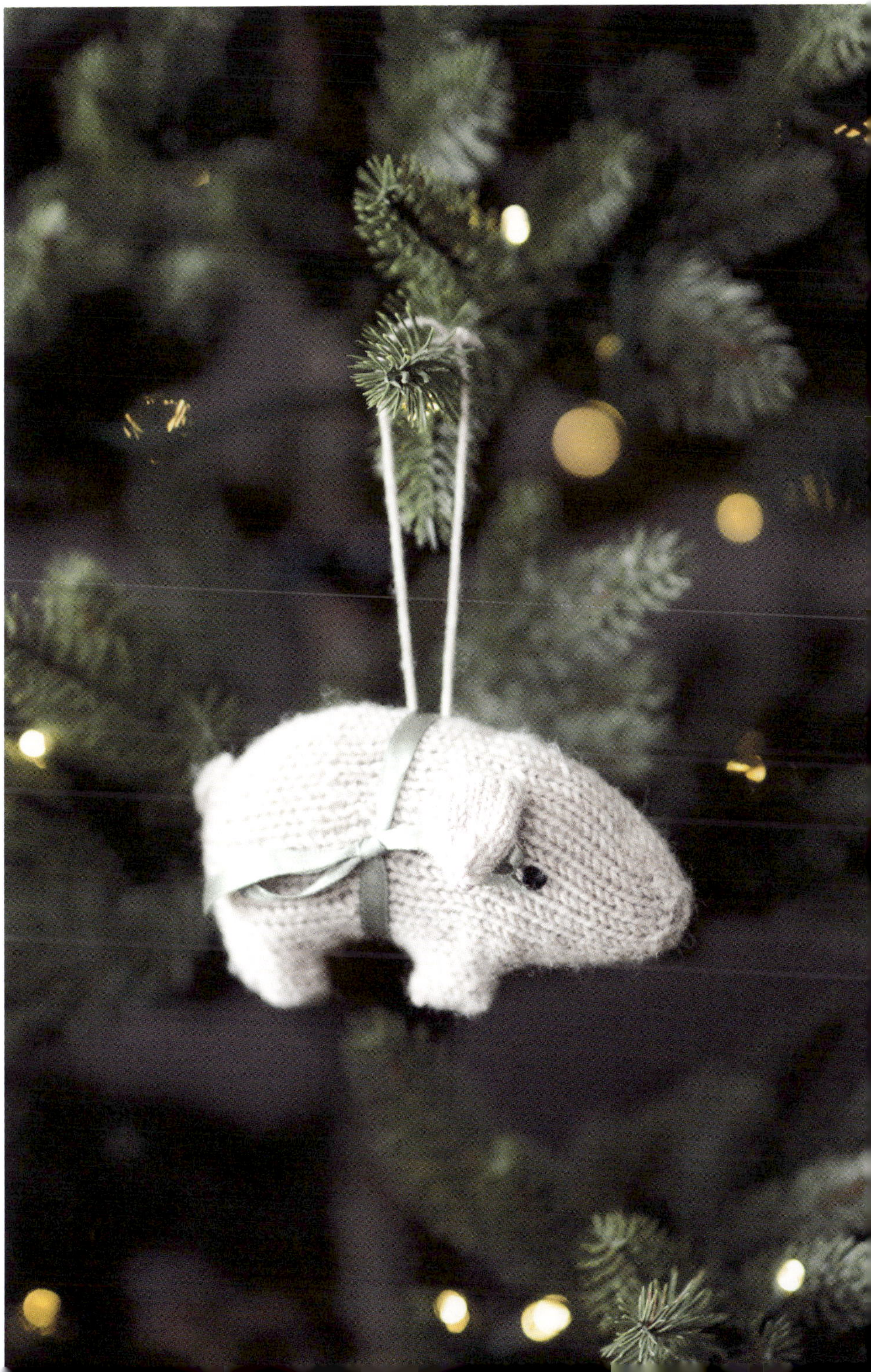

Winterpulli mit Puffärmeln Kind

Die Mädchen des Hauses wollten auch so einen Puffärmelpullover wie die Mama haben. Das Ergebnis ist dieser schlichte Pulli mit schönen Puffärmeln und coolen Details.

Schwierigkeitsgrad 2

GRÖSSEN
(4) 6 (8) 10 (12) 14 Jahre

GARN
Sandnes Garn Alpakka Silke, Farbe 1015 und
Sandnes Garn Tynn Silk Mohair, Farbe 1012

MENGE
Sandnes Garn Alpakka Silke: (150) 150 (150) 150 (200) 250 g
Sandnes Garn Tynn Silk Mohair: (50) 75 (75) 75 (75) 100 g

NADELN
Rundnadeln Nr. 4 und Nr. 5, je 40 cm und 60 cm,
Nadelspiele Nr. 4 und Nr. 5,
evtl. Rundnadeln, 80 cm, für Magic Loop

MASCHENPROBE
17 M mit Ndl Nr. 5 = 10 cm

MASSE
Oberweite: ca. (69) 73 (76) 80 (82) 85 cm
Gesamtlänge: ca. (40) 43 (45) 47 (52) 55 cm

Der Pullover wird von unten nach oben in Rd auf der Rundnadel gestrickt.

(118) 124 (130) 136 (140) 144 M mit Ndl Nr. 4 doppelfädig mit je einem Faden der beiden Garnqualitäten anschlagen. 4 cm im Rippenmuster (1 M re, 1 M li im Wechsel) str.

Zu Ndl Nr. 5 wechseln.

Glatt rechts str, bis die Arbeit (27) 29 (32) 36 (39) 41 cm misst.

Nächste Rd: 10 M abk, (49) 52 (55) 58 (60) 62 M re, 10 M abk, (49) 52 (55) 58 (60) 62 M re.

ÄRMEL

(34) 34 (36) 36 (38) 38 M mit Ndl Nr. 4 anschlagen. (10) 12 (13) 14 (15) 16 cm im Rippenmuster (1 M re, 1 M li im Wechsel) str.

Zu Ndl Nr. 5 wechseln.

Nächste Rd: *1 M re, 1 M zun*, von * bis * bis Rd-Ende wdh = (68) 68 (72) 72 (76) 76 M auf der Ndl. Glatt rechts str, bis der Ärmel (31) 35 (38) 41 (43) 46 cm misst.

Die ersten 5 M und die letzten 5 M auf der Ndl abk.

Die Ärmel und den Rumpf auf dieselbe Ndl nehmen = (214) 220 (234) 240 (252) 256 M auf der Ndl.

Jeden Übergang mit einem MM markieren = 4 Raglanmarkierer. Die Rd beginnt mit dem linken Ärmel.

1 Rd re M str.

Glatt rechts weiterstr und in jeder Rd wie folgt abn: *1 M abh, 1 M re, die abgehobene M darüberziehen, bis 2 M vor dem MM str, 2 M re zus str*, von * bis * bis Rd-Ende wdh = 8 M abgenommen.

Insgesamt (7) 7 (6) 6 (6) 6-mal abn.

Dann nur an den Ärmeln in jeder Rd wie folgt abn: *1 M abh, 1 M re, die abgehobene M darüberziehen, bis 2 M vor dem MM str, 2 M re zus str*, re M str bis zum nächsten MM, von * bis * wdh, re M bis Rd-Ende str.

Insgesamt (1) 2 (3) 3 (4) 5-mal arb.

Für den Halsausschnitt wie folgt arb:

Nächste Rd: 1 M abh, 1 M re, die abgehobene M darüberziehen, re M bis 2 M vor dem MM str, 2 M re zus str, (10) 11 (14) 15 (15) 16 M re, die nächsten (15) 16 (15) 16 (18) 18 M re auf eine Hilfsndl str und stilllegen, (10) 11 (14) 15 (15) 16 M re, 1 M abh, 1 M re, die abgehobene M darüberziehen, re M bis 2 M vor dem MM str, 2 M re zus str, re M bis Rd-Ende str.

Den Faden abschneiden und weiter vorne auf der rechten Seite des Ausschnitts mit 1 Hin-R beginnen. In R weiterstr.

RECHTE SEITE DER ARBEIT (HINREIHE)

2 M re zus str, *re M bis zum MM str, 1 M abh, 1 M re, die abgehobene M darüberziehen, re M bis 2 M vor dem MM str, 2 M re zus str*, von * bis * wdh, re M str bis 2 M vor R-Ende, 1 M abh, 1 M re, die abgehobene M darüberziehen.

LINKE SEITE DER ARBEIT (RÜCKREIHE)

2 M abh (einzeln wie zum Rechts str), die 2 M zurück auf die li Ndl heben, die 2 M li verschr zus str, *li bis zum MM str, 2 M li zus str, li M bis 2 M vor dem MM str, 2 M abh (einzeln wie zum Rechts str), die 2 M zurück auf die li Ndl heben, die 2 M li verschr zus str*, von * bis * wdh, li M str bis 2 M vor R-Ende, 2 M li zus str.

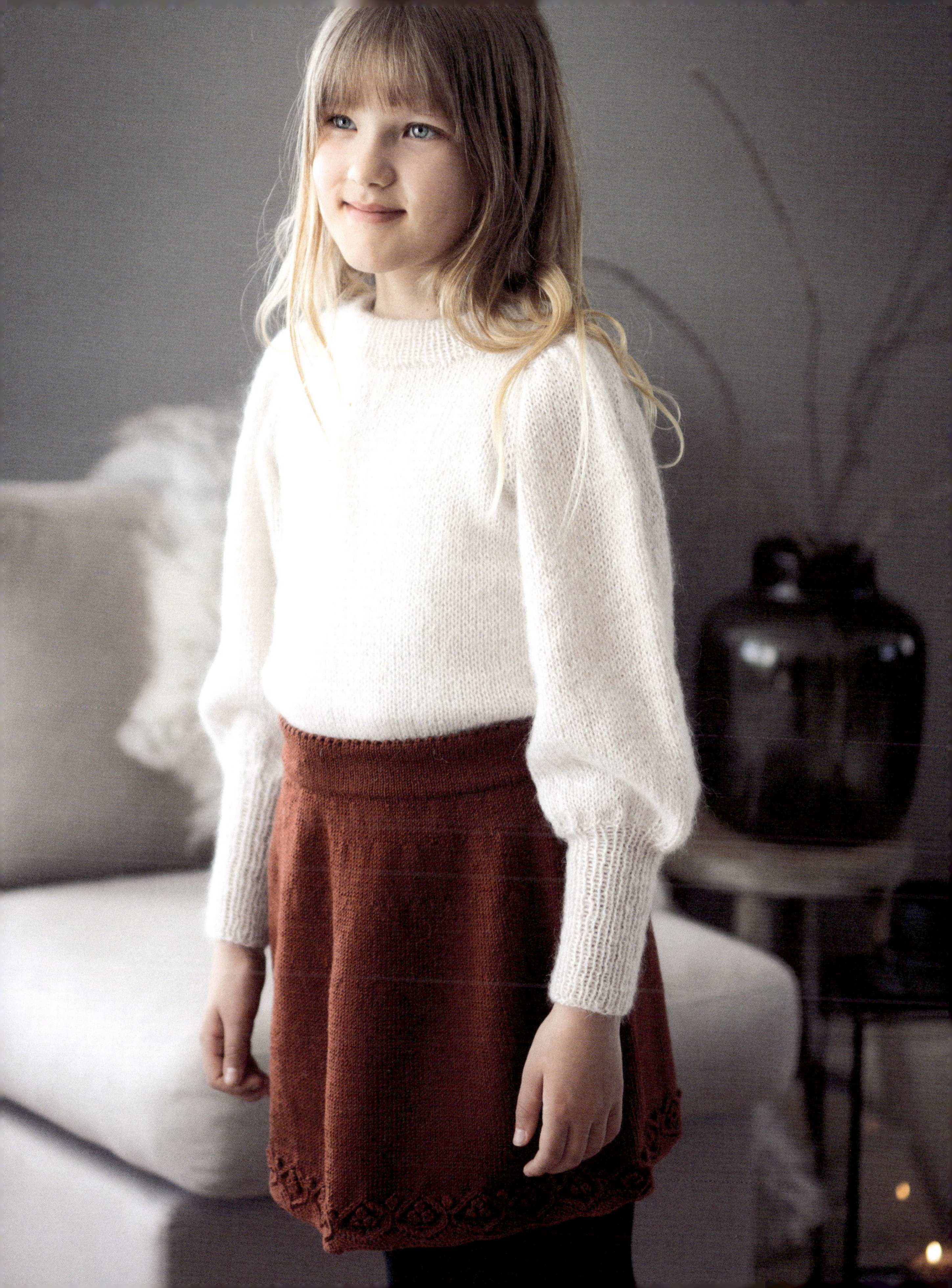

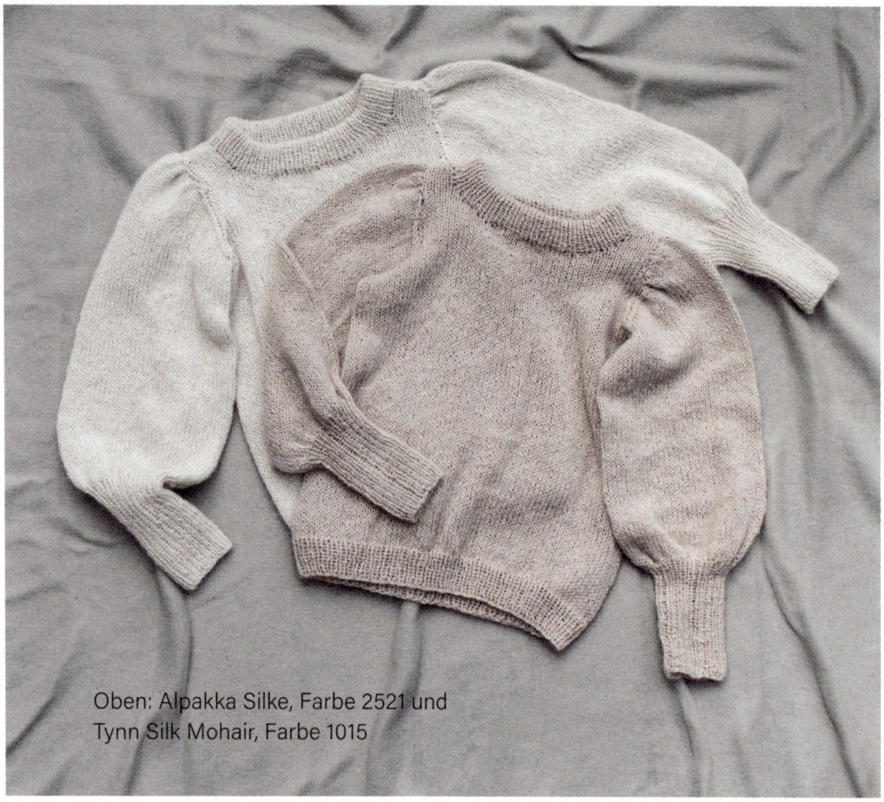

Oben: Alpakka Silke, Farbe 2521 und Tynn Silk Mohair, Farbe 1015

Nachdem so 4 R gestrickt wurden, die nächste R auf der rechten Seite der Arbeit (Hin-R) wie folgt str:

2 M re zus str, re M bis zum MM str, 1 M abh, 1 M re, die abgehobene M darüberziehen, die Ärmel-M re str, wenden, li M bis 3 M vor dem MM str, wenden, re bis 3 M vor dem nächsten MM str, wenden, li M bis 3 M vor dem letzten Wenden str, wenden, re M bis 3 M vor dem letzten Wenden str, wenden, li M bis 1 M vor dem MM str, wenden, bis 1 M vor dem MM stets 2 M re zus str und gleichzeitig abk, die letzte vom Abketten übrige M von der re Ndl auf die li Ndl heben, 2 M re zus str, re M bis zum nächsten MM str, 1 M abh, 1 M re, die abgehobene M darüberziehen, wie am vorigen Ärmel verkürzte R arb und dann die M abk, die letzte vom Abketten übrige M von der re Ndl auf die li Ndl heben, 2 M re zus str, re M str bis 2 M vor R-Ende, 1 M abh, 1 M re, die abgehobene M darüberziehen.

LINKES VORDERTEIL

*1 R li M str (Rück-R).

Nächste R: Re M str bis 2 M vor R-Ende, 1 M abh, 1 M re, die abgehobene M darüberziehen.*

Von * bis * wdh.

6 R glatt rechts str.

Nächste R (Rück-R): (3) 3 (4) 5 (6) 7 M li, wenden, (3) 3 (4) 5 (6) 7 M re, wenden, (1) 1 (2) 3 (4) 5 M li, wenden, (1) 1 (2) 3 (4) 5 M re, wenden.

1 R li M str.

1 R re M str, gleichzeitig die M abk.

RECHTES VORDERTEIL

*1 R li M str (Rück-R).

Nächste R: 2 M re zus str, re M bis R-Ende str.*

Von * bis * wdh.

7 R glatt rechts str.

Nächste R (Hin-R): (3) 3 (4) 5 (6) 7 M re, wenden, (3) 3 (4) 5 (6) 7 M li, wenden, (1) 1 (2) 3 (4) 5 M re, wenden, (1) 1 (2) 3 (4) 5 M li, wenden.

1 R re M str, gleichzeitig die M abk.

RÜCKENTEIL

Die 1. R ist eine Rück-R. 2 R glatt rechts str.

Nächste R: (6) 7 (10) 11 (11) 11 M li, (23) 24 (23) 24 (26) 28 M li auf eine Hilfsndl str und stilllegen, (6) 7 (10) 11 (11) 11 M li.

RECHTES RÜCKENTEIL

Nächste R (Hin-R): *Re M str bis 2 M vor R-Ende, 1 M abh, 1 M re, die abgehobene M darüberziehen.

1 R li M str.*

Von * bis * wdh.

3 R glatt rechts str.

Nächste R (Rück-R): (3) 3 (4) 5 (6) 7 M li, wenden, (3) 3 (4) 5 (6) 7 M re, wenden, (1) 1 (2) 3 (4) 5 M li, wenden, (1) 1 (2) 3 (4) 5 M re, wenden.

1 R li M str.

1 R re M str, gleichzeitig die M locker abk.

LINKES RÜCKENTEIL

*Nächste R (Hin-R): 2 M re zus str, re M bis R-Ende str.

1 R li M str.*

Von * bis * wdh.

4 R glatt rechts str.

Nächste R (Hin-R): (3) 3 (4) 5 (6) 7 M re, wenden, (3) 3 (4) 5 (6) 7 M li, wenden, (1) 1 (2) 3 (4) 5 M re, wenden, (1) 1 (2) 3 (4) 5 M li, wenden.

1 R re M str, gleichzeitig die M locker abk.

Die Schulternähte im Maschenstich schließen (siehe Fotos auf Seite 5).

Den oberen Teil der Ärmel etwas kräuseln und im Maschenstich an die Schulter nähen.

Für das Halsbündchen M auffassen und die M der beiden Hilfsndl re str.

Zu Ndl Nr. 4 wechseln. (6) 6 (7) 7 (8) 8 cm im Rippenmuster (1 M re, 1 M li im Wechsel) str. Abketten, die Kante nach innen wenden und locker annähen.

Die Nähte unter den Ärmeln schließen.

Alle Fäden vernähen und das Strickstück unter einem feuchten Handtuch trocknen lassen.

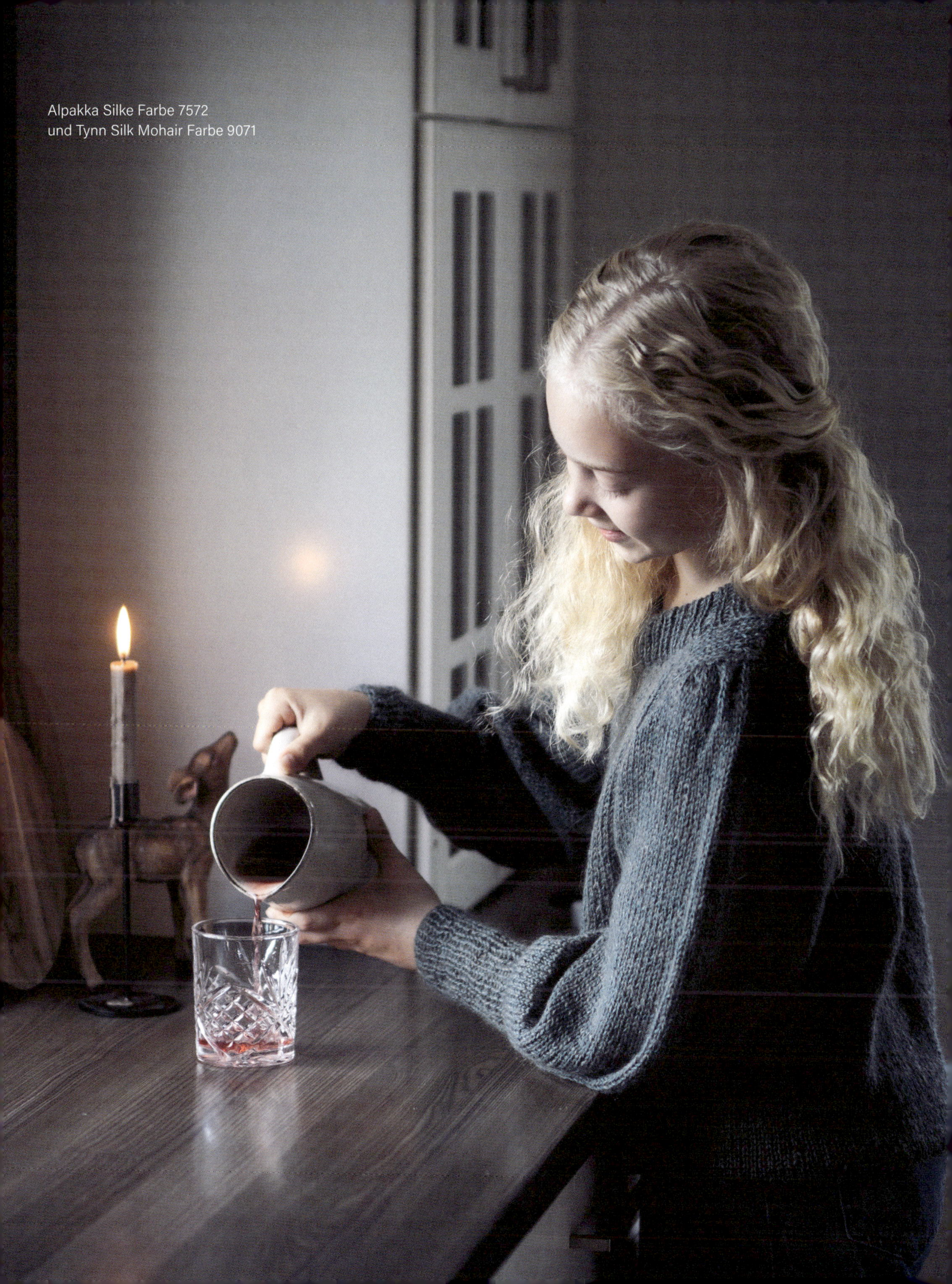
Alpakka Silke Farbe 7572
und Tynn Silk Mohair Farbe 9071

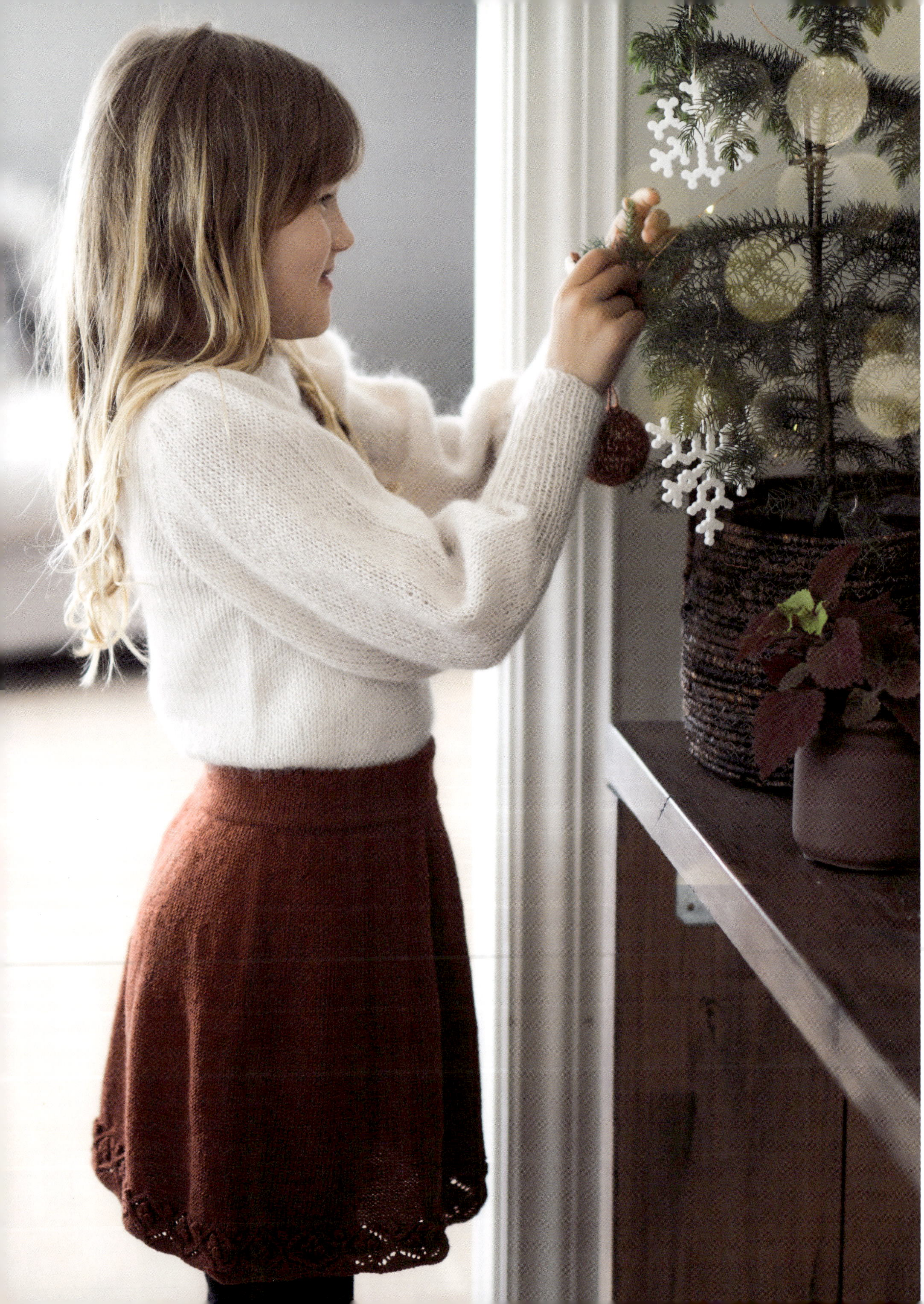

Winterrock Vilde

Kleine, süße Details wie Lochmuster und Noppen können einen schlichten Rock zu etwas ganz Besonderem machen. Dieser Rock ist ein Favorit in der Garderobe und perfekt für den Weihnachtsabend.

Schwierigkeitsgrad 3

GRÖSSEN
(1) 2 (4) 6 (8) 10 (12–14) Jahre

GARN
KlompeLOMPE Tynn Merinoull, Farbe 3355

MENGE
(150) 150 (200) 200 (200) 250 (300) g

NADELN
Rundnadeln Nr. 2,5 und Nr. 3, je 40 cm und 60 cm

MASCHENPROBE
27 M mit Ndl Nr. 3 = 10 cm

MASSE
Taillenweite: ca. (53) 55,5 (55,5) 57 (61) 63 (63) cm
Gesamtlänge: ca. (26) 30 (34) 36 (38) 43 (46) cm

Der Rock wird von oben auf der Rundnadel in Rd gestrickt.

(144) 150 (150) 154 (164) 170 (170) M mit Ndl Nr. 2,5 anschlagen. 4,5 cm glatt rechts str.

Nächste Rd (Umschlagskante): *2 M re zus str, 1 U*, von * bis * bis Rd-Ende wdh.

4,5 cm glatt rechts str.

1 Rd re M, dabei die Anschlagkante auf der Innenseite nach oben klappen und immer 1 M mit 1 M der Anschlagkante zus str (wenn das zu knifflig ist, kann die Kante am Schluss angenäht werden), dabei für Größe 1 Jahr, 6 Jahre und 8 Jahre gleichzeitig 1 M zun. Die letzten M nicht anstricken, sondern eine Öffnung zum Einziehen eines breiten Gummibandes lassen.

Zu Ndl Nr. 3 wechseln.

In der nächsten Rd wie folgt zun: *5 M re, 1 M zun*, von * bis * bis Rd-Ende wdh = (174) 180 (180) 186 (198) 204 (204) M auf der Ndl.

3 cm glatt rechts str.

In der nächsten Rd wie folgt zun: *6 M re, 1 M zun*, von * bis * bis Rd-Ende wdh = (203) 210 (210) 217 (231) 238 (238) M auf der Ndl.

4 cm glatt rechts str.

In der nächsten Rd wie folgt zun: *7 M re, 1 M zun*, von * bis * bis Rd-Ende wdh = (232) 240 (240) 248 (264) 272 (272) M auf der Ndl.

5 cm glatt rechts str.

In der nächsten Rd wie folgt zun: *8 M re, 1 M zun*, von * bis * bis Rd-Ende wdh = (261) 270 (270) 279 (297) 306 (306) M auf der Ndl.

Weiter glatt rechts str, bis die Arbeit (22) 26 (30) 32 (34) 39 (42) cm ab der Umschlagskante misst.

1 Rd re M str, dabei gleichmäßig verteilt M zun auf (264) 276 (276) 288 (300) 312 (312) M.

Nach der Strickschrift str, dabei den gezeichneten Rapport stets wdh.

Wenn die Strickschrift fertig gestrickt ist, die M mit einem I-Cord-Rand abk (siehe Video unter klompelompe.no). Dafür 3 M auf einer Hilfsndl anschlagen und auf die linke Ndl heben.

*2 M re, die nächsten 2 M re verschr zus str. Die 3 M von der rechten Ndl wieder zurück auf die linke Ndl heben. * Von * bis * wdh, bis alle M abgekettet sind. Die Enden zus nähen.

Die Fäden vernähen und die Arbeit dämpfen.

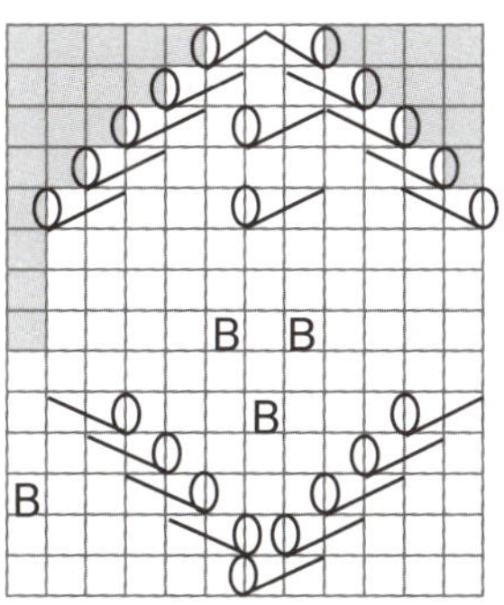

B = Noppe: *1 M re, 1 U, 1 M re* in die nächste M, wenden, 3 M li, wenden, 3 M re, wenden, 3 M li, wenden, 1 M abh, 2 M re zus str, die abgehobene M darüberziehen

= 1 M rechts

= 1 M links

= 1 M abh, 2 M re zus str, die abgehobene M darüberziehen

= 2 M re zus str

= 1 M abh, 1 M re, die abgehobene M darüberziehen

= 1 Umschlag zwischen 2 M

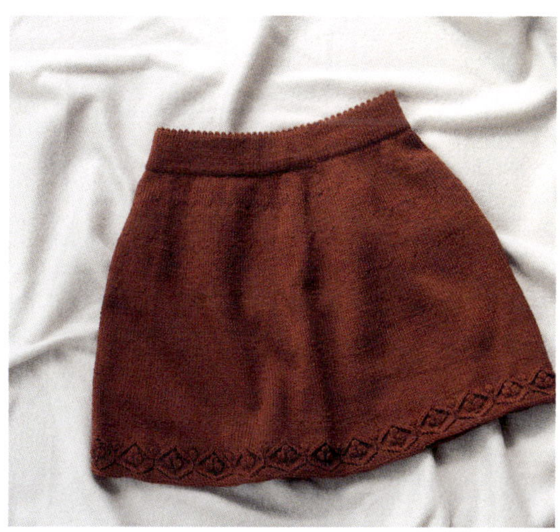

Gefülltes Luciagebäck

ZUTATEN
50 g frische Hefe
850 g gesiebtes Dinkelmehl
1 Ei
125 g Zucker
500 ml lauwarme Milch
½ Teelöffel Salz
ca. 200 mg Safran oder ½ Teelöffel Kurkuma
150 g Butter

FÜLLUNG
60 g ungesalzene Pistazien ohne Schale
1 EL brauner Zucker
3 große EL fertige Vanillecreme

SO GEHT'S:
Alle Zutaten für den Hefeteig, außer der Butter, in eine Küchenmaschine geben. Etwas Mehl zurückbehalten. Kneten lassen, bis der Teig schön gleichmäßig ist und sich von der Schüssel löst, bei Bedarf etwas mehr Mehl hinzufügen. Dann die weiche, gewürfelte Butter hinzugeben, während die Maschine läuft. Den Teig 5 Minuten kneten lassen.

Den Teig mit Frischhaltefolie bedecken und gehen lassen, bis er doppelt so groß geworden ist (ca. 1 Stunde).

Den Backofen auf 225 Grad vorheizen.

Die Füllung zubereiten. Die Pistazien mit einem Stabmixer hacken. Braunen Zucker und Vanillecreme untermischen.

Einen kleinen Teil vom Teig zurückbehalten. Den Rest ca. 1 cm dick zu einem Rechteck ausrollen. Mit einem Pizzaschneider in Quadrate schneiden. Auf jedes Quadrat 1 TL Füllung geben. Die Ecken wie abgebildet zusammenfalten.

Hirschdekoration: Den restlichen Teig dünn ausrollen. Mit einem Glas oder einer anderen runden Form Ohren und Nase wie abgebildet ausstechen und die Teilchen damit dekorieren.

Die Teilchen auf einem mit Backpapier ausgelegten Backblech 20–30 Minuten gehen lassen. Nase und Ohren mit Ei bestreichen.

Die Teilchen auf mittlerer Schiene 10–12 Min. backen und auf einem Kuchengitter abkühlen lassen.

Mit Glasur verzieren, (siehe Rezept für KlompeLOMPEs Lebkuchen auf Seite 98). Mit schwarzer Lebensmittelfarbe Augen und Schnauze markieren.

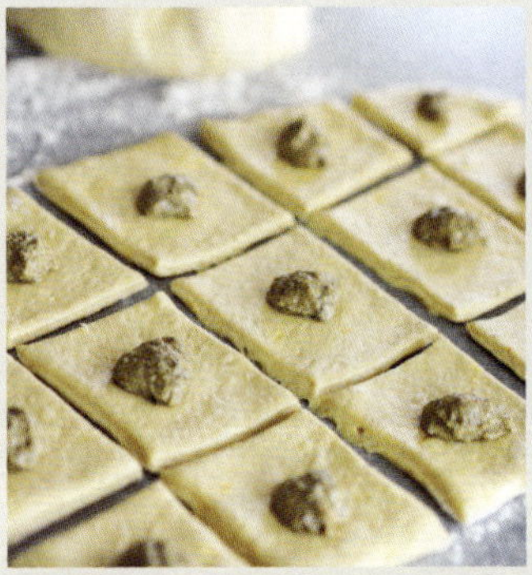

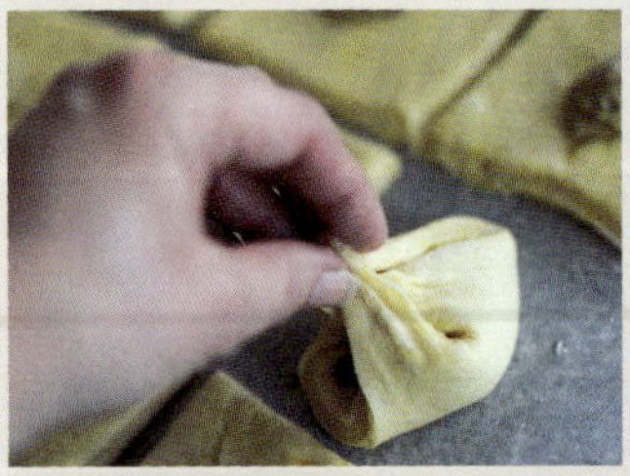

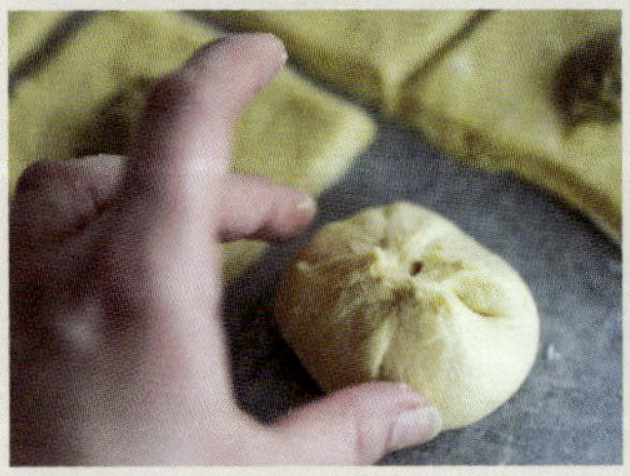

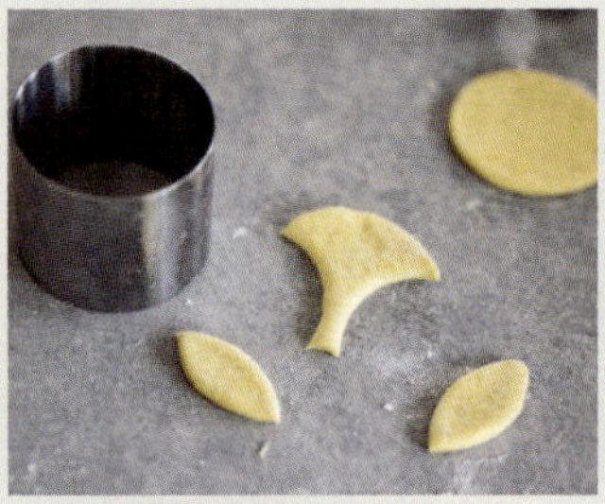

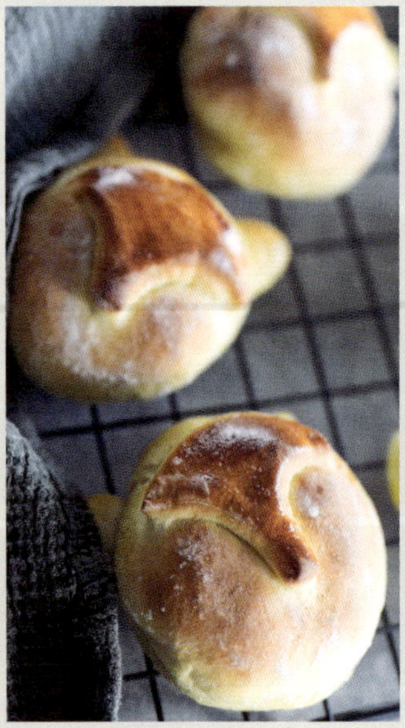

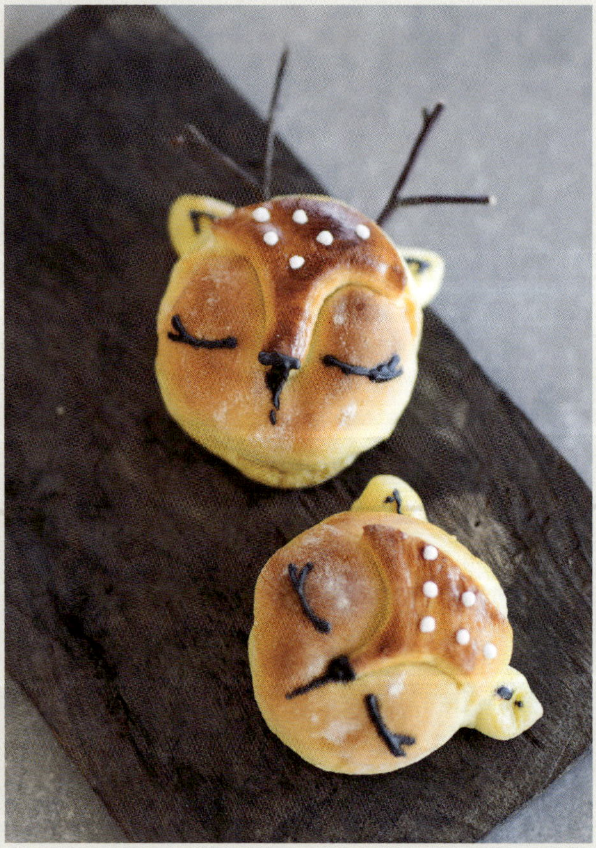

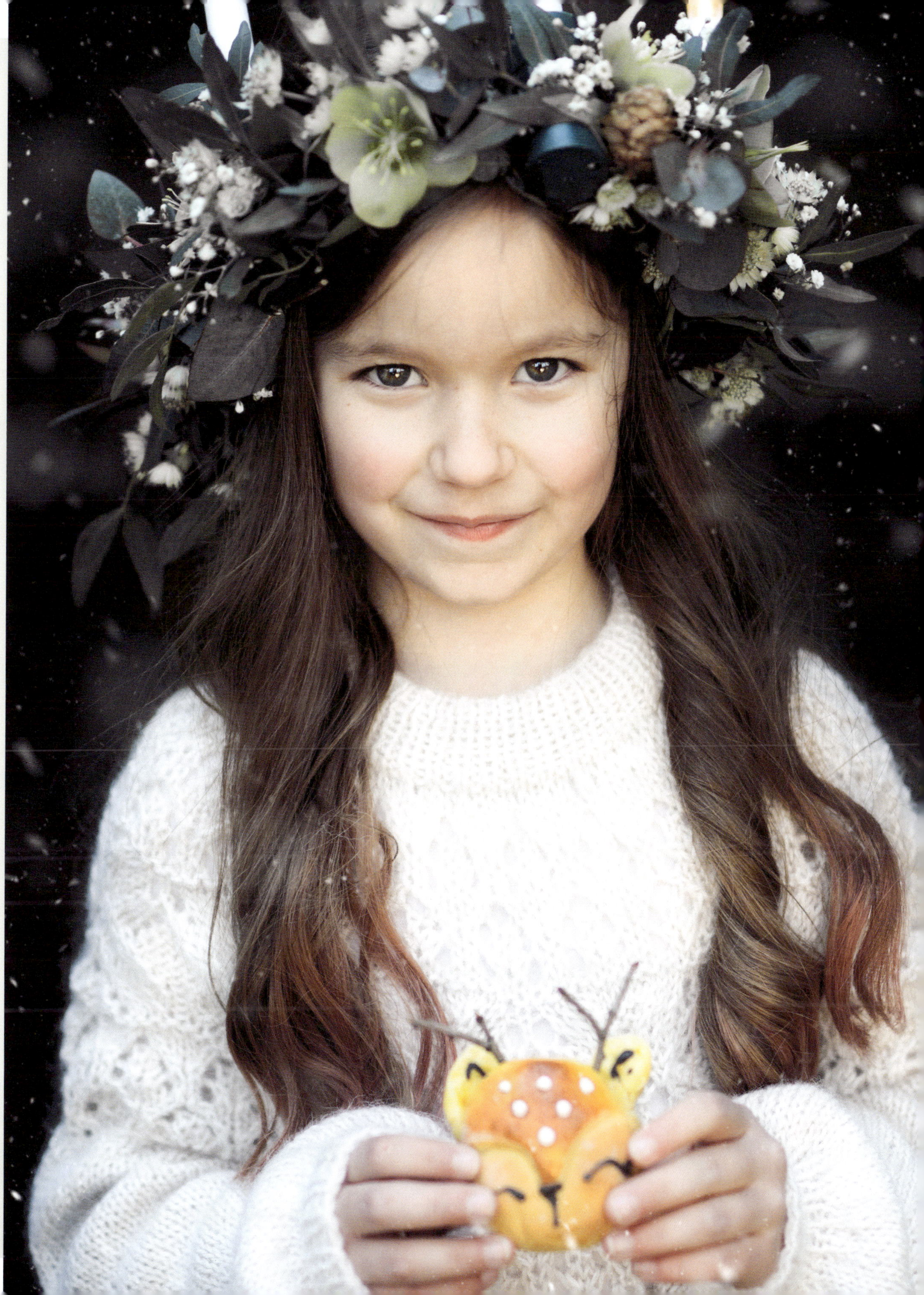

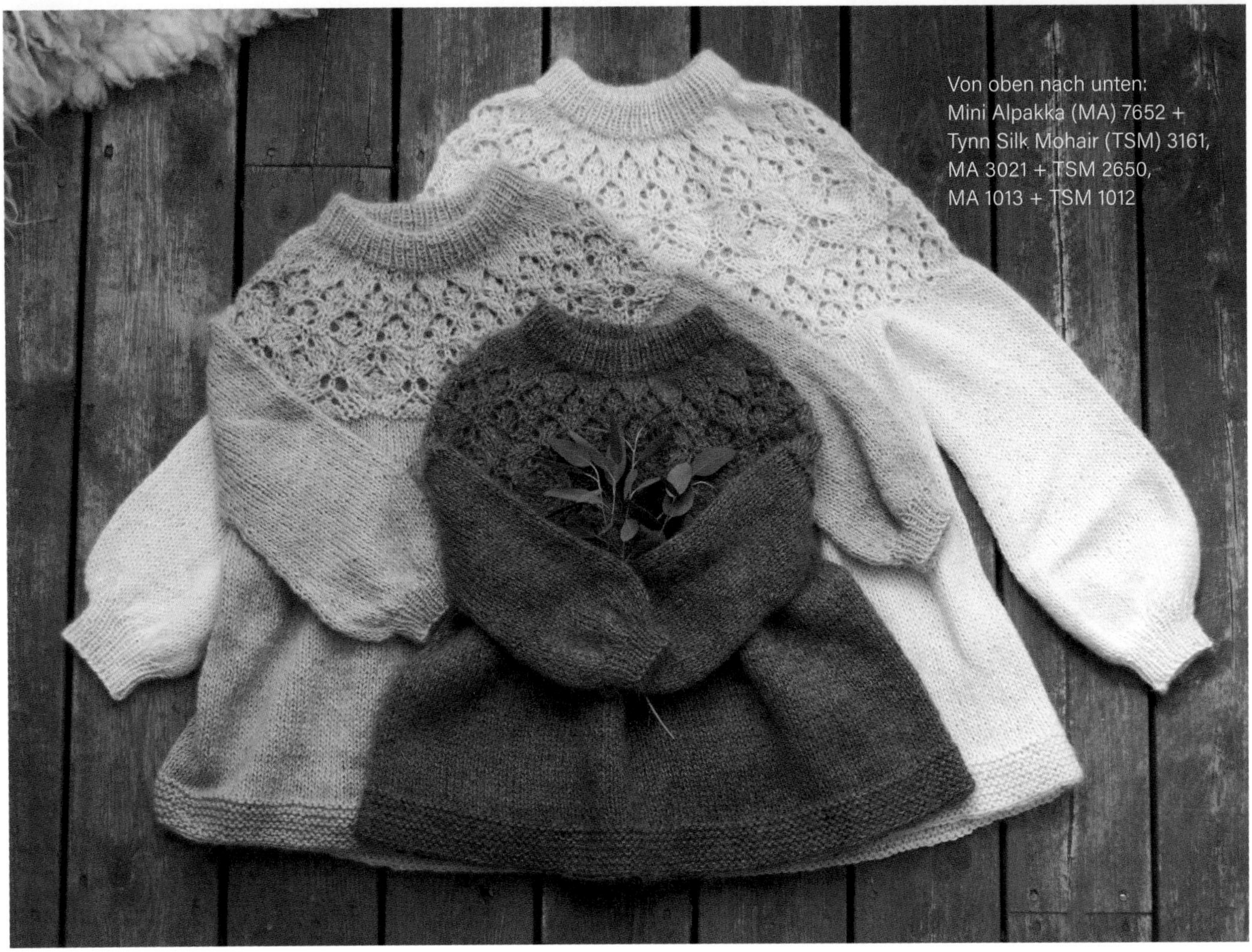

Von oben nach unten:
Mini Alpakka (MA) 7652 +
Tynn Silk Mohair (TSM) 3161,
MA 3021 + TSM 2650,
MA 1013 + TSM 1012

Kleid Ragnhild

Ein weiches und hübsches Kleid aus einer wunderbaren Garnkombination. Das Kleid eignet sich perfekt für die Weihnachtsfeier, ist aber so angenehm zu tragen, dass es auch im Alltag gute Dienste leistet.

Schwierigkeitsgrad 2

GRÖSSEN
(1) 2 (4) 6 (8) 10 Jahre

GARN
Sandnes Garn Mini Alpakka, Farbe 7572 und Sandnes Garn Tynn Silk Mohair, Farbe 9071

MENGE
Sandnes Garn Mini Alpakka: (150) 200 (200) 250 (300) 350 g
Sandnes Garn Tynn Silk Mohair: (75) 75 (75) 100 (100) 100 g

NADELN
Rundnadeln Nr. 3,5 und Nr. 5, je 40 cm und 80 cm

MASCHENPROBE
18 M mit Ndl Nr. 5 = 10 cm

MASSE
Oberweite: ca. (60) 62 (67) 69 (72) 76 cm
Gesamtlänge: ca. (43) 48 (54) 58 (63) 68 cm

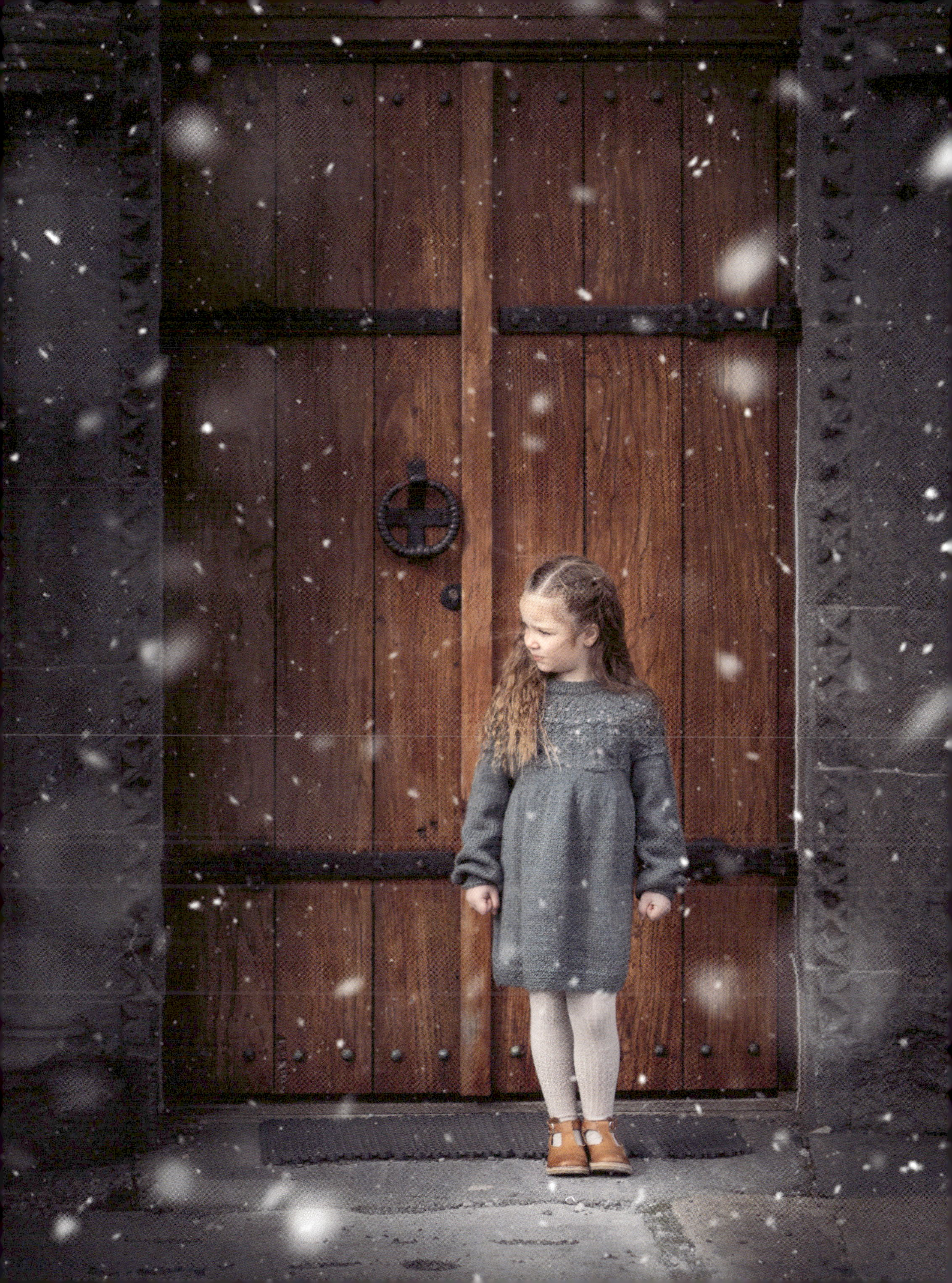

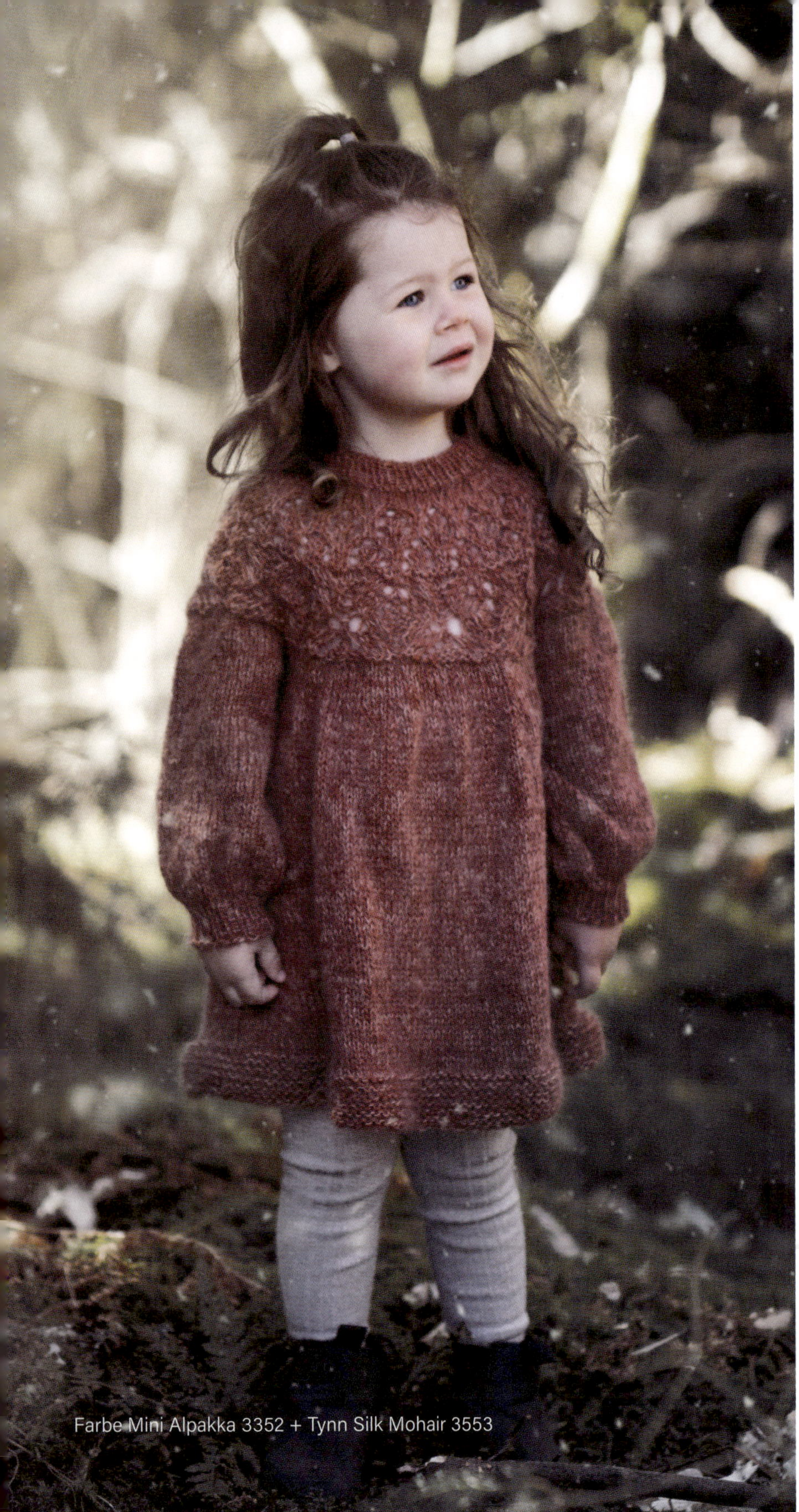

Farbe Mini Alpakka 3352 + Tynn Silk Mohair 3553

Das Kleid wird von oben in Rd gestrickt.

(80) 80 (82) 86 (86) 88 M mit Ndl Nr. 5 doppelfädig mit je einem Faden pro Garnqualität anschlagen. Zu Ndl Nr. 3,5 wechseln und (16) 16 (18) 18 (20) 20 Rd im Rippenmuster (1 M re, 1 M li im Wechsel) str. Zu Ndl Nr. 5 wechseln.
1 Rd re M str, abei die Anschlagkante auf der Innenseite nach oben klappen und bei jeder 2. M die M mit der M der Anschlagkante zus str. Den Rd-Beginn markieren = rückwärtige Mitte.

Verkürzte R str, um den Nacken zu erhöhen (»German Short Rows«, siehe Video unter klompelompe.no): *10 M re, 1 M zun*, von * bis * insgesamt 3-mal arb, 2 M re, wenden, 35 M li, *10 M li, 1 M li zun*, von * bis * insgesamt 3-mal arb, 2 M li, wenden, re M bis 3 M nach dem letzten Wenden str, wenden, li M bis 3 M nach dem letzten Wenden str, wenden, re M bis Rd-Ende str.

Nächste Rd: *9 M re, 1 M zun*, von * bis * insgesamt 3-mal arb, 2 M re, wenden, 32 M li, *9 M li, 1 M li zun*, von * bis * insgesamt 3-mal arb, 2 M li, wenden, re bis Rd-Ende str = (92) 92 (94) 98 (98) 100 M auf der Ndl.

1 Rd re M str.

1 Rd re M str, dabei gleichmäßig verteilt (16) 22 (20) 22 (28) 32 M zun = (108) 114 (114) 120 (126) 132 M auf der Ndl.

Nach Strickschrift A str, dabei mit den M vor dem Rapport beginnen, den Rapport stets wdh und mit den M nach dem Rapport enden.

1 Rd li M str.

1 Rd re M str.

1 Rd re M str, dabei gleichmäßig verteilt (24) 30 (42) 34 (28) 36 M zun = (132) 144 (156) 154 (154) 168 M.

Nach Strickschrift B str, dabei den gezeichneten Rapport stets wdh.

1 Rd li M str.

1 Rd re M str.

Größen (8) 10 Jahre:
(-) - (-) - (1) 1 Rd re M str, dabei gleichmäßig verteilt (-) - (-) - (26) 24 M zun = (-) - (-) - (180) 192 M.

Nach Strickschrift C str.

Alle Größen:
1 Rd re M str, dabei gleichmäßig verteilt (32) 28 (32) 42 (34) 32 M zun = (164) 172 (188) 196 (214) 224 M auf der Ndl.

(1) 2 (4) 4 (1) 2 Rd re M str.

Die M für die Ärmel und den Rumpf teilen: (24) 25 (27) 28 (30) 31 M re, die nächsten (34) 36 (40) 42 (48) 50 M auf einer Hilfsnadel stilllegen, 6 M anschl, (48) 50 (54) 56 (59) 62 M re, die nächsten (34) 36 (40) 42 (48) 50 M auf einer Hilfsnadel stilllegen, 6 M anschl, (24) 25 (27) 28 (29) 31 M re = (108) 112 (120) 124 (130) 136 M auf der Ndl.

RUMPF

1 Rd re M str, dabei (0) 1 (0) 1 (1) 1 M abn (108) 111 (120) 123 (129) 135 M.

2 Rd re M str.

Nächste Rd: *3 M re, 1 M zun*, von * bis * bis Rd-Ende wdh.

2 Rd re M str.

Nächste Rd: *4 M re, 1 M zun*, von * bis * bis Rd-Ende wdh.

Glatt rechts str, bis die Arbeit (39) 44 (50) 54 (59) 64 cm misst.

4 cm Krausrippen str (1 Krausrippe = 1 Rd li M, 1 Rd re M). In der letzten Rd die M abk.

ÄRMEL

Mit Ndl Nr. 5 aus den unter dem Ärmel angeschlagenen M ab der Mitte 3 M auffassen, die M von der Hilfsndl re str, 3 M bis Rd-Ende auffassen.

In Rd str. Wenn der Ärmel 5 cm misst, wie folgt abn: 2 M re, 2 M re zus str, re M str bis 4 M vor Rd-Ende, 1 M abh, 1 M re, die abgehobene M darüberziehen, 2 M re.

Nach (3) 3 (5) 5 (5) 5 cm die Abnahmen wdh.

Glatt rechts str, bis der Ärmel (10) 10 (12) 12 (12) 14 cm misst, dann wie folgt zun:

2 M re, 1 M zun, re M str bis 2 M vor Rd-Ende, 1 M zun, 2 M re.

Die Zunahmen alle 3 cm wdh, insgesamt (3) 4 (4) 5 (5) 5-mal zun.

Glatt rechts str, bis der Ärmel (20) 22 (26) 29 (33) 36 cm misst. 1 Rd re M str, dabei die M-Zahl gleichmäßig verteilt auf (30) 32 (34) 36 (38) 38 M reduzieren. Zu Ndl Nr. 3,5 wechseln und (3) 3 (3) 4 (4) 4 cm im Rippenmuster (1 M re, 1 M li im Wechsel) str. In der letzten Rd die M abk.

Alle Fäden vernähen und das Strickstück unter einem feuchten Handtuch trocknen lassen.

Strickschrift A

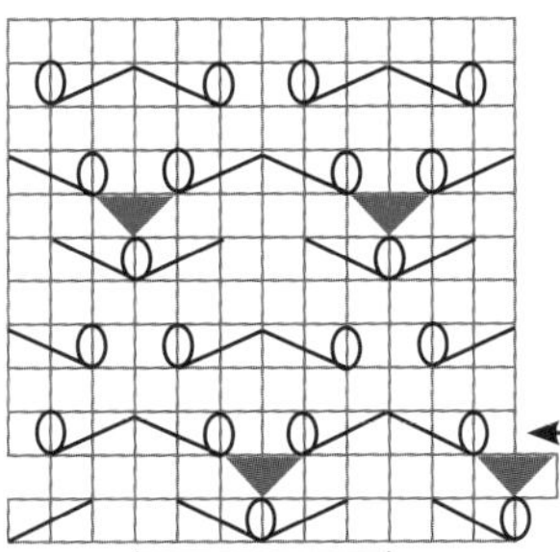

1 M re str und den MM hier setzen = Rd-Beginn

Rapport

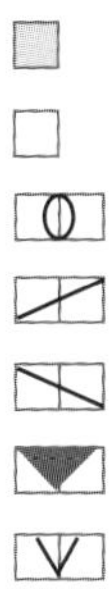

= 1 M links

= 1 M rechts

= 1 Umschlag zwischen 2 M

= 2 M re zus str

= 1 M abh, 1 M re, die abgehobene M darüberziehen

= [1 M re, 1 M re verschr] in 1 M str

= 1 M zun: den Querfaden zwischen 2 M aufnehmen und re verschr str

Strickschrift B 1–4 Jahre

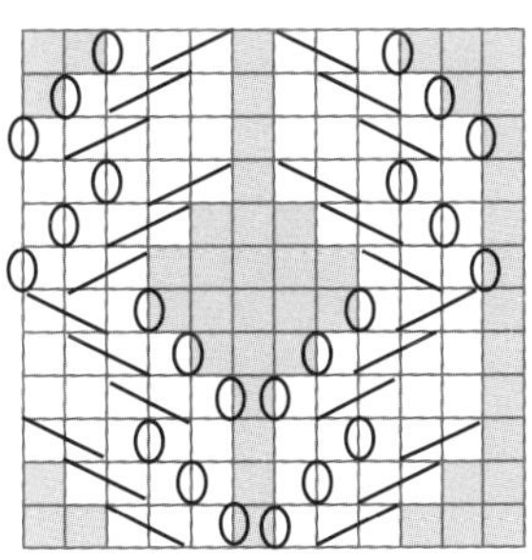

Rapport

Strickschrift B 6–10 Jahre

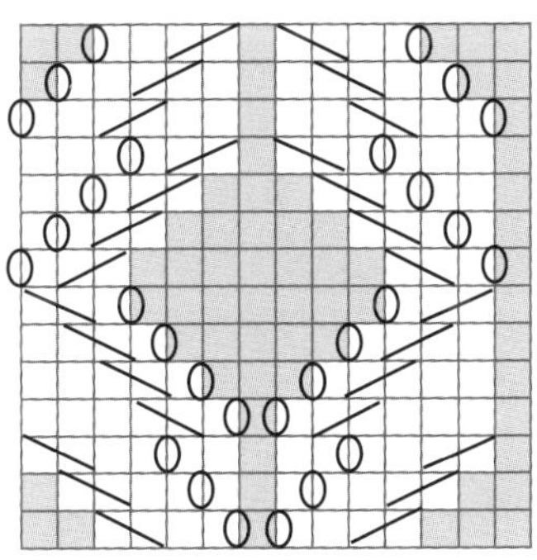

Rapport

Strickschrift C

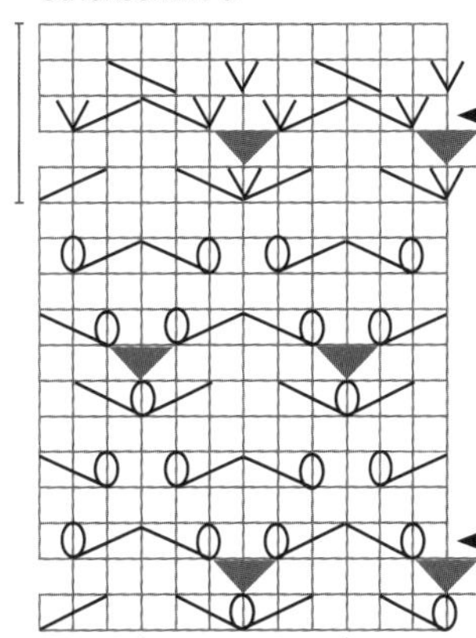

Für Gr. 8 Jahre nicht str

1 M re str und den MM hier setzen = Rd-Beginn

1 M re str und den MM hier setze n = Rd-Beginn

Rapport

Kuscheljacke für den Wichtel

Eine weiche und wunderschöne Kapuzenjacke für die Puppe.

Schwierigkeitsgrad 2

GRÖSSEN
Einheitsgröße
GARN
Sandnes Garn KOS, Farbe 2611
MENGE
50 g oder Rest
NADELN
Rundnadeln Nr. 3 und Nr. 3,5, je 60 cm
MASCHENPROBE
18 M mit Ndl Nr. 3,5 = 10 cm

Die Jacke mit der Kapuze beginnen.

16 M mit Ndl Nr. 3,5 anschlagen. 1 R re M str, wenden, auf der anderen Seite des Anschlags 15 aufnehmen. Wenn das zu knifflig ist, kann man 15 M anschl und das Teil am Schluss zus nähen.

5 R glatt rechts str.

Nächste R: 7 M re, 1 M zun, re M str bis 7 M vor R-Ende, 1 M zun, 7 M re.

Glatt rechts str, bis die Arbeit ab der Anschlagkante 5 cm misst.

Verkürzte R mit »German Short Rows« str (siehe Video unter klompelompe.no).

Nächste R: 27 M re, wenden, 21 M li, wenden, re M bis R-Ende str.

Weiterstr bis die Arbeit 7 cm misst.

Nächste R: 30 M re, wenden, 27 M li, wenden, re M bis R-Ende str.

Weiterstr bis die Arbeit 11 cm misst.

Nächste R: 11 M re, 2 M re zus str, 1 M re, 2 M re zus str, 1 M re, 2 M re zus str, 1 M re, 2 M re zus str, 1 M re, wenden, 9 M li, wenden, 1 M re, 2 M re zus str, 3 M re, 2 M re zus str, 2 M re, wenden, 9 M li, wenden, 1 M re, 2 M re zus str, 3 M re, 2 M re zus str, 2 M re, re M bis R-Ende str = 25 M auf der Ndl.

1 R li M, 1 R re M, 1 R li M str.

1 R re M str, dabei gleichmäßig verteilt 10 M zun.

1 R li M, 1 R re M, 1 R li M str.

Nächste R: 1 R re M, dabei gleichmäßig verteilt 7 M zun = 42 M auf der Ndl.

1 R li M str.

Die M für die Ärmel abteilen wie folgt: 7 M re, die nächsten 7 M auf eine Hilfsndl heben, 4 M anschl, 14 M re, die nächsten 7 M auf eine Hilfsndl heben, 4 M anschl, 7 M re.

3 R glatt rechts str.

Beidseitig der 4 neu angeschlagenen M an beiden Seiten einen MM setzen.

In der nächsten R beidseitig der markierten 4 M an beiden Seiten 1 M zun.

Glatt rechts str, dabei die Zunahmen in jeder 4. R wdh, insgesamt 4-mal zun.

Mit 12 R glatt rechts enden, in der letzten R gleichzeitig die M abk.

Die letzten 5 R nach innen klappen und annähen.

ÄRMEL

Aus den unter dem Ärmel angeschlagenen M ab der Mitte 2 M auffassen, 2 M aus dem Übergang zum Rumpf auffassen, die 7 M von der Hilfsndl re str, 2 M aus dem Übergang zum Rumpf auffassen, 2 M bis Rd-Ende auffassen.

10 Rd re M str.

4 Rd im Rippenmuster (1 M re, 1 M li im Wechsel) str, dabei in der 1. Rd 1 M abn. In der letzten Rd gleichzeitig die M abk.

KNOPFLEISTE

26 M mit Ndl Nr. 3 aus den vorderen Kanten auffassen. 4 R im Rippenmuster (1 M re, 1 M li im Wechsel) str, dabei in der letzten R die M abk. An der linken Kante in der 2. R gleichmäßig verteilt 4 Knopflöcher einarb, dafür 2 M re zus str und 1 U str.

4 Knöpfe annähen und alle Fäden vernähen.

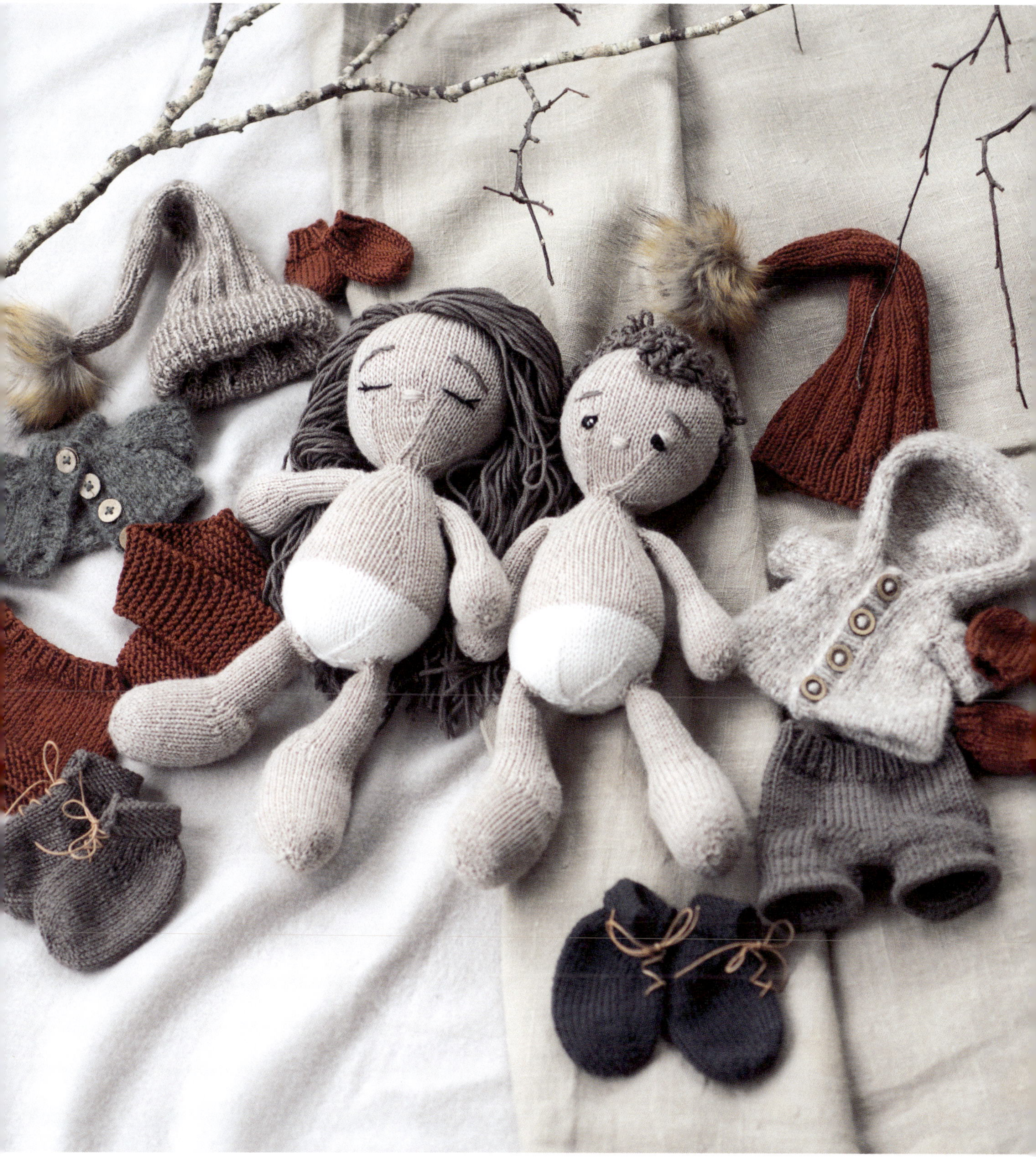

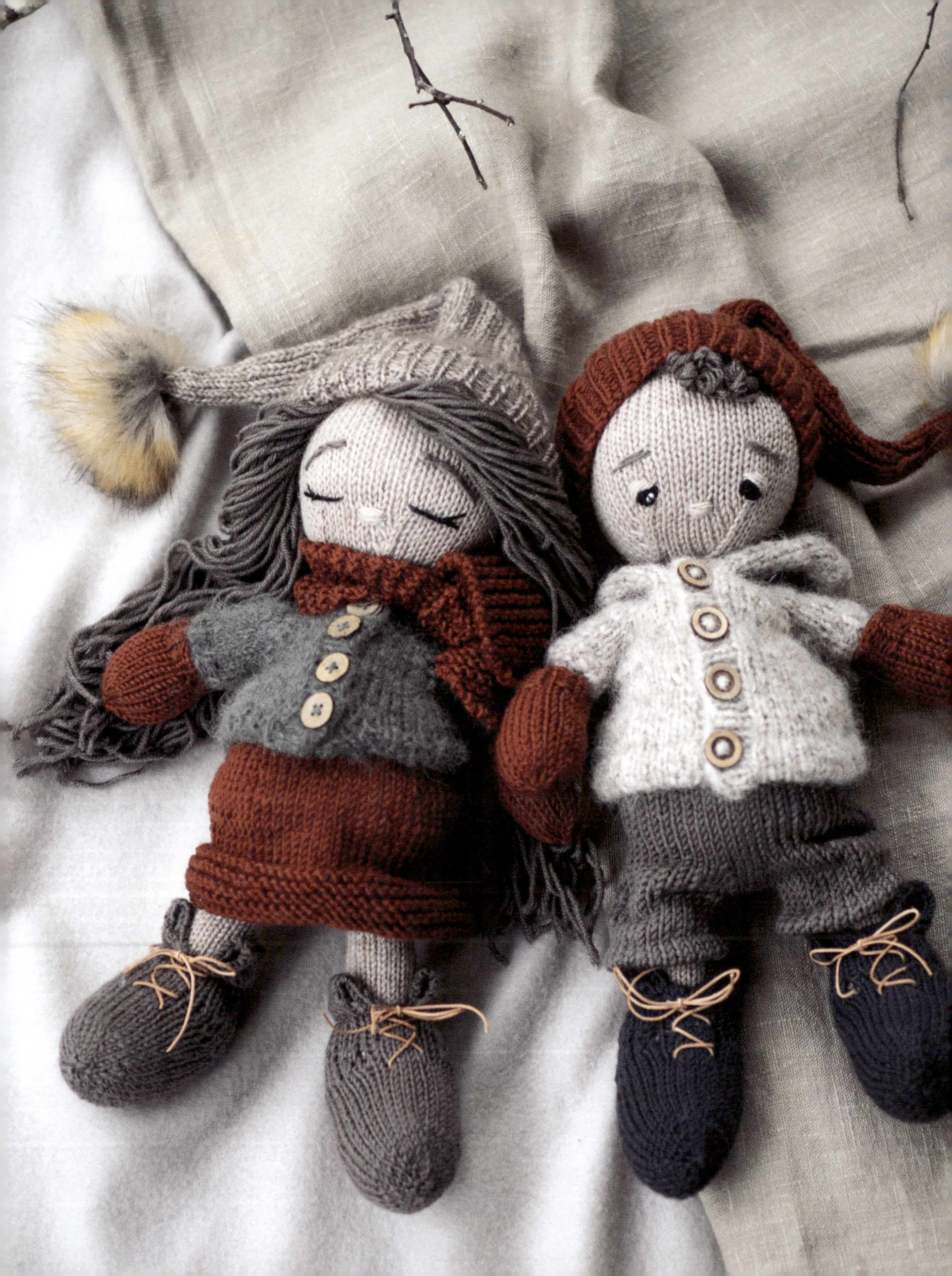

Wichtelfäustlinge

Süße kleine Puppenhandschuhe, die in Nullkommanichts gestrickt sind.

Schwierigkeitsgrad 1

GRÖSSEN
Einheitsgröße

GARN
KlompeLOMPE Merinoull, Farbe 3355

MENGE
Ein Rest

NADELN
Rundnadel Nr. 3,5, 60 cm, für Magic Loop

MASCHENPROBE
22 M mit Ndl Nr. 3,5 = 10 cm

14 M mit Ndl Nr. 3,5 anschlagen.

5 Rd im Rippenmuster (1 M re, 1 M li im Wechsel) str.

1 Rd re M str.

1 Rd re M str, dabei gleichmäßig verteilt 6 M zun.

10 Rd re M str.

Nächste Rd: *2 M re, 2 M re zus str*, von * bis * bis Rd-Ende wdh.

Nächste Rd: *1 M re, 2 M re zus str*, von * bis * bis Rd-Ende wdh.

Den Faden durch die übrigen M fädeln und festziehen.

Wichtelschuhe

Süße kleine Winterschuhe für die Puppe.

Schwierigkeitsgrad 1

GARN
KlompeLOMPE Merinoull, Farbe 2652 oder 5885

MENGE
50 g oder ein Rest

NADELN
Rundnadel Nr. 3,5, 80 cm, für Magic Loop

MASCHENPROBE
22 M mit Ndl Nr. 3,5 = 10 cm

6 M mit Ndl Nr. 3,5 anschlagen.

1 Rd re M str.

Nächste Rd: *1 M re, 1 M zun*, von * bis * bis Rd-Ende wdh.

1 Rd re M str.

Nächste Rd: *2 M re, 1 M zun*, von * bis * bis Rd-Ende wdh.

1 Rd re M str.

Nächste Rd: *3 M re, 1 M zun*, von * bis * bis Rd-Ende wdh.

1 Rd re M str.

Nächste Rd: *4 M re, 1 M zun*, von * bis * bis Rd-Ende wdh.

Re M str, bis der Schuh 5 cm misst.

Nächste Rd: *Re str bis 4 M vor Rd-Ende, wenden.

Li M str bis 4 M vor Rd-Ende, wenden.

Re M bis 2 M vor dem letzten Wenden str, wenden.

Li M bis 2 M vor dem letzten Wenden str, wenden.

Re M bis 2 M vor dem letzten Wenden str, wenden.

Li M bis 2 M vor dem letzten Wenden str, wenden.

Re M bis Rd-Ende str.* Von * bis * wdh.

1 Rd re M str.

Nächste Rd: 12 M re, 2 M re zus str, 2 M re, 2 M re zus str, 12 M re.

Nächste Rd: 8 M re, 2 M re zus str, 1 M re, 2 M re zus str, 2 M re, 2 M re zus str, 1 M re, 2 M re zus str, 8 M re.

1 Rd re M str.

Nächste Rd: 6 M re, 2 M re zus str, 1 M re, 2 M re zus str, 2 M re, 2 M re zus str, 1 M re, 2 M re zus str, 6 M re.

2 Rd re M str.

Ab jetzt in R str. 14 R str, in der letzten R die M abk.

Die Abkettkante nach innen falten und annähen. Ein dünnes Lederband oder Ähnliches kreuzweise einziehen.

Den zweiten Schuh genauso arb.

Alle Fäden vernähen.

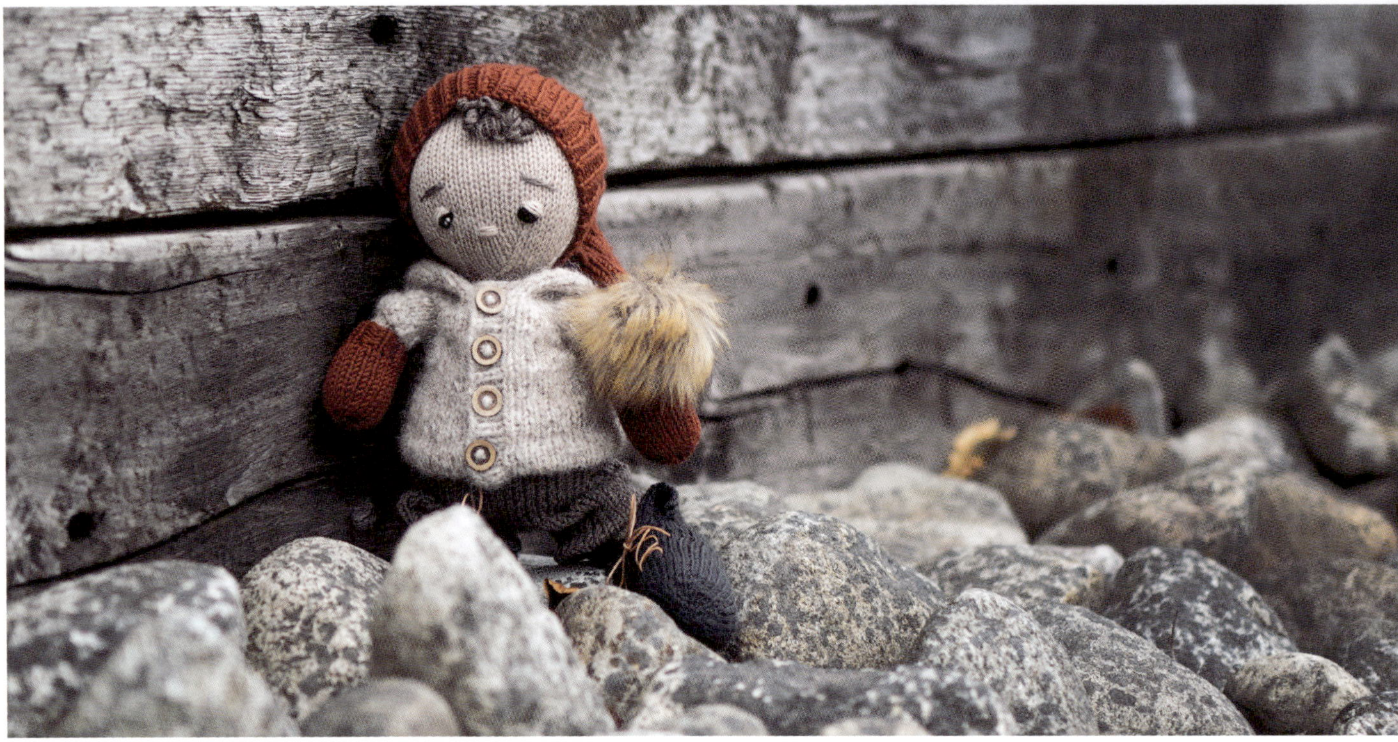

Hauswichtels Puppenmütze

Schwierigkeitsgrad 1

GARN
KlompeLOMPE Merinoull, Farbe 3355
MENGE
50 g oder Rest
NADELN
Rundnadeln Nr. 3 und Nr. 3,5 je 60 cm, oder 80 cm für Magic Loop
MASCHENPROBE
22 M mit Ndl Nr. 3,5 = 10 cm

62 M mit Ndl Nr. 3 anschlagen. 10 Rd im Rippenmuster (1 M re, 1 M li im Wechsel) str. Zu Ndl Nr. 3,5 wechseln.

Die nächste Rd wie folgt str, dabei 1 M zun: *5 M re, 2 M li*, von * bis * bis Rd-Ende wdh.

Weiterstr mit *5 M re, 2 M li*, von * bis * bis Rd-Ende wdh, bis die Arbeit 6,5 cm misst.

Nächste Rd: *2 M re, 2 M re zus str, 1 M re, 2 M li*, von * bis * bis Rd-Ende wdh.

Weiterstr mit *4 M re, 2 M li*, von * bis * bis Rd-Ende wdh, bis die Arbeit 9 cm misst.

Nächste Rd: *1 M re, 2 M re zus str, 1 M re, 2 M li*, von * bis * bis Rd-Ende wdh.

Weiterstr mit *3 M re, 2 M li*, von * bis * bis Rd-Ende wdh, bis die Arbeit 12 cm misst.

Nächste Rd: *3 M re, 2 M li zus str*, von * bis * bis Rd-Ende wdh.

Weiterstr mit *3 M re, 1 M li*, von * bis * bis Rd-Ende wdh, bis die Arbeit 14,5 cm misst.

Nächste Rd: *1 M re, 2 M re zus str, 1 M li*, von * bis * bis Rd-Ende wdh.

Weiterstr mit *2 M re, 1 M li*, von * bis * bis Rd-Ende wdh, bis die Arbeit 19 cm misst.

Nächste Rd: *2 M re zus str, 1 M li, 2 M re, 1 M li*, von * bis * wdh, bis 3 M vor Rd-Ende, 2 M re zus str, 1 M li.

Nächste Rd: *1 M re, 1 M li, 2 M re, 1 M li*, von * bis * wdh, bis 2 M vor Rd-Ende, 1 M re, 1 M li.

Diese Rd wdh, bis die Arbeit 21,5 cm misst.

Nächste Rd: *1 M re, 1 M li, 2 M re zus str, 1 M li*, von * bis * wdh, bis 2 M vor Rd-Ende, 1 M re, 1 M li.

Weiterstr mit *1 M re, 1 M li*, von * bis * bis Rd-Ende wdh, bis die Arbeit 25 cm misst.

Nächste Rd: *1 M abh, 1 M re, die abgehobene M darüberziehen, 1 M re, 1 M li*, von * bis * wdh, bis 2 M vor Rd-Ende, 1 M re, 1 M li.

Nächste Rd: *2 M re, 1 M li*, von * bis * wdh, bis 2 M vor Rd-Ende, 1 M re, 1 M li.

Diese Rd wdh, bis die Arbeit 28 cm misst.

Nächste Rd: *1 M re, 1 M abh, 1 M re, die abgehobene M darüberziehen*, von * bis * wdh, bis 2 M vor Rd-Ende, 1 M abh, 1 M re, die abgehobene M darüberziehen.

Den Faden durch die M fädeln und festziehen.

Alle Fäden vernähen und einen Bommel aus Kunstpelz annähen.

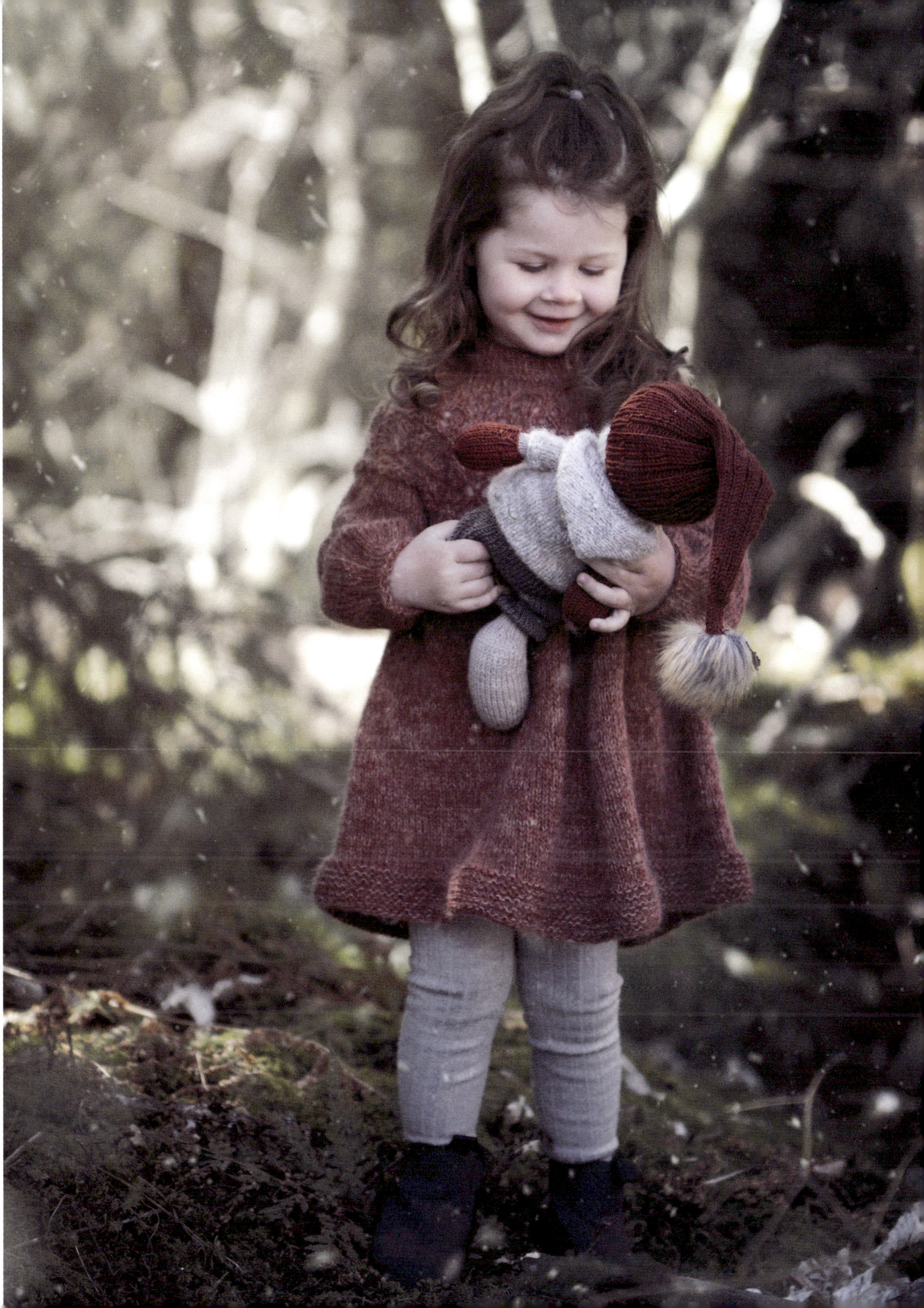

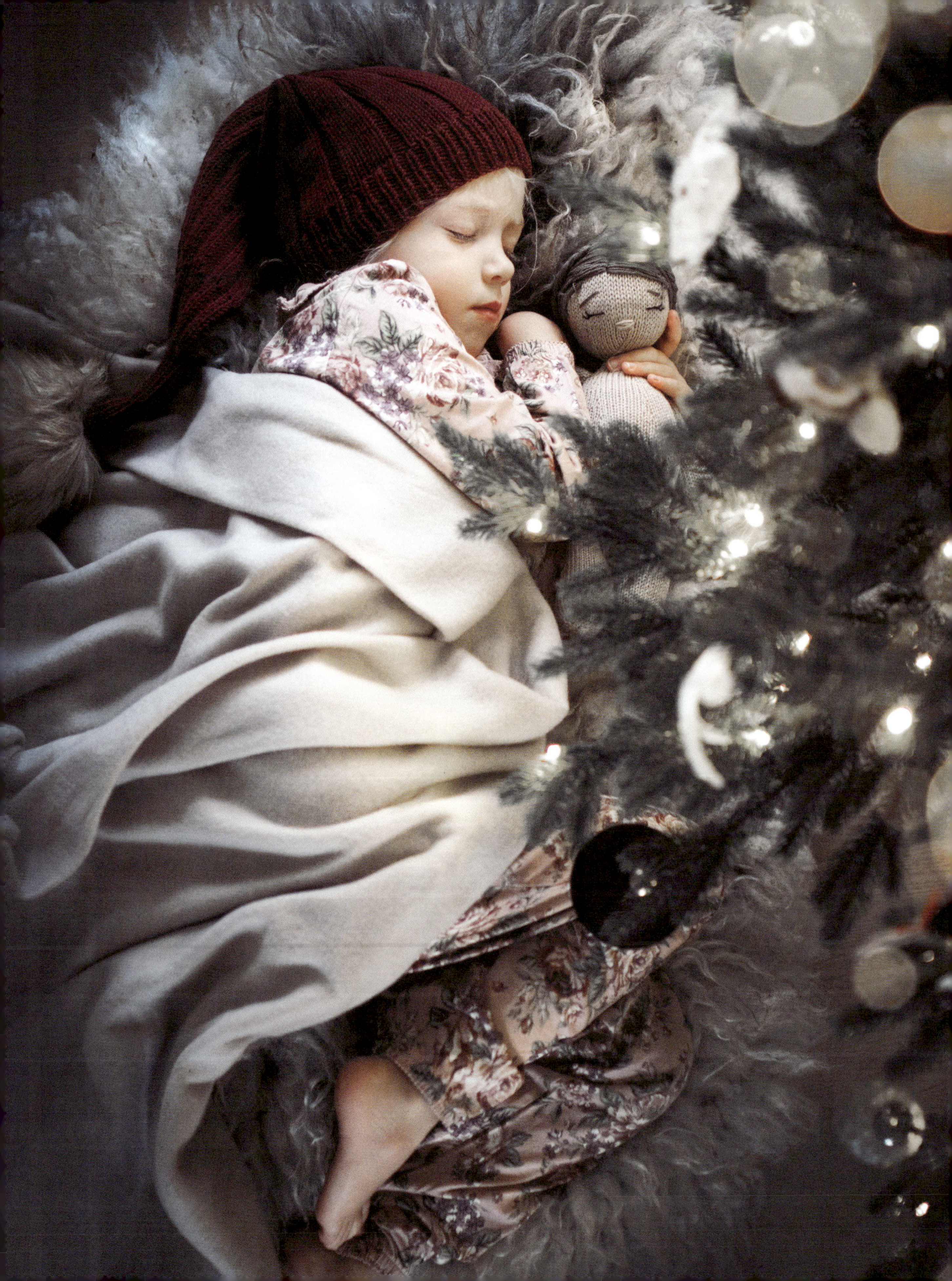

Wichtelmütze

Die Mütze mit bester Passform für kleine Ohren.

Schwierigkeitsgrad 1

GRÖSSEN
6–9 Mon (1–4 Jahre) 6–8 Jahre (10–14 Jahre) S/M (L/XL)
GARN
KlompeLOMPE Merinoull, Farbe 4554
MENGE
100 (100) 150 (150) 150 (150) g
NADELN
Rundnadel Nr. 4, 40 cm,
Nadelspiel Nr. 4 (oder 80 cm lange Rundnadel für Magic Loop)
MASCHENPROBE
20 M mit Ndl Nr. 4 = 10 cm

HINWEIS
Beim Strukturmuster die M str, wie sie erscheinen.

72 (80) 88 (96) 96 (100) M mit Ndl Nr. 3,5 anschlagen.

5 cm im Rippenmuster (1 M re, 1 M li im Wechsel) str.

Zu Ndl Nr. 4 wechseln.

Strukturmuster: *2 M li, 6 M re* (Größe L/XL: *2 M li, 8 M re*), von * bis * bis Rd-Ende wdh.

Im Strukturmuster weiterstr, bis die Arbeit ab dem Ndl-Wechsel 16 (18) 20 (22) 22 (24) cm misst.

Größe L/XL:
2 M li, 2 M re zus str, 4 M re, 2 M re zus str, von * bis * bis Rd-Ende wdh.

2 Rd im Strukturmuster str.

Alle Größen:
In der nächsten Rd wie folgt abn: *2 M li, 2 M re, 2 M re zus str, 2 M re*, von * bis * bis Rd-Ende wdh.

9 cm die M str, wie sie erscheinen.

Nächste Rd: *2 M li zus str, 5 M re*, von * bis * bis Rd-Ende wdh.

6 cm die M str, wie sie erscheinen.

Nächste Rd: *1 M li, 2 M re zus str, 3 M re*, von * bis * bis Rd-Ende wdh.

6 cm die M str, wie sie erscheinen.

Nächste Rd: *1 M li, 2 M re, 2 M re zus str*, von * bis * bis Rd-Ende wdh.

5 cm die M str, wie sie erscheinen.

Nächste Rd: *1 M li, 1 M abh, 2 M re zus str, die abgehobene M darüberziehen, 1 M li, 3 M re*, von * bis * bis Rd-Ende wdh, für Größen 6–9 Mon und 6–8 Jahre die Rd beenden mit 1 M li, 1 M abh, 2 M re zus str, die abgehobene M darüberziehen.

5 cm die M str, wie sie erscheinen.

Nächste Rd: *1 M li, 1 M re, 1 M li, 1 M abh, 2 M re zus str, die abgehobene M darüberziehen*, von * bis * bis Rd-Ende wdh, für die Gr. 6–9 Mon und 6–8 Jahre die Rd beenden mit 1 M li, 1 M re.

5 cm die M str, wie sie erscheinen.

Nächste Rd: *1 M li, 1 M re*, von * bis * bis Rd-Ende wdh.

Dann alle M re str.

Nächste Rd: *2 M re, 2 M re zus str*, von * bis * wdh, bis 2 (0) 2 (0) 0 (0) M vor Rd-Ende, 2 (0) 2 (0) 0 (0) M re.

Nächste Rd: *1 M re, 2 M re zus str*, von * bis * wdh, bis 2 (0) 2 (0) 0 (0) M vor Rd-Ende, 2 (0) 2 (0) 0 (0) M re.

Nächste Rd: *2 M re zus str*, von * bis * bis Rd-Ende wdh.

Den Faden abschneiden, durch die M fädeln und festziehen.

Einen Bommel aus Kunstpelz annähen.

Alle Fäden vernähen.

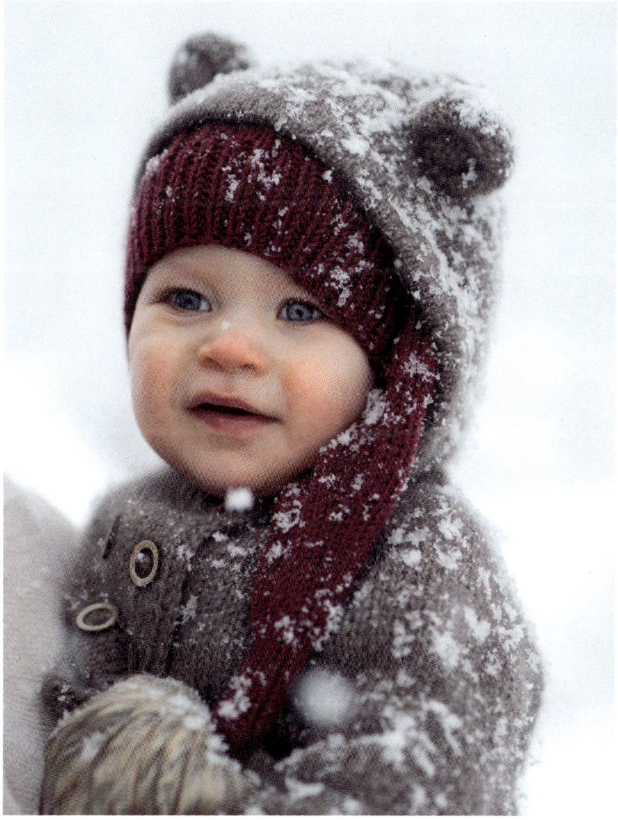

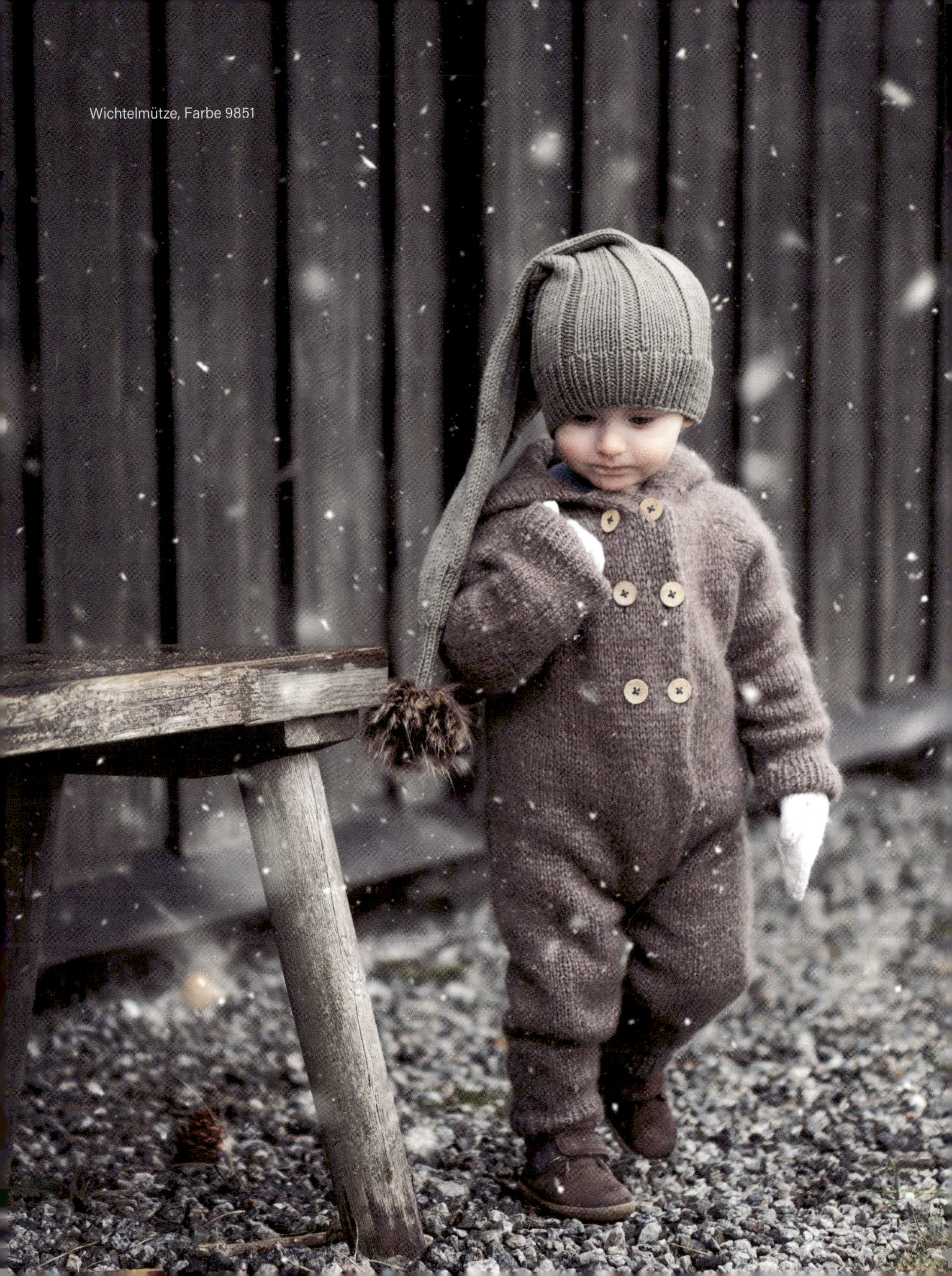

Wichtelmütze, Farbe 9851

Kuscheliger Teddyanzug

Hier kommt der weichste Kuschelanzug, den man sich denken kann, mit schönen Details wie einem zweireihigen Vorderteil und süßen Teddyohren.

Schwierigkeitsgrad 2

GRÖSSEN
(0–2 Mon) 3 Mon (6–9 Mon) 1 Jahr (18 Mon) 2 Jahre
GARN
Sandnes Garn KOS, Farbe 3161
MENGE
(150) 150 (200) 250 (250) 300 g
NADELN
Rundnadeln Nr. 3,5 und Nr. 5, je 80 cm
MASCHENPROBE
16 M mit Ndl Nr. 5 = 10 cm

Die Arbeit beginnt mit der Kapuze.

(72) 76 (82) 90 (98) 98 M mit Ndl Nr. 5 anschlagen. Zu Ndl Nr. 3,5 wechseln und (16) 16 (16) 18 (18) 18 R glatt rechts str. Zu Ndl Nr. 5 wechseln. 1 R re M str, die Anschlagkante auf der li Seite nach oben klappen und immer 1 M mit 1 M der Anschlagkante zus str.

(3) 3 (3) 5 (5) 5 R glatt rechts str.

Nächste R (Hin-R): Re str bis 5 M vor R-Ende, wenden, li M str bis 5 M vor R-Ende, wenden, re M bis 5 M vor dem letzten Wenden str, wenden, li M bis 5 M vor dem letzten Wenden str, wenden, re M bis R-Ende str.

3 R glatt rechts str.

Nächste R (Hin-R): *Re str bis 6 M vor R-Ende, wenden, li M str bis 6 M vor R-Ende, wenden, re M bis 6 M vor dem letzten Wenden str, wenden, li M bis 6 M vor dem letzten Wenden str. Weiter immer 6 M vor dem letzten Wenden wenden, bis an beiden Seiten insgesamt (5) 5 (6) 7 (7) 7-mal gewendet wurde, wenden und re M bis R-Ende str. 1 R li M str.*

*Nur Größen (18 Mon) 2 Jahre: Von * bis * wdh.*

Nächste R: (30) 31 (33) 37 (40) 40 M re, MM setzen, (12) 14 (16) 16 (18) 18 M re, MM setzen, (30) 31 (33) 37 (40) 40 M re.

1 R li M str.

Dann für den Hinterkopf wie folgt abn: Re M bie zum 2. MM str, 2 M re zus str, 1 M re, wenden, li M bis zum 2. MM str, 2 M li zus str, 1 M li, wenden. So weiter arb, bis alle M beidseitig der (12) 14 (16) 16 (18) 18 mittleren M aufgebraucht sind = (14) 16 (18) 18 (20) 20 M auf der Ndl.

Die letzte R ist eine Rück-R.

Den Faden abschneiden. Die M auf einer Hilfsndl stilllegen.

Mit der linken Seite der Kapuze beginnen und M aufnehmen: (14) 15 (16) 17 (18) 18 M (die ersten M durch beide Lagen aufnehmen), die (14) 16 (18) 18 (20) 20 M auf der Hilfsndl str, (14) 15 (16) 17 (18) 18 M aufnehmen = (42) 46 (50) 52 (56) 56 M auf der Ndl.

1 R li M str, am Ende 6 M anschlagen.

1 R re M str und am Ende 6 M anschlagen = (54) 58 (62) 64 (68) 68 M auf der Ndl.

MM setzen ohne zu str: (14) 15 (15) 16 (16) 16 M, MM setzen, (6) 6 (7) 7 (8) 8 M, MM setzen, (14) 16 (18) 18 (20) 20 M, MM setzen, (6) 6 (7) 7 (8) 8 M, MM setzen, (14) 15 (15) 16 (16) 16 M.

Für die weiteren Zunahmen 1 M re verschr aus dem Querfaden herausstr.

In jeder Hin-R bei den MM wie folgt zun (Raglan-Zunahmen): *Re M bis 1 M vor dem MM str, 1 M zun, 2 M re, 1 M zun*. Von * bis * insgesamt 4-mal arb, re M bis R-Ende str.

Wenn die Arbeit nach dem Aufnehmen der M an der Kapuze ca. 3,5 cm misst, wie folgt Knopflöcher einarb: Re M mit Raglanzunahmen str, bis 11 M vor R-Ende, 2 M re zus str, 1 U, 4 M re, 2 M re zus str, 1 U, 3 M re.

Das nächste Knopflochpaar nach 13 R einarb, nach weiteren 13 R das nächste.

Insgesamt (11) 12 (13) 14 (15) 15-mal Raglanzunahmen str = (142) 154 (166) 176 (188) 188 M auf der Ndl.

Nächste R (Hin-R): Die (28) 30 (33) 35 (38) 38 Ärmel-M jeweils auf einer Hilfsndl stilllegen und 6 M unter jedem Ärmel anschl = (98) 106 (112) 118 (124) 124 M auf der Ndl.

Glatt rechts weiterstr, bis die Arbeit (26) 28 (31) 35 (37) 39 cm ab der Halskante misst.

Nächste R (Hin-R): Re M str bis 12 M vor R-Ende, diese 12 M über die ersten 12 M auf der Ndl legen und jeweils re zus str = (86) 94 (100) 106 (112) 112 M auf der Ndl.

Ab jetzt in Rd str.

Beidseitig der 6 mittleren M von Vorder- und Rückenteil je 1 MM setzen. Beidseitig der 6 Markierungs-M vorn und hinten je 1 M aus dem Querfaden re verschr zun.

Die Zunahmen in jeder 2. Rd wdh, insgesamt 4-mal zun = (102) 110 (116) 122 (128) 128 M auf der Ndl.

In der nächsten Rd die Markierungs-M zwischen den MM abk = (45) 49 (52) 55 (58) 58 M für jedes Bein.

Am Rd-Beginn einen MM setzen.

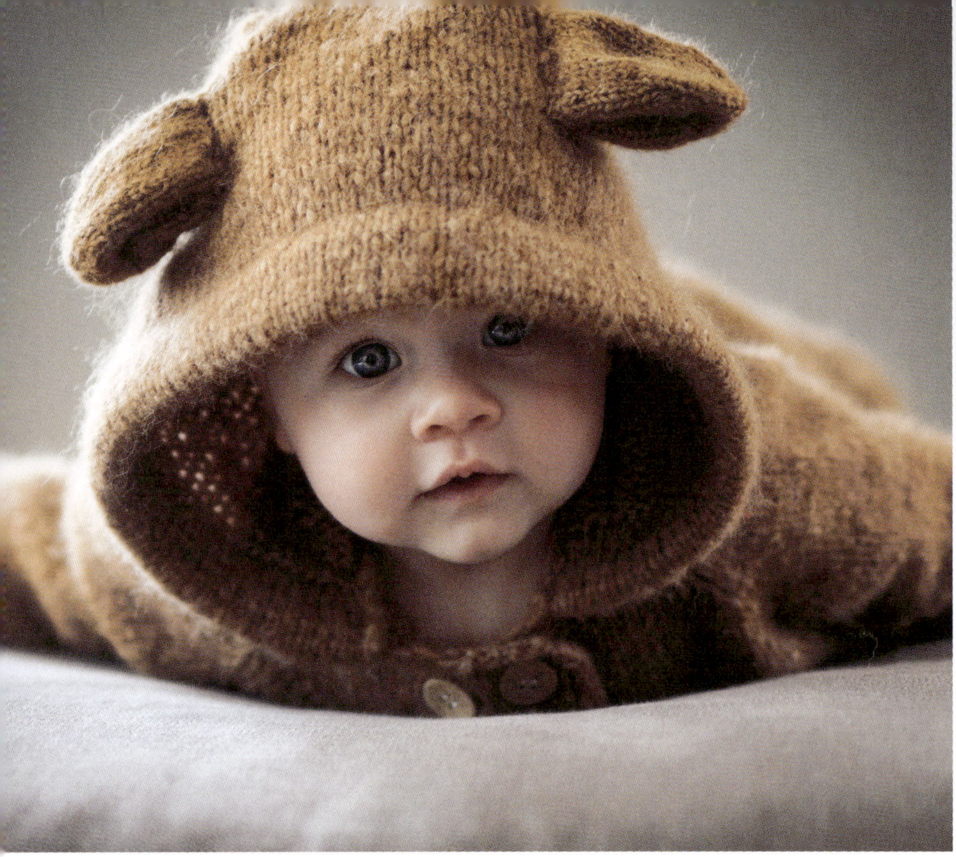

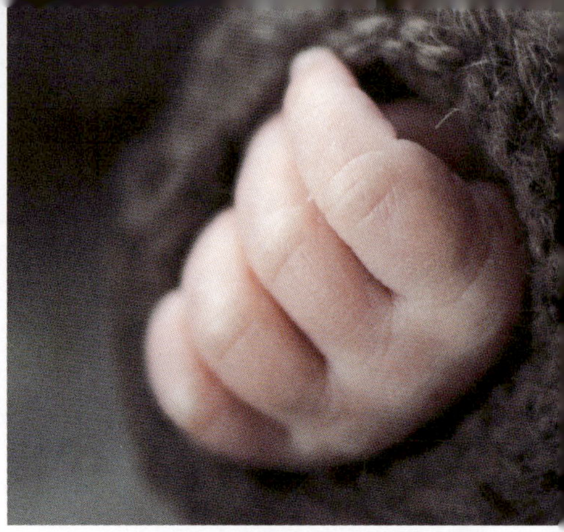

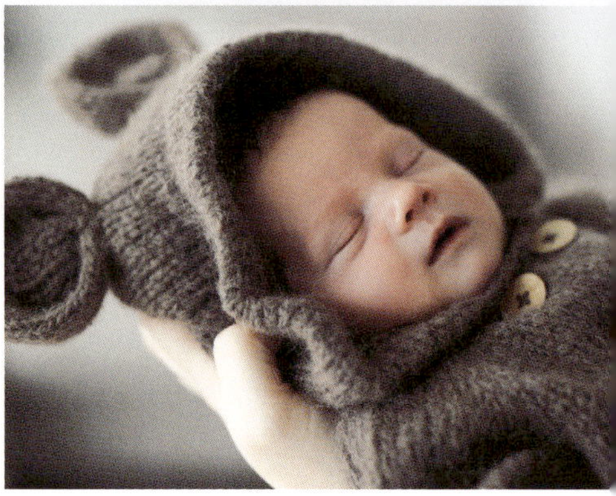

Farbe 2543

Farbe 2390

Farbe 2310 →

Nach 2 cm wie folgt abn: 1 M re, 2 M re zus str, re M str bis 3 M vor Rd-Ende, 1 M abh, 1 M re, die abgehobene M darüberziehen, 1 M re.

Die Abnahmen alle (1) 1 (1,5) 1,5 (2) 2,5 cm wdh, bis (29) 31 (32) 35 (38) 38 M auf der Ndl sind.

Weiterstr, bis das Bein (12) 14 (16) 20 (22) 26 cm misst. Zu Ndl Nr. 3,5 wechseln. 6 cm glatt rechts str. Zu Ndl Nr. 5 wechseln und die M abk. Die letzten 3 cm nach innen falten und annähen.

ÄRMEL

In der Mitte der 6 M unter dem Ärmel beginnen und 3 M auffassen, 1 M aus dem Übergang zum Rumpf auffassen, die (28) 30 (33) 35 (38) 38 M von der Hilfsndl re str, 1 M aus dem Übergang zum Rumpf und 3 M bis Rd-Ende auffassen.

Glatt rechts in Rd str. Nach 3 cm wie folgt abn: 1 M re, 2 M re zus str, re M str bis 3 M vor Rd-Ende, 1 M abh, 1 M re, die abgehobene M darüberziehen, 1 M re.

Die Abnahmen alle (2,5) 3 (3,5) 4 (3) 4,5 cm wdh, bis (28) 30 (31) 33 (34) 36 M auf der Ndl sind. Glatt rechts str, bis der Ärmel (11) 14 (19) 21 (22) 25 cm misst. Zu Ndl Nr. 3,5 wechseln und 6 cm glatt rechts str. Die M mit Ndl Nr. 5 abk. Die letzten 3 cm nach innen falten und annähen.

OHREN

Sie werden mit der Magic-Loop-Technik in Rd gestrickt.

40 M mit Ndl Nr. 3,5 anschlagen.

10 Rd re M str.

Nächste Rd: *6 M re, 2 M re zus str*, von * bis * bis Rd-Ende wdh.

1 Rd re M str.

Nächste Rd: *5 M re, 2 M re zus str*, von * bis * bis Rd-Ende wdh.

1 Rd re M str.

Nächste Rd: *4 M re, 2 M re zus str*, von * bis * bis Rd-Ende wdh.

1 Rd re M str.

Nächste Rd: *3 M re, 2 M re zus str*, von * bis * bis Rd-Ende wdh.

1 Rd re M str.

Nächste Rd: *2 M re, 2 M re zus str*, von * bis * bis Rd-Ende wdh.

1 Rd re M str.

Nächste Rd: *1 M re, 2 M re zus str*, von * bis * bis Rd-Ende wdh.

Den Faden durch die übrigen M fädeln und festziehen.

Die Ohren unten wie ein W falten und zus nähen. Die Ohren ca. 6–8 cm vom Kapuzenrand mit einem Abstand von ca. (8) 8 (9) 10 (11) 11 cm zueinander auf die Kapuze nähen.
Die Vorderteile dämpfen, damit sie sich nicht einrollen. Die Kanten der Knopfleisten evtl. mit Km behäkeln, damit sie stabiler werden.

Die Naht zwischen den Beinen mit dem Maschenstich schließen (siehe Abb. auf Seite 5).

Alle Fäden vernähen und Knöpfe annähen. Bei Bedarf zusätzlich Druckknöpfe auf der Strecke unterhalb der Knöpfe annähen.

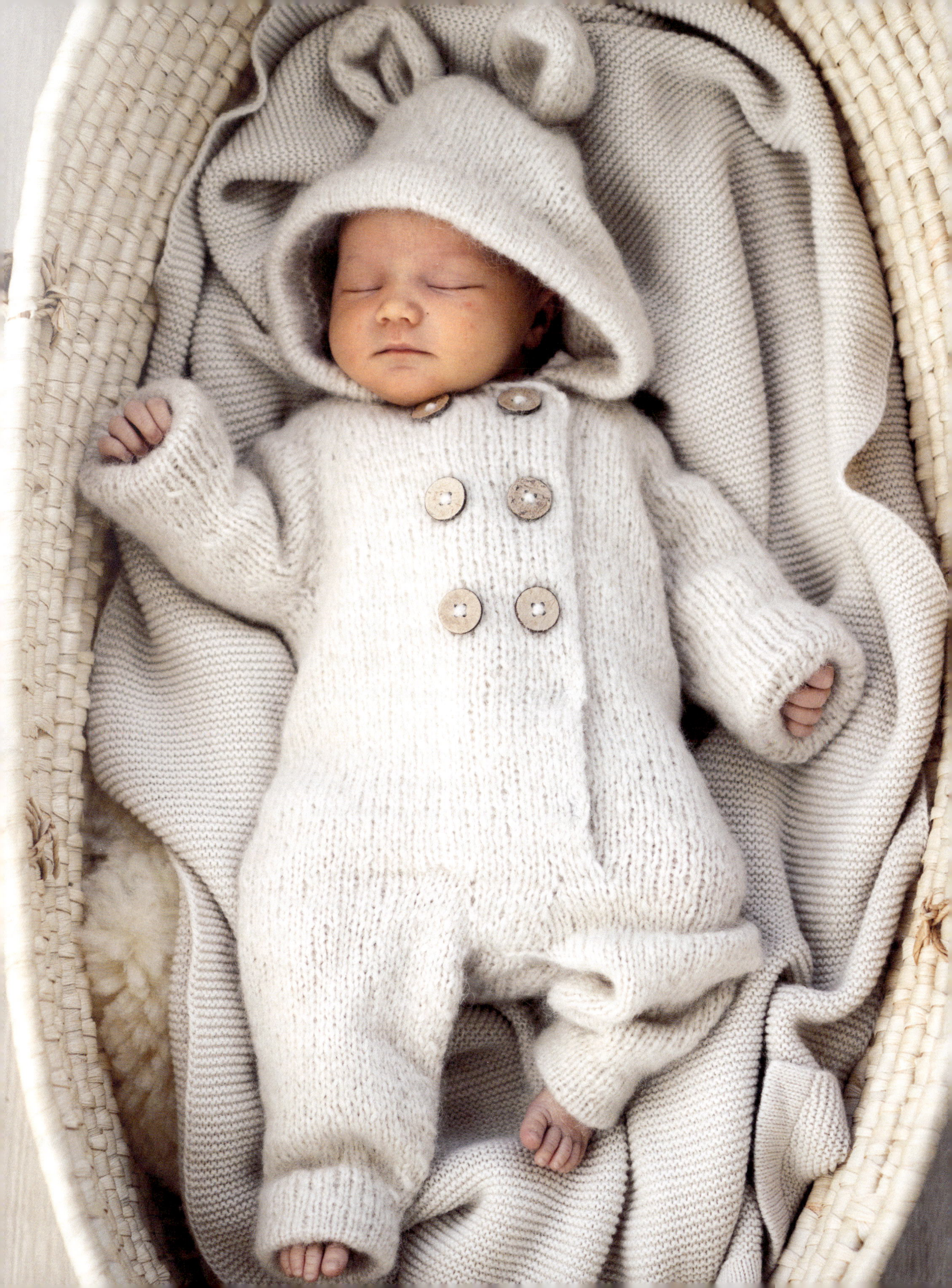

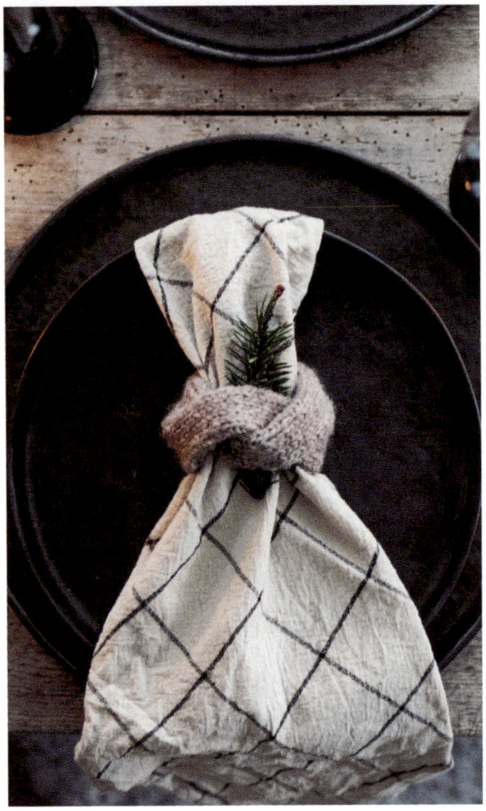

Verdrehte Serviettenringe

Diese Serviettenringe sind an einem Abend gestrickt. Sie sind auch ein schönes Weihnachtsgeschenk für eine gute Freundin.

Schwierigkeitsgrad 2

GARN
Sandnes Garn Fritidsgarn, Farbe 2650

MENGE
50 g für 4 Stück

NADELN
Rundnadel Nr. 4, 60 cm, oder 80 cm für Magic Loop

MASCHENPROBE
20 M mit Ndl Nr. 4 = 10 cm

Die Arbeit wird mit der Magic-Loop-Technik in Rd gestrickt.

20 M mit Ndl Nr. 4 anschlagen. 5 cm glatt rechts in Rd str. Die Arbeit halbieren und jedes Teil einzeln 8 cm lang glatt rechts in Rd str. Die beiden Teile miteinander verdrehen, ohne die Einzelteile an sich zu verdrehen. Alle M wieder auf dieselbe Ndl legen und 5 cm glatt rechts str. In der letzten Rd die M abk. Die Enden mit dem Maschenstich verbinden (siehe Abb. auf Seite 5).

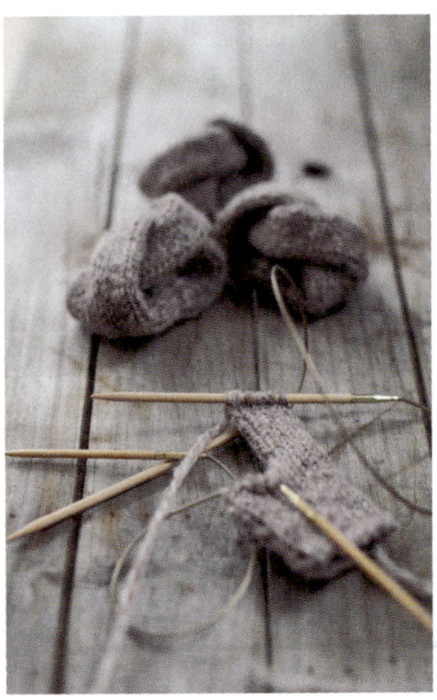
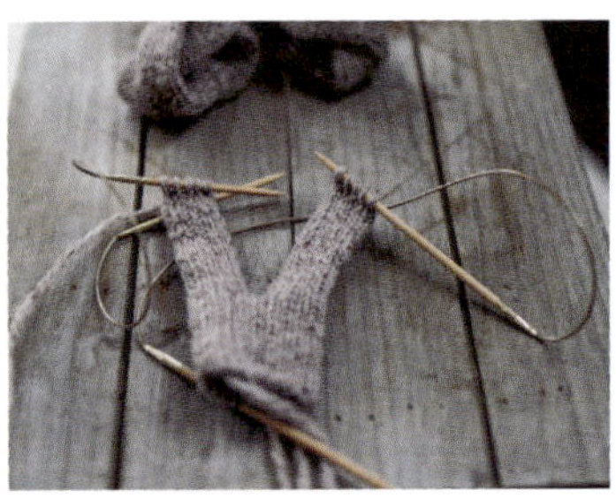
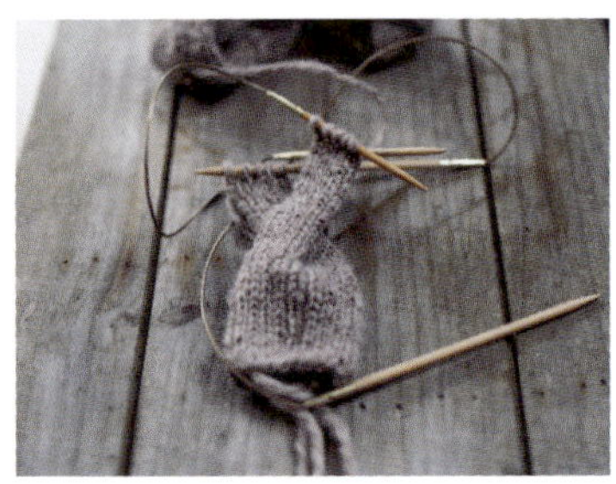
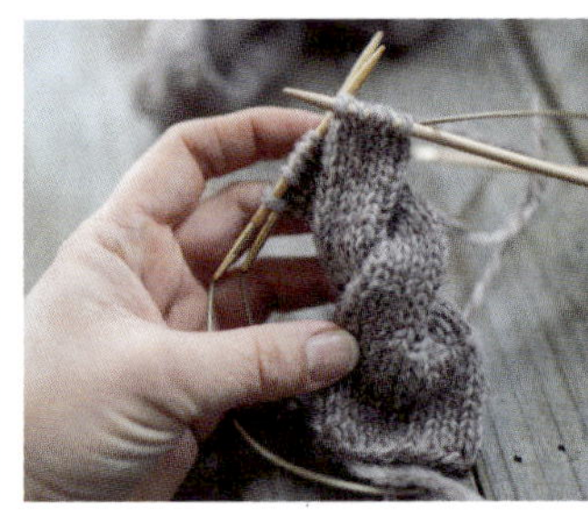
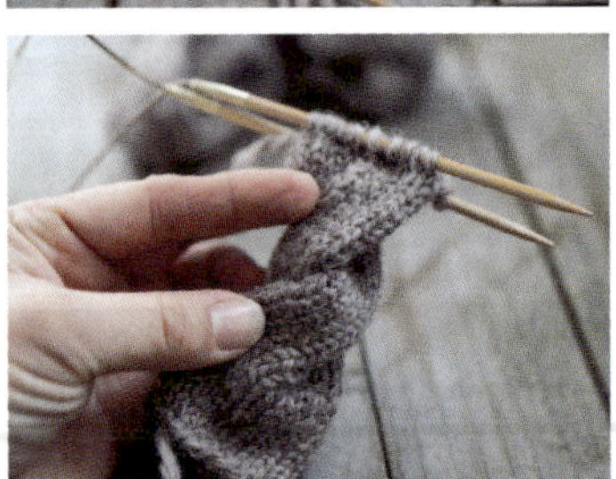
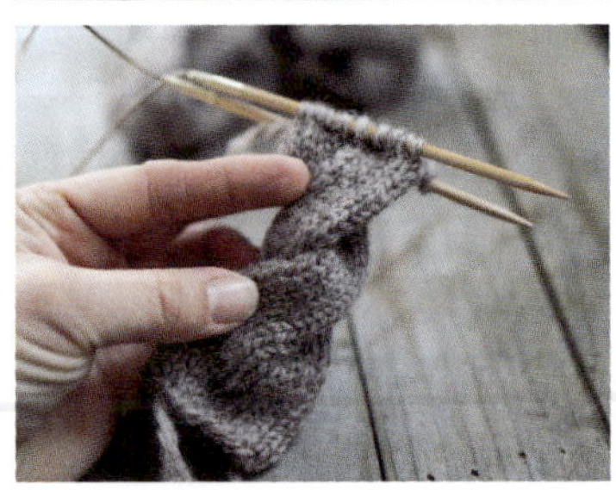
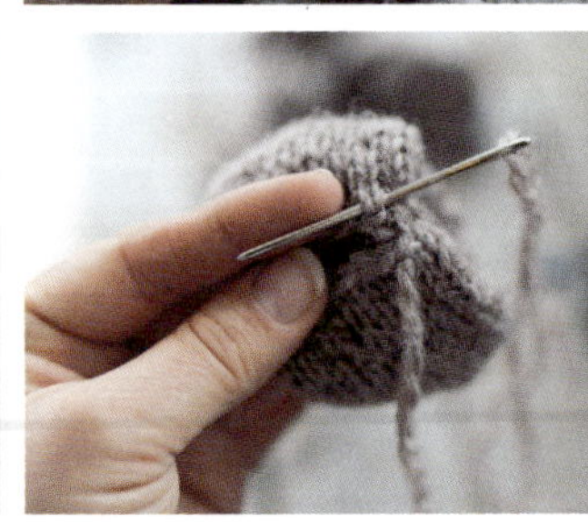
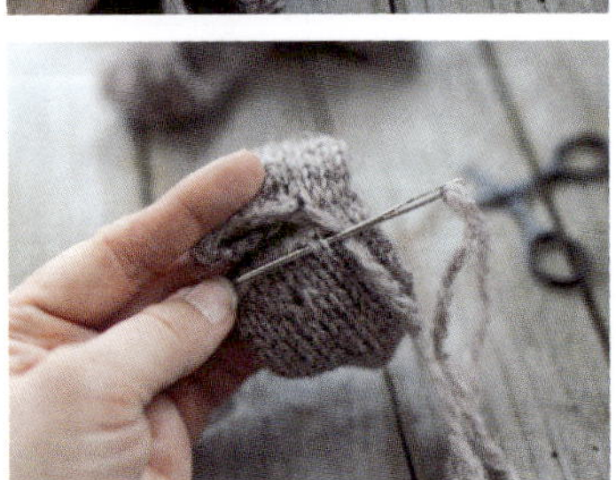
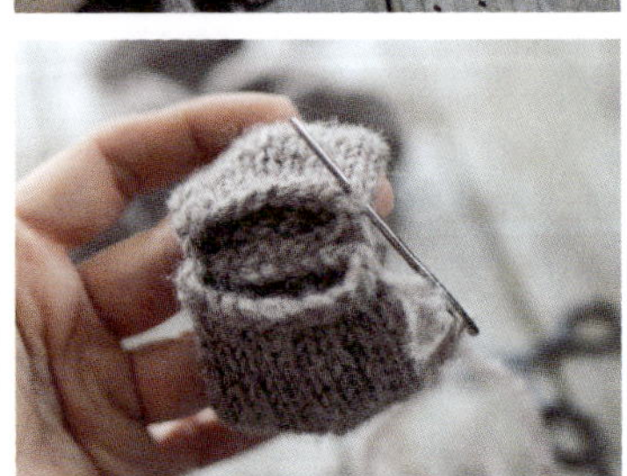

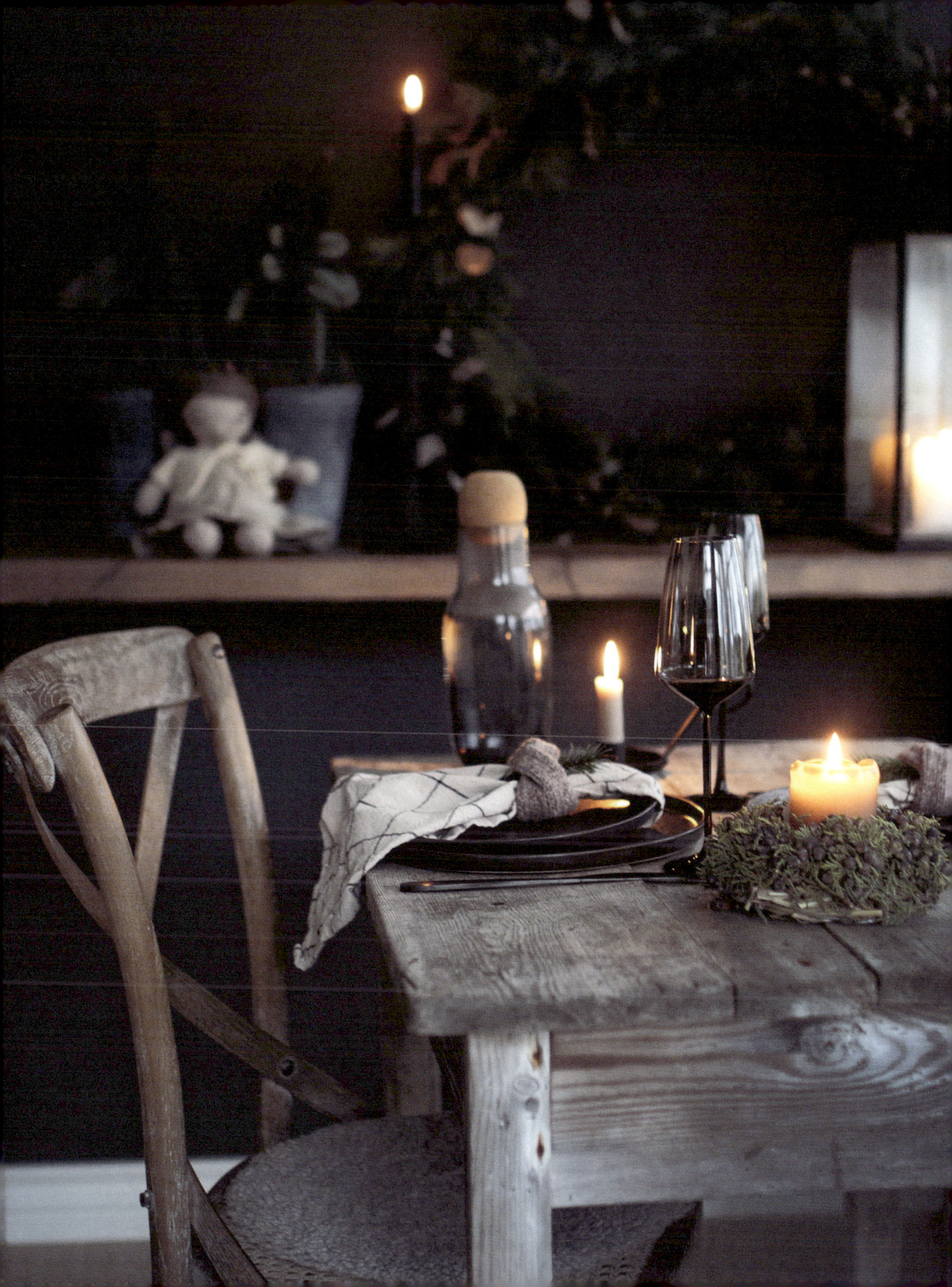

Klompelompes Lebkuchen

ZUTATEN
150 g Butter
150 g Zucker
200 g dunkler Sirup
½ Teelöffel gemahlene Nelken
1 Teelöffel gemahlener Ingwer
1 Teelöffel Zimt
1 Ei
2 Teelöffel Natron
ca. 450 g Dinkel- oder Weizenmehl

GALSUR
2 Eiweiß, zimmerwarm
½ Teelöffel Zitronensaft
300 g Puderzucker

SO GEHT'S
Butter, Sirup und Zucker in einem Topf mischen. Erhitzen, bis der Zucker geschmolzen ist. Alle Gewürze dazugeben und gut umrühren.

Den Topf vom Herd nehmen und die Mischung etwas abkühlen lassen. Das Ei unterrühren.

Das Natron hineingeben und das Mehl hineinsieben. Zu einem glatten Teig verrühren. Der Teig ist klebrig und weich, wird aber im Kühlschrank hart.

Mehl über den Teig streuen und mit Frischhaltefolie abdecken. Für ein paar Stunden oder über Nacht in den Kühlschrank stellen.

Vom Teig so viel abschneiden, wie sofort weiterverarbeitet werden soll. Den Rest des Teiges noch im Kühlschrank lassen. Sollte der Teig nach mehrmaligem Ausrollen zu klebrig werden, noch einmal kurz in den Kühlschrank stellen.

Den Teig ca. 3 mm dick ausrollen und mit Förmchen nach Wunsch Plätzchen ausstechen.

Auf einem mit Backpapier ausgelegten Backblech bei 175 Grad ca. 10 Min. backen.

Die Plätzchen auf einem Kuchengitter vollständig abkühlen lassen, bevor sie mit Zuckerguss dekoriert werden.

GLASUR
Das Eiweiß auf niedriger Stufe schaumig schlagen.

Den Zitronensaft hinzufügen. Den Puderzucker nach und nach hineinsieben, um Klümpchen zu vermeiden. Auf niedriger bis mittlerer Stufe rühren. Wenn die Glasur dick und weiß geworden ist, ist sie fertig (ca. 2–4 Min.).

Falls die Masse zu dick ist, noch etwas mehr Zitronensaft oder Wasser hinzufügen.

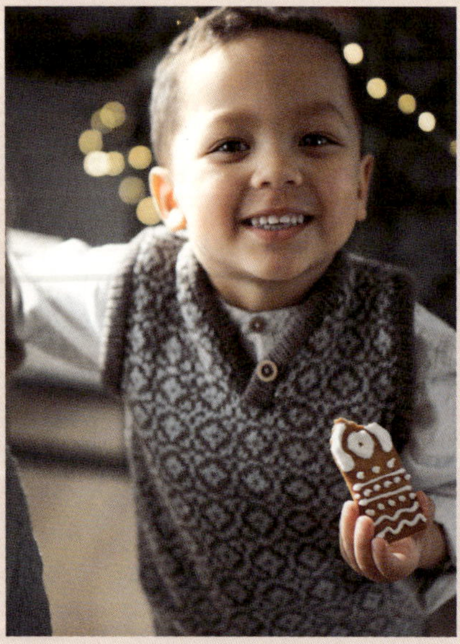

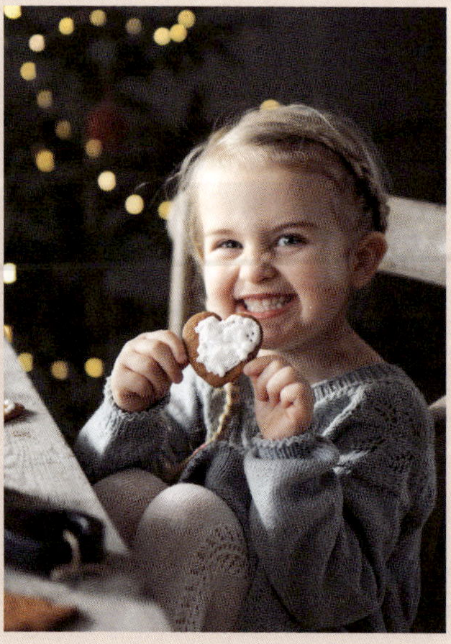

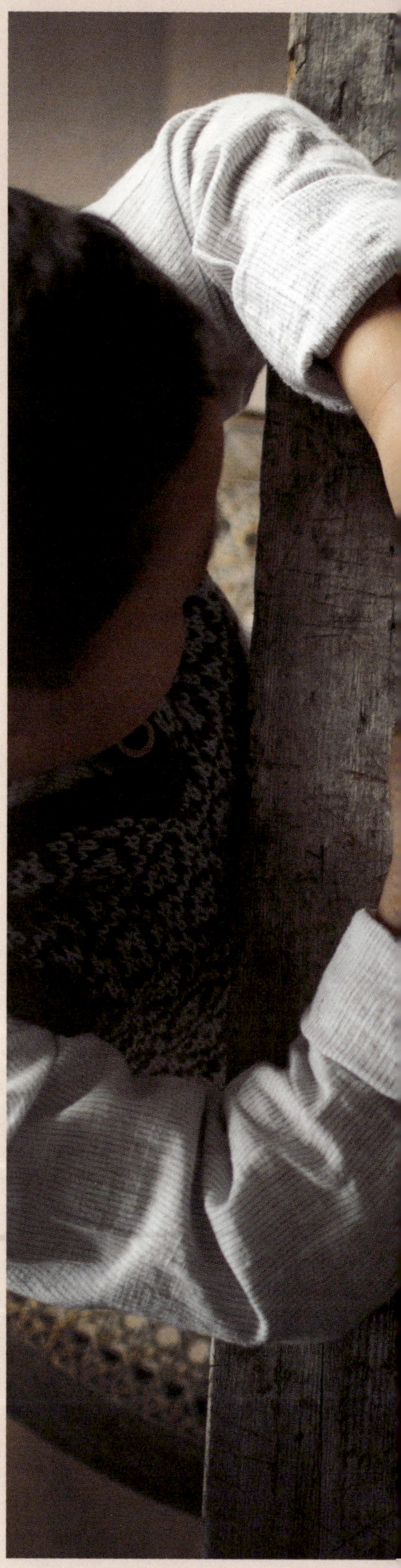

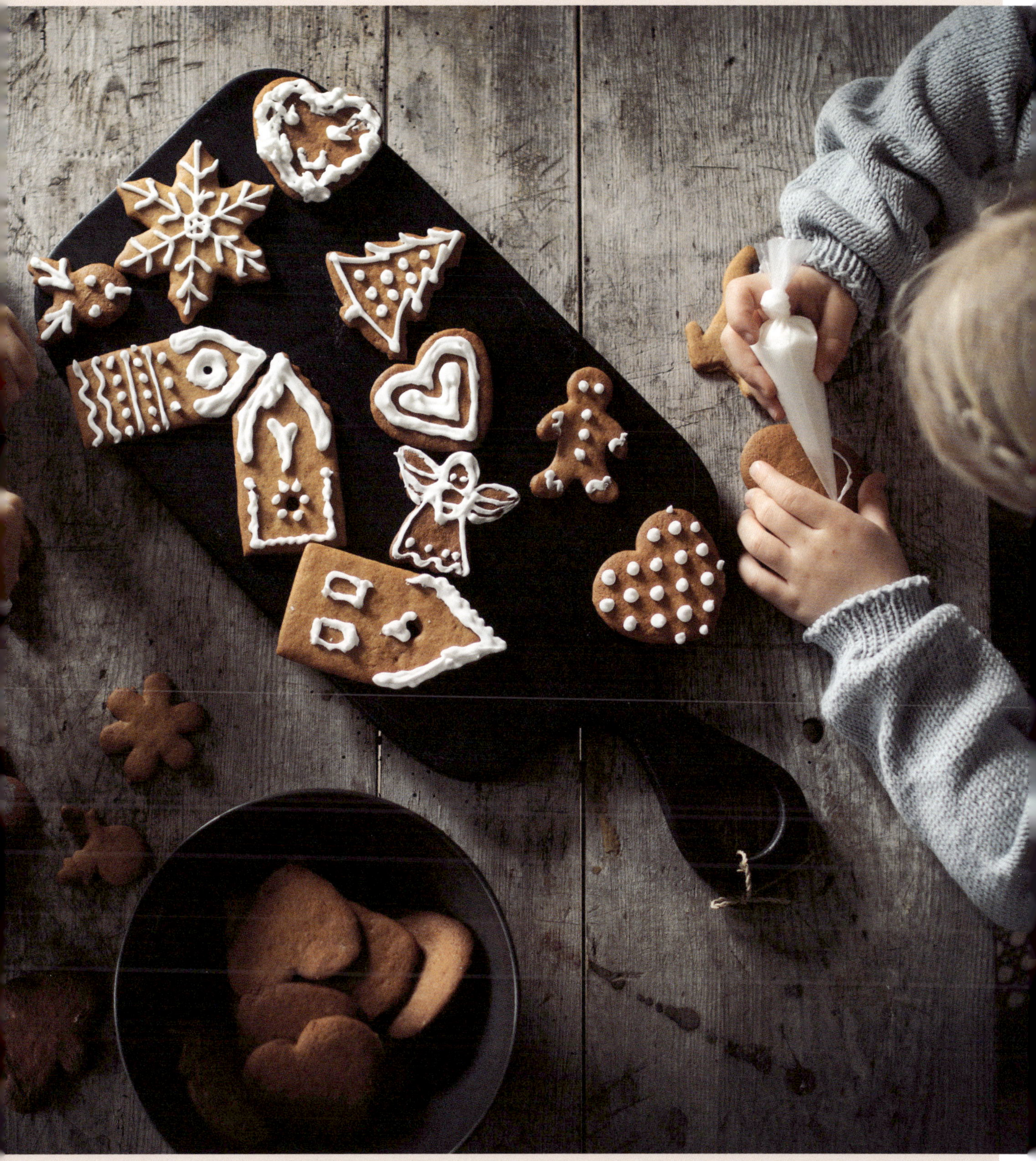

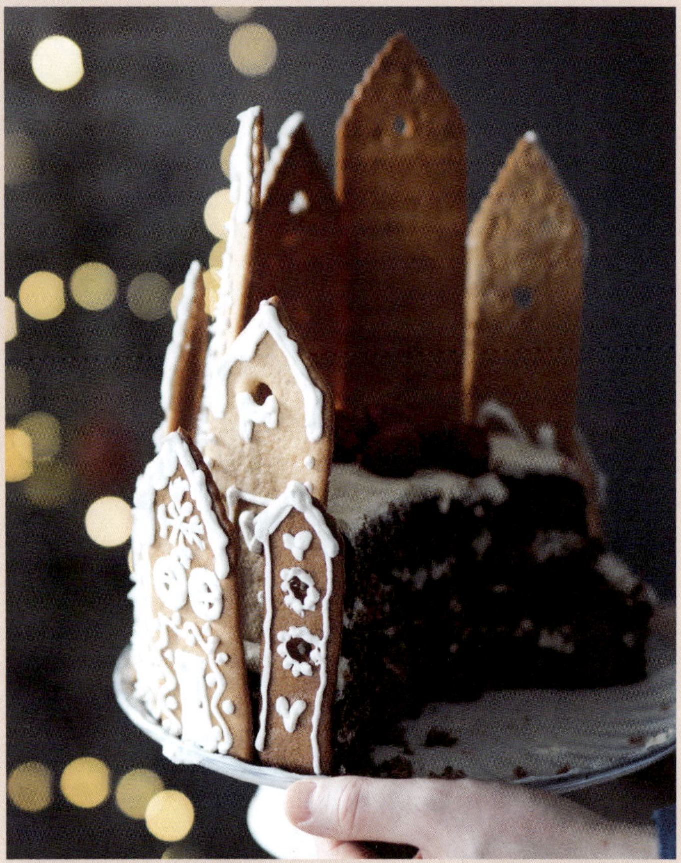

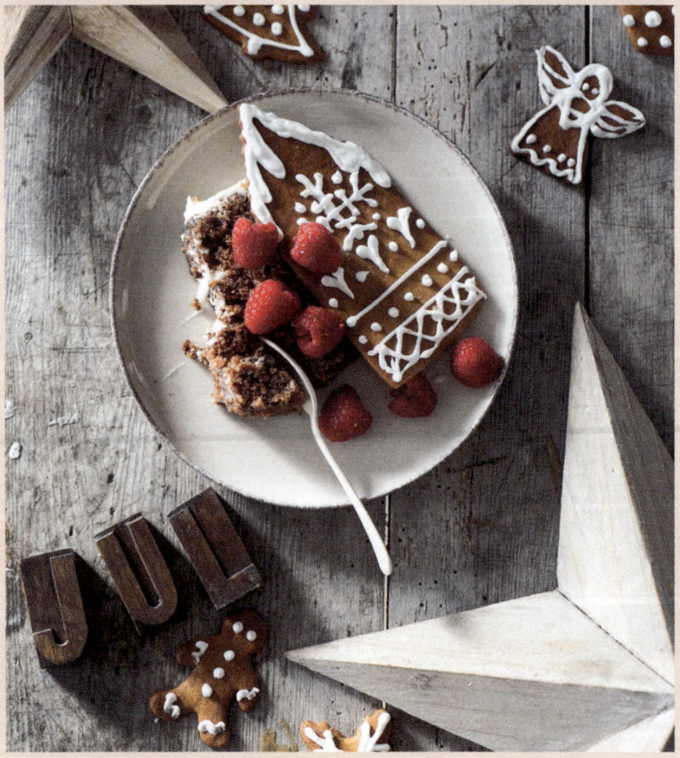

Klompelompes Weihnachtskuchen

ZUTATEN
3 Eier
180 g Zucker
150 g Butter
450 ml Buttermilch
3 Teelöffel Natron
3 Teelöffel Zimt
1 Teelöffel getrockneter Ingwer
400 g Dinkel- oder Weizenmehl
280 g Preiselbeermarmelade

FRISCHKÄSECREME
200 g Frischkäse
150 g Butter
300 g Puderzucker
1 Teelöffel Vanillezucker
Himbeeren

SO GEHT'S
Den Ofen auf 180 Grad vorheizen. Die Butter schmelzen. Eier und Zucker schaumig schlagen.

Geschmolzene Butter und Buttermilch zum Eischaum hinzugeben. Alle trockenen Zutaten sieben und unterheben. Zum Schluss die Preiselbeermarmelade hinzugeben.

Den Teig in zwei mit Backpapier ausgelegte, runde Formen füllen. Wir haben uns für zwei verschiedene Größen entschieden.

Auf der mittleren Schiene ca. 30 Minuten backen. Mit einem Stäbchen prüfen, ob der Kuchen durchgebacken ist.

Die Tortenböden vor dem Füllen vollständig abkühlen lassen.

Die Frischkäsecreme herstellen: Die zimmerwarme Butter und etwa die Hälfte des Puderzuckers zu einer Buttercreme schlagen. Frischkäse, Vanillezucker und den restlichen Puderzucker dazugeben und zu einer gleichmäßigen Creme schlagen.

FERTIGSTELLUNG
Die Tortenböden halbieren. Drei Böden mit etwas Creme bestreichen und mit ein paar zerkleinerten Himbeeren belegen. Den oberen Boden mit Frischkäsecreme bestreichen und mit ein paar ganzen Himbeeren dekorieren.

Wir haben die Torte noch mit Klompelompes Lebkuchen in Hausform dekoriert. Die Häuser lassen sich mit etwas Glasur an der Torte fixieren.

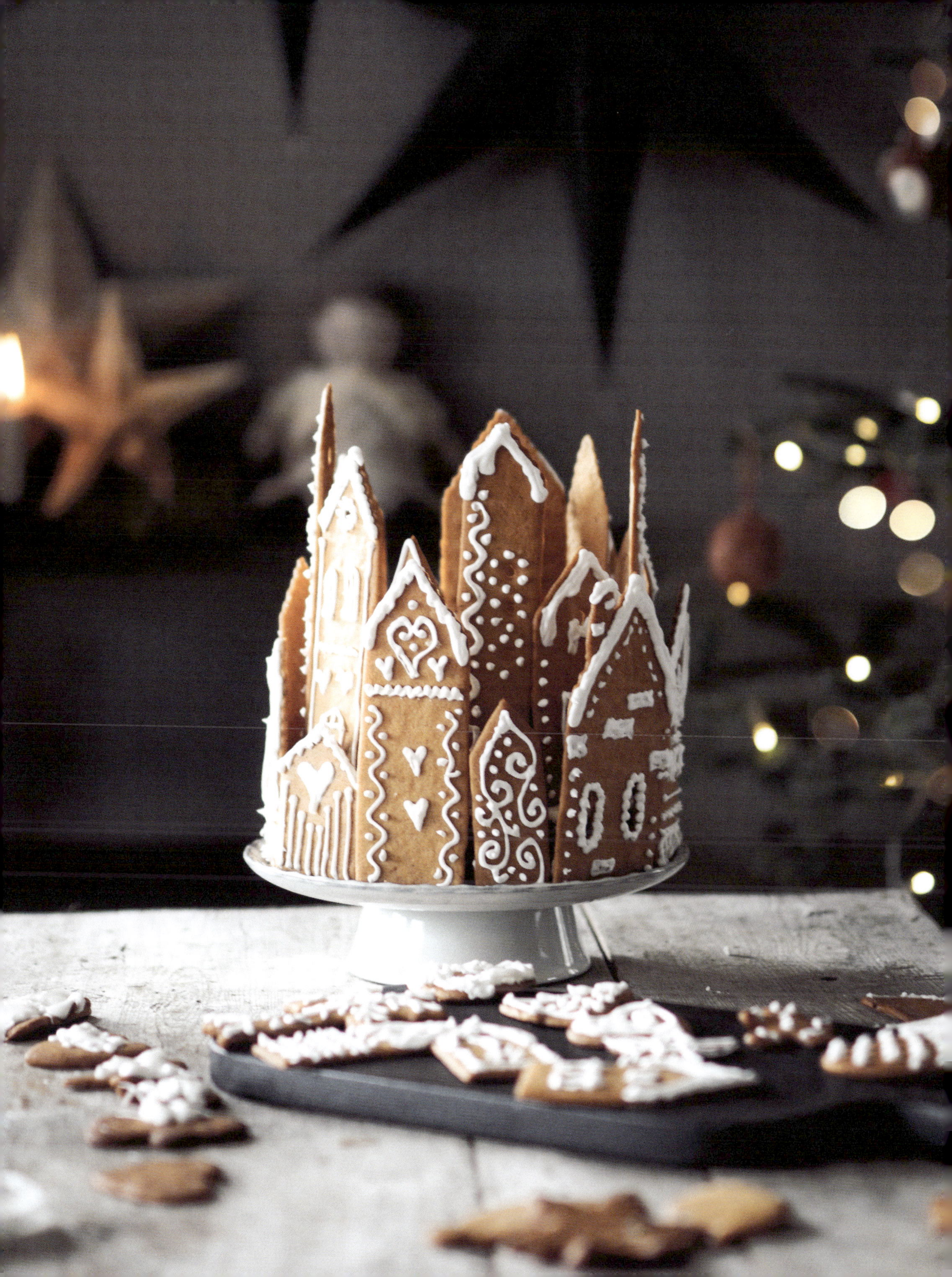

Weihnachtspullover Erwachsene

Wir hatten viel Spaß daran, die Zählmuster mit unseren Lieblingsmotiven aus der Weihnachtszeit zu erstellen.
Das Ergebnis ist ein lustiger und kuscheliger Weihnachtspullover.

Schwierigkeitsgrad 2

GRÖSSEN
(XXS) XS (S) M (L) XL

GARN
KlompeLOMPE Tynn Merinoull, Farbe A 9871
Weitere Farbvorschlage finden Sie bei den Zahlmustern auf Seite 104.

MENGE
Farbe A: (300) 350 (400) 400 (450) 500 g
Farbe B: 100 g für alle Größen
Musterfarben: 50 g von jeder Farbe und ein Rest in Schwarz und Braun zum Besticken

NADELN
Rundnadeln Nr. 2,5 und Nr. 3, je 40 cm und 80 cm

MASCHENPROBE
27 M mit Ndl Nr. 3 = 10 cm

MASSE
Gesamtlänge: ca. (59,5) 62,5 (70) 71 (76) 76 cm
Oberweite: ca. (90) 93 (98) 111 (119) 122 cm

Zählmusterreihenfolge von unten:
1. Stern
2. Lebkuchen
3. Hirsch
4. Weihnachtsbaum
5. Engel
6. Schneekristall
7. Eicheln
8. Stechpalme

(Dann 1–8 wdh. Den Rapport der Zählmuster stets wdh.)

Die Arbeit beginnt unten.
(228) 244 (256) 294 (310) 326 M in Farbe A mit Ndl Nr. 2,5 anschl und 5 cm im Rippenmuster (1 M re, 1 M li im Wechsel) str.

Zu Ndl Nr. 3 wechseln.

1 Rd re M str, dabei gleichmäßig verteilt M zun auf (242) 253 (264) 299 (322) 330 M.

2 Rd re M str.

Nach Zählmuster Stern str.

1 Rd re M str.

1 Rd re M str, dabei gleichmäßig verteilt M abn oder zun auf (240) 250 (260) 300 (320) 330 M.

Nach Zählmuster Lebkuchen str.

1 Rd re M str.

1 Rd re M str, dabei gleichmäßig verteilt M zun oder abn auf (242) 253 (264) 299 (322) 330 M.

Nach Zählmuster Hirsch str.

1 Rd re M str.

1 Rd re M str, dabei gleichmäßig verteilt M zun oder abn auf (243) 252 (261) 297 (315) 333 M.

Nach Zählmuster Weihnachtsbaum str.

1 Rd re M str.

1 Rd re M str, dabei gleichmäßig verteilt M zun oder abn auf (242) 253 (264) 299 (322) 330 M.

Nach Zählmuster Engel str.

1 Rd re M str.

1 Rd re M str, dabei gleichmäßig verteilt M zun oder abn auf (243) 252 (261) 297 (315) 333 M.

Nach Zählmuster Schneekristall str.

1 Rd re M str.

1 Rd re M str, dabei gleichmäßig verteilt M zun oder abn auf (242) 253 (264) 299 (322) 330 M.

Nach Zählmuster Eicheln str.

Größen XS (S) M (L) XL
1 Rd re M str.

1 Rd re M str, dabei gleichmäßig verteilt M zun oder abn auf (-) 252 (261) 297 (315) 333 M.
Nach Zählmuster Stechpalme str.

Größen (S) M (L) XL
1 Rd re M str.

1 Rd re M str, dabei gleichmäßig verteilt M zun oder abn auf (-) - (264) 299 (322) 330 M.

Nach Zählmuster Stern str.

Größen (L) XL
1 Rd re M str.

1 Rd re M str, dabei gleichmäßig verteilt M zun oder abn auf (-) - (-) - (320) 330 M.

Nach Zählmuster Lebkuchen str.

Alle Größen = (242) 252 (264) 299 (320) 330 M auf der Ndl.

Die Arbeit soll jetzt ca. (38) 41 (48) 48 (52) 52 cm messen. Ist die Arbeit aufgrund abweichender Strickfestigkeit zu lang oder zu kurz, ein Zählmuster weglassen bzw. hinzufügen.

1 Rd re M in Farbe A str, dabei gleichmäßig verteilt M zun oder abn auf (240) 252 (254) 300 (320) 328 M.

In der nächsten Rd die M für die Ärmel abk wie folgt:

(113) 119 (120) 143 (153) 157 M re, 7 M abk, (113) 119 (120) 143 (153) 157 M re, 7 M abk.

Die Arbeit beiseitelegen und die Ärmel str.

ÄRMEL

(58) 58 (62) 62 (66) 66 M in Farbe A mit Ndl Nr. 2,5 anschl und 5 cm im Rippenmuster (1 M re, 1 M li im Wechsel) str.

Zu Ndl Nr. 3 wechseln und in Rd

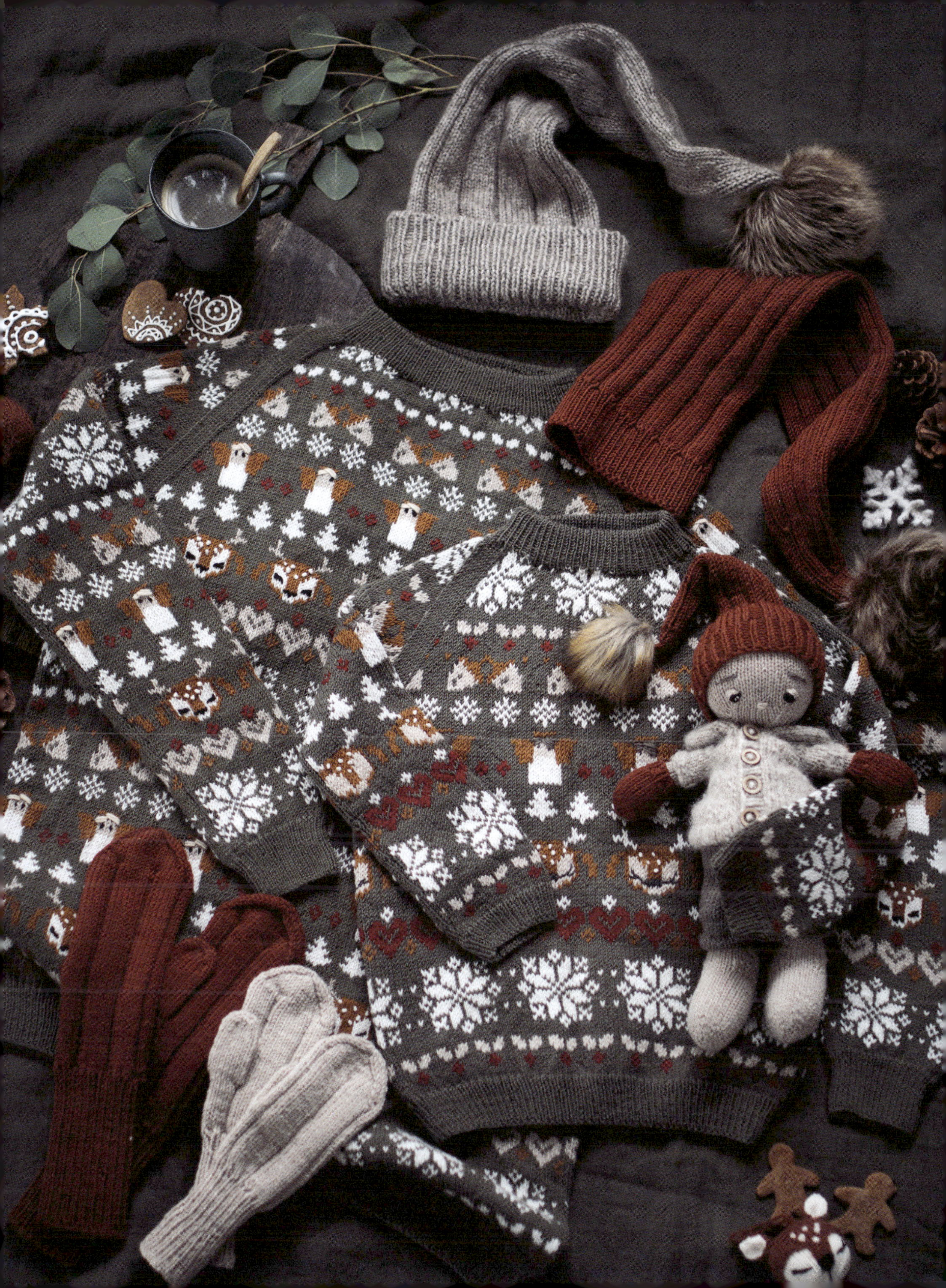

Zählmuster Stern

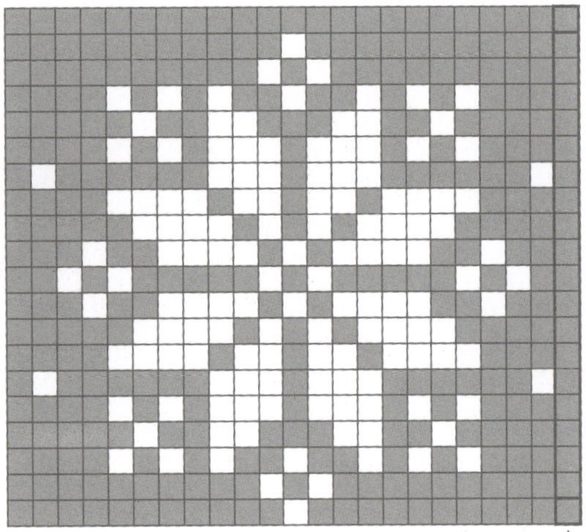

Diese M für Größen 1 und 8 Jahre, XXS, S, XL nicht str

Zählmuster Engel

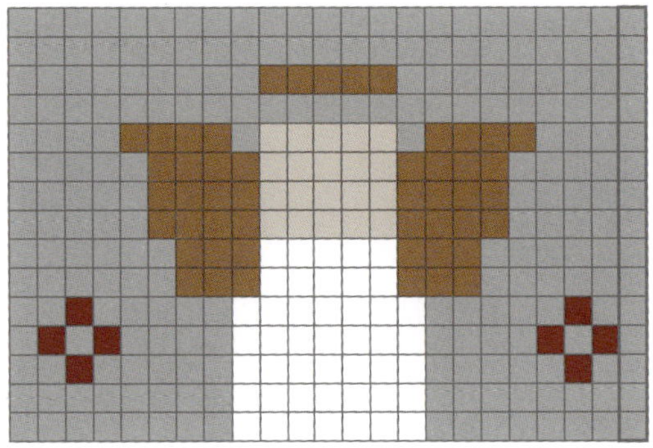

Diese M für Größen 1 und 8 Jahre, XXS, S, XL nicht str

Zählmuster Hirsch

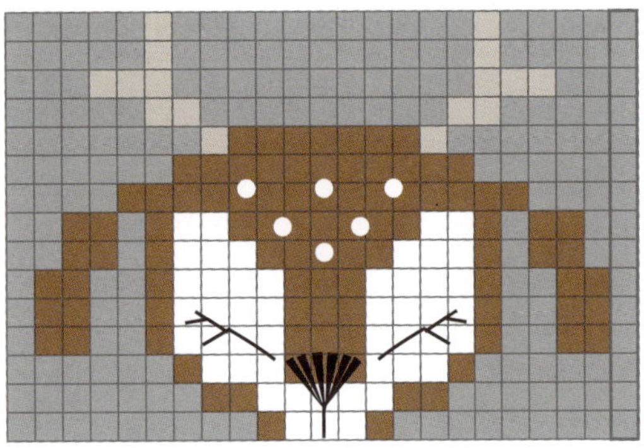

Die Punkte und Linien werden später aufgestickt

Diese M für Größen 1 und 8 Jahre, XXS, S, XL sowie nach dem Beginn des Raglans nicht str

Zählmuster Eicheln

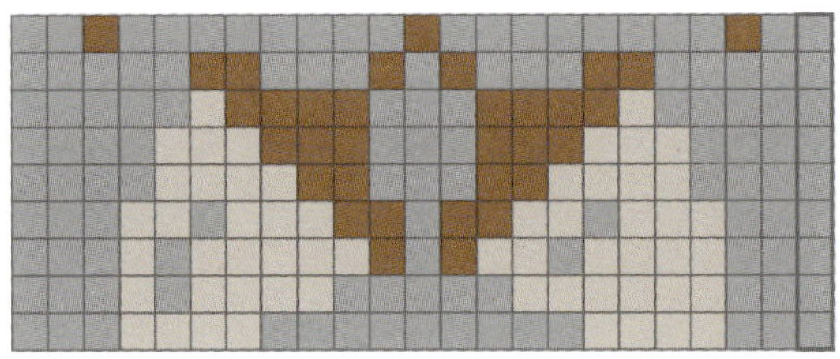

Diese M für Größen 1 und 8 Jahre, XXS, S, XL sowie nach dem Beginn des Raglans nicht str

Zählmuster Weihnachtsbaum

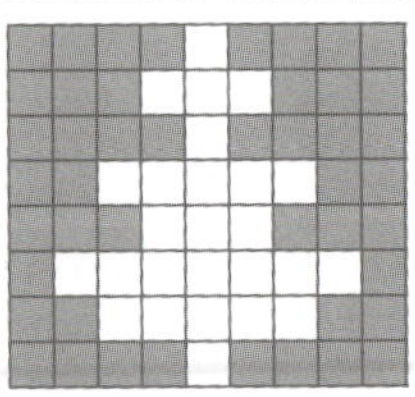

Zählmuster Lebkuchen

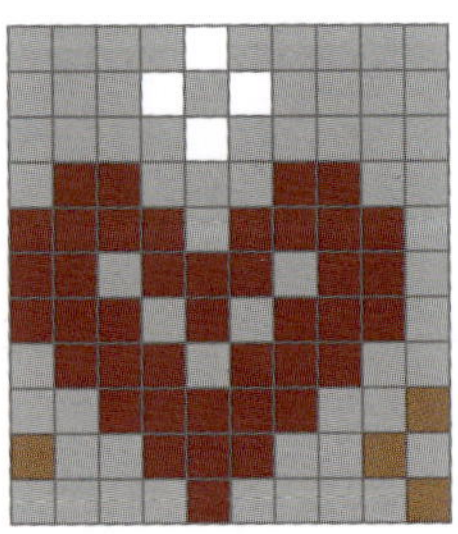

Zählmuster Stechpalme

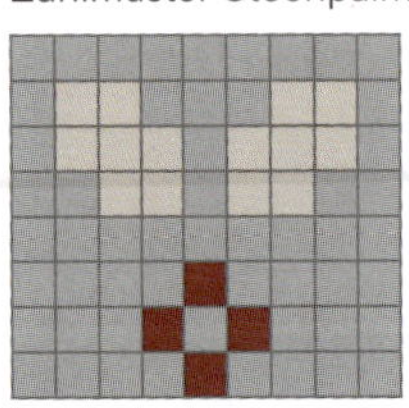

Zählmuster Schneekristall

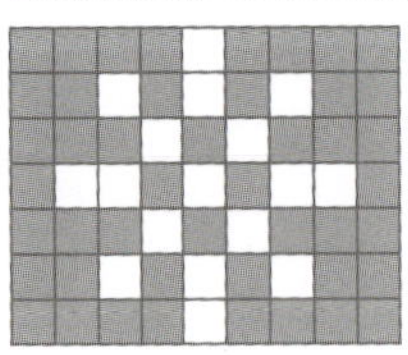

- = Farbe A
- = 1013 Farbe B
- = 4236
- = 2546
- = 2650

glatt rechts str. Die 1. M wird immer li gestrickt = Markierungs-M.

2 Rd re M str. Die Zählmuster in derselben Reihenfolge wie beim Rumpf str, jedoch mit dem Zählmuster (Schneekristall) Eicheln (Stechpalme) Stechpalme (Stern) Stern beginnen. Zwischen den Zählmustern jeweils 2 Rd re M in Farbe A str.

Soll der Ärmel länger als ca. 48 cm werden, muss zuerst ein zusätzliches Zählmuster gestrickt werden.

Die Rd immer am Anfang des Zählmusters beginnen. Möglicherweise kann dann kein vollständiges Zählmuster gestrickt werden, aber das spielt keine Rolle. Die zugenommenen M gemäß Zählmuster str. Bei jedem neuen

Zählmuster immer am Anfang des Zählmusters beginnen.

Wenn der Ärmel 4 cm misst, beidseitig der Markierungs-M 1 M re verschr aus dem Querfaden zun.

Die Zunahmen ca. alle (3) 2,5 (2,5) 2 (2) 2 cm wdh, bis (82) 88 (92) 98 (100) 100 M auf der Ndl liegen.

Wenn bis zu derselben Rd im Zählmuster gestrickt wurde, wo beim Rumpf für die Ärmel abgekettet wurde, die ersten 4 und die letzten 3 M der Rd abk.

Den zweiten Ärmel genauso str.

Die M von Ärmeln und Rumpf auf dieselbe Ndl heben = (376) 400 (410) 468 (492) 500 M auf der Ndl. Die Rd beginnt mit dem linken Ärmel.

An beiden Seiten der Ärmel einen MM setzen. Die 3 M beidseitig der 4 MM sind Raglan-M und werden während der gesamten Arbeit in Farbe A gestrickt. In der ersten Rd (mit Zählmuster) 1 M am Vorder- und Rückenteil, das eine gerade M-Anzahl hat, abk, sodass sowohl Vorder- als auch Rückenteil eine ungerade M-Anzahl haben.

Nach den Zählmustern weiterstr. Darauf achten, dass die Zählmuster auf dem Vorder- und Rückenteil mittig liegen. Bei den Ärmeln für den ersten Ärmel am Anfang des Zählmusters beginnen, und für den zweiten Ärmel mit der M beginnen, die auf die M folgt, mit welcher der erste Ärmel beendet wurde. So werden die Ärmel spiegelverkehrt.

2 Rd mit Zählmuster str (in der Zählmusterliste nachsehen, welches Zählmuster erreicht wurde).

Nächste Rd: 2 M re, 1 M abh, 1 M re, die abgehobene M darüberziehen, *bis 4 M vor dem MM str, 2 M re zus str, 4 M re, 1 M abh, 1 M re, die abgehobene M darüberziehen *, von * bis * insgesamt 3-mal arb, bis 4 M vor dem MM str, 2 M re zus str, 2 M re.

Die Abnahmen in jeder 2. Rd wdh, insgesamt (28) 29 (30) 35 (38) 38-mal arb.

1 Rd ohne Abnahmen str.

Beidseitig der mittleren (37) 39 (41) 47 (53) 57 M (Halsausschnitt) des Vorderteils einen MM setzen.

Den Faden abschneiden und direkt nach diesen (37) 39 (41) 47 (53) 57 M die R beginnen.

Mit Muster und Abnahmen bis zum MM des Halsausschnitts re M str, wenden, li M bis 1 M vor dem MM des Halsausschnitts str, wenden, re M mit Abnahmen bis 1 M vor dem MM des Halsausschnitts str, wenden, li M bis 3 M vor dem MM des Halsausschnitts str, wenden, re M mit Abnahmen bis 3 M vor dem MM des Halsausschnitts str, wenden, li M bis 4 M vor dem MM des Halsausschnitts str, wenden, re M mit Abnahmen bis 4 M vor dem MM des Halsausschnitts str, wenden, li M bis zum vorderen rechten Raglan-MM str, wenden, re M mit Abnahmen bis zum vorderen linken Raglan-MM str, wenden, li M bis zum rechten hinteren Raglan-MM str, wenden, re M mit Abnahmen bis zum linken hinteren Raglan-MM str. Den Faden abschneiden.

Zu Ndl Nr. 2,5 wechseln. In der hinteren Mitte beginnen. Über alle M 7 cm im Rippenmuster (1 M re, 1 M li im Wechsel) str. Zu Ndl Nr. 3 wechseln. 1 Rd im Rippenmuster str, gleichzeitig die M abk.

Alle Fäden vernähen. Das Bündchen am Halsausschnitt nach innen falten und locker (wichtig!) annähen, gerne im Maschenstich (siehe Abb. auf Seite 5).

Die Öffnung unter den Ärmeln schließen.

Augen und Schnauze auf die Hirschmotive sticken. Nach Wunsch auch Punkte auf die Stirn sticken.

Haare und Augen auf die Engelmotive sticken.

Den Pullover unter einem feuchten Handtuch trocknen lassen oder vorsichtig dämpfen.

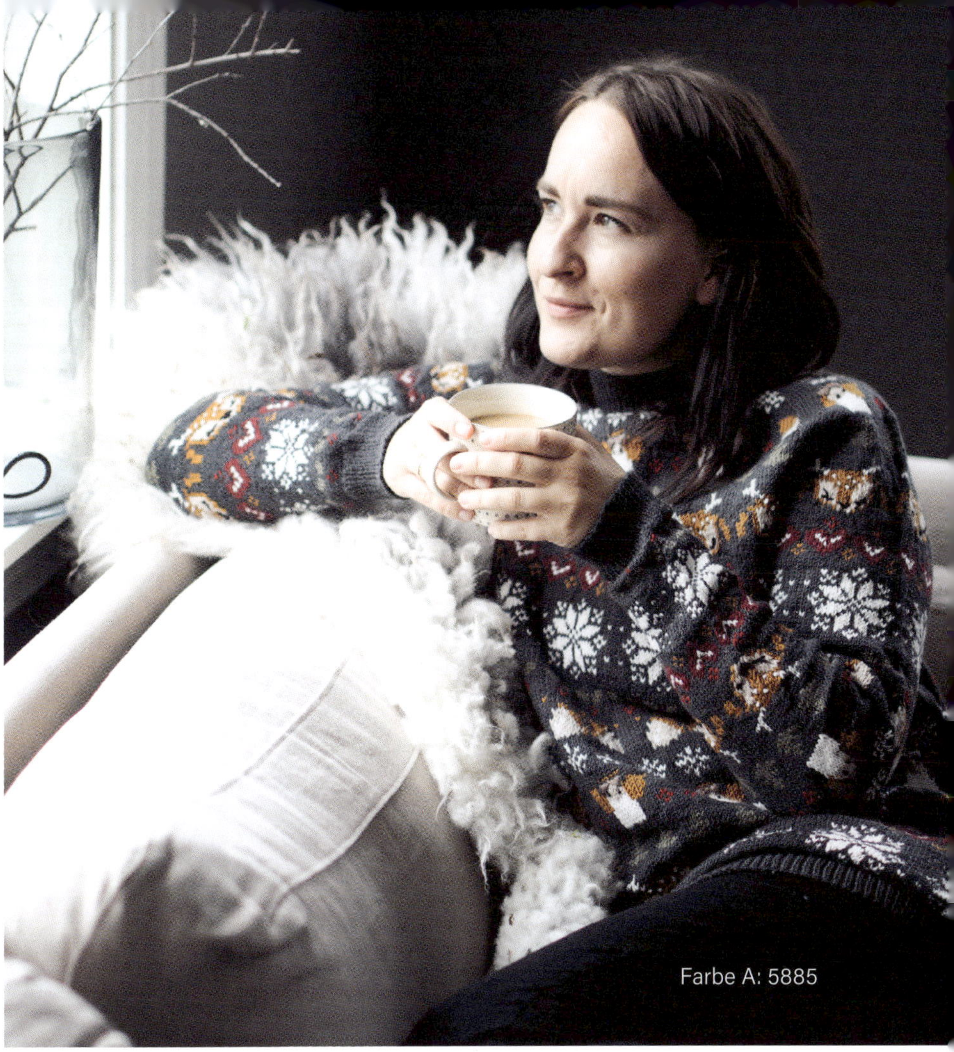

Farbe A: 5885

Weihnachtspullover Kind

Zählmuster siehe Seite 104

Der Lieblingspullover der Kinder in der Vorweihnachtszeit.

Schwierigkeitsgrad 3

GRÖSSEN
(1) 2 (4) 6 (8) 10 (12) Jahre

GARN
KlompeLOMPE Tynn Merinoull, Farbe A 2650
Farbvorschläge finden Sie bei den Zählmustern

MENGE
Farbe A: (150) 150 (200) 200 (250) 250 (250) g
Musterfarben: 50 g von jeder Farbe

NADELN
Rundnadeln Nr. 2,5 und Nr. 3, je 40 cm und 80 cm

MASCHENPROBE
27 M mit Ndl Nr. 3 = 10 cm

MASSE
Gesamtlänge: ca. (37) 38,5 (42,5) 48 (51,5) 56,5 (60) cm
Oberweite: ca. (65) 68 (77) 77 (80) 85 (87) cm

Zählmusterreihenfolge von unten:
1. Stechpalme
2. Stern
3. Lebkuchen
4. Hirsch
5. Weihnachtsbaum
6. Engel
7. Schneekristall
8. Eicheln

(Dann 1–8 wdh. Den Rapport der Zählmuster stets wdh.)

Die Arbeit beginnt unten.

(168) 184 (200) 204 (208) 216 (222) M in Farbe A mit Ndl Nr. 2,5 anschl und 14 Rd im Rippenmuster (1 M re, 1 M li im Wechsel) str.

Zu Ndl Nr. 3 wechseln. 1 Rd re M str, dabei (3) 5 (7) 3 (8) 9 (3) M zun = (171) 189 (207) 207 (216) 225 (225) M.

2 Rd re M str.

Nach Zählmuster Stechpalme str.

1 Rd re M str.

1 Rd re M str, dabei gleichmäßig verteilt M zun oder abn auf (176) 184 (207) 207 (220) 230 (230) M.

Nach Zählmuster Stern str.

1 Rd re M str.

1 Rd re M str, dabei gleichmäßig verteilt M zun oder abn auf (180) 180 (210) 210 (220) 230 (230) M.

Nach Zählmuster Lebkuchen str.

1 Rd re M str.

1 Rd re M str, dabei gleichmäßig verteilt M zun oder abn auf (176) 184 (207) 207 (220) 230 (230) M.

Nach Zählmuster Hirsch str.

Größen (4) 6 (8) 10 (12) Jahre

1 Rd re M str.

1 Rd re M str, dabei gleichmäßig verteilt M zun oder abn auf (-) - (207) 207 (216) 225 (225) M.

Nach Zählmuster Weihnachtsbaum str.

Größen 6 (8) 10 (12) Jahre

1 Rd re M str.

1 Rd re M str, dabei gleichmäßig verteilt M zun auf (-) - (-) 207 (220) 230 (230) M.

Nach Zählmuster Engel str.

Größen (8) 10 (12) Jahre

1 Rd re M str.

1 Rd re M str, dabei gleichmäßig verteilt M abn auf (-) - (-) - (216) 225 (225) M.

Nach Zählmuster Schneekristall str.

Größen 10 (12) Jahre

1 Rd re M str.

1 Rd re M str, dabei gleichmäßig verteilt M zun auf (-) - (-) - (-) 230 (230) M.

Nach Zählmuster Eicheln str.

Größe (12) Jahre

1 Rd re M str.

1 Rd re M str, dabei gleichmäßig verteilt M abn auf (-) - (-) - (-) - (234) M.

Nach Zählmuster Stechpalme str.

Alle Größen = (176) 184 (207) 207 (216) 230 (234) M.

1 Rd re M mit Farbe A str.

In der nächsten Rd für die Ärmel M abk wie folgt:

(81) 85 (97) 97 (101) 108 (110) M re, 7 M abk, (81) 85 (96) 96 (101) 108 (110) M re, 7 M abk.

Die Arbeit beiseitelegen und die Ärmel str.

ÄRMEL

(48) 50 (50) 56 (56) 58 (58) M in Farbe A mit Ndl Nr. 2,5 anschl und (10) 10 (10) 10 (14) 14 (14) Rd im Rippenmuster (1 M re, 1 M li im Wechsel) str.

Zu Ndl Nr. 3 wechseln und glatt rechts str. Die 1. M immer li str = Markierungs-M.

2 Rd re M str.

Die Zählmuster in derselben Reihenfolge wie beim Rumpf str, jedoch für die Größen (1) 6 (8) 10 Jahre mit dem Zählmuster Stechpalme beginnen.

Für die Größen 2 (4) (12) Jahre vor dem Zählmuster Stechpalme noch das Zählmuster Schneekristall arb. Zwischen den Zählmustern jeweils 2 Rd re M in Farbe A str.

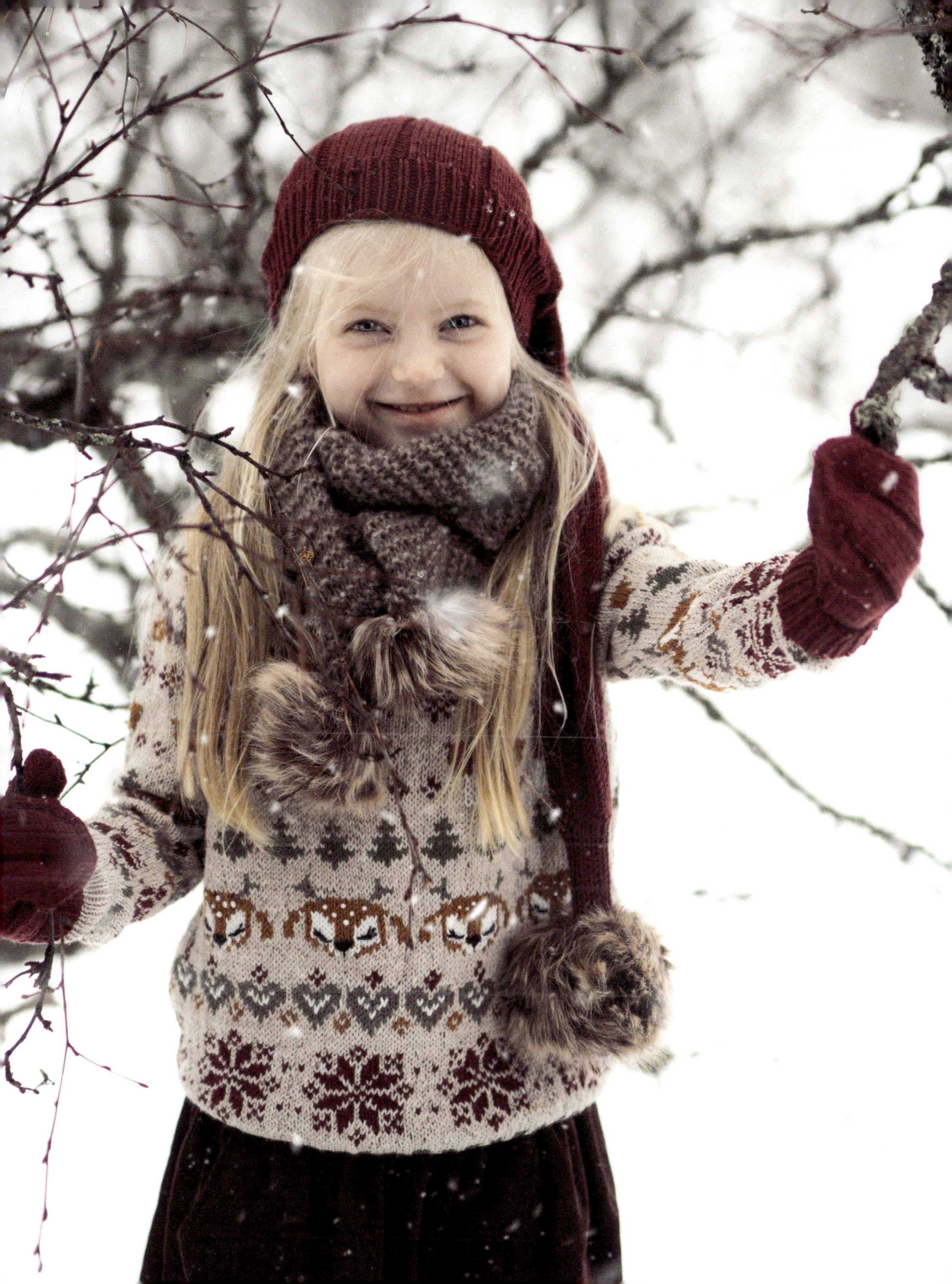

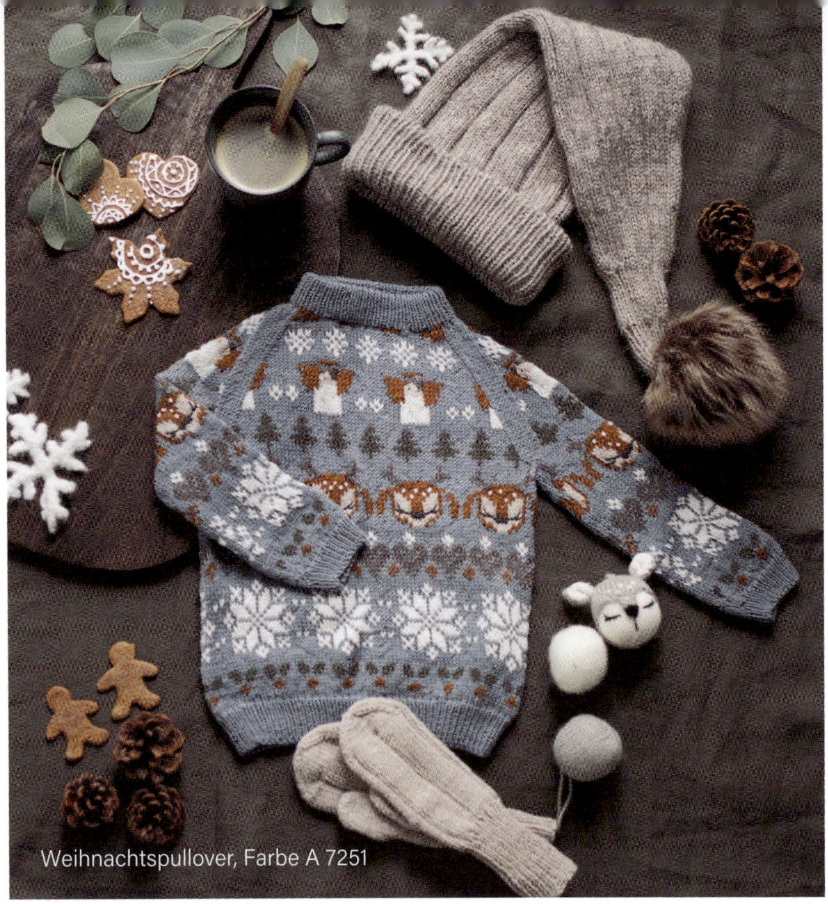

Weihnachtspullover, Farbe A 7251

Die Rd immer am Anfang des Zählmusters beginnen. Möglicherweise kann dann kein vollständiges Zählmuster gestrickt werden, aber das spielt keine Rolle. Die zugenommenen M gemäß Zählmuster str. Bei jedem neuen Zählmuster immer am Anfang des Zählmusters beginnen.

Wenn der Ärmel 4 cm misst, beidseitig der Markierungs-M 1 M re verschr aus dem Querfaden zun.

Die Zunahmen ca. alle (4) 4 (4,5) 4,5 (4) 5 (4,5) cm wdh, bis (52) 52 (56) 60 (64) 68 (70) M auf der Ndl liegen.

Wenn bis zu derselben Rd im Zählmuster gestrickt wurde, wo beim Rumpf für die Ärmel abgekettet wurde, die ersten 4 und die letzten 3 M der Rd abk.

Den zweiten Ärmel genauso str.

Die M von Ärmeln und den Rumpf auf dieselbe Ndl heben = (252) 260 (291) 299 (316) 338 (346) M auf der Ndl. Die Rd beginnt mit dem linken Ärmel.

An beiden Seiten der Ärmel einen MM setzen. Die 3 M beidseitig der 4 MM sind Raglan-M und werden während der gesamten Arbeit in Farbe A gestrickt. In der ersten Rd (mit Zählmuster) 1 M am Vorder- oder Rückenteil, das eine gerade M-Anzahl hat, abk, sodass sowohl Vorder- als auch Rückenteil eine ungerade M-Anzahl haben (bei manchen Größen sind dann am Rückenteil 2 M weniger als am Vorderteil).

Nach den Zählmustern weiterstr. Darauf achten, dass die Zählmuster auf dem Vorder- und Rückenteil mittig liegen. Bei den Ärmeln für den ersten Ärmel am Anfang des Zählmusters beginnen, und für den zweiten Ärmel mit der M beginnen, die auf die M folgt, mit welcher der erste Ärmel beendet wurde. So werden die Ärmel spiegelverkehrt.

2 Rd mit Zählmuster str (in der Zählmusterliste nachsehen, welches Zählmuster erreicht wurde).

Nächste Rd: 2 M re, 1 M abh, 1 M re, die abgehobene M darüberziehen, *bis 4 M vor dem MM str, 2 M re zus str, 4 M re, 1 M abh, 1 M re, die abgehobene M darüberziehen*, von * bis * insgesamt 3-mal arb, bis 4 M vor dem MM str, 2 M re zus str, 2 M re.

Die Abnahmen in jeder 2. Rd wdh, insgesamt (17) 20 (22) 23 (24) 26 (27)-mal arb.

1 Rd ohne Abnahmen str. Beidseitig der mittleren (31) 33 (39) 39 (39) 41 (41) M des Vorderteils (Halsausschnitt) einen MM setzen. Den Faden abschneiden und direkt nach diesen (31) 33 (39) 39 (39) 41 (41) M die R beginnen.

Mit Muster und Abnahmen bis zum MM des Halsausschnitts str, wenden, li M mit Muster bis 1 M vor dem MM des Halsausschnitts str, wenden, re M mit Abnahmen bis 1 M vor dem MM str, wenden, li M bis zum vorderen rechten Raglan-MM str, wenden, re M mit Abnahmen bis zum vorderen linken Raglan-MM str, wenden, li M bis zum rechten hinteren Raglan-MM str, wenden, re M mit Abnahmen bis zum linken hinteren Raglan-MM str.

Wenn beim Abnehmen nur noch 3 M am Ärmel übrig sind, wie folgt abn: 1 M abh, 2 M re zus str, die abgehobene M darüberziehen.

Den Faden abschneiden.

Zu Ndl Nr. 2,5 wechseln. In der hinteren Mitte beginnen. Über alle M (20) 22 (24) 24 (24) 26 (26) Rd im Rippenmuster (1 M re, 1 M li im Wechsel) str. Zu Ndl Nr. 3 wechseln. 1 Rd im Rippenmuster str, gleichzeitig die M abk.

Alle Fäden vernähen. Das Bündchen am Halsausschnitt nach innen falten und locker (wichtig!) annähen, gerne im Maschenstich (siehe Abb. auf Seite 5).

Die Öffnung unter den Ärmeln schließen.

Augen und Schnauze auf die Hirschmotive sticken. Nach Wunsch auch Punkte auf die Stirn sticken.

Haare und Augen auf die Engelmotive sticken.

Den Pullover unter einem feuchten Handtuch trocknen lassen oder vorsichtig dämpfen.

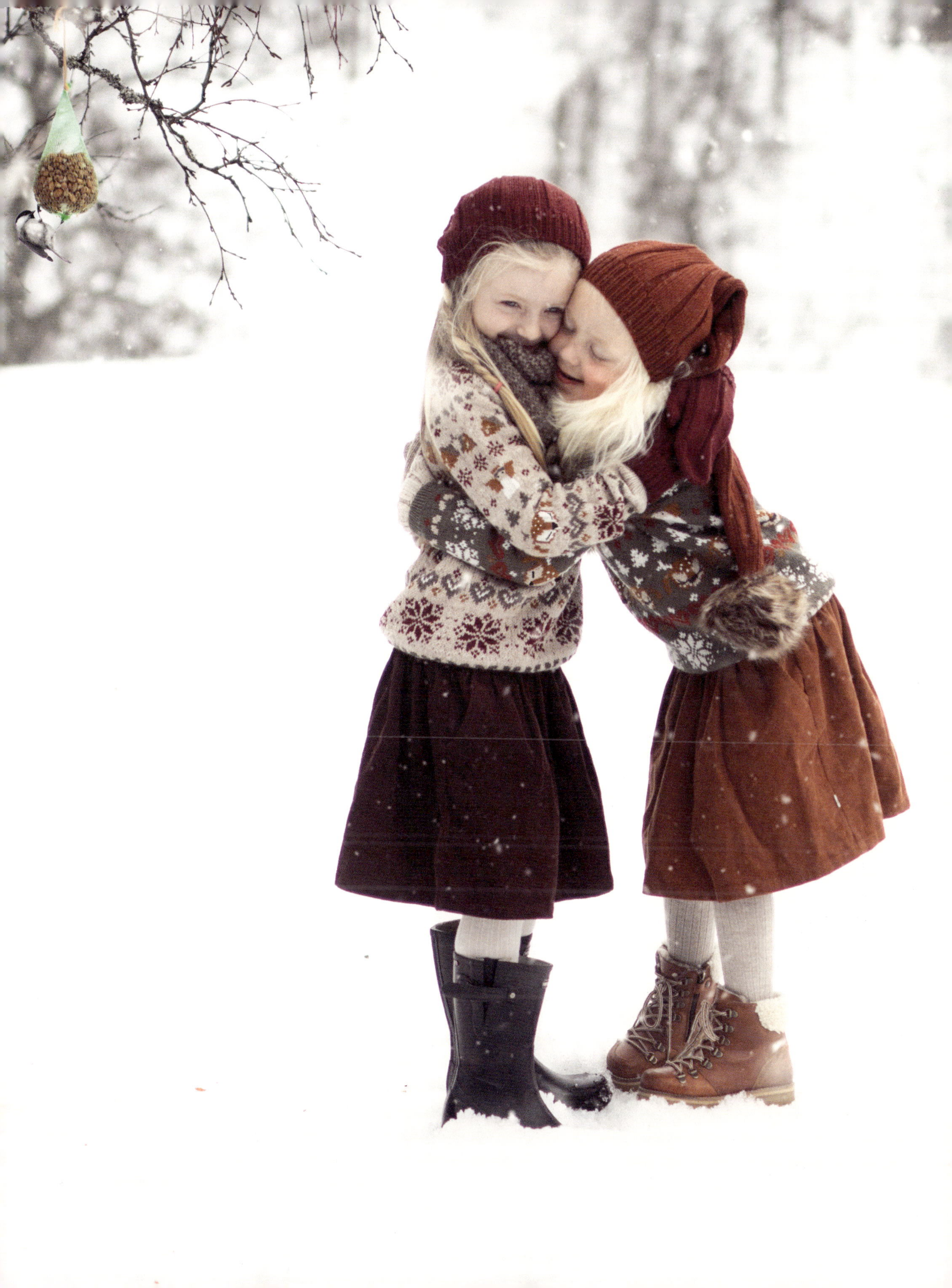

Kuschelmütze

Eine weiche, warme und kuschelige Weihnachtsmütze.

Schwierigkeitsgrad 2

GRÖSSEN
6–9 Mon (1–4 Jahre) 6–8 Jahre (10–14 Jahre) S/M (L/XL)

GARN
Sandnes Garn Smart, Farbe 2650, und Sandnes Garn Tynn Silk Mohair, Farbe 3161

MENGE
Sandnes Garn Smart: 150 (150) 150 (200) 200 (250) g
Sandnes Garn Tynn Silk Mohair: 25 (50) 50 (50) 50 (50) g

NADELN
Rundnadel Nr. 4, 40 cm,
Nadelspiel Nr. 4 (evtl. Rundnadel 80 cm, für Magic Loop)

MASCHENPROBE
20 M mit Ndl Nr. 4 = 10 cm

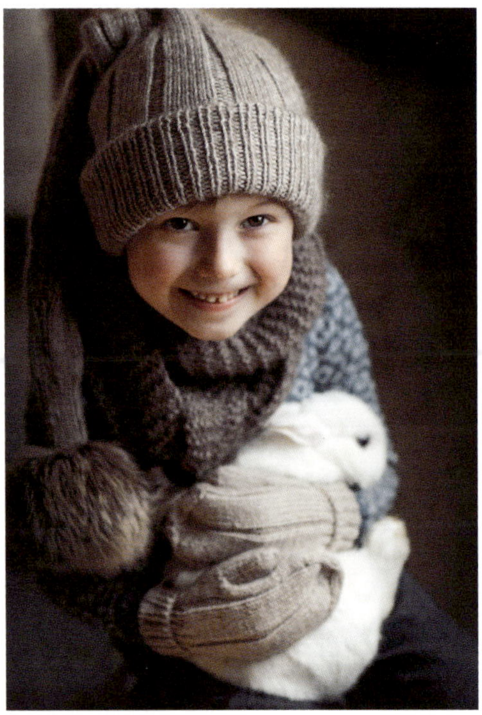

72 (80) 88 (96) 96 (100) M mit Ndl Nr. 4 anschlagen und zur Rd schließen.

12 (14) 16 (16) 18 (18) cm im Rippenmuster (1 M re, 1 M li im Wechsel) in Rd str.

Die Anschlagkante auf der Innenseite nach oben klappen und immer 1 M mit 1 M der Anschlagkante im Rippenmuster zus str. Wenn das zu knifflig ist, kann die Anschlagkante stattdessen am Schluss angenäht werden.

Noch 2 Rd im Rippenmuster str.

Die Arbeit umdrehen. Ab jetzt *2 M li, 6 M re* (Gr. L/XL: *2 M li, 8 M re*) str, von * bis * bis Rd-Ende wdh.

In dieser Einteilung weiterstr, bis die Arbeit 16 (18) 20 (22) 22 (24) cm misst, nachdem sie umgedreht wurde.

Größe L/XL:
2 M li, 2 M re zus str, 4 M re, 2 M re zus str, von * bis * bis Rd-Ende wdh.

2 Rd die M str, wie sie erscheinen.

Alle Größen:
In der nächsten Rd wie folgt abn: *2 M li, 2 M re, 2 M re zus str, 2 M re*, von * bis * bis Rd-Ende wdh.

9 cm die M str, wie sie erscheinen.

Nächste Rd: *2 M li zus str, 5 M re*, von * bis * bis Rd-Ende wdh.

6 cm die M str, wie sie erscheinen.

Nächste Rd: *1 M li, 2 M re zus str, 3 M re*, von * bis * bis Rd-Ende wdh.

6 cm die M str, wie sie erscheinen.

Nächste Rd: *1 M li, 2 M re, 2 M re zus str*, von * bis * bis Rd-Ende wdh.

5 cm die M str, wie sie erscheinen.

Nächste Rd: *1 M li, 1 M abh, 2 M re zus str, die abgehobene M darüberziehen, 1 M li, 3 M re*, von * bis * bis Rd-Ende wdh, jedoch für die Größen 6–9 Mon und 6–8 Jahre enden mit 1 M li, 1 M abh, 2 M re zus str, die abgehobene M darüberziehen.

5 cm die M str, wie sie erscheinen.

Nächste Rd: *1 M li, 1 M re, 1 M li, 1 M abh, 2 M re zus str, die abgehobene M darüberziehen*, von * bis * bis Rd-Ende wdh, jedoch für die Größen 6–9 Mon und 6–8 Jahre enden mit 1 M li, 1 M re.

5 cm die M str, wie sie erscheinen.

Nächste Rd: *1 M li, 1 M re*, von * bis * bis Rd-Ende wdh.

Dann alle M re str.

Nächste Rd: *2 M re, 2 M re zus str*, von * bis * wdh, bis noch 2 (0) 2 (0) 0 (0) M übrig sind, 2 (0) 2 (0) 0 (0) M re.

Nächste Rd: *1 M re, 2 M re zus str*, von * bis * wdh, bis noch 2 (0) 2 (0) 0 (0) M übrig sind, 2 (0) 2 (0) 0 (0) M re.

Nächste Rd: *2 M re zus str*, von * bis * bis Rd-Ende wdh.

Den Faden abschneiden, durch die übrigen M fädeln und festziehen.

Alle Fäden vernähen und einen Bommel aus Kunstfell annähen.

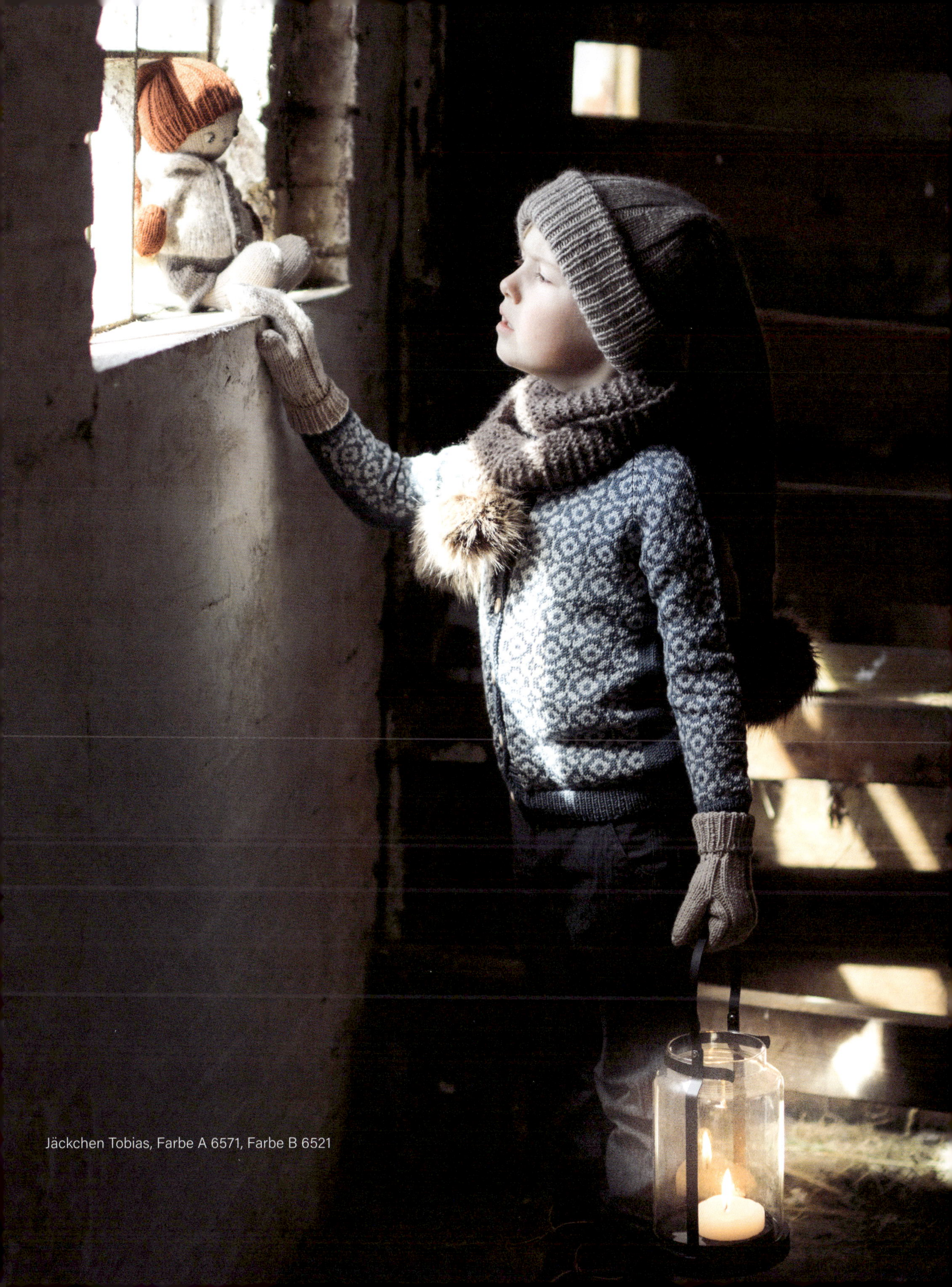

Jäckchen Tobias, Farbe A 6571, Farbe B 6521

Hauskoboldmütze für die Puppe

Eine Weihnachtsmütze für den Wichtel macht das Outfit komplett.

Schwierigkeitsgrad 2

GARN
Sandnes Garn Tynn Silk Mohair, Farbe 3161
KlompeLOMPE Tynn Merinoull, Farbe 2650
MENGE
50 g von jeder Qualität oder Rest
NADELN
Rundnadeln Nr. 2,5 und Nr. 3, 60 cm, oder 80 cm für Magic Loop
MASCHENPROBE
22 M mit Ndl Nr. 3 = 10 cm

64 M mit Ndl Nr. 2,5 doppelfädig mit 1 Faden pro Qualität anschlagen. 7 cm im Rippenmuster (1 M re, 1 M li im Wechsel) str. Die Anschlagkante nach innen klappen. 1 Rd im Rippenmuster str, dabei jede 2. M mit 1 M der Anschlagkante zus str.

3 Rd re M str. Die Arbeit umdrehen. Zu Ndl Nr. 3 wechseln. Ab jetzt wird ab dieser Rd gemessen.

Die nächste Rd wie folgt str, dabei 1 M abn: *5 M re, 2 M li*, von * bis * bis Rd-Ende wdh.

Weiterstr mit *5 M re, 2 M li*, von * bis * bis Rd-Ende wdh, bis die Arbeit 6,5 cm misst.

Nächste Rd: *2 M re, 2 M re zus str, 1 M re, 2 M li*, von * bis * bis Rd-Ende wdh.

Weiterstr mit *4 M re, 2 M li*, von * bis * bis Rd-Ende wdh, bis die Arbeit 9 cm misst.

Nächste Rd: *1 M re, 2 M re zus str, 1 M re, 2 M li*, von * bis * bis Rd-Ende wdh.

Weiterstr mit *3 M re, 2 M li*, von * bis * bis Rd-Ende wdh, bis die Arbeit 12 cm misst.

Nächste Rd: *3 M re, 2 M li zus str*, von * bis * bis Rd-Ende wdh.

Weiterstr mit *3 M re, 1 M li*, von * bis * bis Rd-Ende wdh, bis die Arbeit 14,5 cm misst.

Nächste Rd: *1 M re, 2 M re zus str, 1 M li*, von * bis * bis Rd-Ende wdh.

Weiterstr mit *2 M re, 1 M li*, von * bis * bis Rd-Ende wdh, bis die Arbeit 20 cm misst.

Nächste Rd: *2 M re zus str, 1 M li, 2 M re, 1 M li*, von * bis * wdh, bis 3 M vor Rd-Ende, 2 M re zus str, 1 M li.

Nächste Rd: *1 M re, 1 M li, 2 M re, 1 M li*, von * bis * wdh, bis 2 M vor Rd-Ende, 1 M re, 1 M li.

Diese Rd wdh, bis die Arbeit 22,5 cm misst.

Nächste Rd: *1 M re, 1 M li, 2 M re zus str, 1 M li*, von * bis * wdh, bis 2 M vor Rd-Ende, 1 M re, 1 M li.

Weiterstr mit *1 M re, 1 M li*, von * bis * bis Rd-Ende wdh, bis die Arbeit 26 cm misst.

Nächste Rd: *1 M abh, 1 M re, die abgehobene M darüberziehen, 1 M re, 1 M li*, von * bis * wdh, bis 2 M vor Rd-Ende, 1 M re, 1 M li.

Nächste Rd: *2 M re, 1 M li*, von * bis * wdh, bis 2 M vor Rd-Ende, 1 M re, 1 M li.

Diese Rd wdh, bis die Arbeit 29 cm misst.

Nächste Rd: *1 M re, 1 M abh, 1 M re, die abgehobene M darüberziehen*, von * bis * wdh, bis 2 M vor Rd-Ende, 1 M abh, 1 M re, die abgehobene M darüberziehen.

Den Faden durch die M fädeln und festziehen. Alle Fäden vernähen und einen Bommel aus Kunstfell annähen.

Wichtelrock

Schöner und leichter Rock für den Wichtel.

Schwierigkeitsgrad 1

GRÖSSE
Einheitsgröße
GARN
KlompeLOMPE Merinoull, Farbe 3355
MENGE
50 g oder Rest
NADELN
Rundnadeln Nr. 3 und Nr. 3,5, je 60 cm, oder 80 cm für Magic Loop
MASCHENPROBE
22 M mit Ndl Nr. 3,5 = 10 cm

Die Arbeit beginnt oben und wird mit der Magic Loop-Technik in Rd gestrickt. Der Rd-Beginn liegt in der rückwärtigen Mitte.

52 M mit Ndl Nr. 3 anschlagen. 5 Rd im Rippenmuster (1 M re, 1 M li im Wechsel) str. Zu Ndl Nr. 3,5 wechseln und 1 Rd re M str.

Nächste Rd: *6 M re, 1 M zun*, von * bis * wdh bis 4 M vor Rd-Ende, 4 M re.

4 Rd re M str.

Nächste Rd: *7 M re, 1 M zun*, von * bis * wdh bis 4 M vor Rd-Ende, 1 M zun, 4 M re.

12 Rd re M str.

5 Krausrippen str (1 Krausrippe = 1 Rd li M, 1 Rd re M), dabei in der letzten Rd die M abk.

Alle Fäden vernähen.

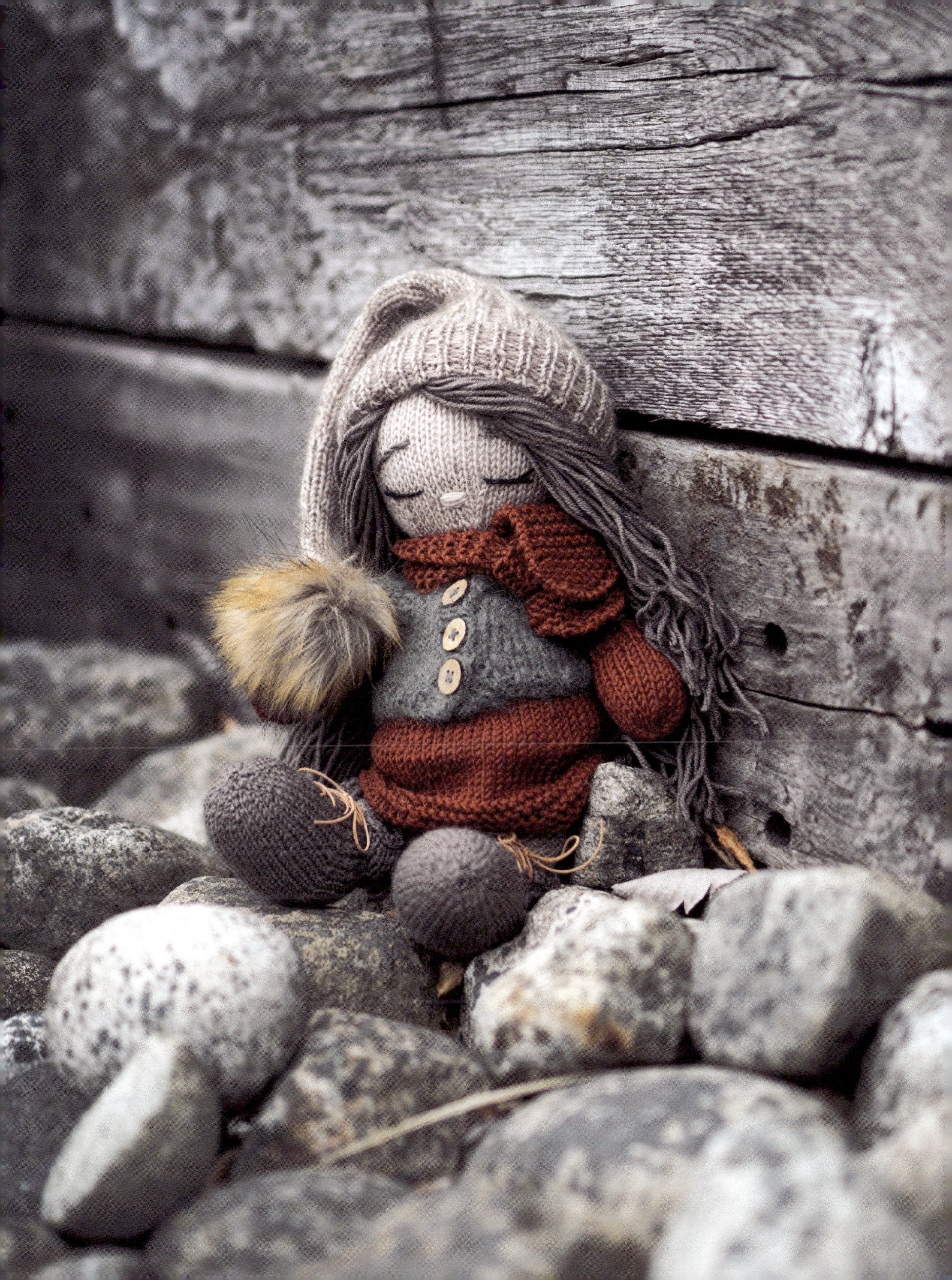

Pullunder Arnold

Ein klassischer, schicker Pullunder mit schönem Einstrickmuster. Passt perfekt über das Sonntagshemd.

Schwierigkeitsgrad 3

GRÖSSEN
(6–9 Mon) 1 (2) 4 (6) 8 (10) Jahre
GARN
KlompeLOMPE Tynn Merinoull, Farbe A 6571, Farbe B 1013
MENGE
Farbe A: (100) 100 (100) 100 (150) 150 (150) g
Farbe B: (50) 50 (50) 100 (100) 100 (100) g
NADELN
Rundnadeln Nr. 2,5 und Nr. 3, je 40 cm und 60 cm
MASCHENPROBE
27 M mit Ndl Nr. 3 = 10 cm

Die Arbeit beginnt unten und wird in Rd gestrickt.

(136) 148 (150) 154 (160) 172 (178) M in Farbe A mit Ndl Nr. 2,5 anschlagen. 14 Rd im Rippenmuster (1 M re, 1 M li im Wechsel) str.

Zu Ndl Nr. 3 wechseln. 1 Rd re M str, dabei gleichmäßig verteilt M zun auf (144) 152 (152) 160 (168) 176 (184) M. Nach dem Zählmuster auf Seite 117 str, bis die Arbeit (19) 22 (24) 26 (28) 32 (35) cm misst.

Für die Armausschnitte wie folgt M abk:

Im Muster str und gleichzeitig 13 M abk, (59) 63 (63) 67 (71) 75 (79) M (Vorderteil) im Muster str, im Muster str und gleichzeitig 13 M abk, (59) 63 (63) 67 (71) 75 (79) M (Rückenteil) im Muster str.

Jetzt an der Ärmelöffnung M zum Aufschneiden Steek-M anschl, damit das Muster weiterhin in Rd gestrickt werden kann.

5 Steek-M anschl, 2 M re zus str (in der Farbe, die ins Muster passt), im Muster str, bis zu den letzten 2 M des Vorderteils, 1 M abh, 1 M re (in der Farbe, die ins Muster passt), die abgehobene M darüberziehen, 5 Steek-M anschl, am Rückenteil genauso wie beim Vorderteil abn. Die Steek-M werden bei der M-Zahl oder im Muster nicht weiter mitgezählt. Sie werden glatt rechts gestrickt, am besten abwechselnd in den 2 Farben, und in der nächsten Rd umgekehrt.

Die Abnahmen in jeder 2. Rd wdh, insgesamt 5-mal arb.

In der nächsten Rd (= Rd ohne Abnahmen) für die Knopfleiste wie folgt abk: (22) 24 (24) 26 (28) 30 (32) M im Muster str, 5 M abk, im Muster bis Rd-Ende str.

1 Rd im Muster str und 5 Steek-M für die Knopfleiste anschl, wo 5 M abgekettet wurden.

In der nächsten Rd an den Armausschnitten wie zuvor abn. 2 Rd ohne Abnahmen str, in der nächsten Rd wieder abn.

Weiter im Muster ohne Abnahmen str, bis die Arbeit (27) 30 (32) 34 (36) 40 (43) cm misst.

Jetzt beidseitig der Steek-M für die Knopfleiste M abn, gleichzeitig die Anzahl der Steek-M erhöhen wie folgt:

Im Muster bis 2 M vor den Steek-M für die Knopfleiste str, 1 M abh, 1 M re in der Farbe, die ins Muster passt, die abgehobene M darüberziehen, 2 Steek-M str, 1 M zun, 1 Steek-M re, 1 M zun, 2 Steek-M re, 2 M re zus str in der Farbe, die ins Muster passt, im Muster bis Rd-Ende str. Die Anzahl der Steek-M hat sich um 2 M erhöht.

So in jeder 2. Rd abn, bis für jedes Vorderteil (11) 13 (13) 15 (16) 17 (19) M übrig sind.

Gleichzeitig wird die Anzahl der Steek-M an der Knopfleiste erhöht wie folgt: 2 M re, 1 M zun, re M str bis zu den letzten 2 Steek-M, 1 M zun, 2 M re.

Nächste Rd (= Rd ohne Abn): Beide Vorderteile im Muster str, dann (11) 13 (13) 15 (16) 17 (19) M im Muster str, (23) 23 (23) 23 (25) 27 (27) M abk (rückwärtiger Halsausschnitt), (11) 13 (13) 15 (16) 17 (19) M im Muster str.

1 Rd mit Abnahmen am vorderen Halsausschnitt, gleichzeitig (23) 23 (23) 23 (25) 27 (27) Steek-M anschl, wo für den rückwärtigen Halsaussschnitt abgekettet wurde.

1 Rd str (ohne Abnahmen am vorderen Halsausschnitt), und genauso wie beim Vorderteil eingeteilt am rückwärtigen Halsausschnitt abn.

1 Rd mit Abnahmen am vorderen und rückwärtigen Halsausschnitt str.

1 Rd im Muster str, gleichzeitig die M abk.

FERTIGSTELLUNG

An beiden Seiten für die Armausschnitte 2-mal mit der Nähmaschine beidseitig der mittleren Steek-M steppen. Steek-M in der Mitte aufschneiden.

Für den vorderen Halsausschnitt an beiden Seiten 2-mal mit der Nähmaschine entlang der 2. M-Reihe der Steek-M steppen. Die mittleren Steek-M wegschneiden.

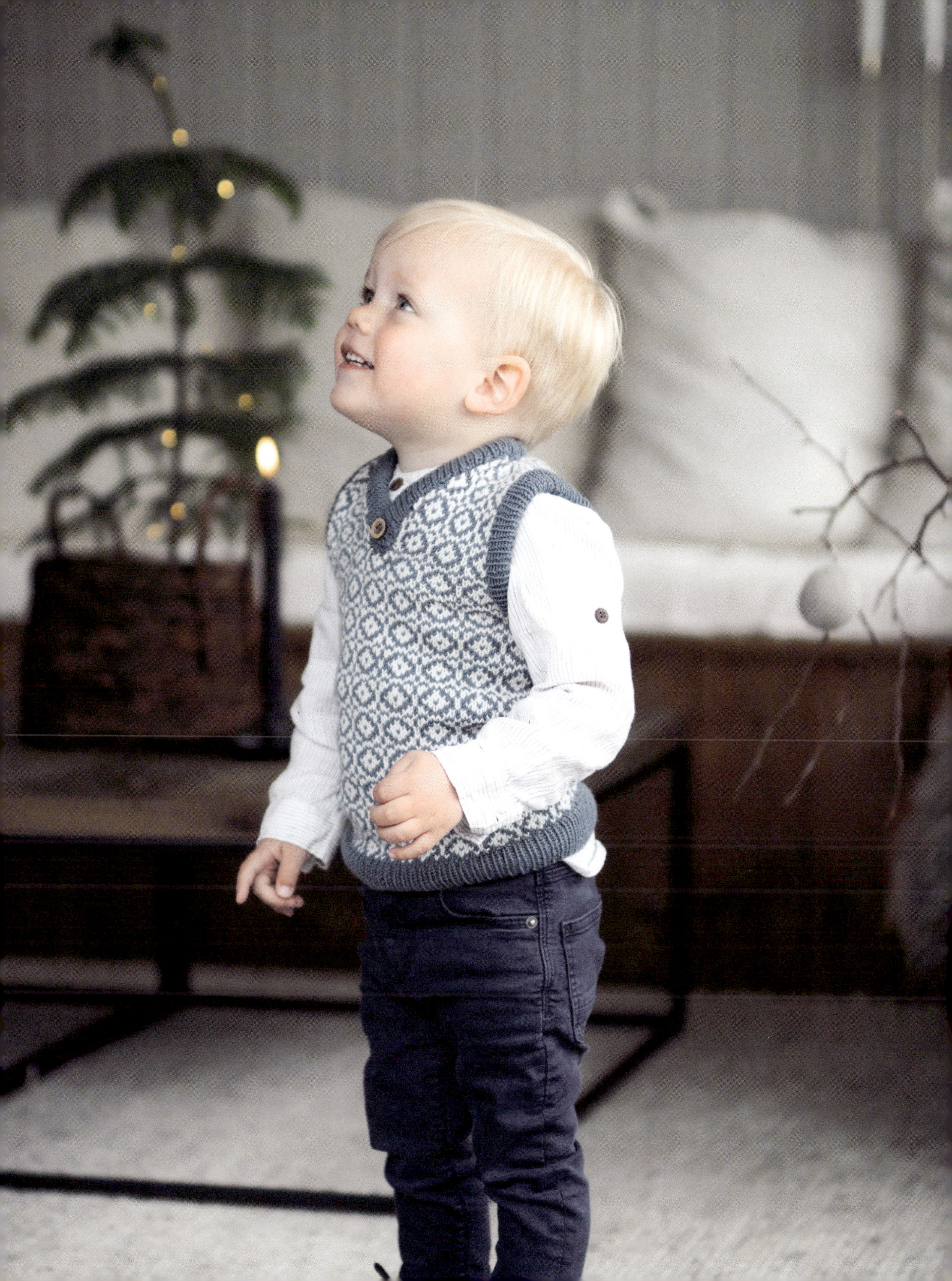

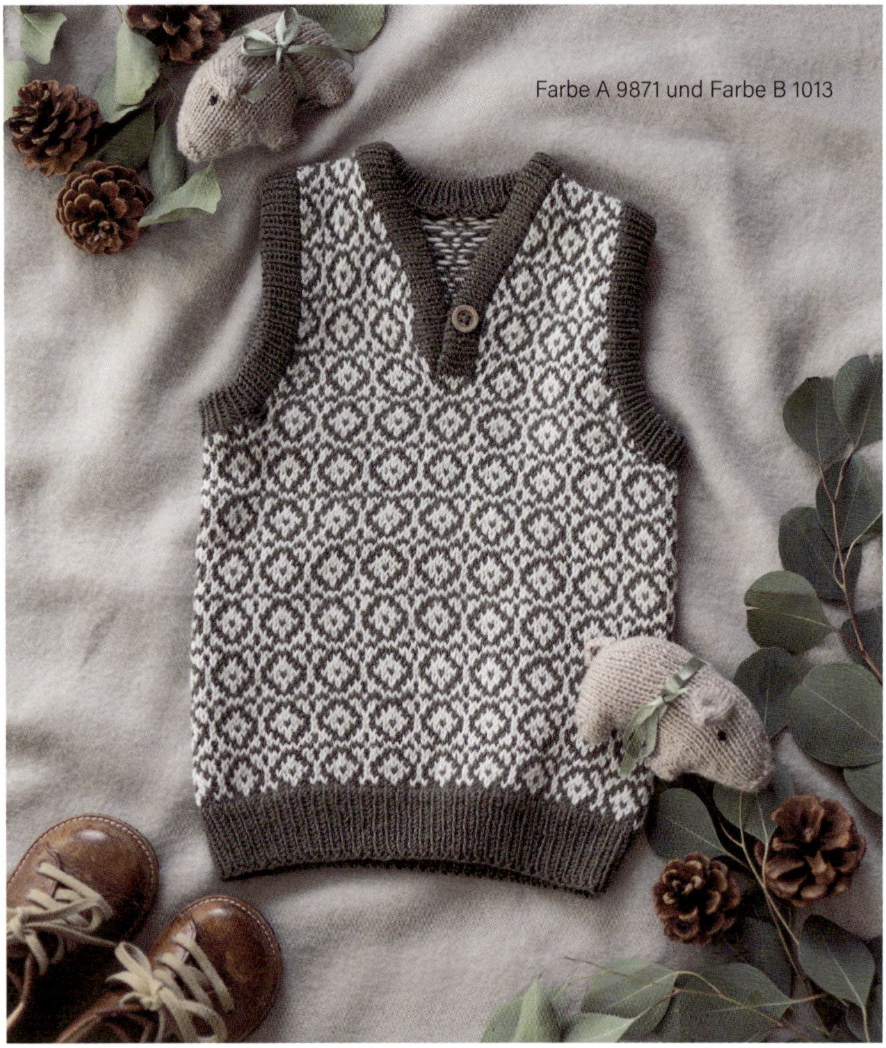

Für den rückwärtigen Halsausschnitt an beiden Seiten 2-mal mit der Nähmaschine entlang der 2. M-Reihe der Steek-M steppen. Die mittleren Steek-M wegschneiden.

Die Schulternähte mit Farbe A im Maschenstich schließen (siehe Abb. auf Seite 5).

KNOPFLEISTE

In Farbe A mit Ndl Nr. 2,5 am vorderen Halsausschnitt von unten, am rückwärtigen Halsausschnitt entlang und wieder am vorderen Halsausschnitt nach unten M auffassen (hinter den Steek-M).

15 R im Rippenmuster (1 M re, 1 M li im Wechsel) str, dabei in der 1. R nach jeder 2. M wie folgt zun:

[1 M re, 1 M li verschr] in 1 M str, 1 M re, [1 M li, 1 M re verschr] in 1 M str, 1 M li, von * bis * bis zu den M wdh, die am Rückenteil (ab der Schulternaht) aufgenommen wurden, die M am Rückenteil 1 M re, 1 M li im Wechsel bis zur nächsten Schulternaht str, von * bis * bis R-Ende wdh.

In der nächsten R die Knopfleiste nach innen falten (darauf achten, dass die Steek-M in der Knopfleiste liegen), 1 R im Rippenmuster str, dabei jede 2. M anstricken und dabei alle M abk.

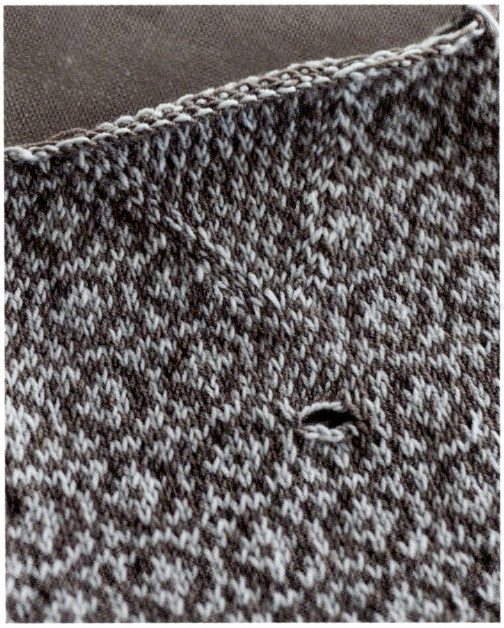

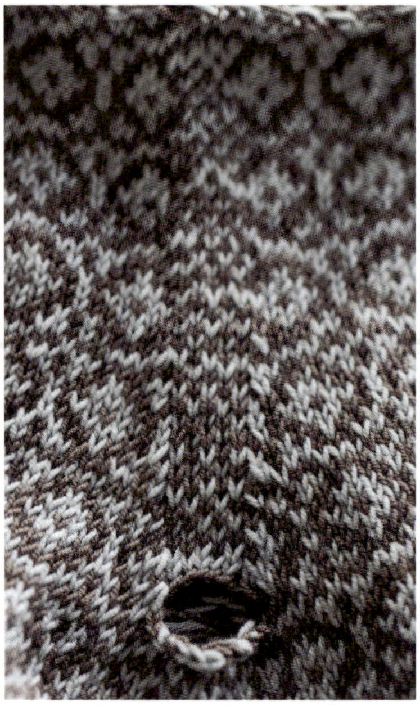

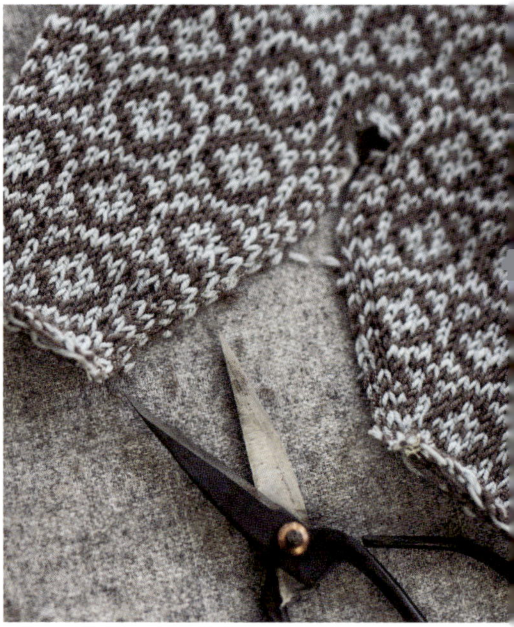

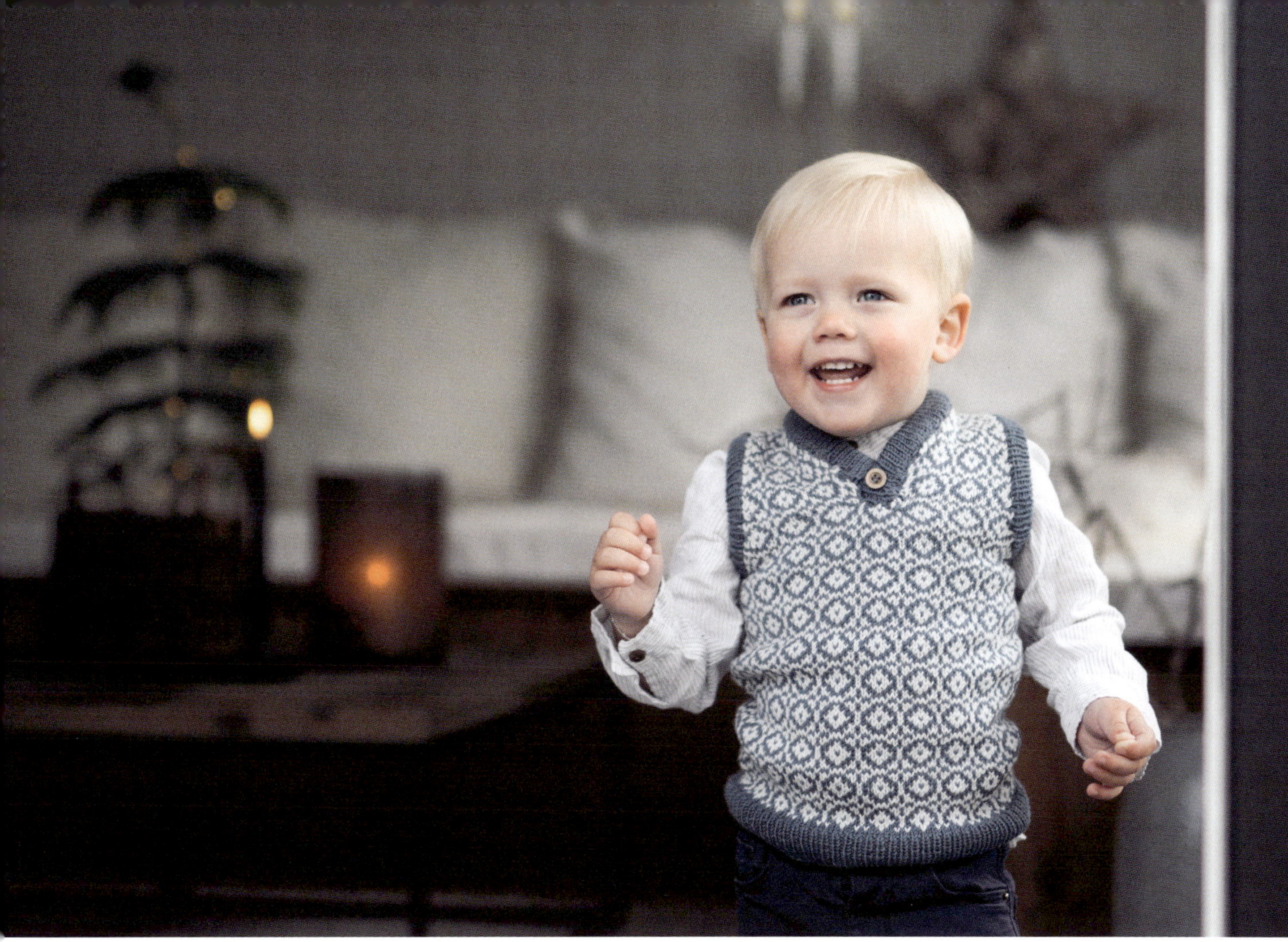

Wenn das zu knifflig ist, stattdessen locker abk, die Kante nach innen wenden und locker annähen. Die linke Knopfleiste über die rechte Knopfleiste legen und an der unteren Kante annähen.

In Farbe A mit Ndl Nr. 2,5 aus dem Armausschnitt M auffassen. 15 Rd im Rippenmuster (1 M re, 1 M li im Wechsel) str. In der nächsten Rd die Kante nach innen falten, im Rippenmuster str, dabei jede 2. M anstricken und dabei alle M abk. Wenn das zu knifflig ist, stattdessen 1 Rd im Rippenmuster str, dabei die M abk, dann die Kante nach innen falten und locker annähen.

Alle Fäden vernähen und das Strickstück unter einem feuchten Handtuch trocknen lassen. Einen Zierknopf auf die linke Knopfleiste nähen.

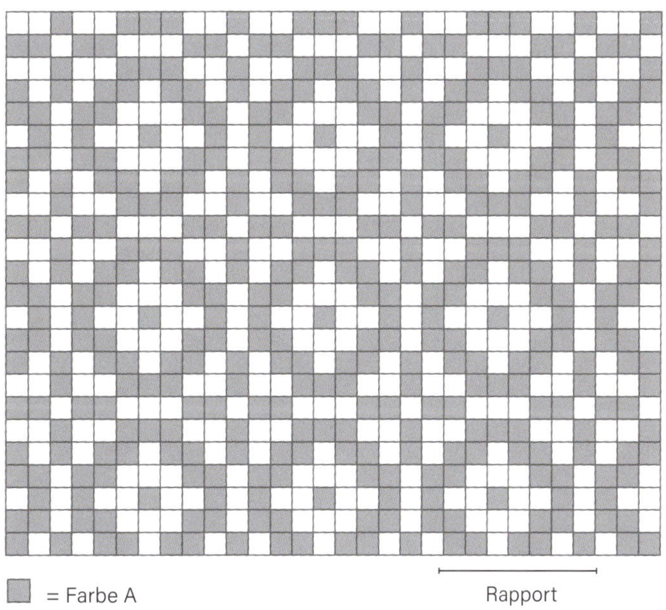

▒ = Farbe A

☐ = Farbe B

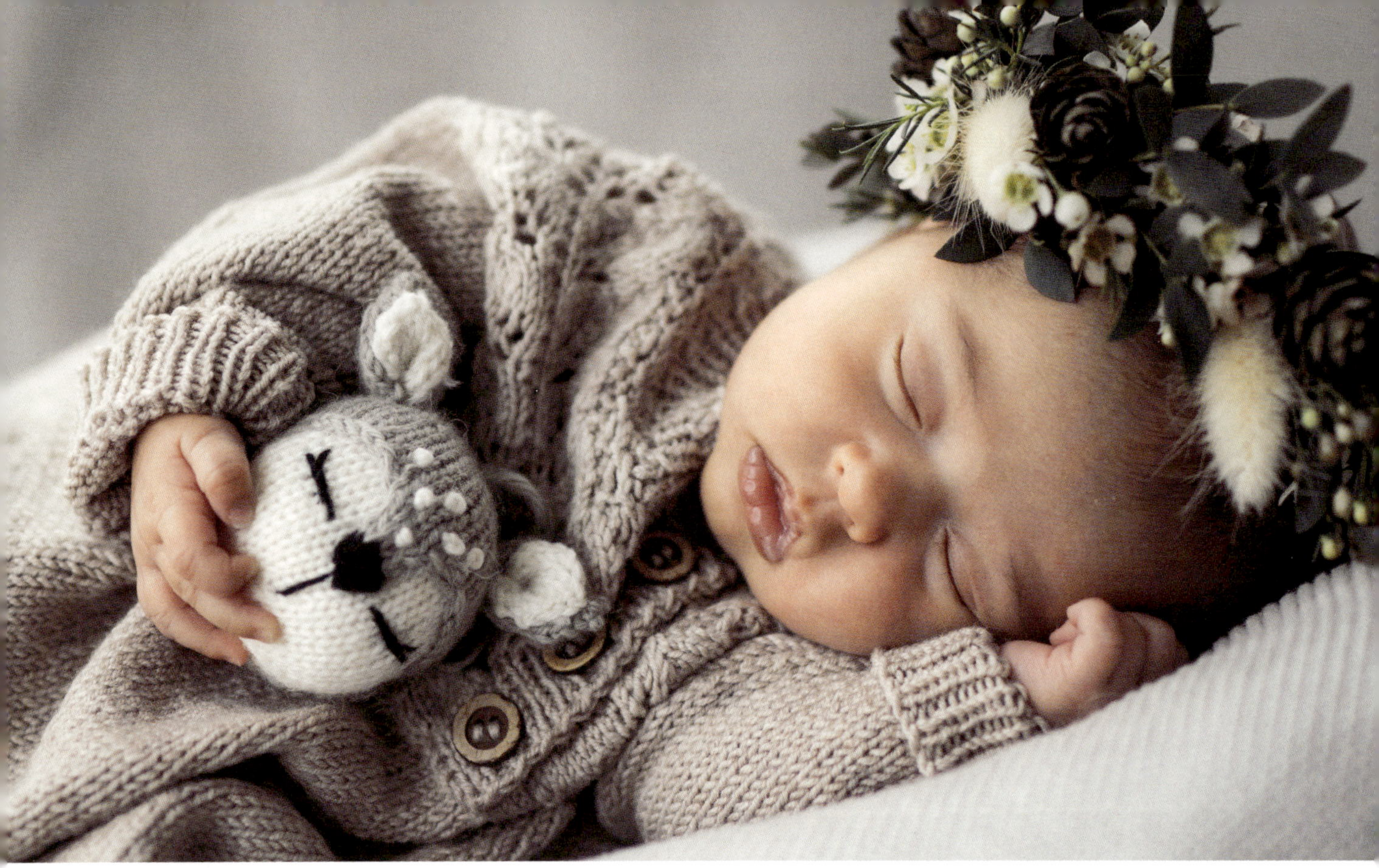

Weihnachtskugel/Hirschkugel/Schneeball

Die schönsten Weihnachtskugeln sind selbst gebastelt.

Schwierigkeitsgrad 2

GARN
KlompeLOMPE Merinoull oder Sandnes Garn KOS (oder ein anderes Garn) in 3 Farben nach Wunsch

MENGE
Ein Rest

NADELN
Rundnadel Nr. 2,5, 60 cm, für Magic Loop

MASCHENPROBE
26 M mit Ndl Nr. 2,5 = 10 cm

Die Kugel während des Strickens mit Füllwatte ausstopfen.

6 M in Farbe A mit Ndl Nr. 2,5 anschlagen.

Nächste Rd: *[1 M re, 1 M re verschr] in 1 M str*, von * bis * bis Rd-Ende wdh.

Nächste Rd: *1 M re, [1 M re, 1 M re verschr] in 1 M str*, von * bis * bis Rd-Ende wdh.

Nächste Rd: *2 M re, [1 M re, 1 M re verschr] in 1 M str*, von * bis * bis Rd-Ende wdh.

Nächste Rd: *3 M re, [1 M re, 1 M re verschr] in 1 M str*, von * bis * bis Rd-Ende wdh.

Nächste Rd: *4 M re, [1 M re, 1 M re verschr] in 1 M str*, von * bis * bis Rd-Ende wdh.

15 Rd re M str.

Nächste Rd: *4 M re, 2 M re zus str*, von * bis * bis Rd-Ende wdh.

Nächste Rd: *3 M re, 2 M re zus str*, von * bis * bis Rd-Ende wdh.

Nächste Rd: *2 M re, 2 M re zus str*, von * bis * bis Rd-Ende wdh.

Nächste Rd: *1 M re, 2 M re zus str*, von * bis * bis Rd-Ende wdh.

Nächste Rd: *2 M re zus str*, von * bis * bis Rd-Ende wdh.

Den Faden durch die übrigen M fädeln und festziehen.

HINTERKOPF/NASE

6 M in Farbe B mit Ndl Nr. 2,5 anschlagen.

1 Rd re M str.

Nächste Rd: *[1 M re, 1 M re verschr] in 1 M str*, von * bis * bis Rd-Ende wdh.

Nächste Rd: *1 M re, [1 M re, 1 M re verschr] in 1 M str*, von * bis * bis Rd-Ende wdh.

Nächste Rd: *2 M re, [1 M re, 1 M re verschr] in 1 M str*, von * bis * bis Rd-Ende wdh.

Nächste Rd: *3 M re, [1 M re, 1 M re verschr] in 1 M str*, von * bis * bis Rd-Ende wdh.

Nächste Rd: *4 M re, [1 M re, 1 M re verschr] in 1 M str*, von * bis * bis Rd-Ende wdh.

8 Rd re M str.

Nächste Rd: 5 M abk, 6 M re (Nase), 5 M abk, re M bis Rd-Ende str (Hinterkopf).

HINTERKOPF

1. R = Rück-R: *2 M li zus str, li M str bis 2 M vor R-Ende Hinterkopf, 2 M li zus str.

1 R re M str.*

Von * bis * insgesamt 3-mal arb.

Nächste R: *2 M li zus str*, von * bis * bis R-Ende wdh.

Nächste R: *2 M re zus str*, von * bis * 3-mal arb, 1 M re.

Den Faden durch die übrigen M fädeln und festziehen.

NASE

1. R = Rück-R: 1 R li M str.

Nächste R: 2 M re zus str, 2 M re, 2 M re zus str.

3 R glatt rechts str.

Zu Farbe C wechseln.

1 R re M str.

1 R li M str.

Nächste R: 1 M abh, 1 M re, die abgehobene M darüberziehen, 2 M re zus str.

Den Faden durch die übrigen M fädeln und festziehen.

Hinterkopf/Nase auf die Kugel nähen.

OHREN

4 M in Farbe B mit Ndl Nr. 2,5 anschlagen. 1 Rd re M str.

Nächste Rd: *[1 M re, 1 M re verschr] in 1 M str *, von * bis * bis Rd-Ende wdh.

1 Rd re M str.

Nächste Rd: *2 M re, 1 M re verschr aus dem Querfaden zun *, von * bis * bis Rd-Ende wdh.

3 Rd re M str.

Nächste Rd: *3 M re, 1 M zun*, von * bis * bis Rd-Ende wdh.

4 Rd re M str, in der letzten Rd die M abk.

INNENOHR

7 M in Farbe A mit Ndl Nr. 2,5 anschlagen.

1 R li M, 1 R re M, 1 R li M, 1 R re M str.

Nächste R: 2 M li zus str, 3 M li, 2 M li zus str.

Nächste R: 1 M abh, 1 M re, die abgehobene M darüberziehen, 1 M re, 2 M re zus str.

Nächste R: 3 M li zus str.

Den Faden durch die übrigen M fädeln.

Das Innerohr an das Ohr nähen.

Die untere Ohrkante zus nähen. Die Ohren unten falten und an den Hinterkopf nähen.

Kleine Punkte in Farbe A und Augen in Farbe C aufsticken.

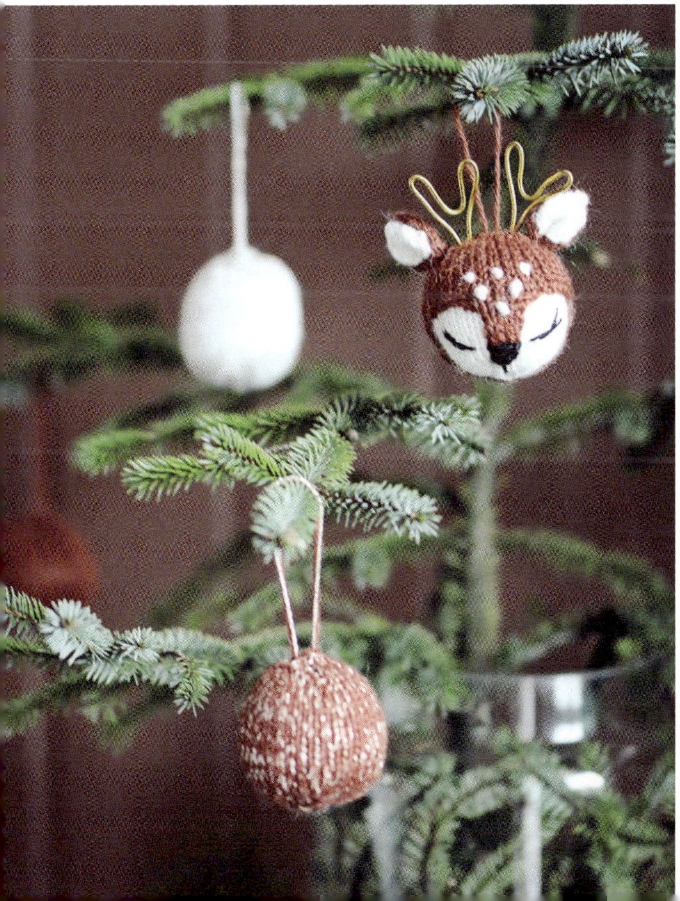

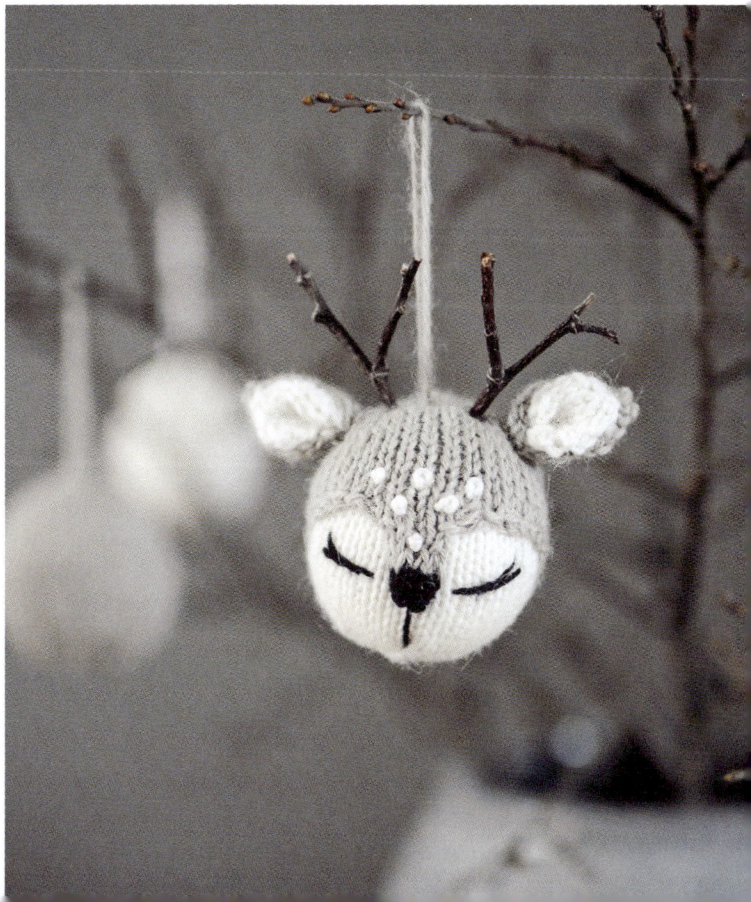

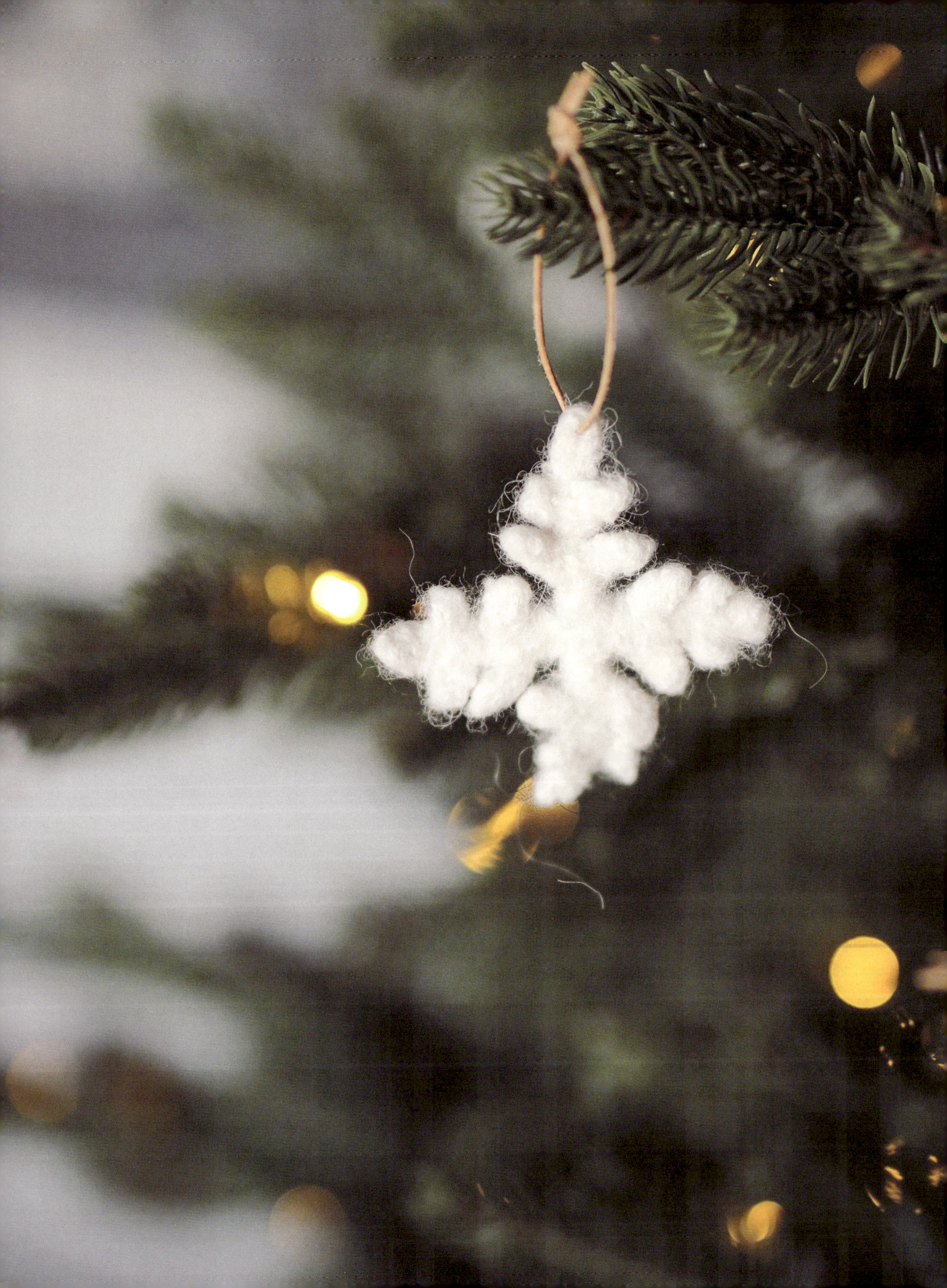

Schneekristall

Zarte Schneeflocken als Baumschmuck, Tischdekoration oder Geschenkanhänger.

Schwierigkeitsgrad 2

GRÖSSEN
Einheitsgröße

GARN
Sandnes Garn Mini Alpakka, Farbe 1001

MENGE
Ein Rest

NADELN
Häkelnadel Nr. 4 oder Nr. 6

Für Mini Alpakka mit doppeltem Faden Häkelnadel Nr. 6 oder für Mini Alpakka mit einfachem Faden Häkelnadel Nr. 4 verwenden.

24 Lm anschlagen (Hauptast). Wenden, 3 Km zurückhäkeln. Jetzt 2 kleine Zweige häkeln. 3 Lm, wenden und 2 Km zurückhäkeln, 1 Km in die Mitte des Hauptastes häkeln, 3 Lm auf der anderen Seite häkeln, wenden und 2 Km zurückhäkeln. 1 Km in die Mitte des Hauptastes und weiter Km auf dem Hauptast häkeln. 4 Km auf dem Hauptast häkeln.

Jetzt 2 weitere Zweige häkeln.

5 Lm häkeln, wenden und 4 Km zurückhäkeln, 1 Km in die Mitte des Hauptastes häkeln, 5 Lm auf der anderen Seite häkeln, wenden und 4 Km zurückhäkeln. 1 Km in die Mitte des Hauptastes und weiter Km auf dem Hauptast häkeln. 4 Km auf dem Hauptast häkeln.

* 12 Lm häkeln (2. Ast).
Wenden, 3 Km zurückhäkeln. Jetzt 2 kleine Zweige heraushäkeln. 3 Lm, wenden und 2 Km zurückhäkeln, 1 Km in die Mitte des 2. Astes häkeln, 3 Lm auf der anderen Seite häkeln, wenden und 2 Km zurückhäkeln. 1 Km in die Mitte des 2. Astes und weiter Km auf dem 2. Ast arb. 4 Km auf dem 2. Ast häkeln.

Jetzt 2 weitere Zweige häkeln.

5 Lm häkeln, wenden und 4 Km zurückhäkeln, 1 Km in die Mitte des 2. Astes häkeln, 5 Lm auf der anderen Seite häkeln, wenden und 4 Km zurückhäkeln. 1 Km in die Mitte des 2. Astes und weiter Km auf dem 2. Ast häkeln. 4 Km auf dem 2. Ast häkeln*.

Von * bis * wdh.

Jetzt wieder am Hauptast häkeln. 4 Km, dann 2 Zweige wie folgt:

5 Lm häkeln, wenden und 4 Km zurückhäkeln, 1 Km in die Mitte des Hauptastes häkeln, 5 Lm auf der anderen Seite häkeln, wenden und 4 Km zurückhäkeln. 1 Km in die Mitte des Hauptastes und weiter Km auf dem Hauptast häkeln. 3 Km auf den Hauptast häkeln.

Jetzt 2 kleine Zweige häkeln. 3 Lm häkeln, wenden und 2 Km zurückhäkeln, 1 Km in die Mitte des Hauptastes, 3 Lm auf der anderen Seite häkeln, wenden und 2 Km zurückhäkeln. 1 Km in der Mitte des Hauptastes und weiter Km am Hauptast häkeln.

3 Km bis zur Spitze des Hauptastes häkeln. Alle Fäden vernähen.

FILZEN

Die Schneekristalle in einem normalen Waschprogramm bei 40 Grad waschen, zusammen mit z.B. ein paar großen Handtüchern. Normales Waschmittel, kein Wollwaschmittel verwenden.

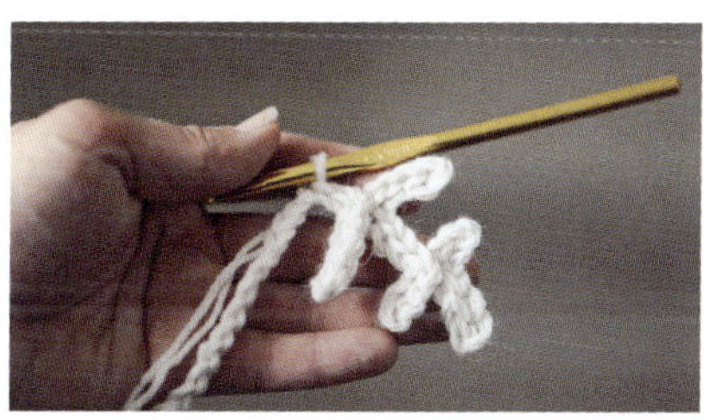

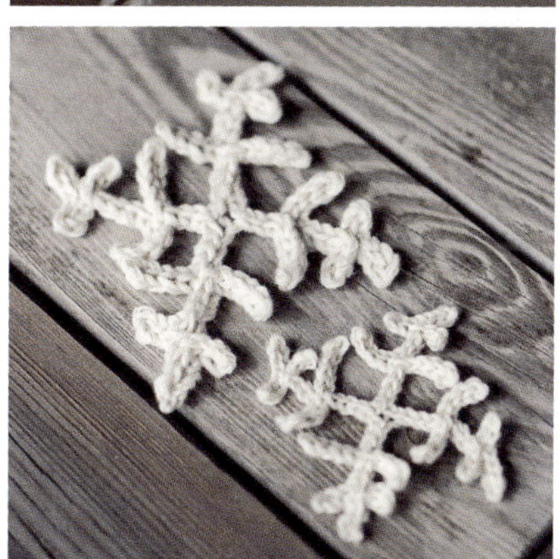

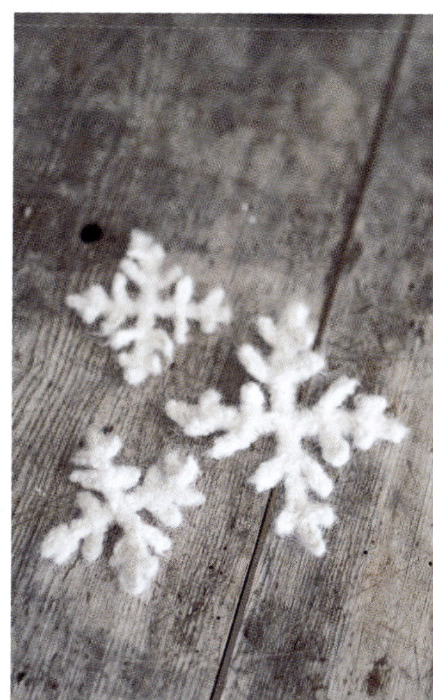

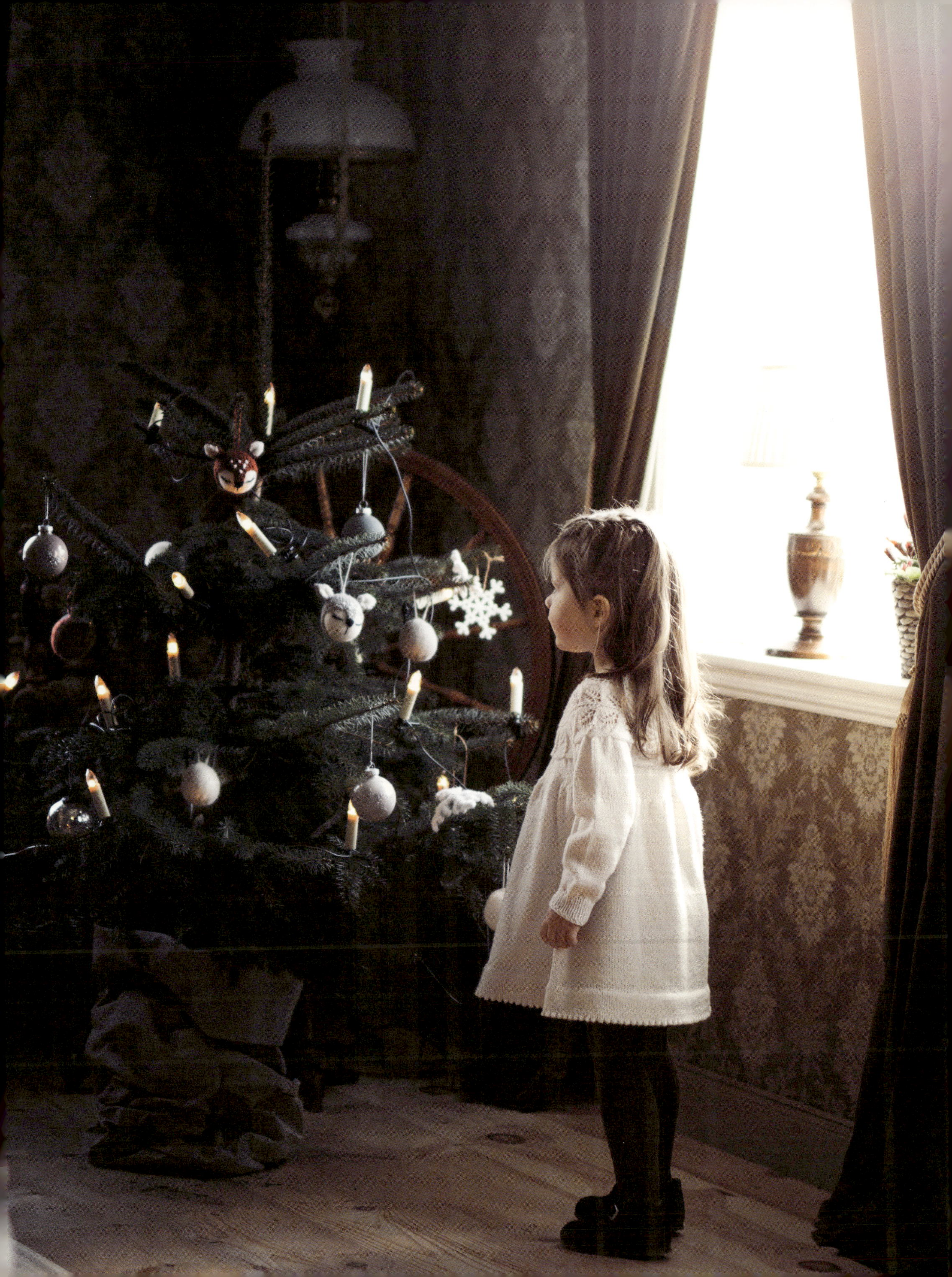

Kleid Lilly

Das Lilly-Muster begleitet uns schon seit unserem ersten Buch. Dort haben wir einen Poncho mit diesem Musterstreifen gemacht. Wir sind ganz begeistert davon, wie süß dieses Muster aussieht.

Schwierigkeitsgrad 2

GRÖSSEN
(3 Mon) 6 Mon (9 Mon) 12 Mon (18 Mon) 2 (4) 6 (8) 10 Jahre

GARN
KlompeLOMPE Tynn Merinoull, Farbe 1015

MENGE
(150) 200 (200) 250 (250) 250 (300) 350 (450) 500 g

NADELN
Rundnadeln Nr. 2,5 und Nr. 3, je 40 cm und 60 cm,
Nadelspiel Nr. 2,5 und Nr. 3, evtl. Rundnadeln 80 cm für Magic Loop

MASCHENPROBE
27 M mit Ndl Nr. 3 = 10 cm

MASSE
Oberweite: ca. (50) 53 (53) 55 (59) 59 (64,5) 73 (73) 77 cm
Gesamtlänge: ca. (28) 36 (39) 43 (45) 48 (54) 58 (63) 68 cm

Die Arbeit beginnt mit dem Musterstreifen und der wird in Hin- und Rückreihen gestrickt.

(24) 24 (24) 28 (28) 28 (28) 28 (28) 28 M mit Ndl Nr. 2,5 anschlagen. Nach der Strickschrift str. Für die 3 kleinsten Größen nach Strickschrift B str.

Wenn die Strickschrift (23) 24 (25) 21 (22) 22 (24) 24 (25) 26-mal (= (23) 24 (25) 21 (22) 22 (24) 24 (25) 26 Blätter) gestrickt wurde, in der nächsten Rück-R die M abk. Den Musterstreifen vor dem Aufnehmen der M mit dem Bügeleisen leicht dämpfen.

Von der re Seite der Arbeit aus (95) 101 (105) 119 (125) 125 (135) 135 (141) 147 M mit Ndl Nr. 3 aus der oberen Kante des Musterstreifens auffassen. (1) 1 (1) 3 (3) 3 (3) 5 (5) 5 R glatt rechts str (= Hin-R re M, Rück-R li M).

1 R re M str, dabei gleichmäßig verteilt (20) 22 (24) 36 (36) 36 (40) 40 (40) 40 M abn = (75) 79 (81) 83 (89) 89 (95) 95 (101) 107 M auf der Ndl. Zu Ndl Nr. 2,5 wechseln. (6) 6 (6) 6 (6) 6 (8) 8 (8) 10 R im Rippenmuster (1 M re, 1 M li im Wechsel) str. In der letzten R die M abk.

Mit Ndl Nr. 2,5 M für die Knopfleiste aus den schmalen Kanten des Strickteils 1 M pro M auffassen, dabei jede 4. M überspringen.

8 R im Rippenmuster (1 M re, 1 M li im Wechsel) str, in der letzten R gleichzeitig die M abk.

Rechts in der 3. R gleichmäßig verteilt 3 Knopflöcher einarb: 2 M re zus str, 1 U str.

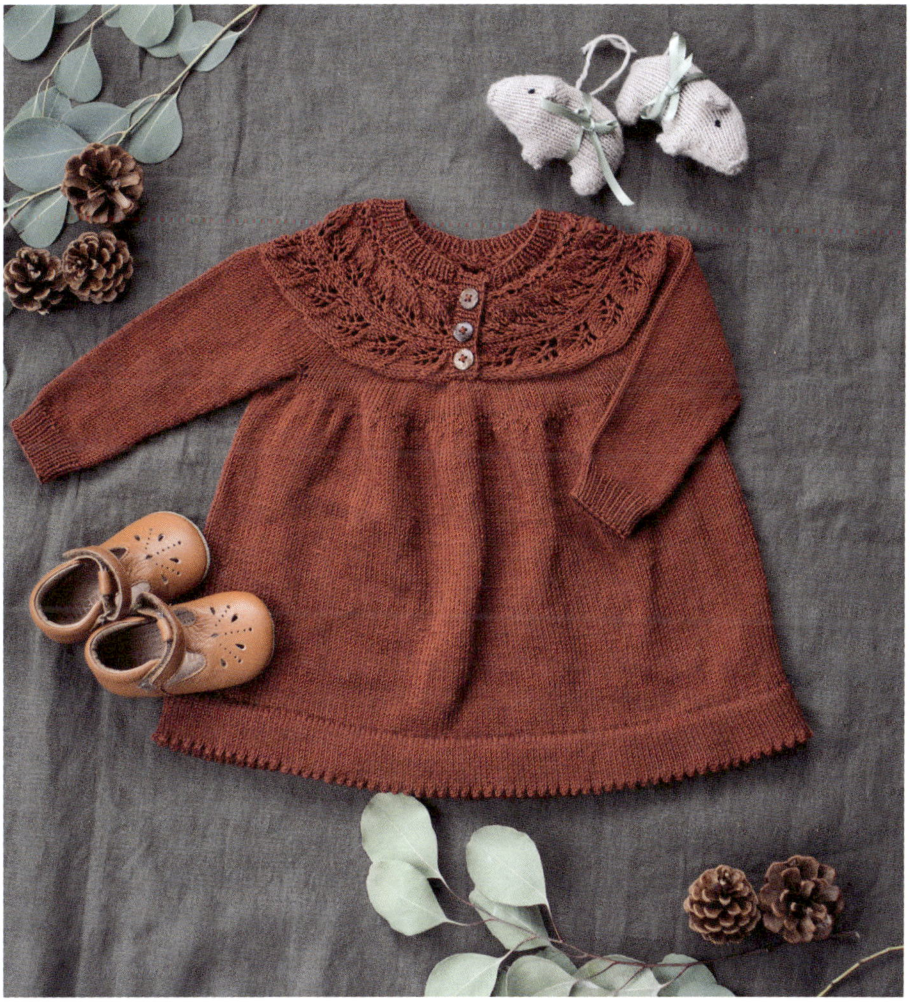

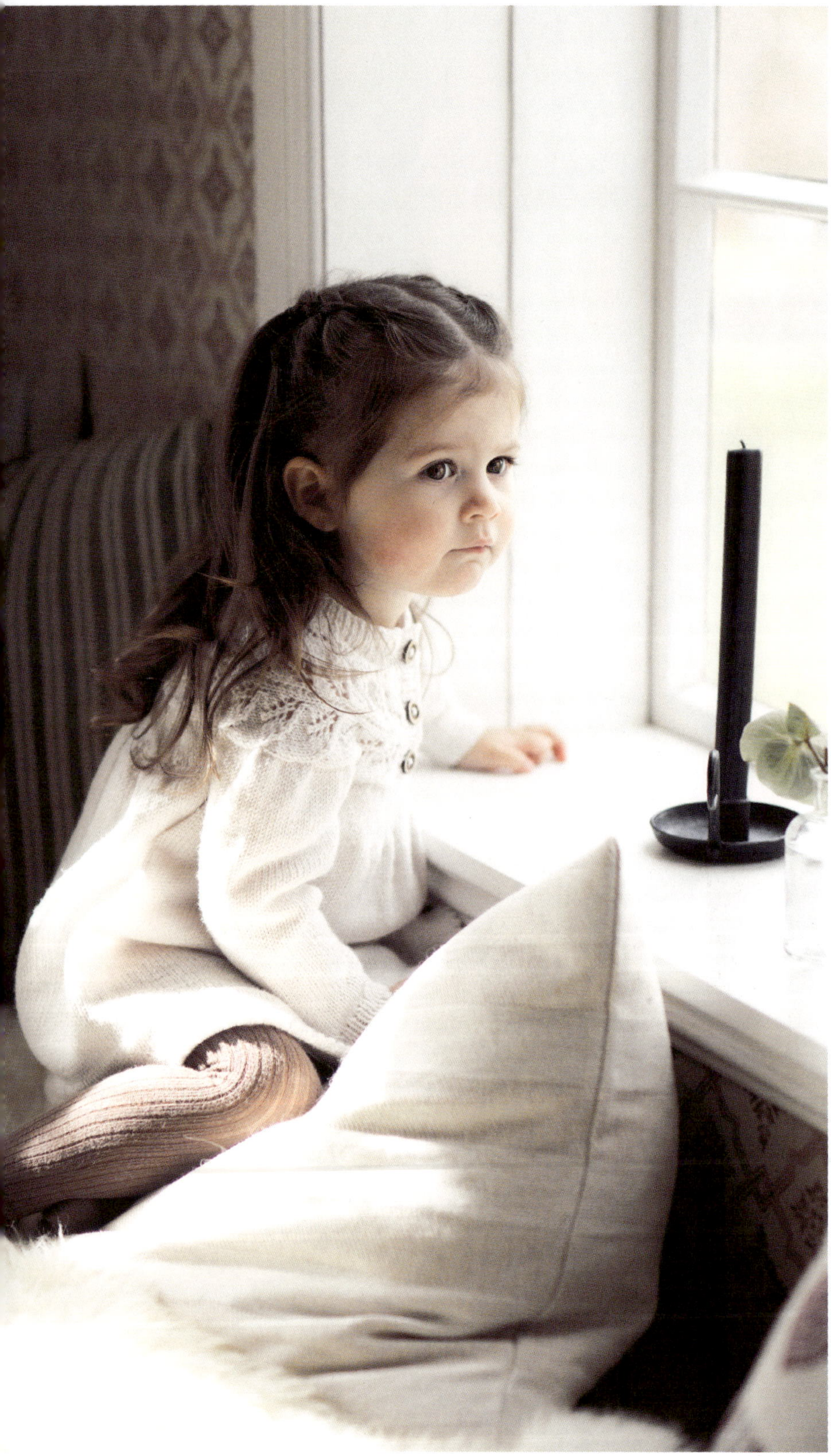

Die unteren Kanten der Knopfleisten zus nähen und ab jetzt in Rd str.

Jetzt aus der unteren Kante M auffassen. In der rückwärtigen Mitte beginnen.

Von der re Seite der Arbeit aus (222) 228 (234) 246 (256) 262 (262) 278 (294) 310 M mit Ndl Nr. 3 aus der unteren Kante auffassen. (3) 5 (7) 7 (7) 7 (7) 7 (7) 7 Rd glatt rechts str.

(0) 0 (0) 0 (0) 0 (1) 1 (1) 1 Rd re M str, dabei gleichmäßig verteilt (0) 0 (0) 0 (0) 0 (22) 32 (16) 16 M zun = (222) 228 (234) 246 (256) 262 (284) 310 (310) 326 M auf der Ndl.

(0) 0 (0) 2 (6) 6 (7) 7 (9) 9 Rd glatt rechts str.

Die Arbeit für Ärmel und Rumpf wie folgt teilen: (30) 31 (32) 33 (35) 36 (39) 45 (45) 48 M re str, die nächsten (50) 50 (52) 56 (56) 58 (62) 64 (64) 66 M auf einer Hilfsndl stilllegen (Ärmel-M), 7 M unter dem Ärmel anschlagen, (61) 65 (65) 67 (73) 73 (81) 91 (91) 97 M re str, die nächsten (50) 50 (52) 56 (56) 58 (62) 64 (64) 66 M auf einer Hilfsndl stilllegen, 7 M unter dem Ärmel anschlagen, (31) 32 (33) 34 (36) 37 (40) 46 (46) 49 M re str = (136) 142 (144) 148 (158) 160 (174) 196 (196) 208 M auf der Ndl.

1 Rd re M str, dabei gleichmäßig verteilt M zun oder abn auf (135) 141 (144) 147 (159) 162 (174) 195 (195) 207 M.

2 Rd re M str.

Nächste Rd: *3 M re, 1 M zun*, von * bis * bis Rd-Ende wdh.

2 Rd re M str.

Nächste Rd: *4 M re, 1 M zun*, von * bis * bis Rd-Ende wdh = (225) 235 (240) 245 (265) 270 (290) 325 (325) 345 M auf der Ndl.

Glatt rechts str, bis die Arbeit (28) 36 (39) 43 (45) 48 (54) 58 (63) 68 cm misst.

1 Rd re M str, dabei (1) 1 (0) 1 (1) 0 (0) 1 (1) 1 M abn.

Nächste Rd: *2 M re zus str, 1 U*, von * bis * bis Rd-Ende wdh (Umschlagskante).

4 cm glatt rechts str, in der letzten Rd die M abk.

Strickschrift

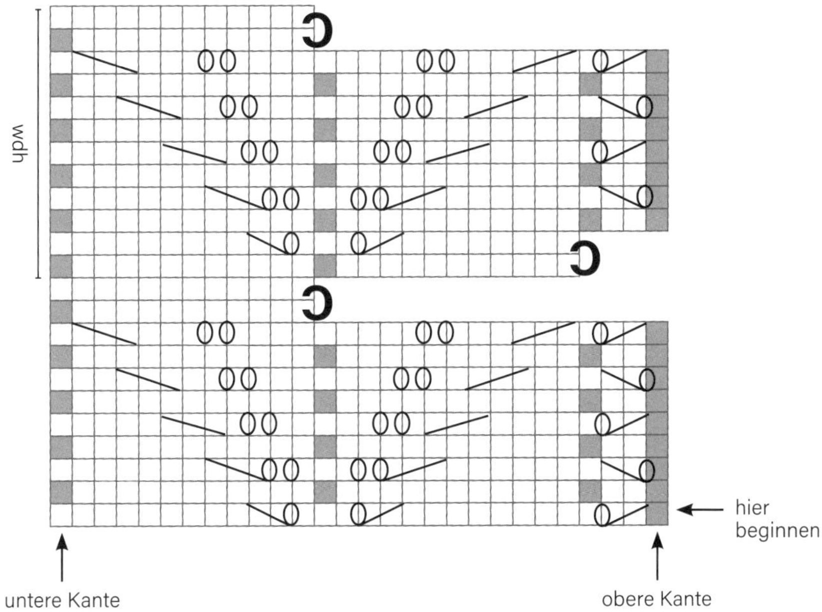

Strickschrift B

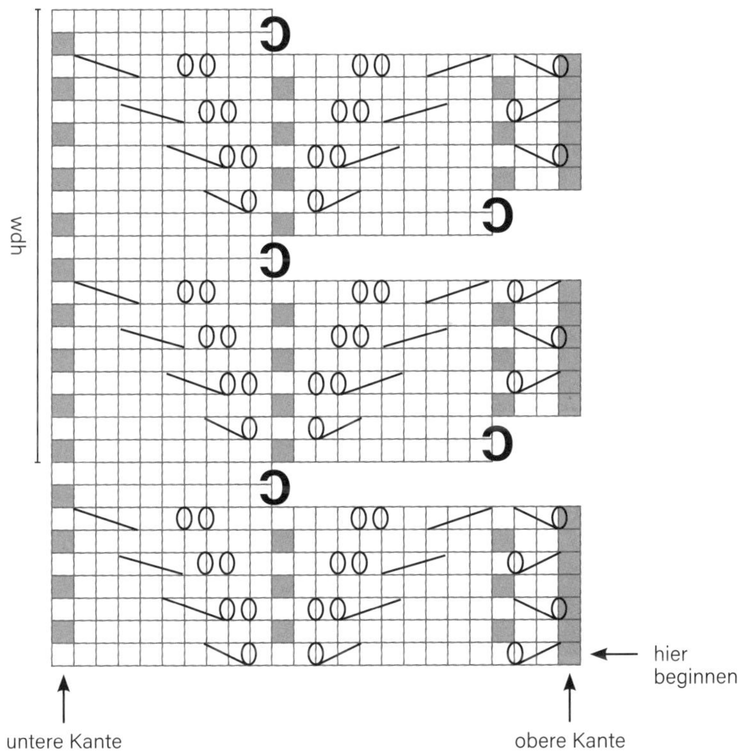

Die Umschlagskante nach innen wenden und annähen.

ÄRMEL

Aus den unter dem Ärmel angeschlagenen 7 M ab der Mitte 4 M auffassen, die (50) 50 (52) 56 (56) 58 (62) 64 (64) 66 M der Hilfsnadel re str und bis Rd-Ende noch 3 M auffassen.

Die Ärmel werden auf dem Nadelspiel in Rd gestrickt. Die 1. M (= Markierungs-M) immer li str.

Wenn der Ärmel 1,5 cm misst, wie folgt abn: 1 M li (= Markierungs-M), 2 M re zus str, bis 2 M vor der Markierungs-M str, 1 M abh, 1 M re, die abgehobene M darüberziehen.

Diese Abnahmen alle (1,5) 1,5 (2) 2 (2) 2,5 (2,5) 2,5 (2,5) 3 cm wdh, bis (39) 39 (43) 43 (45) 49 (49) 49 (49) 51 M auf der Ndl liegen. Weiterstr, bis der Ärmel (14) 16 (18) 20 (21) 23 (26) 28 (32) 35 cm misst. Die Markierungs-M abn.

Zu Ndl Nr. 2,5 wechseln und (2,5) 2,5 (3) 3 (3) 3 (3) 3 (3) 3,5 cm im Rippenmuster (1 M re, 1 M li im Wechsel) str. Die M abk.

Die Fäden vernähen, Knöpfe annähen und das Kleid unter einem feuchten Handtuch trocknen lassen.

- = 1 M re in Hin-R, 1 M li in Rück-R
- = 1 M re in Rück-R, 1 M li in Hin-R
- = 2 M re zus str
- = 1 M wie zum Rechtsstr abh, 1 M re, die abgehobene M darüberziehen
- = 3 M re zus str
- = 2 M zus wie zum Rechtsstr abh, 1 M re, die beiden abgehobenen M darüberziehen
- = 1 Umschlag zwischen 2 M
- = WENDEN

Tunika zwischen den Jahren

Wir mögen Kleidungsstücke, die eine lange Lebensdauer haben. Dieses Stück hier kann zuerst als Kleid, dann als Tunika und danach als schönes Oberteil verwendet werden. Unsere 5-Jährige trägt gerne eine Tunika in Größe 2 Jahre zu ihrem Lieblingsrock.

Schwierigkeitsgrad 2

GRÖSSEN
(6–9 Mon) 1 (2) 4 (6) 8 (10–12) Jahre

GARN
KlompeLOMPE Tynn Merinoull, Farbe A 3355, Farbe B 2650

MENGE
Farbe A: (150) 150 (150) 200 (250) 300 (300) g
Farbe B: 50 g für alle Größen

NADELN
Rundnadeln Nr. 2,5 und Nr. 3, je 40 cm und 60 cm

MASCHENPROBE
27 M mit Ndl Nr. 3 = 10 cm

MASSE
Oberweite: ca. (47) 51 (53) 57 (66) 70 (73) cm
Gesamtlänge: ca. (44) 48 (52) 58 (64) 72 (78) cm

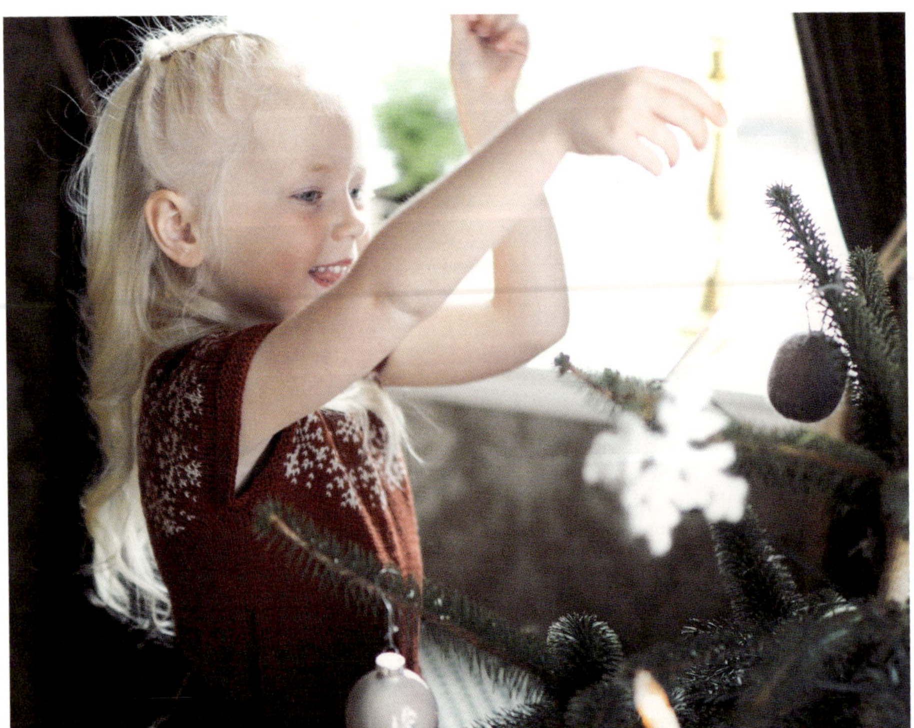

Die Tunika wird von oben nach unten auf der Rundndl in Rd gestrickt.

(94) 94 (94) 100 (104) 108 (108) M in Farbe A mit Ndl Nr. 2,5 anschlagen und zur Rd schließen. 3 cm im Rippenmuster (1 M re, 1 M li im Wechsel) str.

Zu Ndl Nr. 3 wechseln. 1 Rd re M str, dabei gleichmäßig verteilt (42) 42 (50) 44 (48) 52 (52) M zun = (136) 136 (144) 144 (152) 160 (160) M auf der Ndl.

1 Rd re M str. Glatt rechts nach dem Zählmuster weiterstr.

Wenn das Zählmuster fertig gestrickt ist, sind (224) 238 (252) 266 (294) 308 (308) M auf der Ndl.

Größe 10–12 Jahre:
1 Rd re M in Farbe A str, dabei gleichmäßig verteilt 12 M zun = 320 M auf der Ndl.

Alle Größen:
(1) 1 (4) 1 (5) 8 (8) Rd re M in Farbe A str.

In der nächsten Rd die M für die Ärmel und den Rumpf teilen:

Die nächsten (54) 56 (60) 62 (64) 66 (68) M auf einer Hilfsndl stilllegen, 6 M anschl, (58) 63 (66) 71 (83) 88 (92) M re, die nächsten (54) 56 (60) 62 (64) 66 (68) M auf einer Hilfsndl stilllegen, 6 M anschl, (58) 63 (66) 71 (83) 88 (92) M re = (128) 138 (144) 154 (178) 188 (196) M auf der Ndl.

Unter jedem Ärmel einen MM setzen (in der Mitte der 6 angeschlagenen M). 2 cm glatt rechts str.

In der nächsten Rd bei jedem MM wie folgt zun: *Bis 1 M vor dem MM str, 1 M re verschr aus dem Querfaden zun, 2 M re, 1 M re verschr aus dem Querfaden zun*, von * bis * wdh. Re M bis Rd-Ende str.

Glatt rechts weiterstr und die Zunahmen alle 3,5 cm wdh, insgesamt (8) 9 (10) 11 (11) 12 (12)-mal arb.

Weiterstr bis die Arbeit (42) 46 (50) 56 (62) 70 (76) cm misst.

Zu Ndl Nr. 2,5 wechseln und 5 Krausrippen str (1 Krausrippe = 1 Rd li M, 1 Rd re M). In der letzten Rd die M abk.

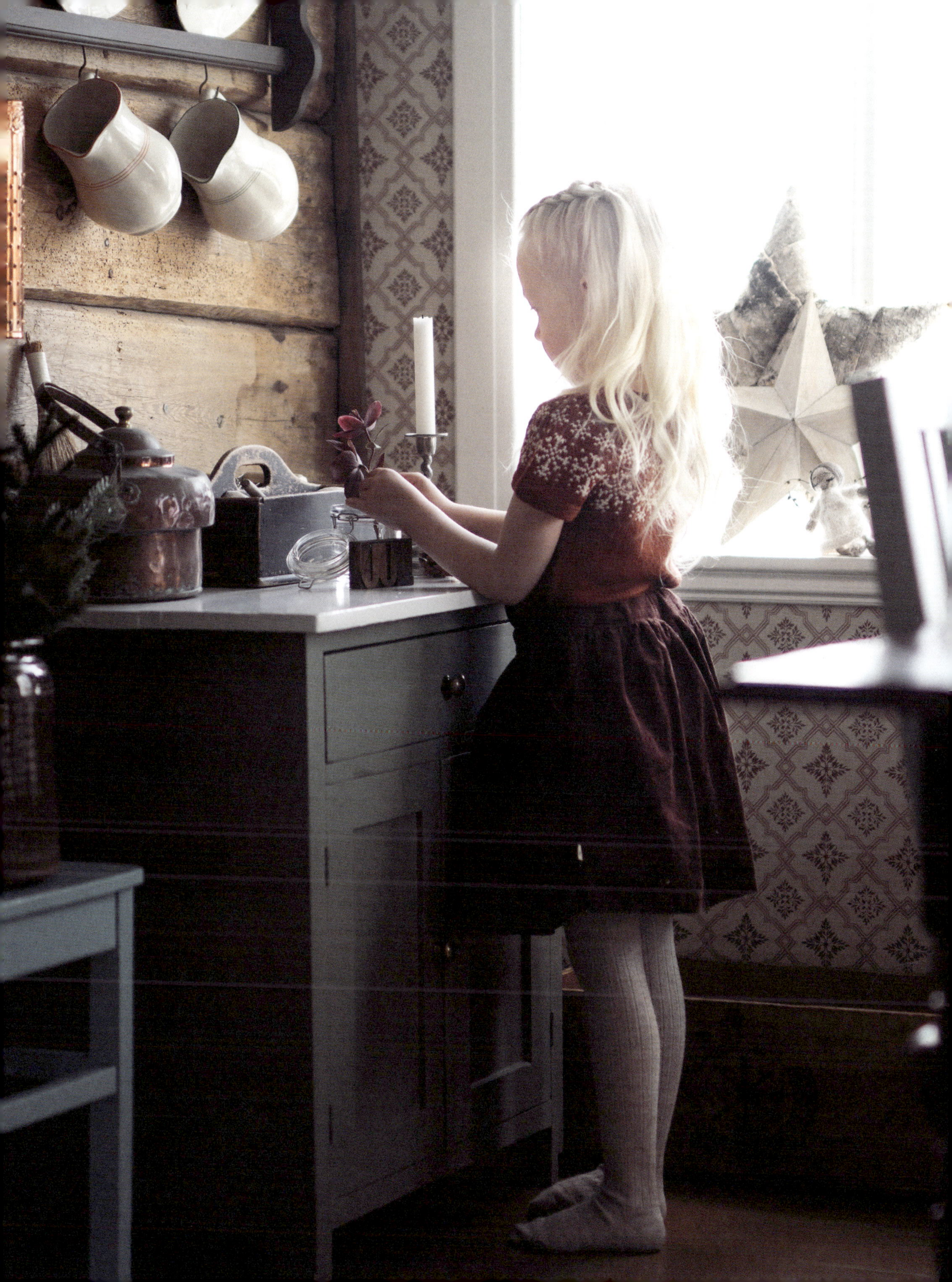

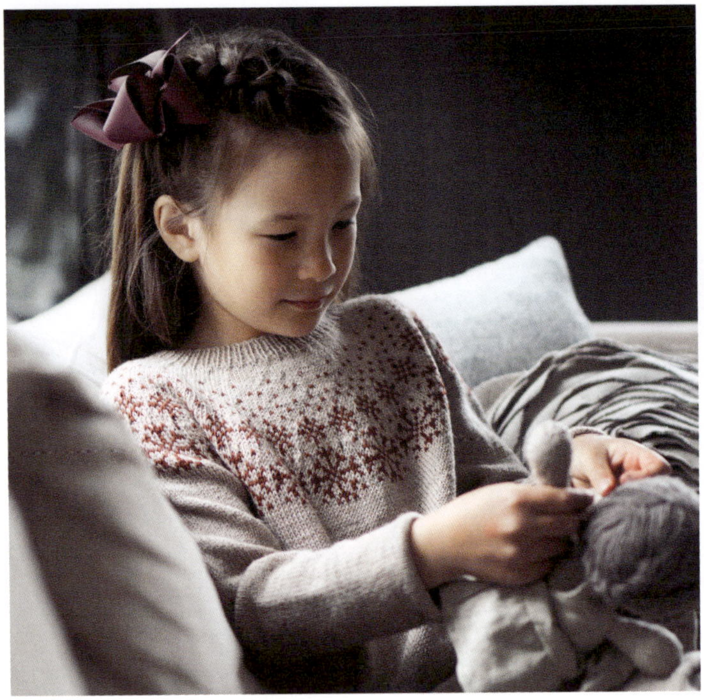

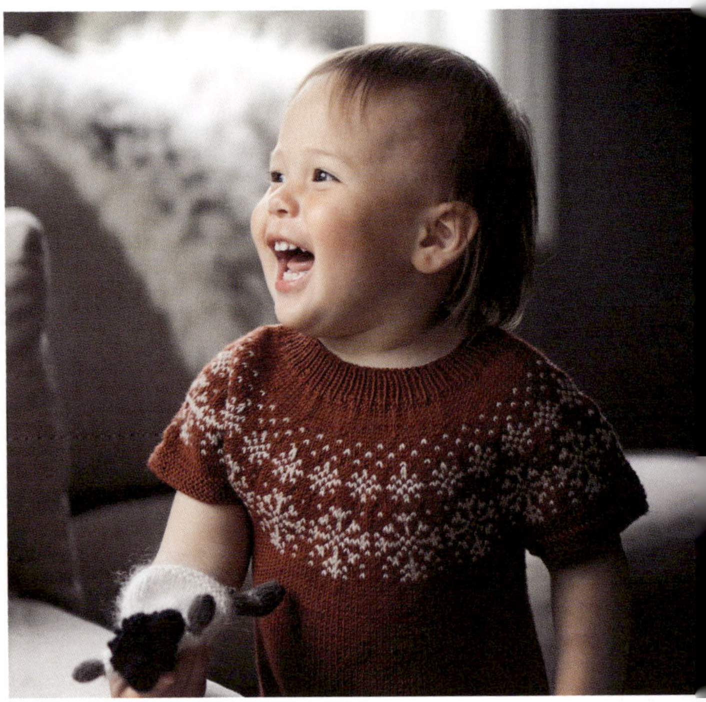

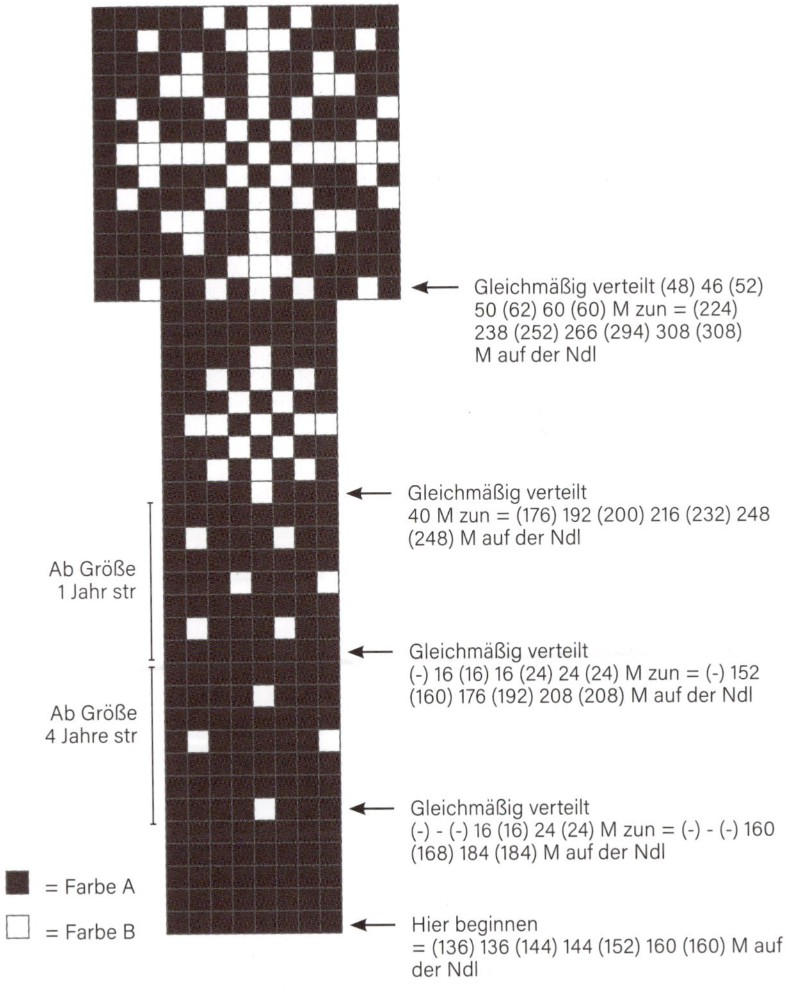

KURZE ÄRMEL

Die M auf der Hilfsndl re str, 6 M aus den unter dem Ärmel angeschlagenen M auffassen. 1 Rd re M str.

Zu Ndl Nr. 2,5 wechseln und 5 Krausrippen str. In der letzten Rd die M abk.

LANGE ÄRMEL

In der Mitte der unter dem Ärmel angeschlagenen M beginnen und 3 M auffassen, die (54) 56 (60) 62 (64) 66 (68) M von der Hilfsndl re str, bis Rd-Ende 3 M auffassen = (60) 62 (66) 68 (70) 72 (74) M auf der Ndl.

Die 1. M ist eine Markierungs-M und wird immer li gestrickt.

Glatt rechts in Rd str.

Nach 1,5 cm wie folgt abn: 1 M li (= Markierungs-M), 2 M re zus str, re M str bis 2 M vor Rd-Ende, 1 M abh, 1 M re, die abgehobene M darüberziehen.

Diese Abnahmen alle (2) 2 (2) 3 (3) 3 (3,5) cm wdh, bis (42) 44 (44) 48 (50) 50 (52) M auf der Ndl liegen, und weiterstr, bis der Ärmel (18) 21 (27) 31 (33) 37 (40–42) cm misst. Zu Ndl Nr. 2,5 wechseln und 2 Krausrippen str. In der letzten Rd die M abk.

Alle Fäden vernähen und das Strickstück unter einem feuchten Handtuch trocknen lassen.

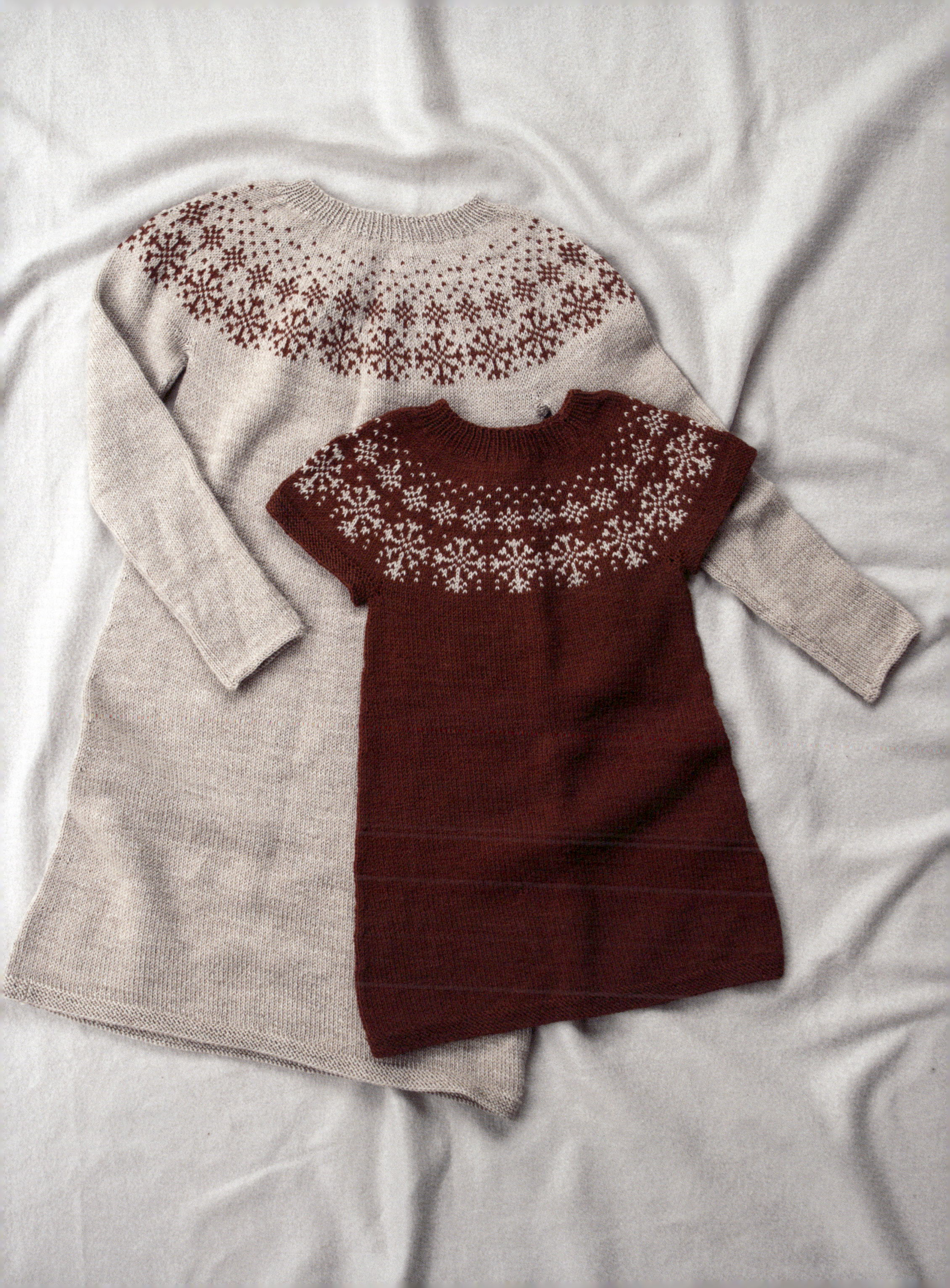

Zapfen-Strampler

Ein praktischer Strampler mit verstellbaren Trägern und Druckknöpfen, um das Windelwechseln zum Kinderspiel zu machen.

Schwierigkeitsgrad 2

GRÖSSEN
Frühchen (0–1) 2–3 (6 –9) 12 (18) 24 Mon

GARN
KlompeLOMPE Tynn Merinoull, Farbe 2650

MENGE
100 (100) 100 (100) 150 (150) 200 g

NADELN
Rundnadeln Nr. 2,5 und Nr. 3, je 40 cm und 80 cm

MASCHENPROBE
27 M mit Ndl Nr. 3 = 10 cm

MASSE
Oberweite: ca. 34 (35,5) 38,5 (43) 47 (53) 59 cm

Die Arbeit beginnt mit den Trägern am Rückenteil.

16 (16) 16 (16) 18 (18) 20 M mit Ndl Nr. 2,5 anschlagen. Die Arbeit mit der Magic-Loop-Technik halbieren.

In der Magic-Loop-Technik in Rd str, bis der Träger 13 (15) 15 (17) 19 (21) 23 cm misst. Beiseitelegen und einen zweiten Träger str.

8 (8) 8 (8) 9 (9) 10 M re str, die 16 (16) 16 (16) 18 (18) 20 M vom ersten Träger auf dieselbe Ndl str, die übrigen 8 (8) 8 (8) 9 (9) 10 M re str.

2,5 cm in Rd re M str. Beiseitelegen.

LATZ

30 (34) 38 (42) 44 (46) 50 M anschlagen. 1 R re M str. Aus der Anschlagkante 30 (34) 38 (42) 44 (46) 50 M auffassen und in der Magic-Loop-Technik in Rd str.

Wenn diese Methode zu knifflig ist, stattdessen 30 (34) 38 (42) 44 (46) 50 M anschlagen und Vorderseite und Futter am Schluss zus nähen.

An beiden Seiten einen MM setzen oder die Arbeit mit Magic Loop teilen (die ersten 30 (34) 38 (42) 44 (46) 50 M sind für die Vorderseite des Latzes und die nächsten 30 (34) 38 (42) 44 (46) 50 M für das Futter).

6 Rd re M str.

Nächste Rd: *3 M re, 2 M re zus str, 1 U, re M bis 6 M vor dem MM str, 2 M re zus str, 1 U, 4 M re*, von * bis * wdh.

Glatt rechts weiterstr, bis die Arbeit 4 (4,5) 5,5 (7) 8,5 (9,5) 11 cm misst.

Nächste Rd: *2 M re, 1 M zun, re M bis 2 M vor dem MM str, 1 M zun, 2 M re*, von * bis * wdh.

1 Rd re M str.

In der nächsten Rd die Zunahmen wdh.

1 Rd re M str.

Mit einer Hilfsndl die M vom Futter und die M von der Vorderseite des Latzes zus str, dafür immer 1 M von der vorderen Ndl mit 1 M von der hinteren Ndl re zus str. Bis zum Ende wdh = 34 (38) 42 (46) 48 (50) 54 M auf der Ndl.

Direkt nach den M des Latzes 21 (21) 23 (27) 31 (38) 43 M anschlagen, die M vom Träger wie beim Vorderteil zus str, 21 (21) 23 (27) 31 (38) 43 M anschlagen = 92 (96) 104 (116) 128 (144) 160 M auf der Ndl.

2 Rd re M str.

Den Faden abschneiden und in der rückwärtigen Mitte neu beginnen.

Zu Ndl Nr. 3 wechseln.

Nächste Rd: *4 M re, 1 M zun*, von * bis * bis Rd-Ende wdh = 115 (120) 130 (145) 160 (180) 200 M auf der Ndl.

Nächste Rd: 14 (15) 16 (18) 20 (22) 25 M re, MM, 29 (30) 33 (36) 40 (46) 50 M im Perlmuster: (1 M re, 1 M li im Wechsel, umgekehrt in der nächsten Rd), MM, 29 (30) 32 (37) 40 (44) 50 M re, MM, 29 (30) 33 (36) 40 (46) 50 M im Perlmuster, MM, 14 (15) 16 (18) 20 (22) 25 M re.

Gemessen wird ab jetzt ab den M, die am Ende des Latzes angeschlagen wurden.

In Rd glatt rechts und an den Seiten im Perlmuster str, bis die Arbeit 12 (14) 15 (16) 17 (19) 23 cm misst (ab Ende des Latzes). Für die Größen Frühchen und 6–9 Mon in der vorderen Mitte 1 M abn.

Das Rückenteil wie folgt verlängern (»German Short Rows«, siehe Video unter klompelompe.no). An den Seiten im Perlmuster wie bisher str: 27 (27) 28 (31) 35 (40) 45 M mustergemäß, wenden, 54 (54) 56 (62) 70 (80) 90 M mustergemäß, wenden, 56 (56) 58 (64) 72 (82) 92 M mustergemäß, wenden, 58 (58) 60 (66) 74 (84) 94 M mustergemäß, wenden, mustergemäß M bis Rd-Ende str.

2 Rd mustergemäß str.

Die M für die Beine wie folgt teilen:

13 (14) 14 (15) 15 (16) 17 M mustergemäß str, 33 (34) 39 (44) 52 (60) 68 M re auf eine Hilfsndl str, 22 (24) 24 (26) 26 (28) 30 M (Vorderteil) mustergemäß str, 33 (34) 39 (44) 52 (60) 68 M auf eine Hilfsndl str, 13 (14) 14 (15) 15 (16) 17 M mustergemäß str.

Den Faden abschneiden. Zuerst das Vorderteil str.

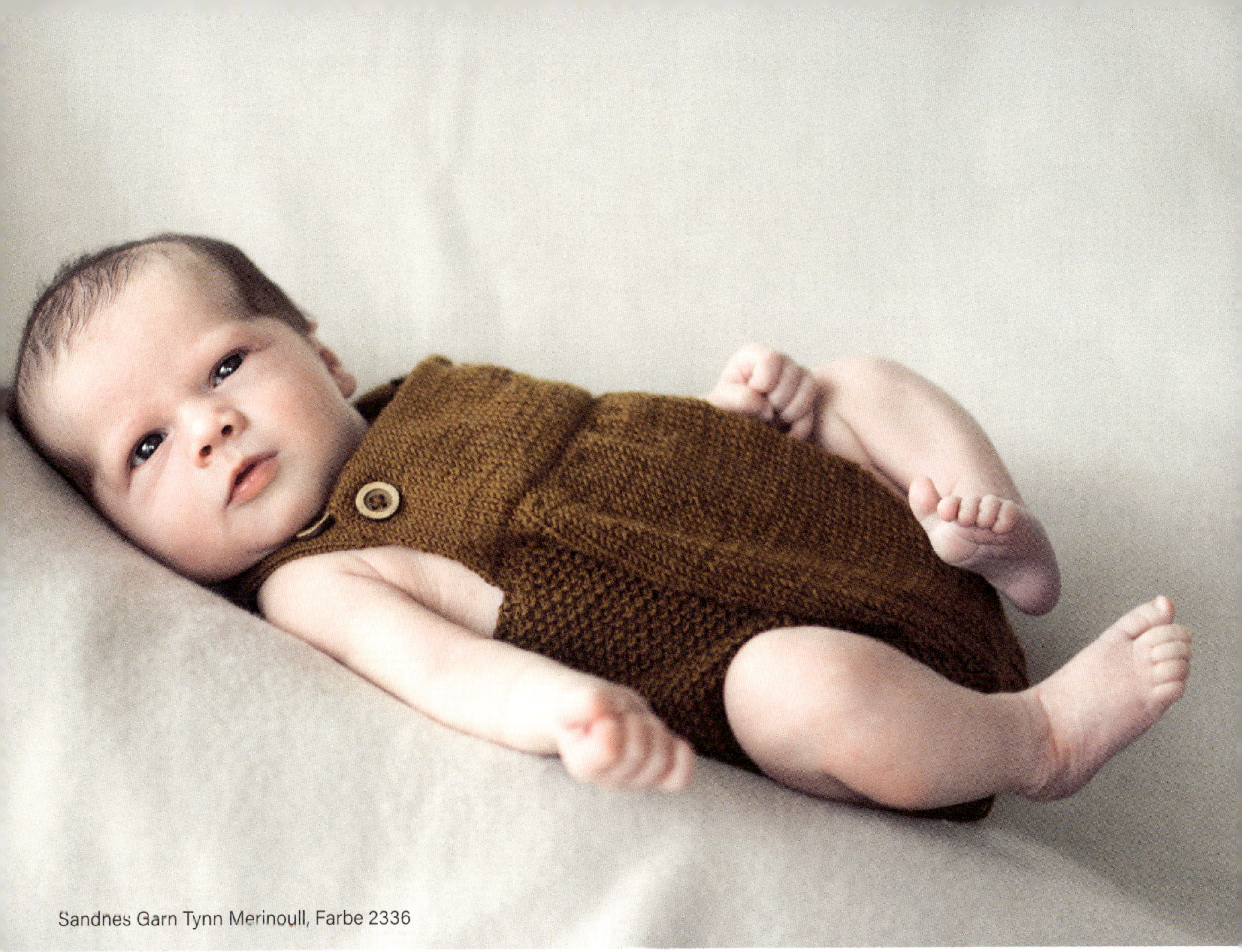

Sandnes Garn Tynn Merinoull, Farbe 2336

VORDERTEIL

Die 1. R ist eine Hin-R (die restlichen Perlmuster-M weiterhin im Perlmuster str, bis sie aufgebraucht sind):

1 M re, 2 M re zus str, re M str bis zu den letzten 3 M, 1 M abh, 1 M re, die abgehobene M darüberziehen, 1 M re.

1 R li M str.

Diese 2 R wdh, bis noch 14 M auf der Ndl liegen. 4 (8) 12 (12) 12 (14) 14 R glatt rechts str und in der letzten R de M abk.

Die letzten 4 R nach innen wenden und annähen.

RÜCKENTEIL

Über die 26 (28) 28 (30) 30 (32) 34 M für das Rückenteil genauso wie beim Vorderteil str und abn, bis 14 M übrig sind. 4 (8) 12 (12) 12 (14) 14 R glatt rechts str und in der letzten R die M abk.

Die letzten 4 R nach innen wenden und annähen.

Mit Ndl Nr. 2,5 M aus dem Beinausschnitt aufnehmen und die M auf der Hilfsndl re str. 1 R li M str, dabei gleichmäßig verteilt M zun oder abn auf 50 (54) 58 (62) 66 (70) 72 M. 4 R glatt rechts str und in der letzten R die M abk.

Druckknöpfe an der Unterseite des Vorderteils und der Außenseite des Rückenteils annähen.

Alle Fäden vernähen und das Strickstück unter einem feuchten Handtuch trocknen lassen.

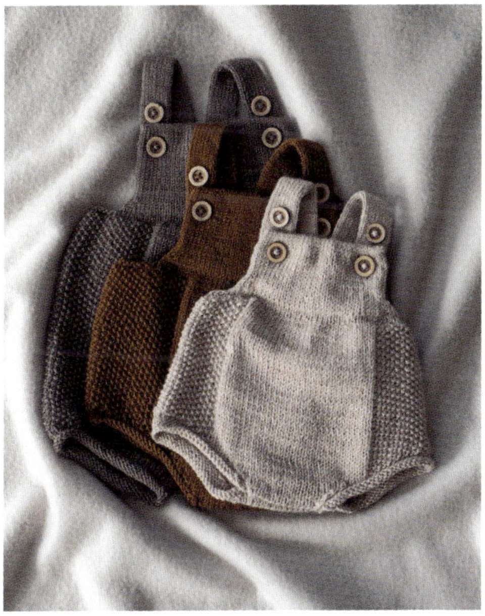

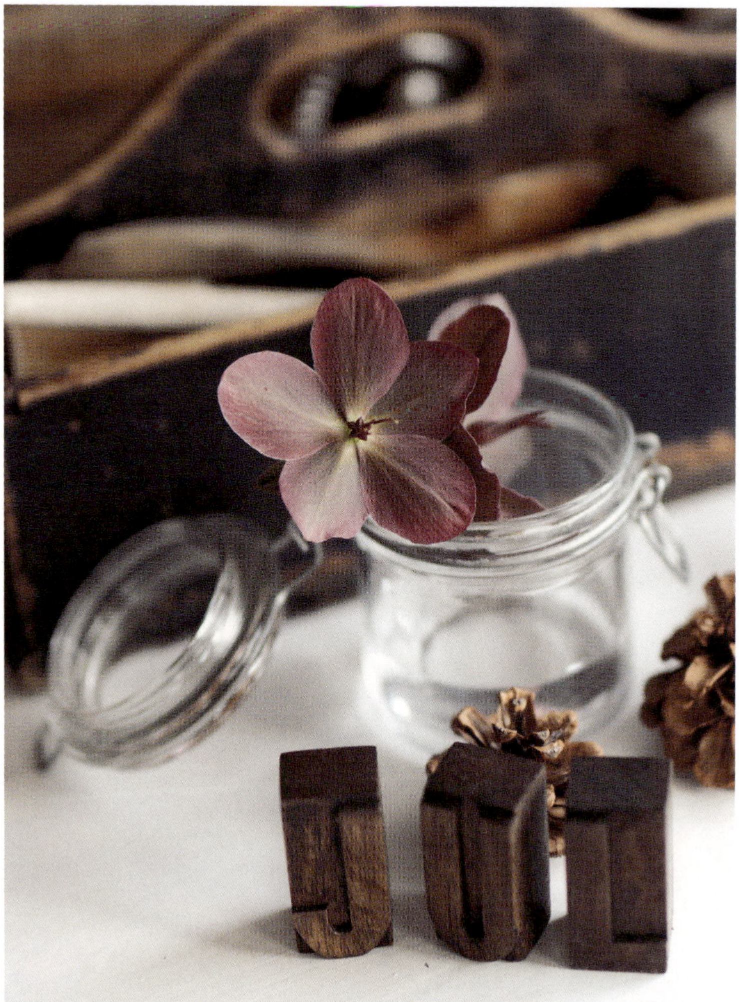

Beinwärmer Lillemor

Perfekt, um die süßen Beinchen zu wärmen, wenn Lillemor im Weihnachtskleid ausgeht.

Schwierigkeitsgrad 1

GRÖSSEN
(1–3) 4–12 Jahre
GARN
Sandnes Garn KOS, Farbe 2611
MENGE
50 g für beide Größen
NUDELN
Rundnadel Nr. 5, 80 cm, für Magic Loop
MASCHENPROBE
16 M mit Ndl Nr. 5 = 10 cm

40 M mit Ndl Nr. 5 anschlagen. In Rd im 2/2-Rippenmuster (2 M re, 2 M li im Wechsel) str, bis die Arbeit (16) 24 cm misst. In der nächsten Rd die M abk.

Den zweiten Beinwärmer genauso str.

Alle Fäden vernähen.

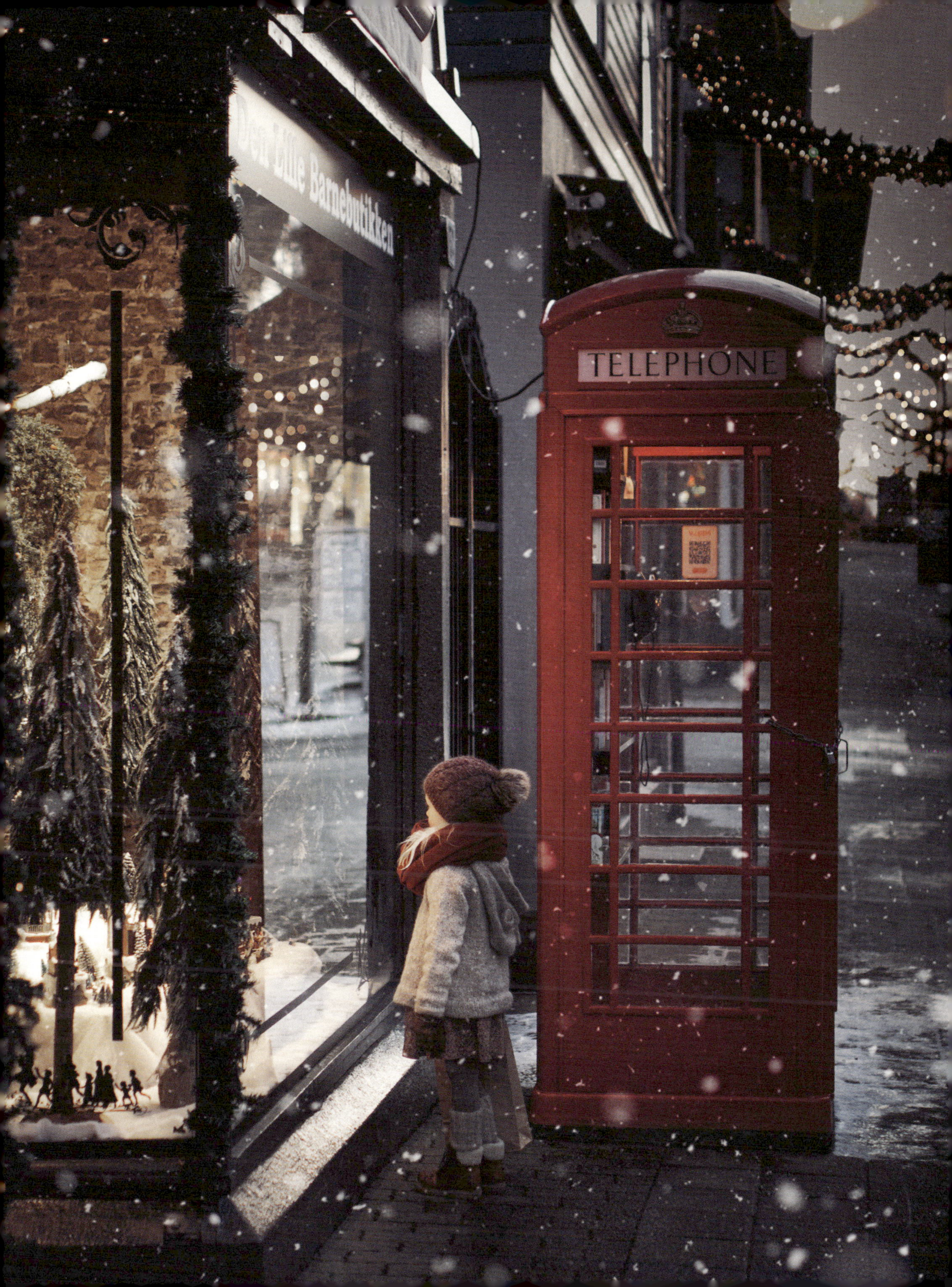
Den Lille Barnebutikken
TELEPHONE

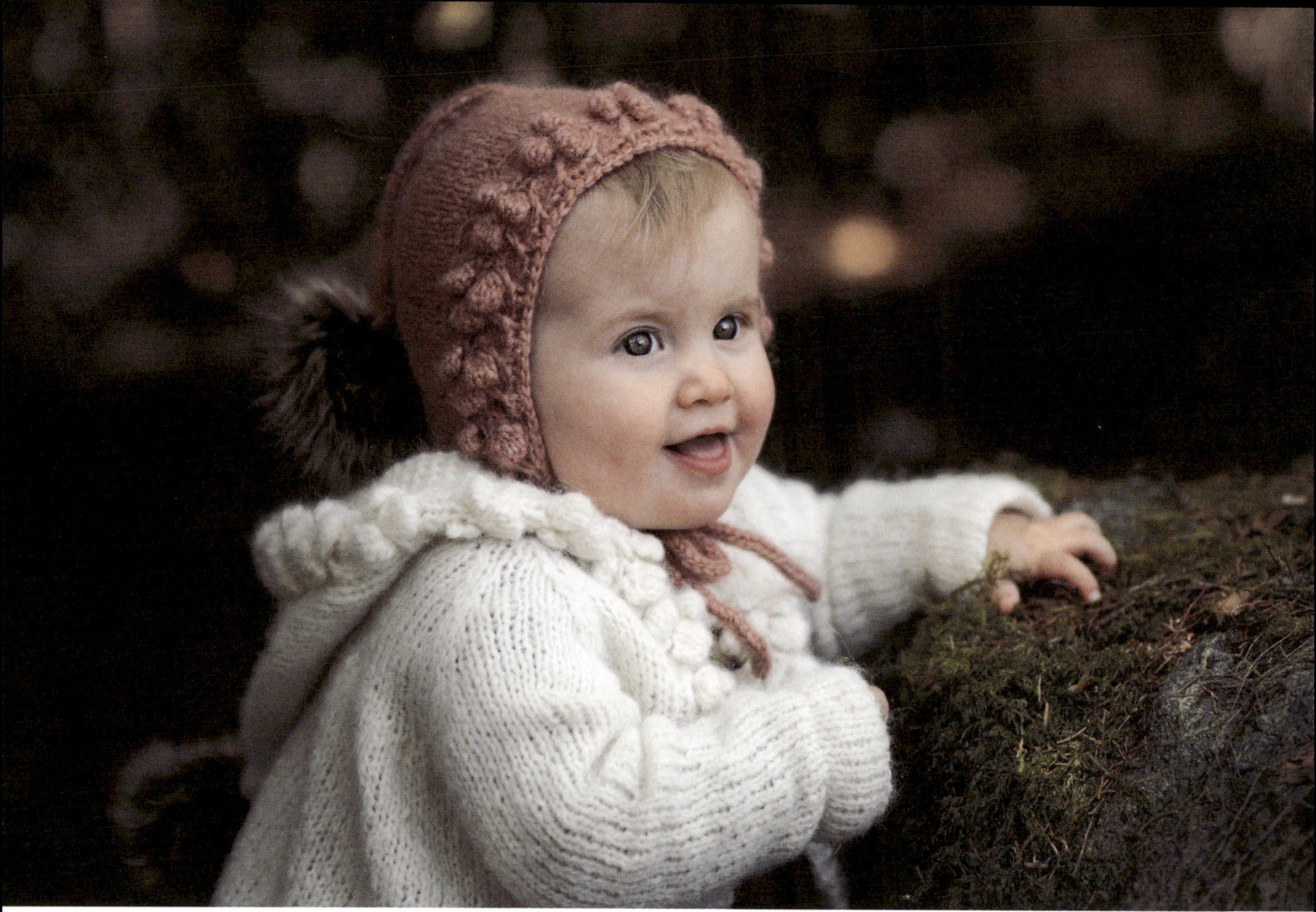

Schickes Kuschelmützchen

Eine flauschige Version unseres schönen Mützchens. Warm, leicht und süß mit Noppen und einem Bommel.

Schwierigkeitsgrad 2

GRÖSSEN
(1–3 Mon) 3–6 Mon (6–9 Mon) 1–2 Jahre (3–4 Jahre)

GARN
Sandnes Garn KOS, Farbe 4032

MENGE
(50) 50 (50) 50 (100) g

NADELN
Rundnadeln Nr. 3,5 und Nr. 4, je 40 cm und 80 cm,
Häkelnadel Nr. 3

MASCHENPROBE
20 M mit Ndl Nr. 4 = 10 cm

11 M mit Ndl Nr. 4 anschlagen. Nach der Strickschrift str. Wenn die Strickschrift (11) 12 (13) 13 (14)-mal gestrickt wurde, in der nächsten Hin-R die M abk.

Mit Ndl Nr. 4 aus einer langen Kante des Musterstreifens ca. 6 M pro Höhenrapport auffassen = (66) 70 (76) 76 (80) M auf der Ndl.

Glatt rechts str, bis die Arbeit (14) 15 (16) 17 (18) cm misst.

Verkürzte R mit »German Short Rows« str (siehe Video unter klompelompe.no).

In der nächsten Hin-R wie folgt verkürzte R str: Re M str bis 10 M vor R-Ende, wenden, li M str bis 10 M vor R-Ende, wenden, re M bis 3 M vor dem letzten Wenden str, wenden, li M bis 3 M vor dem letzten Wenden str. So weiterstr und immer 3 M vor dem letzten Wenden wenden, bis insgesamt (3) 4 (4) 4 (4)-mal an beiden Seiten gewendet wurde. Re M bis R-Ende str.

Die Arbeit re auf re zur Hälfte falten. Eine Hilfsnadel verwenden und die Hälften miteinander verbinden: 1 M von der vorderen Ndl und 1 M von der hinteren Ndl re zus str, gleichzeitig die M abk. Wdh, bis noch 20 M auf der Ndl liegen. Die Arbeit wieder auf rechts wenden und über die restlichen M auf der Ndl in Rd str.

1 Rd re M str.

Nächste Rd: *1 M re, 2 M re zus str, weiterstr bis 3 M vor Rd-Ende, 1 M abh, 1 M re, die abgehobene M darüberziehen, 1 M re. 2 Rd re M str.* Von * bis * 6-mal arb. 6 Rd über die restlichen 8 M str. Den Faden durch die übrigen M fädeln und festziehen.

HALSBÜNDCHEN UND TUNNELZUG FÜR DAS BINDEBAND

(58) 62 (66) 74 (76) M mit Ndl Nr. 3,5 aus der unteren Kante auffassen. 1 R li M str.

Nächste R: (20) 22 (24) 28 (29) M re, *2 M re zus str*, von * bis * 9-mal arb, (20) 22 (24) 28 (29) M re.

10 R glatt rechts str und in der letzten R die M abk.

Mit Häkelnadel Nr. 3 die vordere Kante mit festen M umhäkeln, dabei ca. jede 3 M überspringen, damit der Rand um das Gesicht herum fester und stabiler wird.

Alle Fäden vernähen, die Kante für den Tunnelzug nach innen falten und annähen. Eine Strickkordel (I-Cord, siehe Video unter klompelompe.no) herstellen und in den Tunnel einziehen. Die Strickkordel am besten in der rückwärtigen Mitte mit ein paar Stichen fixieren, damit sie nicht aus dem Tunnel herausgezogen werden kann. Einen Bommel aus Kunstfell auf die Mütze nähen.

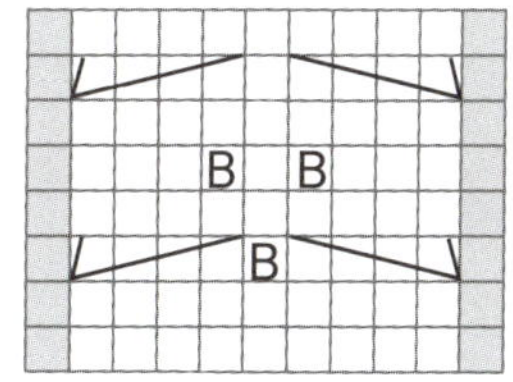

hier beginnen

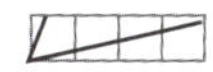 = 3 M auf eine Hilfsndl hinter die Arbeit legen, 1 M re, die 3 M der Hilfsndl re str

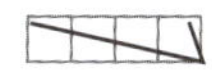 = 1 M auf eine Hilfsndl vor die Arbeit legen, 3 M re, die M der Hilfsndl re str

 = 1 M re in der Hin-R, 1 M li in der Rück-R

 = 1 M li in der Hin-R, 1 M re in der Rück-R

B = Noppe: Aus der nächsten M 4 M herausstr: 1 M re, 1 M re verschr, 1 M re, 1 M re verschr. Wenden, 4 M li, wenden, 4 M re, wenden, 4 M li, wenden, 4 M re. Dann die 2. M über die 1. M ziehen, die 3. M über die 1. M ziehen, die 4. M über die 1. M ziehen. Jetzt liegt wieder 1 M auf der Ndl.

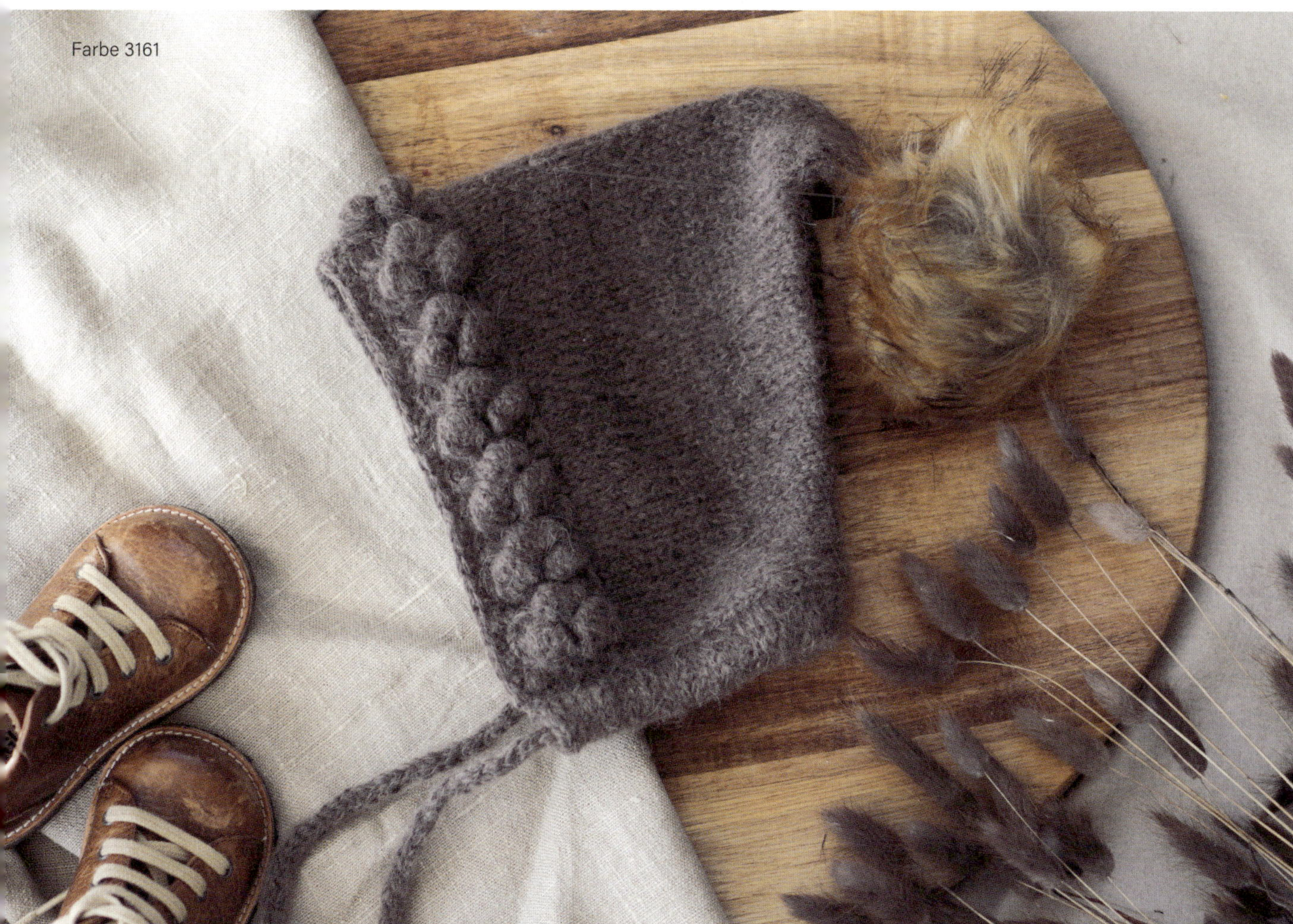
Farbe 3161

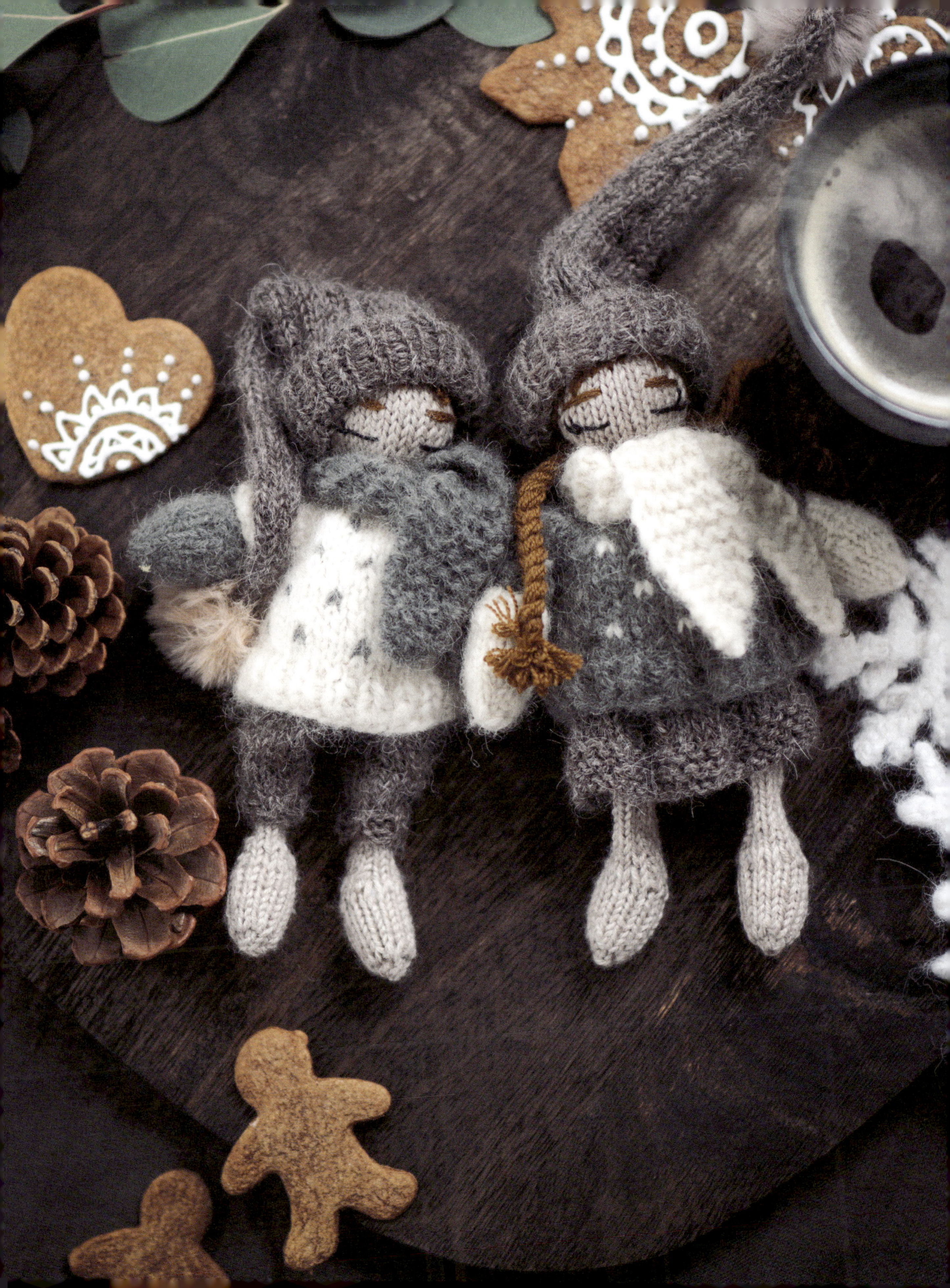

Mütze für den kleinen Hauskobold

Supersüße Mütze für den Kobold.

Schwierigkeitsgrad 1

GARN
Sandnes Garn Mini Alpakka, Farbe 2652

MENGE
Ein Rest

NADELN
Rundnadel Nr. 2,5, 60 oder 80 cm

32 M mit Ndl Nr. 2,5 anschlagen. 20 Rd im Rippenmuster (1 M re, 1 M li im Wechsel) str.

Nächste Rd: Die Anschlagkante auf der Innenseite nach oben klappen und jede 2. M mit 1 M der Anschlagkante zus str, dabei weiter im Rippenmuster arb.

3 Rd im Rippenmuster str. Die Arbeit umdrehen.

Nächste Rd wie folgt str, dabei gleichmäßig verteilt 3 M zun: *5 M re, 2 M li*, von * bis * bis Rd-Ende wdh.

Weiterstr mit *5 M re, 2 M li*, von * bis * bis Rd-Ende wdh, 6 cm lang.

Nächste Rd: *2 M re zus str, 3 M re, 2 M li*, von * bis * bis Rd-Ende wdh.

7 Rd str mit: *4 M re, 2 M li*, von * bis * bis Rd-Ende wdh.

Nächste Rd: *2 M re zus str, 2 M re, 2 M li*, von * bis * bis Rd-Ende wdh.

4 Rd str mit: *3 M re, 2 M li*, von * bis * bis Rd-Ende wdh.

Nächste Rd: *2 M re zus str, 1 M re, 2 M li*, von * bis * bis Rd-Ende wdh.

6 Rd str mit: *2 M re, 2 M li*, von * bis * bis Rd-Ende wdh.

Nächste Rd: * 2 M re, 2 M li zus str*, von * bis * bis Rd-Ende wdh.

5 Rd str mit: *2 M re, 1 M li*, von * bis * bis Rd-Ende wdh.

Nächste Rd: *2 M re zus str, 1 M li*, von * bis * bis Rd-Ende wdh.

5 Rd str mit: *1 M re, 1 M li*, von * bis * bis Rd-Ende wdh.

Nächste Rd: *2 M re verschr zus str*, von * bis * bis Rd-Ende wdh.

4 Rd re M str.

Den Faden durch die übrigen M fädeln und festziehen. Alle Fäden vernähen und einen kleinen Bommel aus Kunstpelz annähen.

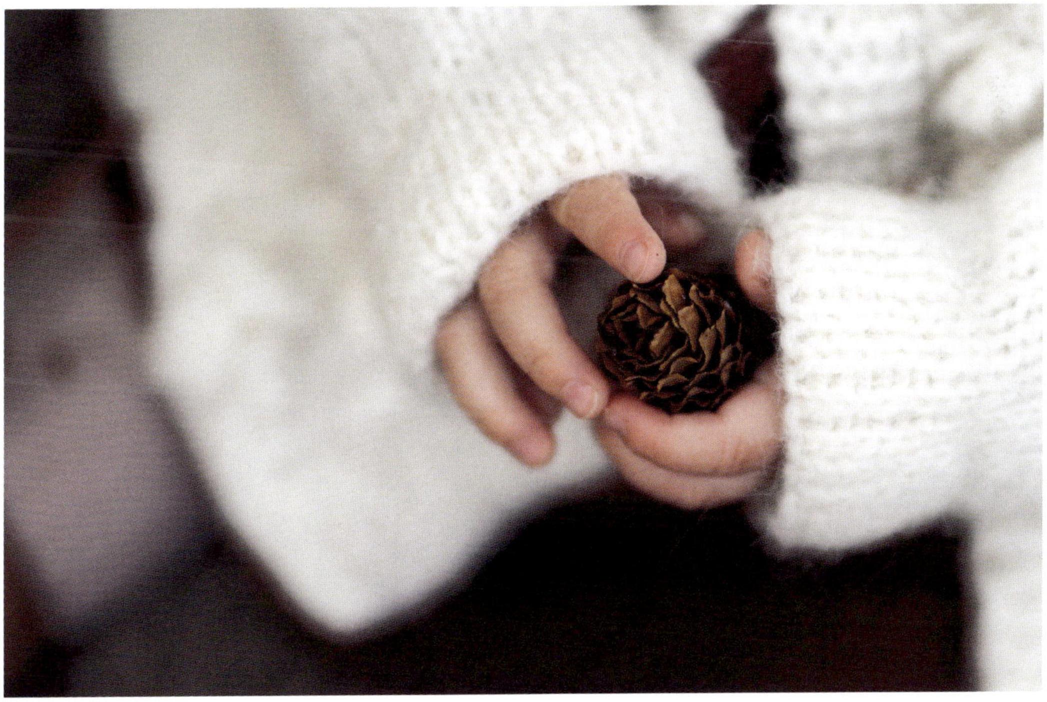

Weihnachtshose für den kleinen Wichtel

Eine einfache und feine Hose für den Wichtel.

Schwierigkeitsgrad 2

GARN
Sandnes Garn Mini Alpakka, Farbe 2652
MENGE
Ein Rest
NADELN
Rundnadeln Nr. 2,5 und Nr. 3, je 60 oder 80 cm
MASCHENPROBE
27 M mit Ndl Nr. 3 = 10 cm

Die Rd beginnt in der rückwärtigen Mitte.

32 M mit Ndl Nr. 2,5 anschlagen.

4 Rd im Rippenmuster (1 M re, 1 M li im Wechsel) str.

Zu Ndl Nr. 3 wechseln.

2 Rd re M str.

Den rückwärtigen Hosenteil verlängern wie folgt (mit »German Short Rows«, siehe Video unter klompelompe.no):

5 M re, wenden, 10 M li, wenden, 12 M re, wenden, 14 M li, wenden, re M bis Rd-Ende str.

6 Rd re M str.

Beidseitig der mittleren 4 M von Vorder- und Rückenteil je 1 MM setzen.

Beidseitig der 4 markierten M vorne und hinten in jeder 2. Rd 1 M zun, insgesamt 3-mal arb.

In der nächsten Rd die 4 markierten M vorne und hinten abk.

BEIN

6 Rd re M str.

Nächste Rd: *2 M re zus str*, von * bis * wdh, bis noch 2 M übrig sind, 2 M re.

3 Rd im Rippenmuster str, in der letzten Rd die M locker abk.

Das zweite Bein genauso str.

Die Schrittnaht schließen und alle Fäden vernähen.

Weihnachtsschal für den Wichtel

Ein superschnelles Projekt für den Wichtel und den Miniwichtel.

Schwierigkeitsgrad 1

Größen
(Miniwichtel) Wichtel
GARN
Sandnes Garn KOS, Farbe 9071, oder KlompeLOMPE Merinoull, Farbe 3355
MENGE
Ein Rest
NADELN
Rundnadel Nr. 4, beliebige Länge, evtl. Nadelspiel Nr. 4

3 M mit Ndl Nr. 4 anschlagen.

Nächste R: *1 M re, 1 M zun, re M bis R-Ende str.

1 R re M str.*

Von * bis * wdh, bis (6) 12 M auf der Ndl sind.

Krausrippen str, bis der Schal (22) 35 cm misst.

Nächste R: *1 M re, 2 M re zus str, re M bis R-Ende str.

1 R re M str.*

Von * bis * wdh, bis 3 M auf der Ndl sind. In der letzten R die M abk.

Alle Fäden vernähen.

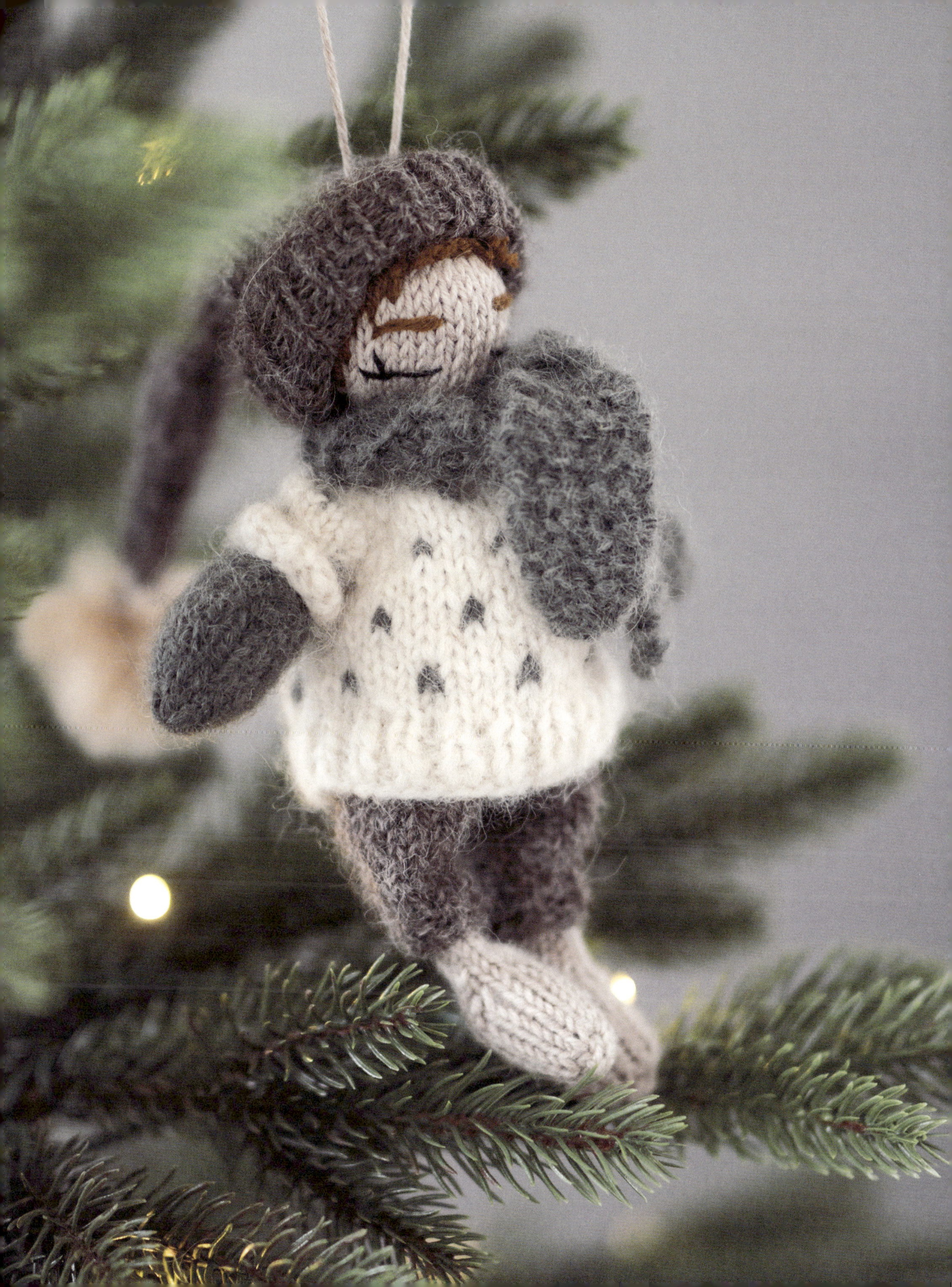

Weihnachtspulli für den Miniwichtel

Ein kuscheliger und süßer Pullover für den Miniwichtel.

Schwierigkeitsgrad 2

GARN
Sandnes Garn KOS
Farbe A: 1012, Farbe B: 9071

MENGE
Reste

NADELN
Rundnadel Nr. 3, 60 cm

MASCHENPROBE
27 M mit Ndl Nr. 3 = 10 cm

16 M mit Ndl Nr. 3 anschlagen.

5 R im Rippenmuster (1 M re, 1 M li im Wechsel) str.

1 R im Rippenmuster str, dabei die Anschlagkante auf der Innenseite nach oben klappen und jede 2. M mit 1 M der Anschlagkante zus str.

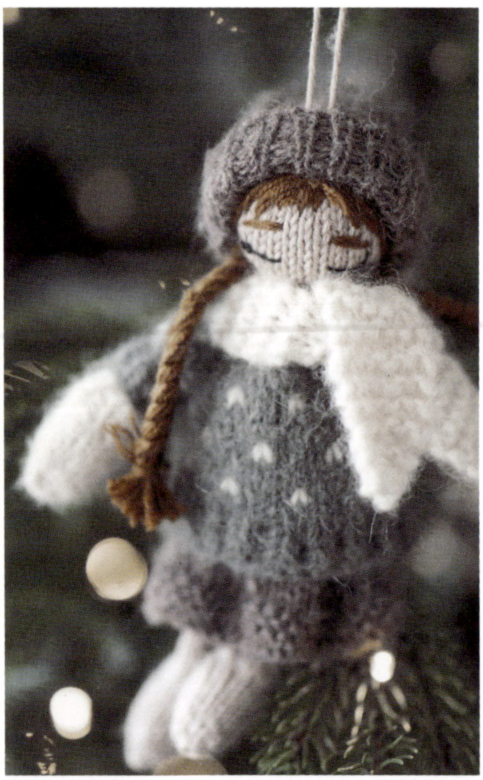

1 R li M str, dabei gleichmäßig verteilt 11 M zun.

Ab jetzt glatt rechts in Farbe A weiterstr, bei 1 L (= 1 Laus-M) 1 M re in Farbe B str.

Nächste R: 1 M re, 1 L, 2 M re, 1 M zun, 1 M re (Raglan-M), 1 M zun, 1 M re, 1 L, 1 M re, 1 M zun, 1 M re (Raglan-M), 1 M zun, 2 M re, 1 L, 3 M re, 1 L, 2 M re, 1 M zun, 1 M re (Raglan-M), 1 M zun, 1 M re, 1 L, 1 M re, 1 M zun, 1 M re (Raglan-M), 1 M zun, 2 M re, 1 L, 1 M re.

1 R li M str.

1 R re M str, dabei für den Raglan zun wie eingeteilt.

1 R li M str.

Nächste R: 3 M re, 1 L, 2 M re, 1 M zun, 1 M re, 1 M zun, 1 M re, 1 L, 3 M re, 1 L, 1 M re, 1 M zun, 1 M re, 1 M zun, 2 M re, 1 L, 3 M re, 1 L, 3 M re, 1 L, 2 M re, 1 M zun, 1 M re, 1 M zun, 1 M re, 1 L, 3 M re, 1 L, 1 M re, 1 M zun, 1 M re, 1 M zun, 2 M re, 1 L, 3 M re.

1 R li M str.

Die M für die Ärmel und den Rumpf wie folgt teilen:

Re M bis einschließlich die Raglan-M str, die Ärmel-M auf einer Hilfsndl stilllegen, 3 M anschl, die Raglan-M, Vorderteil und die nächste Raglan-M str, die Ärmel-M auf einer Hilfsndl stilllegen, 3 M anschl, die Raglan-M und die restlichen M re str.

1 R li M str.

Nächste R: 1 M re, 1 L, *3 M re, 1 L*, von * bis * wdh, bis 1 M vor R-Ende, 1 M re.

1 R li M str.

1 R re M str, am R-Ende 1 M zun. Ab jetzt in Rd str.

1 Rd re M str.

Nächste Rd: *3 M re, 1 L*, von * bis * bis Rd-Ende wdh.

3 Rd re M str.

4 Rd im Rippenmuster str, in der letzten Rd die M abk.

ÄRMEL

Aus den unter dem Ärmel angeschlagenen 3 M ab der Mitte 2 M plus 1 M aus dem Übergang zum Rumpf aufnehmen, die M auf der Hilfsndl re str, 1 M aus dem Übergang zum Rumpf plus 1 M bis Rd-Ende aufnehmen.

Nächste Rd: 1 M re, 2 M re zus str, re M str bis 3 M vor Rd-Ende, 2 M re zus str, 1 M re.

Nächste Rd: 2 M re, 1 L, 3 M re, 1 L, 3 M re, 1 L, 1 M re.

3 Rd re M str.

4 Rd im Rippenmuster str, in der letzten Rd die M abk.

Alle Fäden vernähen und hinten am Hals einen Druckknopf annähen.

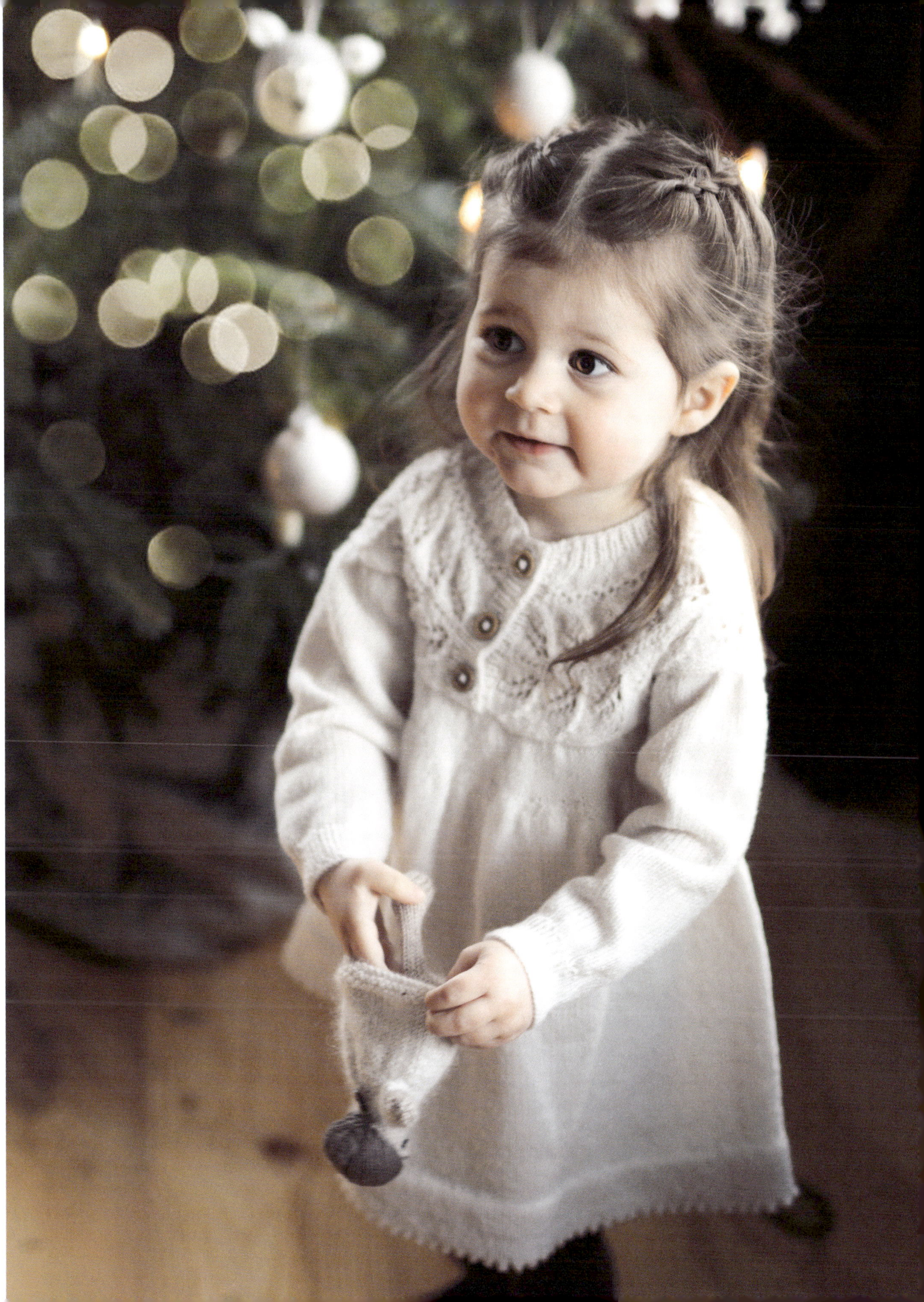

Weihnachtsrock für den Miniwichtel

Ein schöner Faltenrock für das Wichtelmädchen.

Schwierigkeitsgrad 1

GARN
Sandnes Garn Mini Alpakka, Farbe 2652
MENGE
Ein Rest
NADELN
Rundnadeln Nr. 2,5 und Nr. 3, je 60 oder 80 cm
MASCHENPROBE
27 M mit Ndl Nr. 3 = 10 cm

Die Rd beginnt in der rückwärtigen Mitte.

32 M mit Ndl Nr. 2,5 anschlagen. 4 Rd im Rippenmuster (1 M re, 1 M li im Wechsel) str. Zu Ndl Nr. 3 wechseln.

1 Rd re M str, dabei gleichmäßig verteilt 10 M zun.

Nächste Rd: *5 M re, 2 M li*, von * bis * bis Rd-Ende wdh.

Die Rd insgesamt 3-mal arb.

Nächste Rd: *5 M re, 1 M li, 1 M li zun, 1 M li*, von * bis * bis Rd-Ende wdh.

8 Rd str mit: *5 M re, 3 M li*, von * bis * bis Rd-Ende wdh.

Nächste Rd: *5 M re, 1 M li, 1 M li zun, 2 M li*, von * bis * bis Rd-Ende wdh.

3 Rd str mit : *5 M re, 4 M li*, von * bis * bis Rd-Ende wdh.

Mit 3 Krausrippen enden (1 Krausrippe = 1 Rd re M, 1 Rd li M). In der letzten Rd die M abk.

Alle Fäden vernähen.

Weihnachtshandschuhe für den Miniwichtel

Warme Fäustlinge, die sich in Nullkommanichts stricken lassen.

Schwierigkeitsgrad 1

GARN
Sandnes Garn KOS, Farbe 9071
MENGE
Ein Rest
NADELN
Rundnadel Nr. 3, 60 cm oder 80 cm, evtl. Nadelspiel Nr. 3

10 M mit Ndl Nr. 3 anschlagen. 5 Rd im Rippenmusster str.

1 Rd re M str.

Nächste Rd: *1 M re, 1 M zun, 3 M re, 1 M zun, 1 M re*, von * bis * wdh.

7 Rd re M str.

Nächste Rd: *1 M re, 2 M re zus str, 1 M re, 1 M abh, 1 M re, die abgehobene M darüberziehen, 1 M re*, von * bis * wdh.

Nächste Rd: *2 M re zus str*, von * bis * wdh.

Den Faden durch die übrigen M fädeln und festziehen. Alle Fäden vernähen und einen zweiten Fäustling str.

TIPP:
Wir haben einen Glasuntersetzer aus Holz und einen Grillspieß genommen und einen Ständer für die Puppen gebastelt: einfach ein Loch in den Untersetzer gebohrt und den Grillspieß festgeklebt.

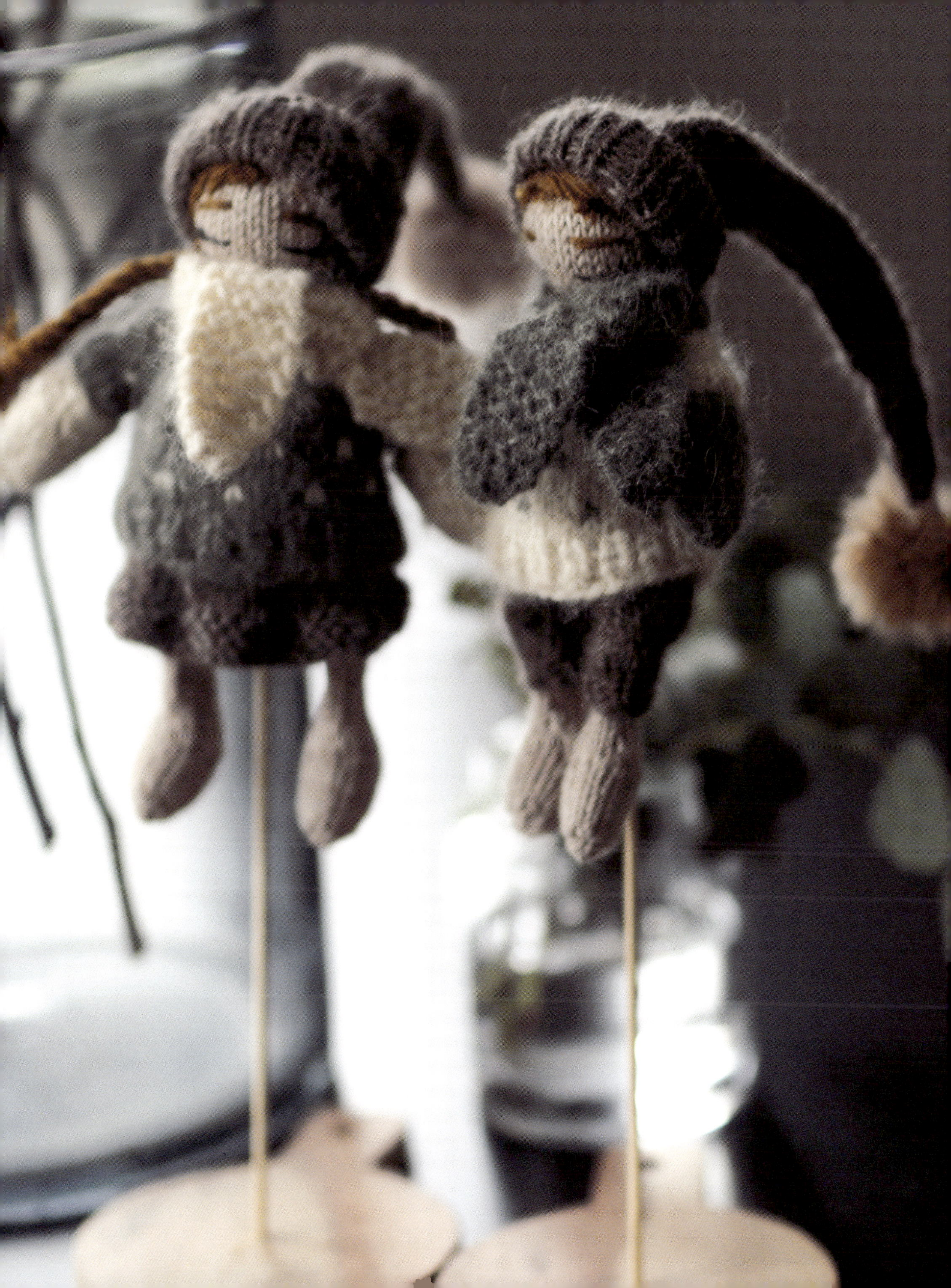

Kapuzenjacke Valldal

Eines unserer beliebtesten Ausflugsziele ist Valldalen, sowohl im Winter als auch im Sommer. Diese Jacke ist perfekt für die kalten Tage. Mit der kuscheligen Kapuze und der dicken Wolle eignet sie sich gut als Oberbekleidung.

Schwierigkeitsgrad 3

GRÖSSEN
(6–9 Mon) 1 (2) 4 (6) 8 (10) 12 Jahre

GARN
Sandnes Garn Fritidsgarn, Farbe A 1021, Farbe B 3553

MENGE
Farbe A: (250) 300 (350) 400 (450) 500 (550) 600 g
Farbe B: 50 g für alle Größen

NADELN
Rundnadeln Nr. 3,5 und Nr. 5, je 40 cm oder 60 cm,
Nadelspiel Nr. 3,5 und Nr. 5, evtl. Rundnadeln 80 cm für Magic Loop

MASCHENPROBE
15 M mit Ndl Nr. 5 = 10 cm

MASSE
Oberweite: ca. (65) 67 (71) 76 (79) 84 (84) 87 cm
Gesamtlänge: ca. (29) 34 (37) 41 (46) 50 (56) 60 cm

Die Arbeit beginnt mit der Kapuze und wird in Hin- und Rück-R gestrickt.

(36) 37 (38) 39 (42) 44 (46) 48 M in Farbe A mit Ndl Nr. 5 anschl, (35) 36 (37) 38 (41) 43 (45) 47 M auf der anderen Seite der angeschlagenen (36) 37 (38) 39 (42) 44 (46) 48 M auffassen (falls dies zu knifflig ist, (35) 36 (37) 38 (41) 43 (45) 47 M anschlagen und die Kapuze später zus nähen) = (71) 73 (75) 77 (83) 87 (91) 95 M auf der Ndl.

(18) 19 (22) 24 (26) 28 (30) 33 cm glatt rechts in R str.

Nächste R (Hin-R): (24) 25 (26) 27 (30) 32 (34) 36 M re, 2 M re zus str, 2 M re, 2 M re zus str, 2 M re, 2 M re zus str, 3 M re, 2 M re zus str, 2 M re, 2 M re zus str, 2 M re, 2 M re zus str, (24) 25 (26) 27 (30) 32 (34) 36 M re.

1 R li M str = (65) 67 (69) 71 (77) 81 (85) 89 M auf der Ndl.

Nächste R: (24) 25 (26) 27 (30) 32 (34) 36 M re, 2 M re zus str, 1 M re, 2 M re zus str, 1 M re, 2 M re zus str, 1 M re, 2 M re zus str, 1 M re, 2 M re zus str, 1 M re, 2 M re zus str, (24) 25 (26) 27 (30) 32 (34) 36 M re = (59) 61 (63) 65 (71) 75 (79) 83 M auf der Ndl.

1 R li M str.

Nächste R: 1 R re M str, dabei gleichmäßig verteilt (7) 7 (7) 7 (7) 11 (11) 13 M abn = (52) 54 (56) 58 (64) 64 (68) 70 M auf der Ndl.

1 R li M str.

Nächste R: 1 R re M str, dabei gleichmäßig verteilt (9) 7 (11) 15 (9) 15 (11) 15 M zun = (61) 61 (67) 73 (73) 79 (79) 85 M auf der Ndl.

Am Ende 7 Steek-M anschlagen. Die Steek-M werden bei der Maschenzahl und im Zählmuster nicht mitgerechnet.

Ab jetzt in Rd str.
Nach dem Zählmuster arb, dabei jeweils mit der 1. M beginnen, dann den Rapport stets wdh. Wenn das Zählmuster fertig gestrickt wurde, liegen (141) 141 (155) 169 (169) 183 (183) 197 M auf der Ndl.

2 Rd re M str.

1 Rd re M, dabei gleichmäßig verteilt (7) 11 (7) 5 (17) 15 (23) 17 M zun = (148) 152 (162) 174 (186) 198 (206) 214 M auf der Ndl.

(0) 2 (6) 8 (8) 10 (10) 12 Rd re M str.

Nächste Rd: (22) 22 (24) 26 (27) 29 (29) 30 M re, die nächsten (30) 31 (33) 35 (39) 41 (45) 47 M auf einer Hilfsndl stilllegen (Ärmel-M), 5 M anschl, (44) 46 (48) 52 (54) 58 (58) 60 M re, die nächsten (30) 31 (33) 35 (39) 41 (45) 47 M auf einer Hilfsndl stilllegen (Ärmel-M), 5 M anschl, (22) 22 (24) 26 (27) 29 (29) 30 M re = (98) 100 (106) 114 (118) 126 (126) 130 M auf der Ndl.

Ab jetzt wird ab dem Halsausschnitt gemessen.

Glatt rechts str, bis die Arbeit (29) 34 (37) 41 (46) 50 (56) 60 cm misst. In der nächsten Rd die Steek-M abk. 4 cm glatt rechts in R str, in der letzten R die M abk. Die letzten 4 cm nach innen falten und annähen, dabei beachten, dass der Reißverschluss noch zwischengefasst werden muss.

ÄRMEL
Aus den unter dem Ärmel angeschlagenen 5 M ab der Mitte 3 M plus 1 M aus dem Übergang zum Rumpf auffassen, die (30) 31 (33) 35 (39) 41 (45) 47 M von der Hilfsndl re str, 1 M aus dem Übergang zum Rumpf plus 2 M bis Rd-Ende auffassen.

Nächste Rd: 2 M re, 2 M re zus str, re M str bis 3 M vor Rd-Ende, 1 M abh, 1 M re, die abgehobene M darüberziehen, 1 M re.

Die Abnahmen alle 4 cm wdh, insgesamt 3-mal arb.

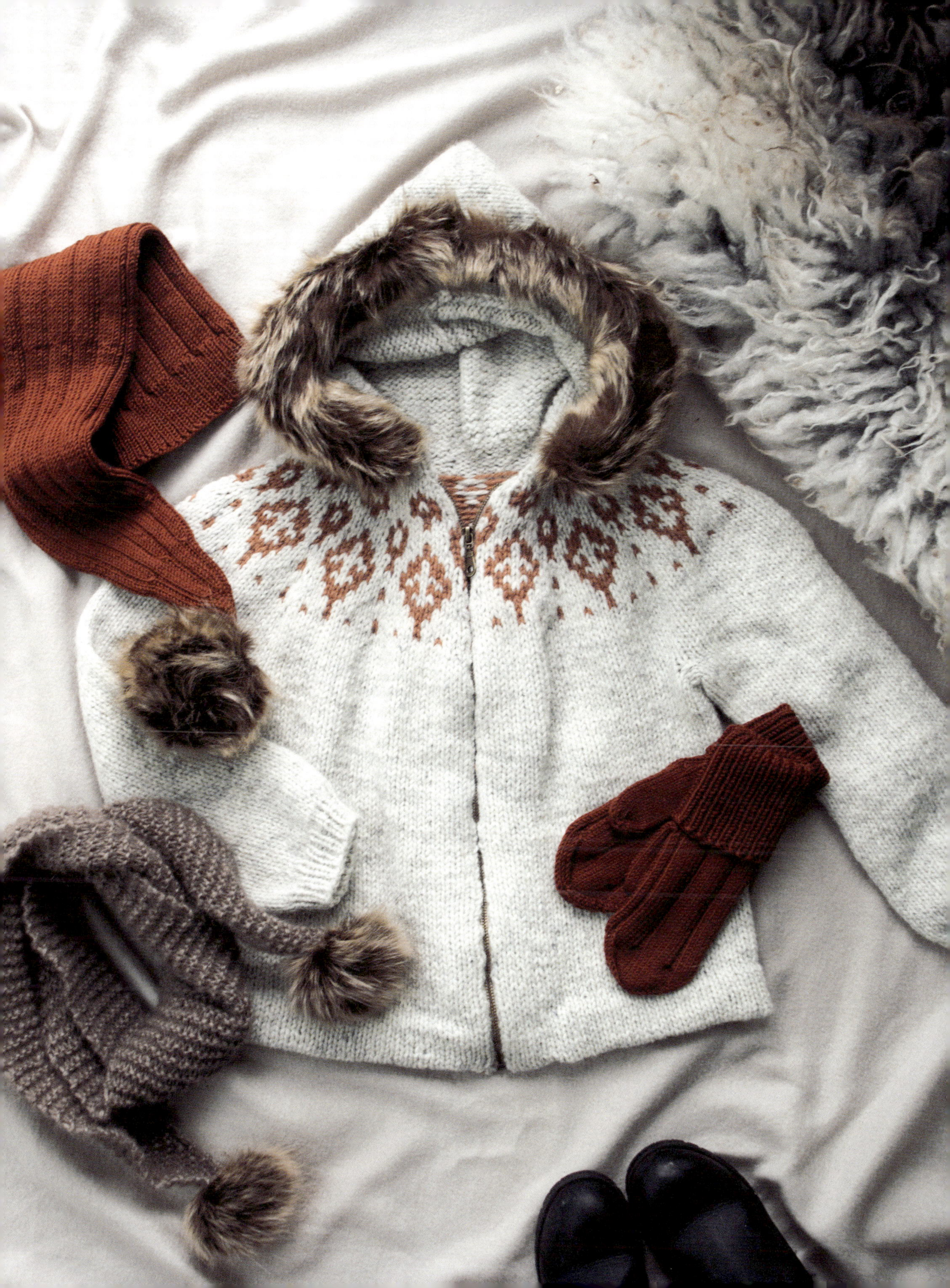

Weiterstr, bis der Ärmel (18) 20 (23) 26 (30) 35 (38) 40 cm misst.

1 Rd re M str, dabei gleichmäßig verteilt M zun oder abn auf (28) 28 (30) 30 (32) 32 (34) 36 M.

Zu Ndl Nr. 3,5 wechseln. 7 Rd im Rippenmuster (1 M re, 1 M li im Wechsel) str, in der letzten Rd die M abk.

FERTIGSTELLUNG

Mit der Nähmaschine 2-mal beidseitig der mittleren Steek-M steppen. Den Steek zwischen den Nähten aufschneiden.

Den Reißverschluss am Übergang zwischen den Steek-M und den M der Arbeit einnähen (siehe Fotos).

Beleg an der Kapuze und über dem Reißverschluss:

Mit dem Beleg an der Kapuze beginnen. Mit Ndl Nr. 5 aus jeder M 1 M auffassen, dabei jede 4. M überspringen. 6 R glatt rechts str, in der letzten R die M abk.

Die letzte M nach dem Abketten auf der Ndl lassen und aus der Seitenkante des Belegs 5 weitere M auffassen. Diese sind für den Beleg über der Schnittkante und dem Reißverschluss. Glatt rechts str, bis der Beleg lang genug ist, um den gesamten Reißverschluss bis zur unteren Kante zu bedecken. An der anderen Seite 6 M aus der Seitenkante des Kapuzenbelegs auffassen und dort genauso einen Beleg str. Den Beleg in die Kapuze legen und annähen. Die Belege über dem Reißverschluss annähen.

Alle Fäden vernähen und einen Fellrand an die Kapuze nähen.

Das Strickstück unter einem feuchten Handtuch trocknen lassen oder mit dem Bügeleisen leicht dämpfen.

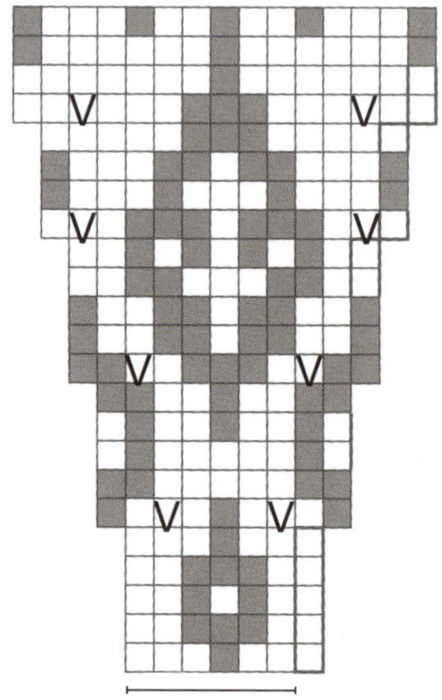

Rapport

☐ = Farbe A

■ = Farbe B

V = 1 M re verschr aus dem Querfaden zun

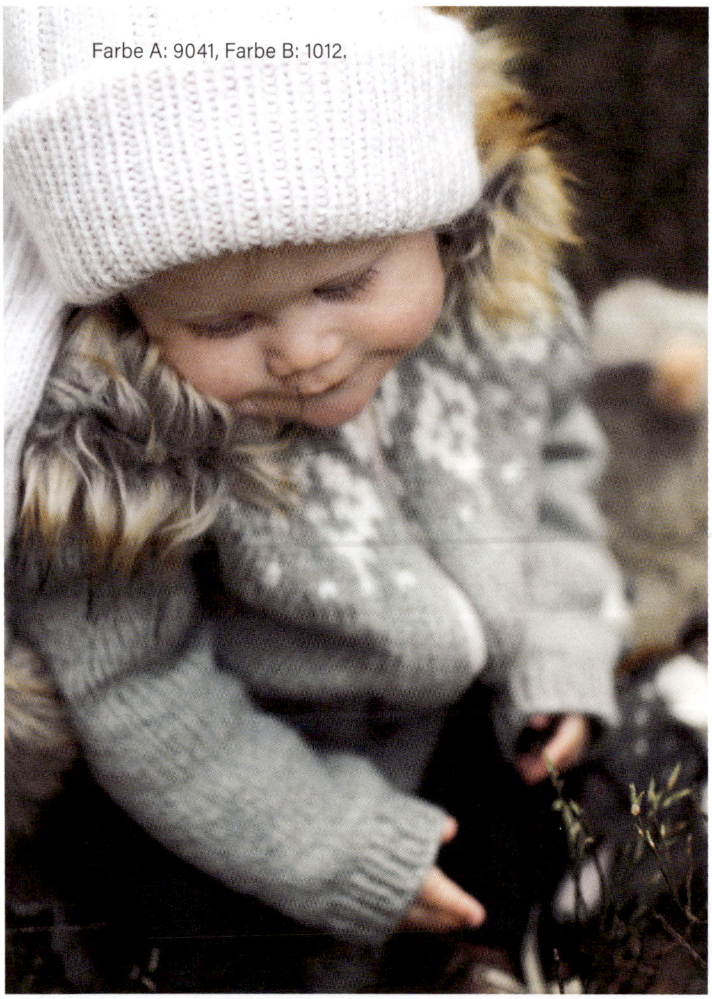

Farbe A: 9041, Farbe B: 1012.

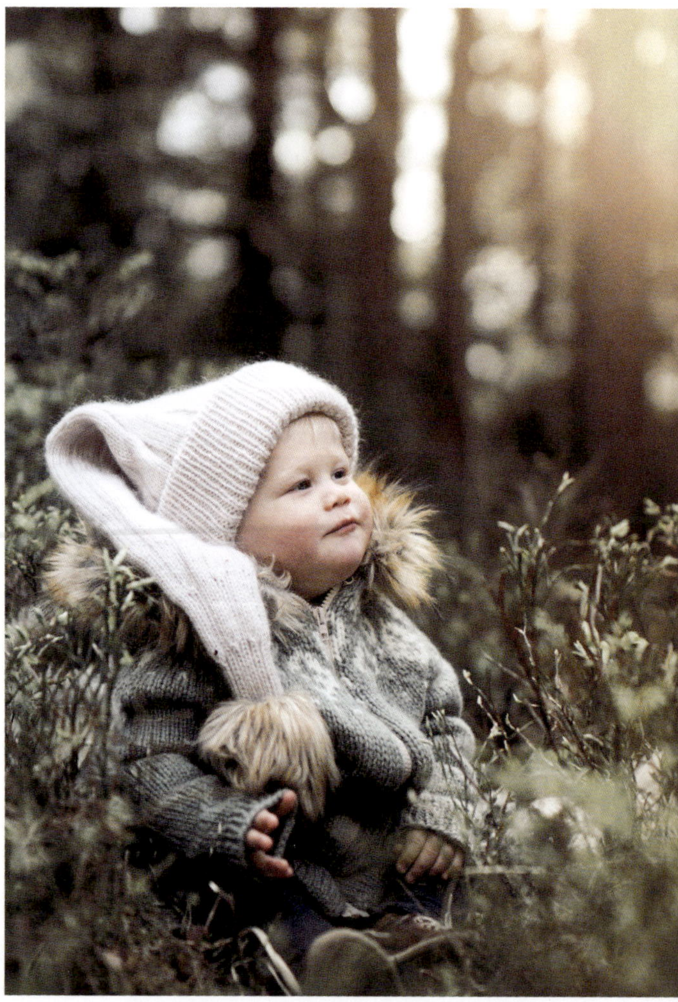

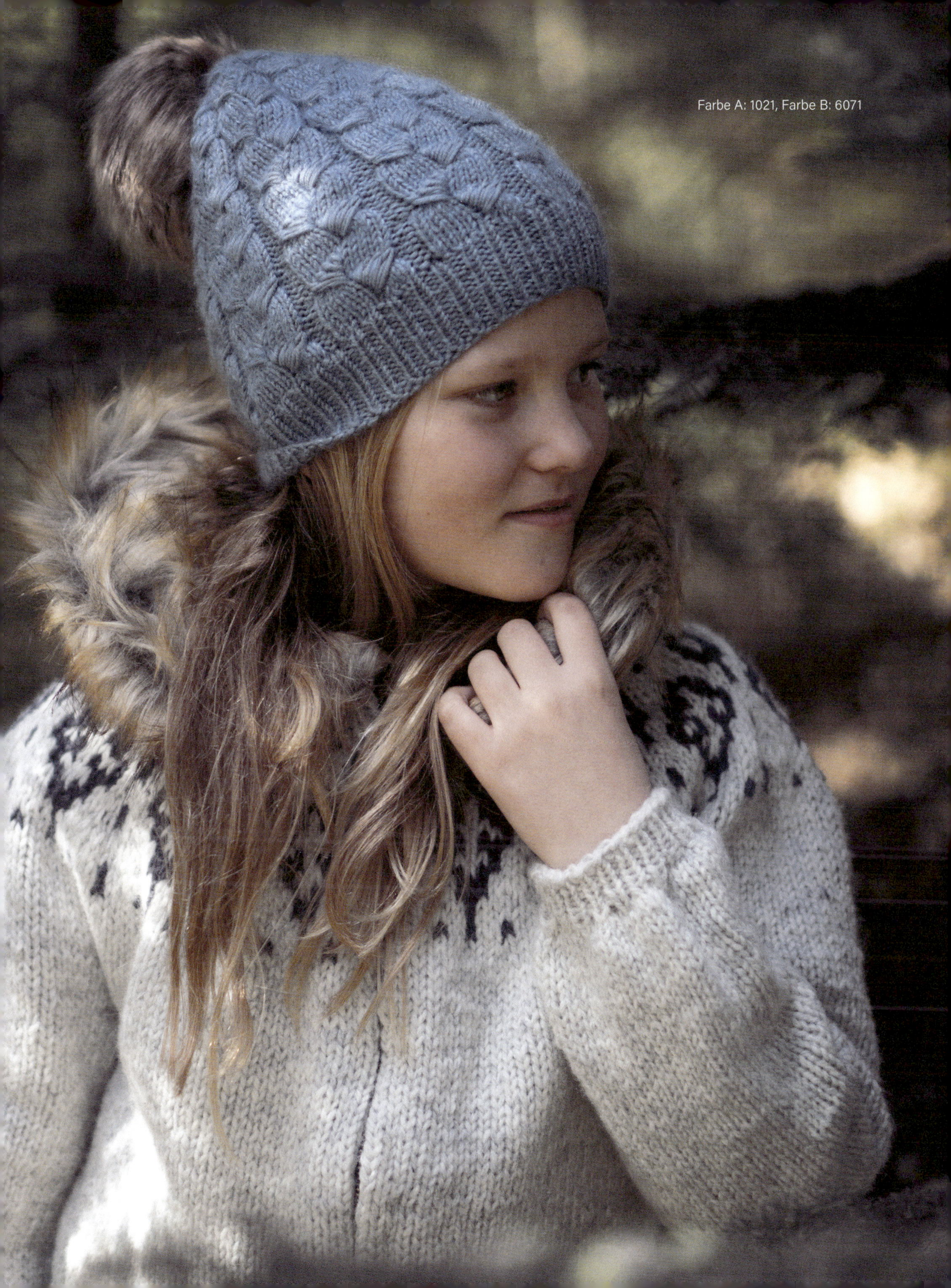
Farbe A: 1021, Farbe B: 6071

Overall

Ein dicker, guter Overall, perfekt für Ausflüge im Kinderwagen oder als Schneeanzug zu tragen, wenn die Kleinen draußen spielen.

Schwierigkeitsgrad 3

GRÖSSEN
(0–1 Mon) 3 Mon (6–9 Mon) 12 Mon (18 Mon) 2 Jahre (3 Jahre)

GARN
Sandnes Garn Merinoull, Farbe 1042

MENGE
(150) 200 (250) 300 (300) 350 (350) g

NADELN
Rundnadeln Nr. 3 und Nr. 3,5, je 40 cm und 80 cm

MASCHENPROBE
22 M mit Ndl Nr. 3,5 = 10 cm

MASSE
Oberweite: ca. (42) 51 (56) 61 (62) 65 (66) cm
Gesamtlänge: ca. (43) 47 (52,5) 60,5 (64,5) 71 (77) cm

GROßES PERLMUSTER

2 R str mit: *1 M glatt rechts, 1 M glatt links*, von * bis * bis R-Ende wdh.

2 R str mit: *1 M glatt links, 1 M glatt rechts *, von * bis * bis R-Ende wdh.

Querliegende M (siehe Video unter klompelompe.no): 2 M re, *mit der li Ndl von li in die 2. M auf der re Ndl einstechen, beide M von der re Ndl gleiten lassen (d.h. die letzte M auf der re Ndl hängt frei, diese M hinter der Arbeit mit der li Hand festhalten, und die M, in die eingestochen wurde liegt auf der li Ndl). Die festgehaltene M hinter der Arbeit mit der re Ndl aufnehmen. Die M auf der li Ndl nochmals re str, 1 M re*, von * bis * bis Rd-Ende wdh.

Die Arbeit beginnt oben und wird in Hin- und Rück-R auf der Rundndl gestrickt.

(65) 67 (69) 71 (73) 75 (79) M mit Ndl Nr. 3 anschlagen. Die 1. R ist eine Rück-R.

(6) 6 (6) 8 (8) 8 (8) R im Rippenmuster (1 M re, 1 M li im Wechsel) str, dabei in der (3.) 3. (3.) 5. (5.) 5. (5.) R ein Knopfloch einarb wie folgt:

KNOPFLOCH FÜR MÄDCHEN-VERSION

Mustergemäß str bis 5 M vor R-Ende, 2 M re zus str, 1 U, 3 M mustergemäß.

KNOPFLOCH FÜR JUNGEN-VERSION

3 M mustergemäß, 1 U, 1 M abh, 1 M re, die abgehobene M darüberziehen, bis R-Ende mustergemäß str.

Insgesamt gleichmäßig verteilt (5) 7 (7) 8 (8) 8 (9) Knopflöcher in Abständen von ca. (4,5) 4 (4,5) 4 (4,5) 4,5 (4,5) cm einarb.

Die 5 äußeren M an beiden Seiten werden in jeder R re gestrickt (als Krausrippen) = Knopfleisten.

Zu Ndl Nr. 3,5 wechseln. 1 Rück-R li M str, dabei gleichmäßig verteilt 30 M zun = (95) 97 (99) 101 (103) 105 (109) M.

(4) 4 (6) 6 (8) 8 (8) R im großen Perlmuster str.

1 R mit querliegenden M str.

1 R li M str, dabei gleichmäßig verteilt (30) 30 (30) 30 (25) 25 (25) M zun = (125) 127 (129) 131 (128) 130 (134) M auf der Ndl.

(6) 6 (6) 8 (10) 10 (10) R im großen Perlmuster str.

1 R mit querliegenden M str.

1 R li M str, dabei gleichmäßig verteilt (20) 27 (37) 27 (27) 27 (27) M zun = (145) 154 (166) 158 (155) 157 (161) M auf der Ndl.

(6) 8 (8) 8 (8) 10 (10) R im großen Perlmuster str.

1 R mit querliegenden M str.

1 R li M str, dabei gleichmäßig verteilt (14) 29 (35) 29 (34) 36 (37) M zun = (159) 183 (201) 187 (189) 193 (198) M auf der Ndl.

Größen 12 Mon (18 Mon) 2 (3) Jahre:
1 (3) 5 (5) R glatt rechts str.

1 R li M str, dabei gleichmäßig verteilt 30 (34) 36 (37) M zun = 217 (223) 229 (235) M auf der Ndl.

Alle Größen
(6) 6 (2) 1 (1) 1 (5) R glatt rechts str (re M in der Hin-R, li M in der Rück-R).

In der nächsten R die M für die Ärmel und den Rumpf teilen wie folgt:

(22) 27 (29) 32 (32) 34 (35) M re, (38) 40 (44) 46 (48) 48 (50) M auf einer Hilfsndl stilllegen, 5 M anschl (unter dem Ärmel), (39) 49 (55) 61 (63) 65 (65) M re, (38) 40 (44) 46 (48) 48 (50) M auf einer Hilfsndl stilllegen, 5 M anschl (unter dem Ärmel), (22) 27 (29) 32 (32) 34 (35) M re = (93) 113 (123) 135 (137) 143 (145) M auf der Ndl.

Glatt rechts weiterstr, bis die Arbeit (26) 28 (31) 35 (37) 39 (41) cm misst und die nächste R eine Hin-R ist.

Die Knopfleiste mit Knopflöchern über die andere Knopfleiste legen und die M re zus str.

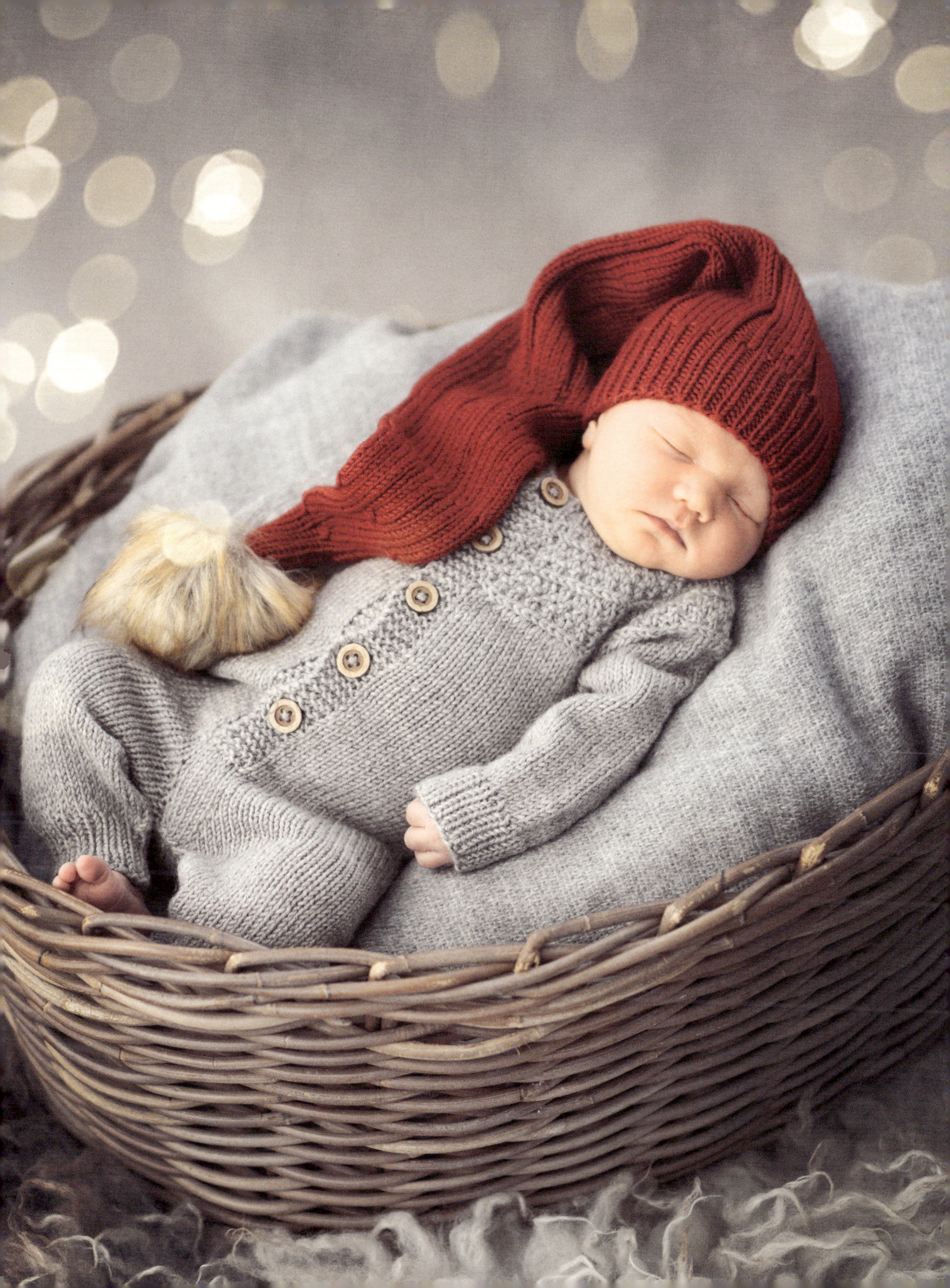

Farbe 5885

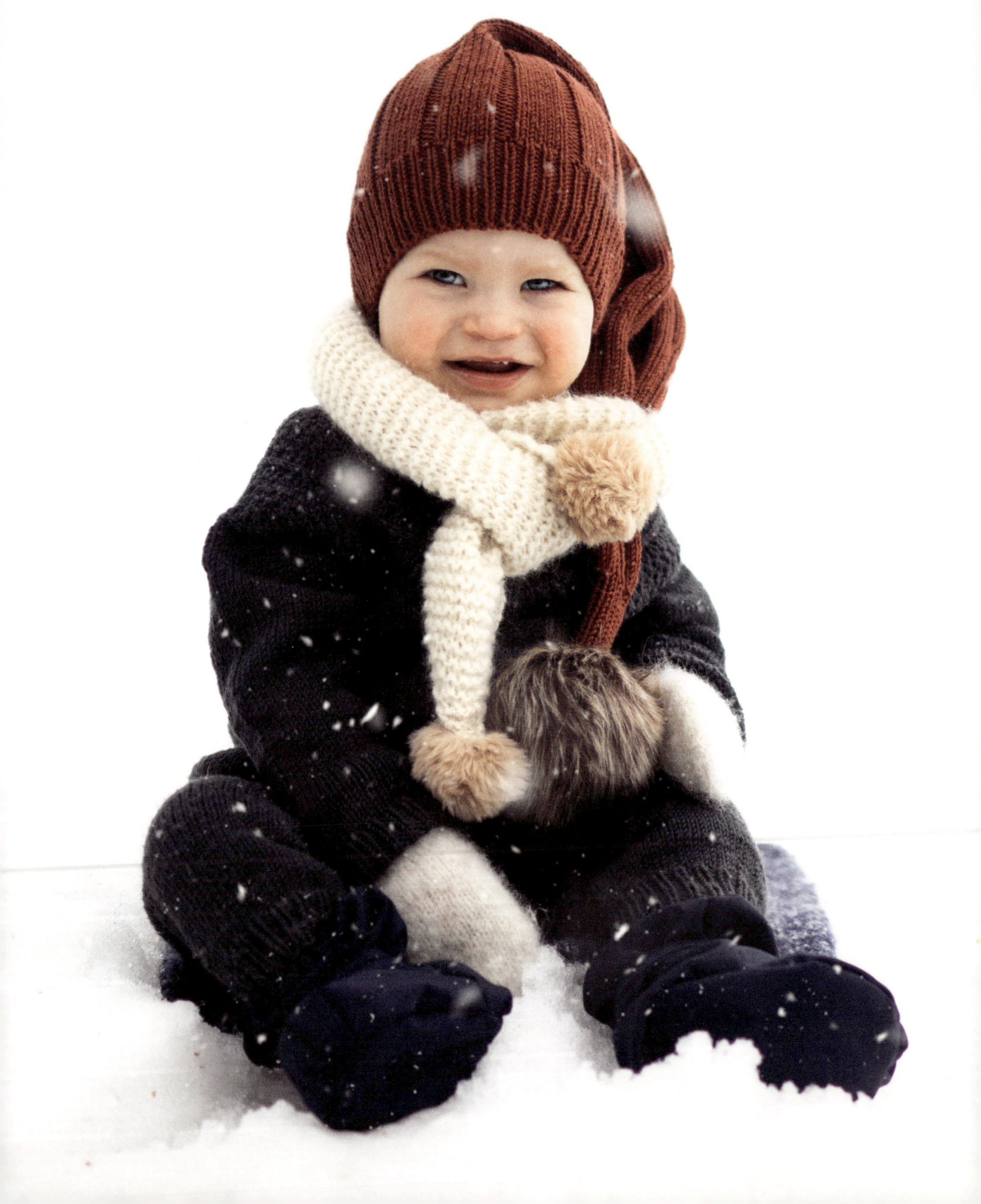

Ab jetzt in Rd str. Die bisherigen M für die Knopfleiste nun glatt rechts str.

Weiterstr, bis die Arbeit (28) 30 (33) 37 (39) 41 (43) cm misst.

Beidseitig der 5 mittleren M an Vorder- und Rückenteil je 1 MM setzen. Beidseitig dieser markierten 5 M vorn und hinten je 1 M re verschr aus dem Querfaden zun. Dies in jeder 2. Rd wdh, insgesamt 4-mal arb.

In der nächsten Rd die 5 markierten M vorn und hinten abk = (47) 57 (62) 68 (69) 72 (73) M pro Bein.

BEINE

Den Rd-Beginn (innen am Bein) markieren. Nach 2 cm wie folgt abn: 1 M re, 2 M re zus str, str bis 3 M vor Rd-Ende, 1 M abh, 1 M re, die abgehobene M darüberziehen, 1 M re.

Die Abnahmen alle (3) 3 (2,5) 2 (2,5) 3 (3) cm wdh, bis (43) 49 (52) 52 (55) 56 (55) M auf der Ndl sind.

Das Bein weiterstr, bis es (10) 12 (14) 18 (20) 24 (28) cm misst.

1 Rd re M str, dabei gleichmäßig verteilt M abn auf (36) 36 (38) 38 (40) 40 (40) M.

Zu Ndl Nr. 3 wechseln. (10) 10 (12) 12 (12) 14 (14) Rd im Rippenmuster (1 M re, 1 M li im Wechsel) str, in der letzten Rd die M locker abk.

ÄRMEL

Aus den unter dem Ärmel angeschlagenen 5 M ab der Mitte 3 M auffassen, die (38) 40 (44) 46 (48) 48 (50) M von der Hilfsndl re str und bis Rd-Ende noch 2 M auffassen.

In Rd str. Die 1. M ist eine Markierungs-M und wird immer li gestrickt. 2 cm str, dann beidseitig der Markierungs-M je 1 M abn. So alle (2,5) 2 (2) 2,5 (2) 2,5 (2,5) cm abn, bis (35) 35 (35) 37 (37) 39 (39) M auf der Ndl sind. Weiterstr, bis der Ärmel (12) 14 (16) 18 (20) 23 (26) cm misst.

1 Rd re M str, dabei die Markierungs-M abn.

Zu Ndl Nr. 3 wechseln. (10) 10 (12) 12 (12) 14 (14) Rd im Rippenmuster (1 M re, 1 M li im Wechsel) str, in der letzten Rd die M locker abk.

Alle Fäden vernähen und die Schrittnaht schließen. Knöpfe annähen. Das Strickstück unter einem feuchten Handtuch trocknen lassen.

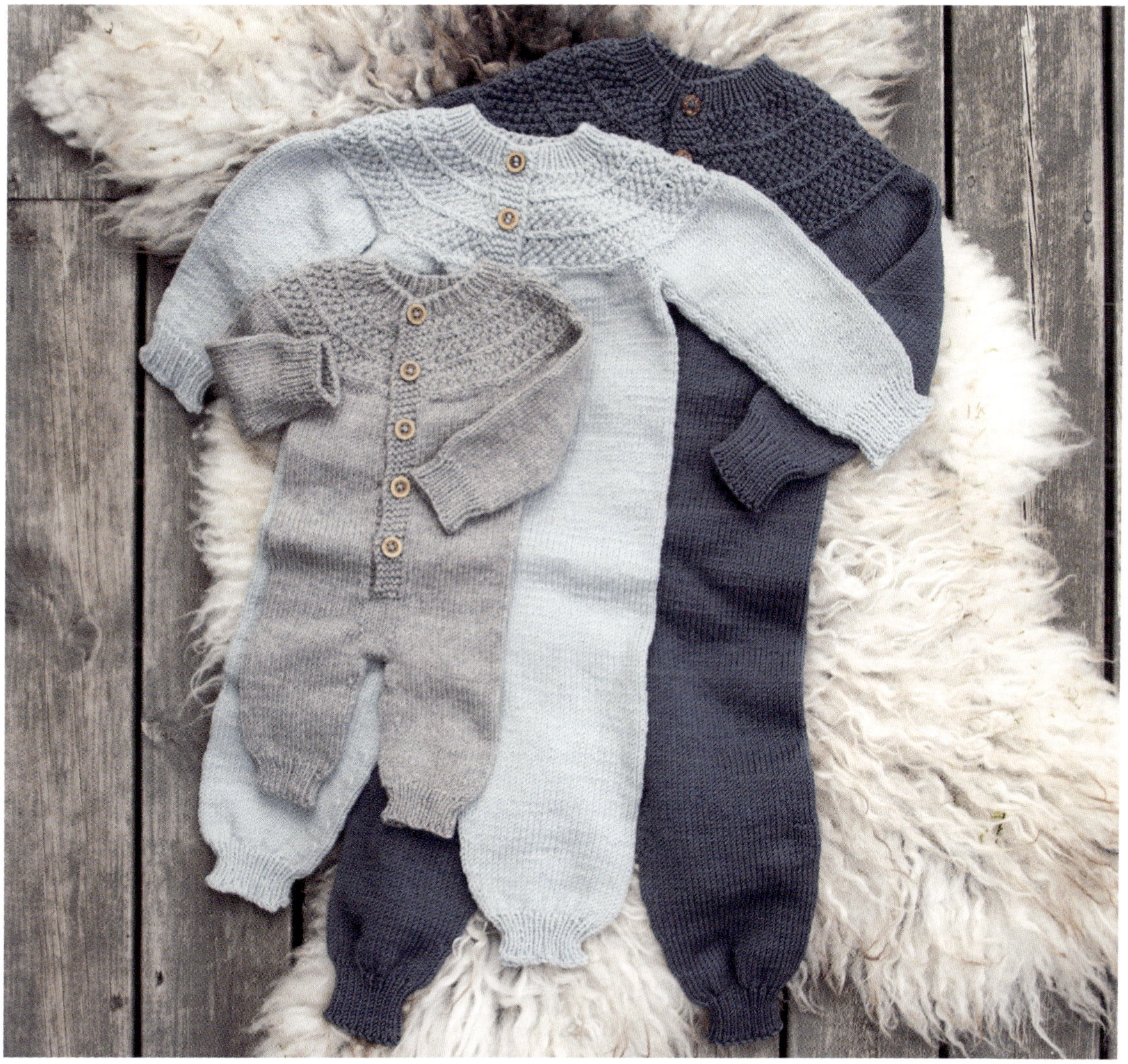

Farben 1042, 6521, 6571

Weihnachtlicher Outdoorpullover

Dieser Pullover, der sehr gut auf Wanderungen oder Ausflügen getragen werden kann, macht viel Spaß beim Stricken und ist ein Projekt mit mehreren verschiedenen Techniken, einem Reißverschlusskragen und schönem Einstrickmuster.

Schwierigkeitsgrad 3

GRÖSSEN
(XS) S (M) L (XL)

GARN
KlompeLOMPE Tynn Merinoull, Farbe A 4236 und Farbe B 1013,
Sandnes Garn Mini Alpakka, Farbe A 4219 und Farbe B 1015.
KlompeLOMPE Merinoull, Farbe 4236

MENGE
KlompeLOMPE Tynn Merinoull:
Farbe A: (250) 250 (250) 300 (350) g,
Farbe B: (150) 200 (250) 250 (300) g,
Sandnes Garn Mini Alpakka:
Farbe A: (250) 250 (250) 300 (350) g,
Farbe B: (200) 200 (200) 200 (250) g,
KlompeLOMPE Merinoull: 50 g für alle Größen

NADELN
Rundnadeln Nr. 3 und Nr. 5, je 40 cm und 80 cm

MASCHENPROBE
22 M im Muster mit Ndl Nr. 5 = 10 cm

MASSE
Gesamtlänge: ca. (61) 62 (64) 68 (70) cm
Oberweite: ca. (89) 102 (102) 115 (127) cm

Der Pullover wird von oben in Hin- und Rück-R begonnen.

(99) 99 (99) 103 (107) M mit Ndl Nr. 3 mit KlompeLOMPE Merinoull anschlagen. 12 cm im Rippenmuster (1 M re, 1 M li im Wechsel) str.

Zu einem Faden KlompeLOMPE Tynn Merinoull und einem Faden Sandnes Garn Mini Alpakka in Farbe A wechseln und doppelfädig noch 12 cm im Rippenmuster str.

Zu Ndl Nr. 5 wechseln. 1 R re M str, dabei die Anschlagkante auf der Innenseite nach oben klappen und immer 1 M mit 1 M der Anschlagkante zus str, dabei die 3 äußeren M an jeder Seite überspringen, damit eine schöne Öffnung zum Einsetzen des Reißverschlusses entsteht. Wenn das Anstricken zu kniffig ist, die Kante am Schluss locker annähen.

9 Steek-M anschlagen. Diese M zählen nicht zur M-Zahl dazu.

Doppelfädig mit je 1 Faden KlompeLOMPE Tynn Merinoull und Sandnes Garn Mini Alpakka weiterstr. Die nächste Rd str, dabei wie folgt markieren (die Raglan-M in Farbe A str): (19) 19 (19) 20 (21) M im Einstrickmuster nach Zählmuster, MM setzen, 3 M re (Raglan-M), 5 M im Einstrickmuster nach Zählmuster (Ärmel-M), 3 M re (Raglan-M), MM setzen, (39) 39 (39) 41 (43) M im Einstrickmuster nach Zählmuster, MM setzen, 3 M re (Raglan-M), 5 M im Einstrickmuster nach Zählmuster (Ärmel-M), 3 M re (Raglan-M), MM setzen, (19) 19 (19) 20 (21) M im Einstrickmuster nach Zählmuster.

Nach dem Zählmuster weiterstr und in jeder 2. Rd beidseitig der Raglan-M zun wie im Zählmuster angegeben, dazu den Querfaden zwischen den M re verschr abstr = 8 M in der Rd zugenommen.

Wenn 19-mal zugenommen wurde, die Steek-M abk. Die Fäden abschneiden. Die M so umverteilen, dass der Rd-Beginn nun vor den Raglan-M vor dem linken Ärmel liegt. Ab jetzt in Rd str und an der Stelle der Steek-M 1 M anschlagen. Weiter in jeder 2. Rd an den Raglan-M zunehmen.

Nach insgesamt (27) 30 (32) 36 (40) Zunahmen 2 Rd ohne Zunahmen str = (316) 340 (356) 392 (428) M auf der Ndl.

In der nächsten Rd die Ärmel-M und die Raglan-M auf Hilfsnadeln stilllegen und unter jedem Ärmel (5) 13 (9) 13 (17) M anschl = (196) 224 (224) 252 (280) M auf der Ndl.

Im Muster weiterstr, bis die Arbeit ab der Schulter (53) 54 (56) 60 (62) cm misst. Zu Ndl Nr. 3 wechseln und 1 Rd re M in Farbe A str. 8 cm im Rippenmuster (1 M re, 1 M li im Wechsel) str, in der letzten Rd die M abk.

ÄRMEL

TIPP: Beidseitig der unter den Ärmeln angeschlagenen M zusätzlich je 1 M aufnehmen, um Löcher zu vermeiden.

Mit Ndl Nr. 5 arb. Aus den unter dem Ärmel angeschlagenen (5) 13 (9) 13 (17) M ab der Mitte (5) 7 (5) 7 (9) M auffassen, die (65) 71 (75) 83 (91) M von der Hilfsndl mustergemäß nach Zählmuster str, (4) 6 (4) 6 (8) M bis Rd-Ende auffassen = (76) 86 (86) 98 (110) M einschließlich der aus dem Übergang zum Rumpf aufgenommenen M, siehe Tipp.

(Bitte beachten: Für Gr. XS werden mehr M aufgefasst als unter dem Ärmel angeschlagen wurden).

Den Ärmel gemäß Zählmuster str, bis er 40 cm misst oder die gewünschte Länge hat.

Nach 2,5 cm wie folgt abn: 2 M re zus str, im Muster str bis 2 M vor Rd-Ende, 1 M abh, 1 M re, die abgehobene M darüberziehen.

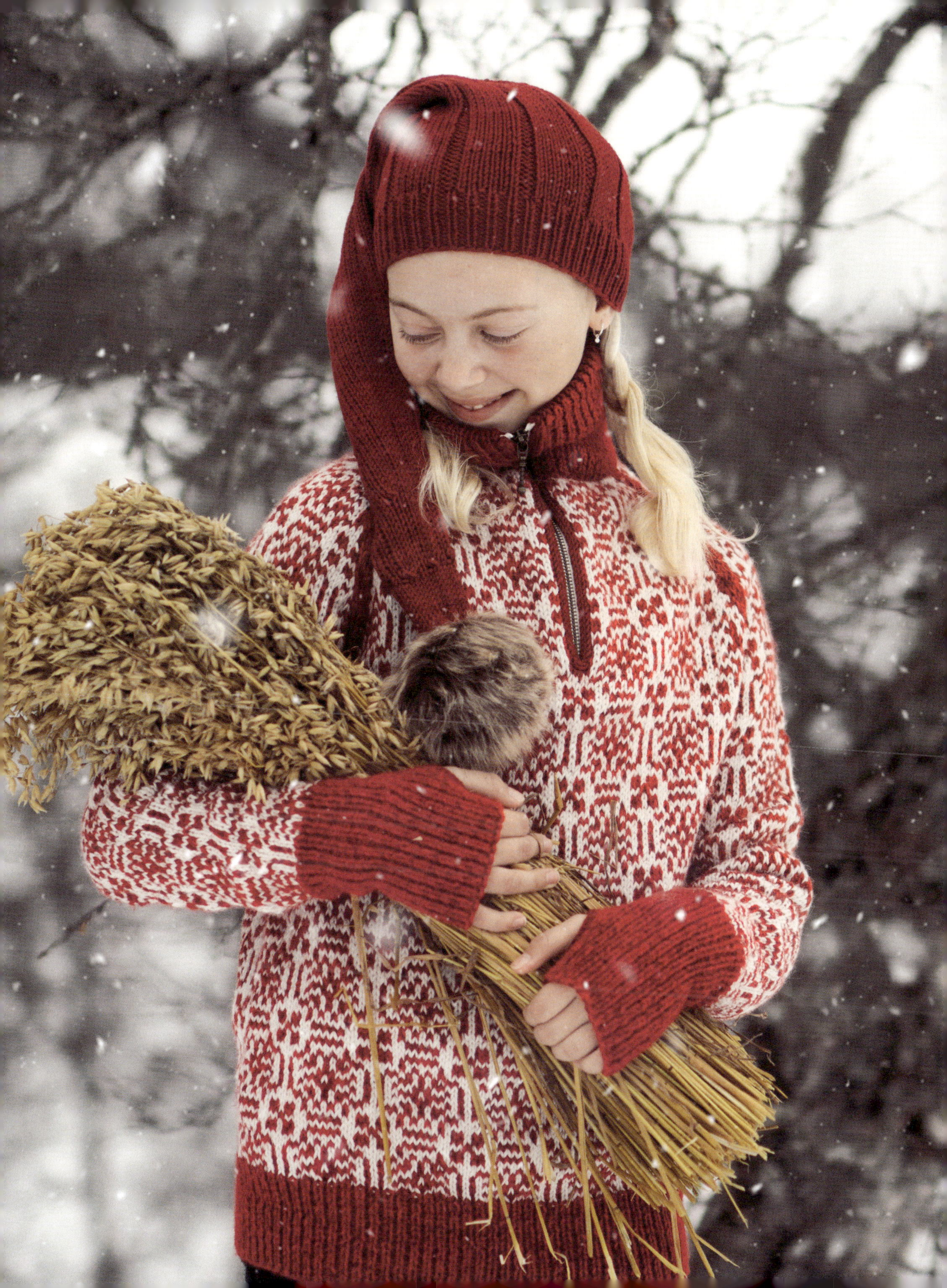

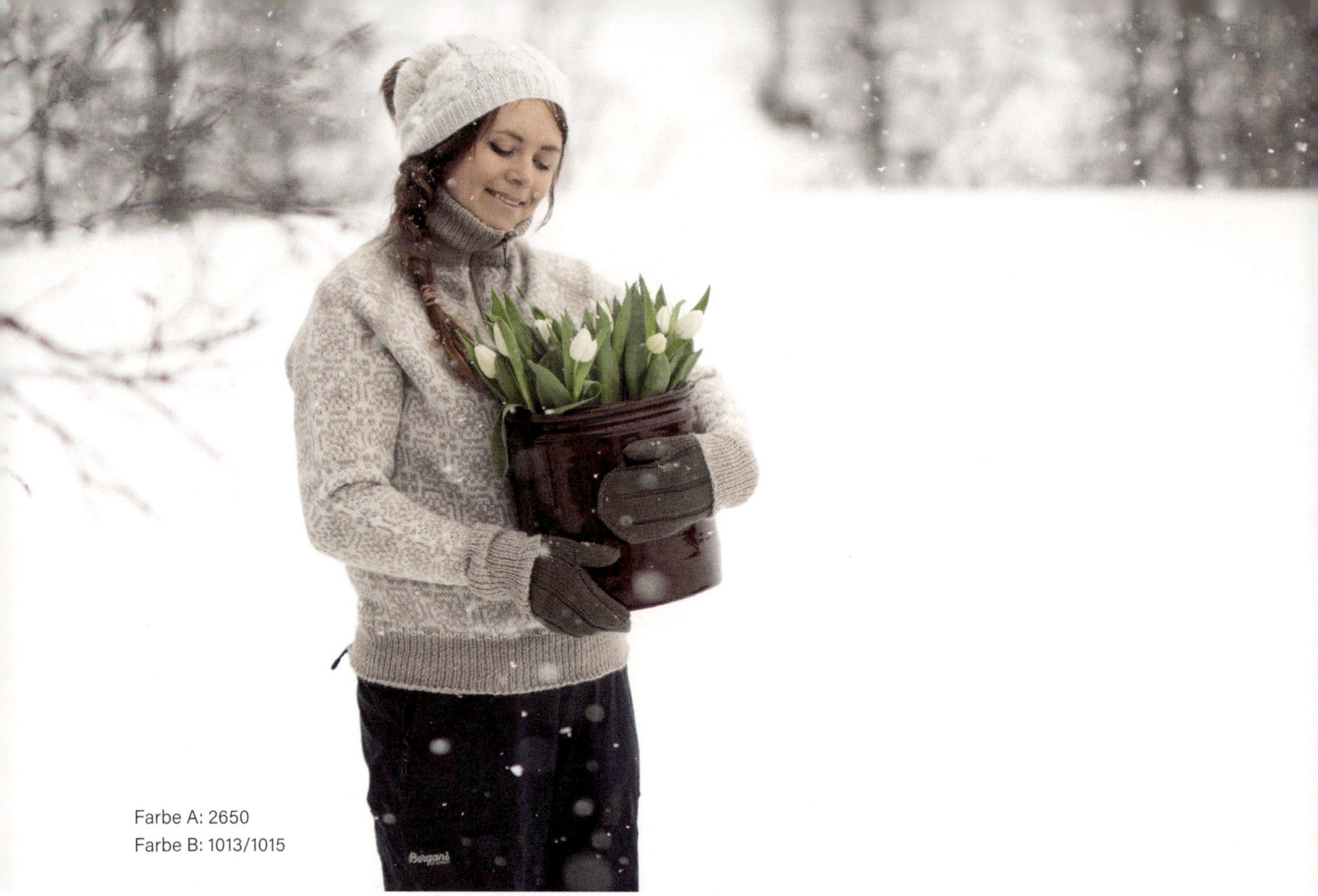

Farbe A: 2650
Farbe B: 1013/1015

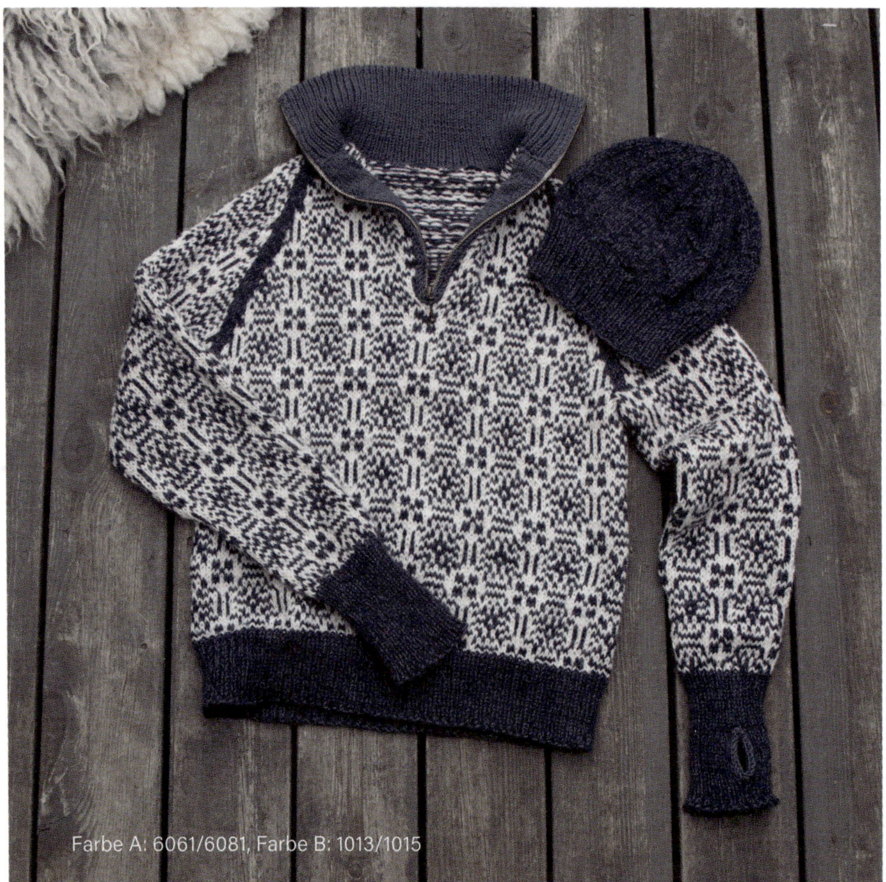

Farbe A: 6061/6081, Farbe B: 1013/1015

Darauf achten, dass das Muster seine Position behält und am Beginn und Ende der Rd allmählich abnimmt.

Die Abnahmen alle (2,5) 1,5 (1,5) 1,5 (1) cm wdh, bis noch (46) 46 (46) 48 (50) M auf der Ndl sind.

Zu Ndl Nr. 3 wechseln. 1 Rd re M in Farbe A str. 7 cm im Rippenmuster (1 M re, 1 M li im Wechsel) str.

LINKER ÄRMEL

14 M im Rippenmuster str, wenden. 5 cm im Rippenmuster in Hin- und Rück-R str. Dann wieder in Rd str. Noch 3 cm im Rippenmuster str, in der letzten Rd die M abk.

RECHTER ÄRMEL

Im Rippenmuster str, bis 14 M vor Rd-Ende, wenden. 5 cm im Rippenmuster in Hin- und Rück-R str. Dann wieder in Rd str. Noch 3 cm im Rippenmuster str, in der letzten Rd die M abk.

RAND UM DIE DAUMENÖFFNUNG
Mit Ndl Nr. 2,5 und KlompeLOMPE Merinoull 1 M pro M rundum aus der Daumenöffnung aufnehmen, dabei jede 5. M überspringen. Mit einem dünnen I-Cord-Rand abk.

DÜNNER I-CORD-RAND
1 M re, 2 M re verschr zus str, die 2 M auf der re Ndl zurück auf die li Ndl heben, von * bis * wdh, bis noch 2 M übrig sind, 1 M über die andere M ziehen und den Faden festziehen.

HALSAUSSCHNITT
Mit Ndl Nr. 3 und KlompeLOMPE Merinoull aus der Halsöffnung (wo der Reißverschluss eingenäht werden soll, neben den Steek-M) von oben links nach unten und dann bis oben rechts M aufnehmen. Den Faden abschneiden. Oben links beginnen und mit einem I-Cord-Rand abk:

3 M auf der Ndl anschl, die 3 M auf die li Ndl heben, *2 M re, 2 M re verschr zus. Die 3 M auf der re Ndl zurück auf die li Ndl heben*, von * bis * bis R-Ende wdh. Die letzten 3 M abk.

Den Reißverschluss wie auf den Fotos gezeigt einnähen. Den Teil des Kragens aus KlompeLOMPE Merinoull umklappen und auf der anderen Seite des Reißverschlusses annähen.

BELEG
6 M mit Ndl Nr. 3 mit einem Faden KlompeLOMPE Tynn Merinoull anschlagen. Glatt rechts in Hin- und Rück-R str, bis der Beleg die gleiche Länge wie der Reißverschlussbereich hat (s. Foto). Die M auf eine Hilfsndl heben und beiseitelegen.

Den zweiten Beleg genauso str. Beide Belege auf eine Ndl heben und 6 cm in Hin- und Rück-R über alle M str.

Beleg mit einem Faden KlompeLOMPE Tynn Merinoull annähen. Alle Fäden vernähen und den Pullover unter einem feuchten Handtuch trocknen lassen.

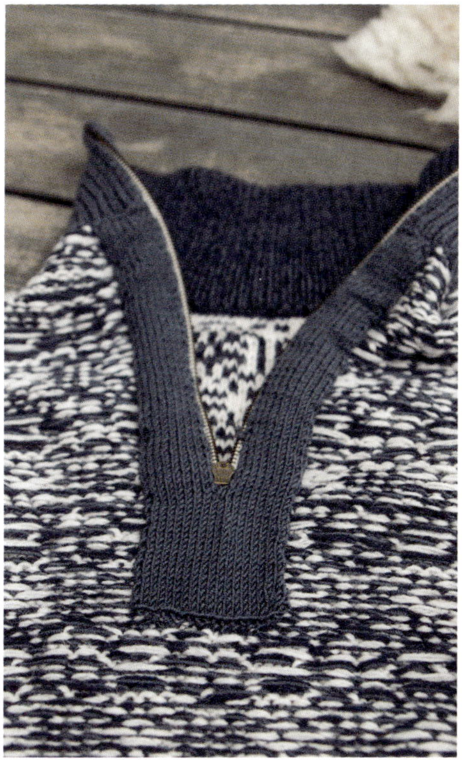

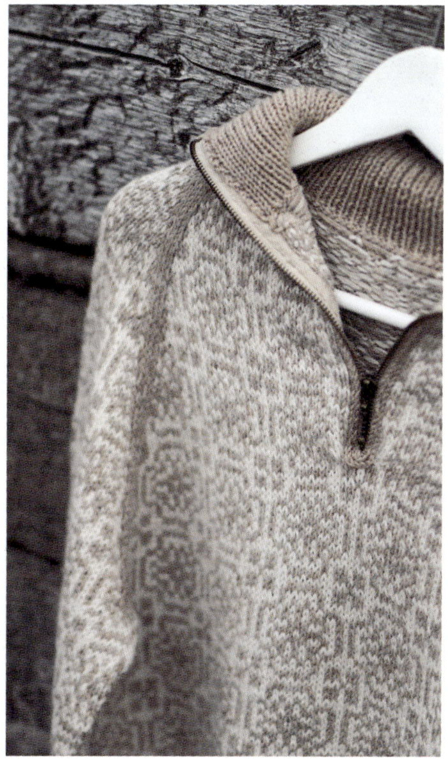

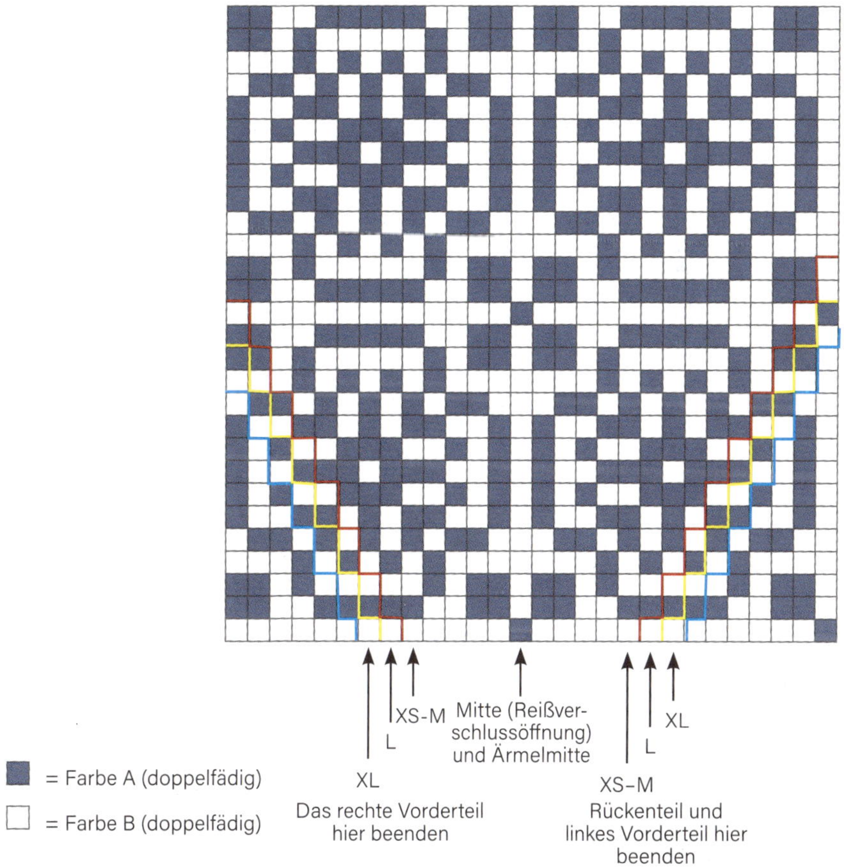

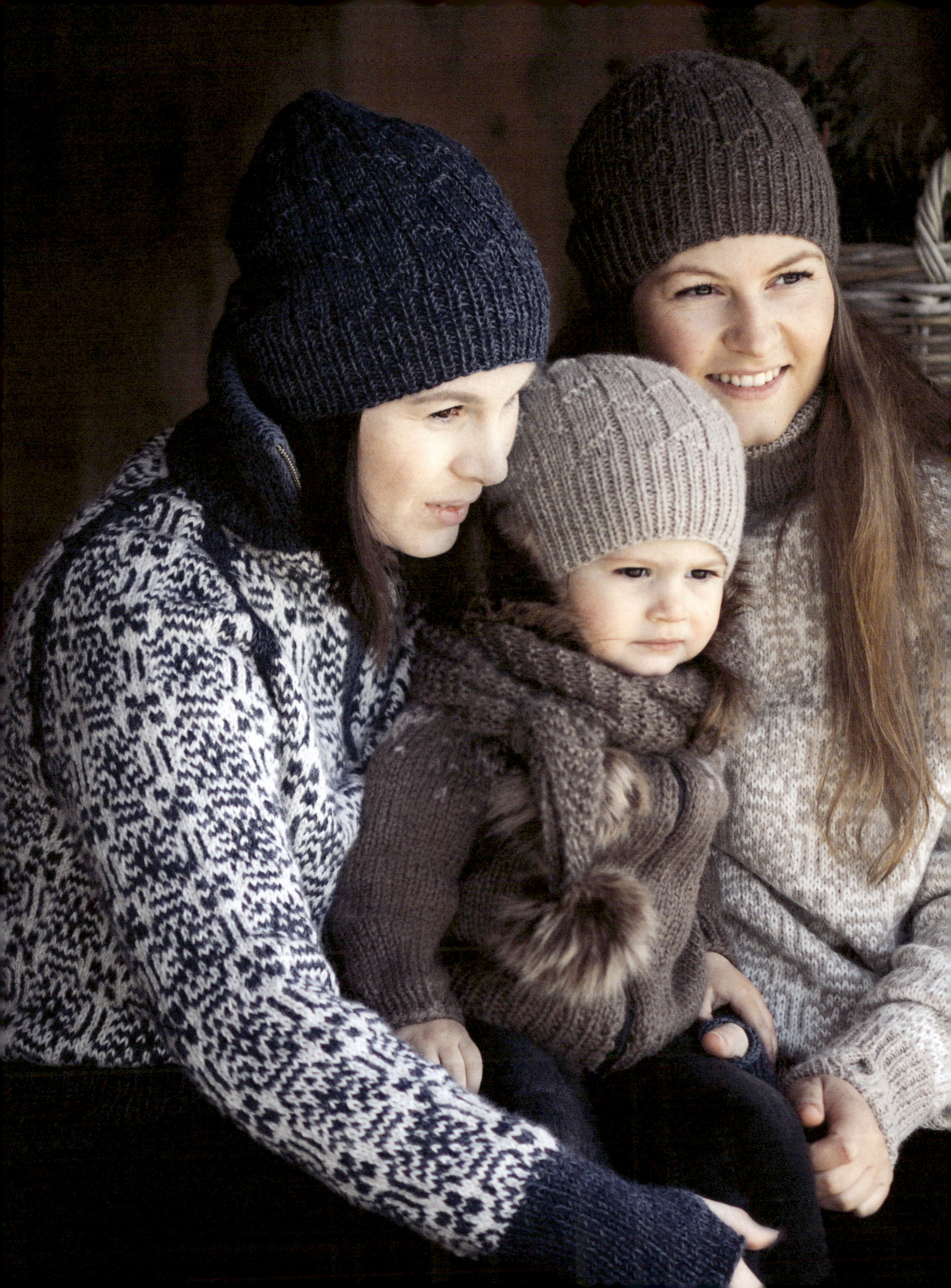

Mütze Richard

Wenn Sie Ihr erstes Projekt mit einer Strickschrift ausprobieren möchten, ist dieses hier perfekt für den Anfang. Das einfache, klassische Strukturmuster und die gute Passform machen die Mütze zu einem Lieblingsstück, von dem man gerne noch mehrere stricken möchte.

Schwierigkeitsgrad 1

GRÖSSEN
(1–3 Jahre) 3–7 Jahre (8–14 Jahre) Damen (Herren)

GARN
KlompeLOMPE Tynn Merinoull und Sandnes Garn Mini Alpakka, Farbe 2652

MENGE
KlompeLOMPE Tynn Merinoull: 50 g für alle Größen
Sandnes Garn Mini Alpakka: 50 g für alle Größen

NADELN
Rundnadeln Nr. 3,5 und Nr. 4, je 40 cm, Nadelspiel Nr. 4 oder Rundnadel, 80 cm, für Magic Loop

MASCHENPROBE
20 M mit Ndl Nr. 4 = 10 cm

(80) 84 (88) 88 (92) M mit Ndl Nr. 3,5 doppelfädig mit 1 Faden pro Garnqualität anschlagen. (16) 16 (18) 18 (18) Rd im Rippenmuster (1 M re, 1 M li im Wechsel) str. Zu Ndl Nr. 4 wechseln. Mit der Strickschrift beginnen, dabei in der 1. Rd gleichmäßig verteilt (0) 6 (2) 12 (8) M zun.

Wenn das Zählmuster (1,5) 2 (2,5) 2,5 (2,5)-mal gestrickt wurde, wie folgt weiterstr:

Nächste Rd: *1 M li, 2 M re zus str, 2 M re, 1 M li, 4 M re*, von * bis * bis Rd-Ende wdh.

Nächste Rd: *1 M li, 3 M re, 1 M li, 4 M re*, von * bis * bis Rd-Ende wdh.

Nächste Rd: *1 M li, 3 M re, 1 M li, 2 M re zus str, 2 M re*, von * bis * bis Rd-Ende wdh.

Nächste Rd: *1 M li, 3 M re*, von * bis * bis Rd-Ende wdh.

Nächste Rd: *1 M li, 2 M re zus str, 1 M re, 1 M li, 3 M re*, von * bis * bis Rd-Ende wdh.

Nächste Rd: *1 M li, 2 M re, 1 M li, 3 M re*, von * bis * bis Rd-Ende wdh.

Nächste Rd: *1 M li, 2 M re, 1 M li, 2 M re zus str, 1 M re*, von * bis * bis Rd-Ende wdh.

Nächste Rd: *1 M li, 2 M re*, von * bis * bis Rd-Ende wdh.

Nächste Rd: *1 M li, 2 M re zus str, 1 M li, 2 M re*, von * bis * bis Rd-Ende wdh.

Nächste Rd: *1 M li, 1 M re, 1 M li, 2 M re*, von * bis * bis Rd-Ende wdh.

Nächste Rd: *1 M li, 1 M re, 1 M li, 2 M re zus str*, von * bis * bis Rd-Ende wdh.

Nächste Rd: *1 M li, 1 M re*, von * bis * bis Rd-Ende wdh.

Nächste Rd: *1 M li, 1 M re, 2 M re zus str*, von * bis * bis Rd-Ende wdh.

Nächste Rd: *1 M li, 2 M re*, von * bis * bis Rd-Ende wdh.

Nächste Rd: *1 M li, 2 M re zus str*, von * bis * bis Rd-Ende wdh.

Nächste Rd: *1 M li, 1 M re*, von * bis * bis Rd-Ende wdh.

Nächste Rd: *2 M re zus str*, von * bis * bis Rd-Ende wdh.

Den Faden durch die übrigen M fädeln und festziehen.

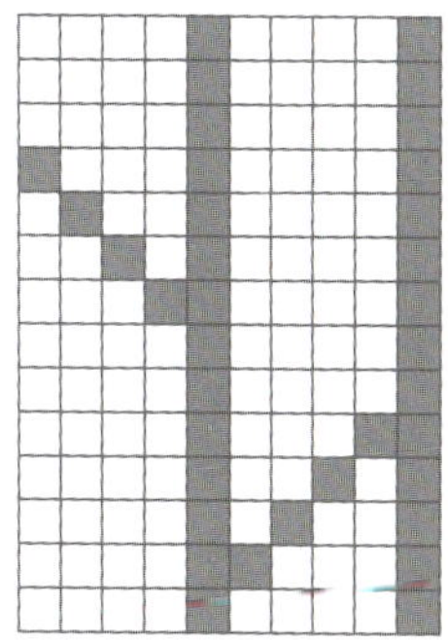

Alle Fäden vernähen.

□ = 1 M rechts
■ = 1 M links

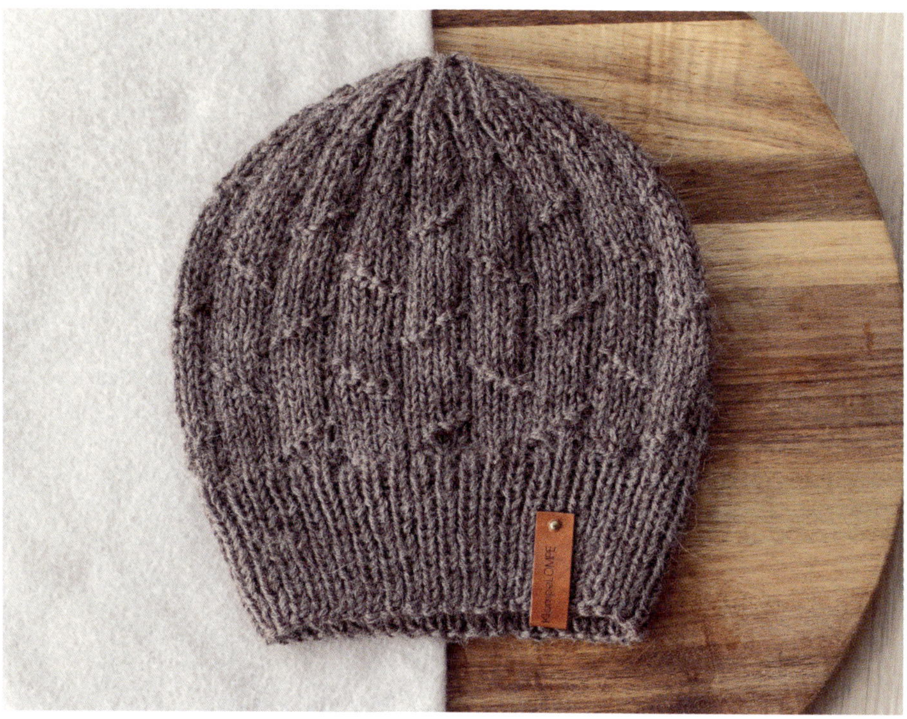

Schicker Kuschelmantel

Ein Gute-Laune-Projekt mit Noppen, Kapuze und süßen Details, die den wunderbarsten Kuschelmantel ergeben, den man sich denken kann.

Schwierigkeitsgrad 2

GRÖSSEN
(12 Mon) 18 Mon (2 Jahre) 3 Jahre (4 Jahre) 6 Jahre (8 Jahre) 10 Jahre

GARN
Sandnes Garn KOS, Farbe 1012

MENGE
(200) 200 (250) 250 (250) 300 (350) 400 g

NADELN
Rundnadeln Nr. 4 und Nr. 5, je 60 oder 80 cm,
Nadelspiel Nr. 4 und Nr. 5, evtl. Rundnadel, 80 cm, für Magic Loop

MASCHENPROBE
16 M mit Ndl Nr. 5 = 10 cm

MASSE
Gesamtlänge: ca. (36) 39 (42) 44 (52) 57 (60) 62 cm
Oberweite: ca. (59) 62 (64,5) 66 (69) 72,5 (76) 79 cm

Der Mantel wird von unten und in Hin- und Rück-R gestrickt.

(146) 150 (152) 156 (160) 168 (178) 186 M mit Ndl Nr. 5 anschlagen. 11 R glatt rechts str. 1 Rück-R re M str.

Ab jetzt wie folgt bis zum Ende der Arbeit str: Beidseitig die äußeren 5 M kraus rechts, daneben die nächsten 11 M nach der Strickschrift (siehe Seite 160), die übrigen M dazwischen glatt rechts str.

Die 11 M an beiden Seiten, die gemäß Strickschrift gestrickt werden, jeweils beidseitig mit einem MM markieren, um besser erkennen zu können, wo sich das Musterfeld befindet.

Bitte beachten: Da sich die Krausrippen (Knopfleisten) zusammenziehen, ca. alle 4 cm beidseitig verkürzte R str wie folgt:

5 M re, den Faden um die nächste M legen (= die M abh, Faden auf die andere Seite legen, die M zurück auf die li Ndl legen), wenden und 5 M zurückstr. So bis zur Halskante str, aber nicht an der Kapuze.

12 R str. In der nächsten R die untere Kante an der Umbruchlinie nach innen hochklappen und immer 1 M mit 1 M der Anschlagkante zus str, dabei im eingeteilten Muster wie bisher weiterstr. Falls dies zu knifflig ist, die Kante später innen von Hand annähen.

Beidseitig einen MM setzen wie folgt: (38) 39 (39) 40 (41) 43 (46) 48 M str, MM setzen, (70) 72 (74) 76 (78) 82 (86) 90 M str, MM setzen, (38) 39 (39) 40 (41) 43 (46) 48 M str.

Nach (10) 12 (15) 15 (15) 17 (17) 17 cm beidseitig abn wie folgt: *Bis 3 M vor dem MM str, 1 M abh, 1 M re, die abgehobene M darüberziehen, 2 M re, 2 M re zus str*, von * bis * wdh.

Die Abnahmen alle 7 cm wdh, insgesamt (3) 3 (3) 3 (4) 4 (5) 5-mal arb = (134) 138 (140) 144 (144) 152 (158) 166 M auf der Ndl.

Weiterstr, bis die Arbeit (28) 30 (32) 34 (38) 41 (44) 46 cm misst.

In der nächsten Hin-R wie folgt str: 2 M re, 2 M abk (Knopfloch), 1 M re, mustergemäß nach Strickschrift, (15) 19 (22) 22 (28) 30 (33) 33 M re, *2 M re zus str*, von * bis * insgesamt (36) 34 (32) 34 (28) 30 (30) 34-mal arb, (15) 19 (22) 22 (28) 30 (33) 33 M re, mustergemäß nach Strickschrift, 5 M re = (98) 104 (108) 110 (116) 122 (128) 132 M auf der Ndl. In der nächsten R 2 M anschl, wo in der Vor-R 2 M für das Knopfloch abgekettet wurden.

Größen (4) 6 (8) 10 Jahre:
(2,5) 5 (5) 5 cm ohne Abnahmen str.

Alle Größen:
In der nächsten R (Rück-R) für die Ärmel M abk wie folgt:

(23) 25 (26) 26 (28) 29 (31) 32 M str, 5 M abk, (42) 44 (46) 48 (50) 54 (56) 58 M str, 5 M abk, (23) 25 (26) 26 (28) 29 (31) 32 M str.

Insgesamt 3 Knopflöcher mit ca. (3,5) 4 (4,5) 5 (6,5) 7 (7,5) 7,5 cm Abstand zueinander einarb.

Die Arbeit beiseitelegen und die Ärmel str.

ÄRMEL

(26) 28 (30) 30 (30) 32 (32) 32 M mit Ndl Nr. 5 anschlagen. Zu Ndl Nr. 4 wechseln. 8 Rd re M str. Zu Ndl Nr. 5 wechseln. 1 Rd li M, 8 Rd re M str. In der nächsten Rd die untere Kante an der Umbruchlinie nach innen hochklappen und immer 1 M mit 1 M der Anschlagkante zus str. Falls dies zu knifflig ist, die Kante später innen von Hand annähen.

Glatt rechts weiterstr, bis der Ärmel ab der Umschlagkante (21) 23 (25) 27 (30) 33 (36) 39 cm misst, dabei nach 5 cm ab der Umschlagkante zun wie folgt: 1 M re, 1 M re verschr aus dem Querfaden zun, re M str bis 1 M vor

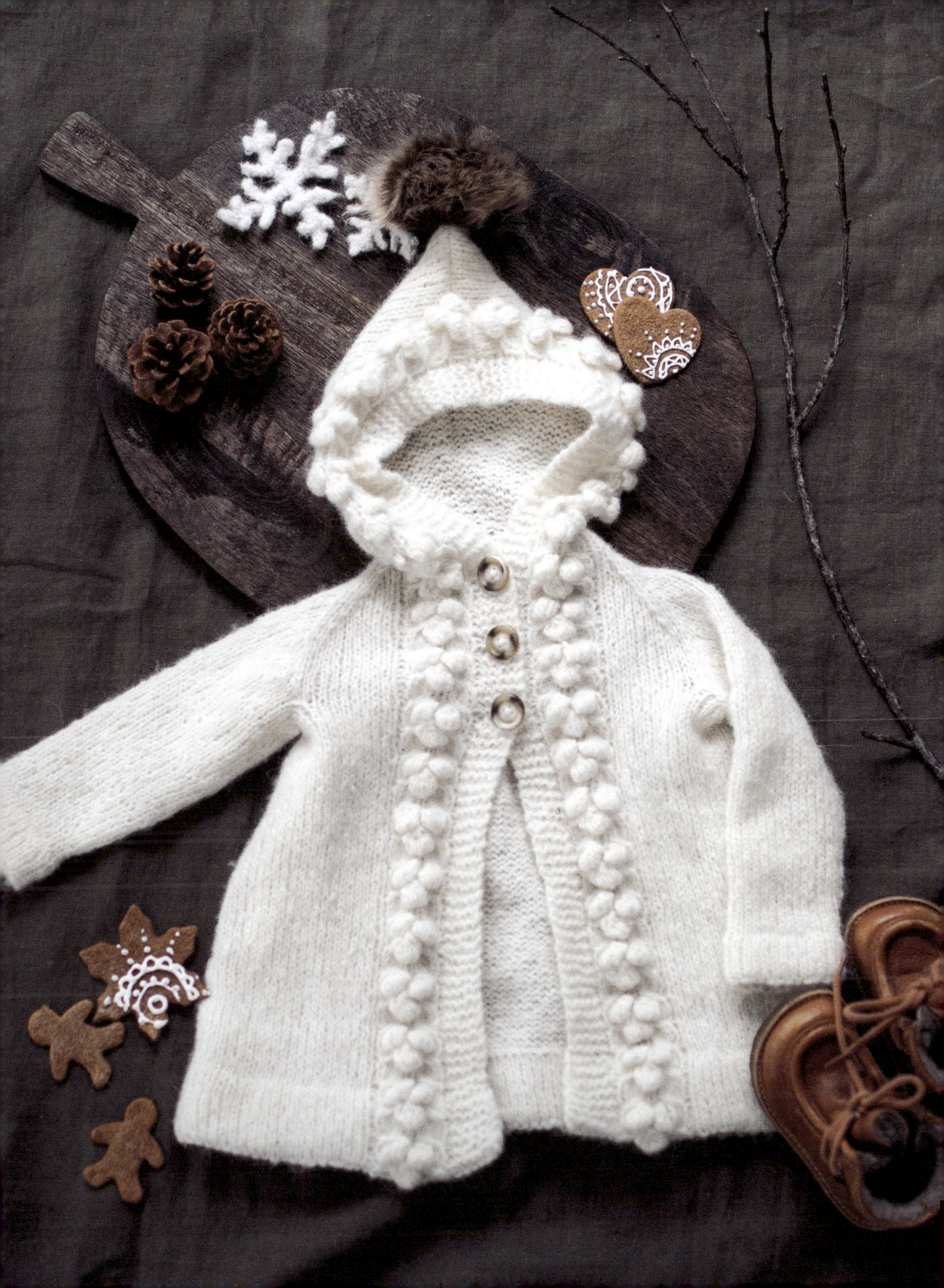

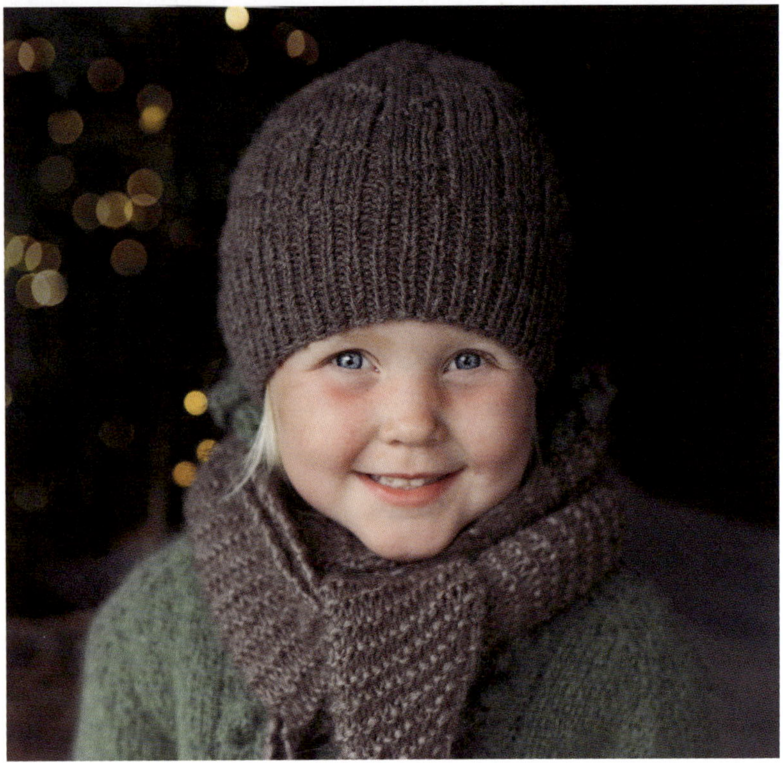

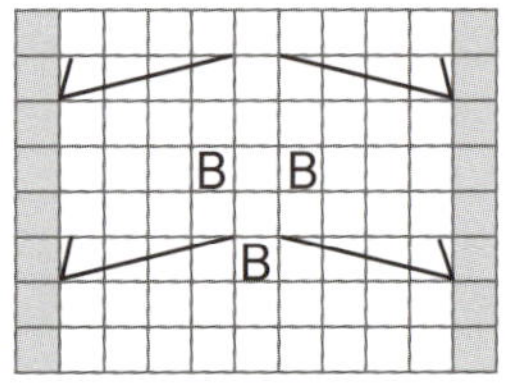

hier beginnen

= 3 M auf eine Hilfsndl hinter die Arbeit legen, 1 M re, die 3 M der Hilfsndl re str

= 1 M auf eine Hilfsndl vor die Arbeit legen, 3 M re, die M der Hilfsndl re str

= 1 M re in der Hin-R, 1 M li in der Rück-R

= 1 M li in der Hin-R, 1 M re in der Rück-R

B = Noppe: Aus der nächsten M 4 M herausstr: 1 M re, 1 M re verschr, 1 M re, 1 M re verschr. Wenden, 4 M li, wenden, 4 M re, wenden, 4 M li, wenden, 4 M re. Dann die 2. M über die 1. M ziehen, die 3. M über die 1. M ziehen, die 4. M über die 1. M ziehen. Jetzt liegt wieder 1 M auf der Ndl.

Rd-Ende, 1 M re verschr aus dem Querfaden zun, 1 M re.

Die Zunahmen alle (4) 6 (6,5) 7 (6) 7 (7,5) 6,5 cm wdh, bis (34) 34 (36) 36 (38) 40 (40) 42 M auf der Ndl liegen.

Wenn der Ärmel ab der Umschlagkante (21) 23 (25) 27 (30) 33 (36) 39 cm misst, die ersten 3 und die letzten 2 M der Rd abk.

Den Ärmel beiseitelegen und den zweiten Ärmel str.

Die Ärmel und den Rumpf auf dieselbe Ndl nehmen. 2 R str. An jedem Übergang zwischen Ärmel und Rumpf 1 MM setzen = (146) 152 (160) 162 (172) 182 (188) 196 M auf der Ndl. Weiterhin an beiden Seiten die äußeren 5 M kraus rechts und daneben die nächsten 11 M gemäß Strickschrift str.

In der nächsten R (Hin-R) an den Ärmeln wie folgt abn: *Bis zum MM str, 1 M abh, 1 M re, die abgehobene M darüberziehen, 1 M abh, 1 M re, die abgehobene M darüberziehen, bis 4 M vor dem nächsten MM str, 2 M re zus str, 2 M re zus str*, von * bis * wdh, bis R-Ende str. Die Abnahmen in jeder Hin-R wdh, insgesamt (6) 6 (6) 6 (6) 7 (7) 7-mal arb.

Dann wie folgt abn: *Bis 2 M vor dem MM str, 2 M re zus str, 1 M abh, 1 M re, die abgehobene M darüberziehen*, von * bis * an jedem MM wdh, bie R-Ende str. Jetzt wird an den Ärmeln sowie am Vorder- und Rückenteil abgenommen.

Die Abnahmen in jeder Hin-R wdh, insgesamt (1) 1 (2) 2 (3) 2 (2) 3-mal arb.

Dann wie folgt abn: *Bis 4 M vor dem MM str, 2 M re zus str, 2 M re zus str, bis zum nächsten MM str, 1 M abh, 1 M re, die abgehobene M darüberziehen, 1 M abh, 1 M re, die abgehobene M darüberziehen*, von * bis * wdh, bis R-Ende str. Jetzt wird nur am Vorder- und Rückenteil abgenommen.

Die Abnahmen in jeder Hin-R wdh, insgesamt (4) 4 (4) 4 (4) 5 (6) 6-mal arb = (58) 64 (64) 66 (68) 70 (68) 68 M auf der Ndl.

In der nächsten Hin-R zwischen den Musterstreifen gleichmäßig verteilt (0) 4 (4) 6 (6) 8 (4) 4 M abn = (58) 60 (60) 60 (62) 62 (64) 64 M auf der Ndl. Die MM an den Raglanlinien entfernen.

KAPUZE

Die rückwärtige Mitte mit einem MM markieren. In der nächsten Hin-R für den Hinterkopf wie folgt zun: Bis 2 M vor dem MM str, 1 M zun, 4 M re, 1 M zun, bis R-Ende str.

Die Zunahmen in jeder 2. Hin-R wdh, insgesamt 6-mal arb.

Die Zunahmen in jeder 3. Hin-R wdh, insgesamt 2-mal arb, dann in jeder 5. Hin-R wdh, insgesamt (2) 2 (2) 2 (2) 2 (3) 3-mal arb. Weiterhin die äußeren 5 M an beiden Seiten kraus rechts und daneben die nächsten 11 M an beiden Seiten gemäß Strickschrift str.

Weiterstr, bis die Kapuze ab dem Raglan ca. (25) 25 (25) 26 (26) 28 (30) 30 cm misst und zuletzt die 6. R (= Rück-R) der Strickschrift gestrickt wurde.

Die Kapuze rechts auf rechts zur Hälfte falten und die M zus str. Mit einer Hilfsnadel immer 1 M von der vorderen Ndl und 1 M von der hinteren Ndl re zus str und gleichzeitig abk, bis alle M aufgebraucht sind.

Alle Fäden vernähen. Die Enden der Umschlagkante unten zus nähen. Knöpfe annähen und einen Bommel aus Kunstpelz an die Kapuzenspitze nähen.

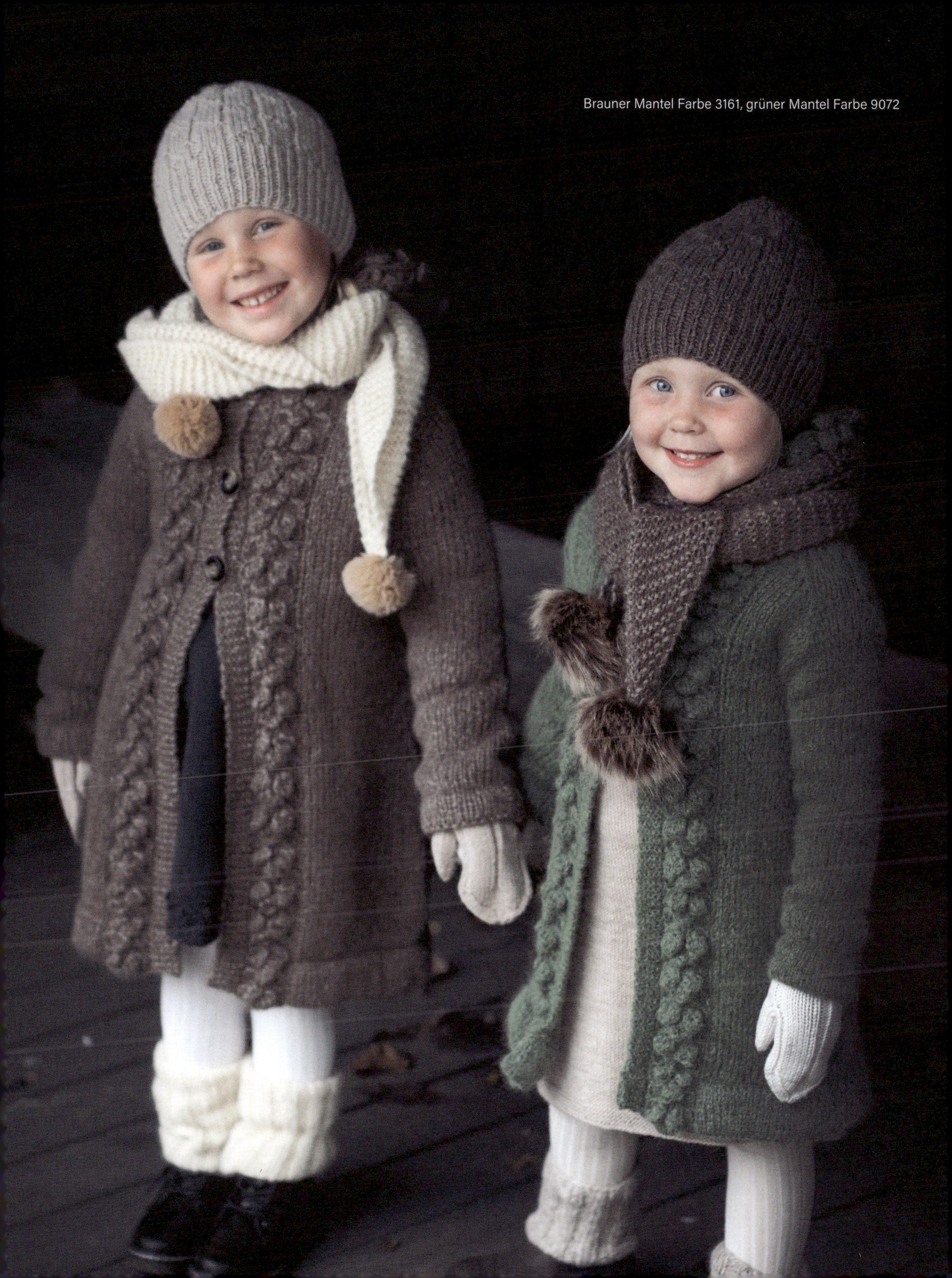

Brauner Mantel Farbe 3161, grüner Mantel Farbe 9072

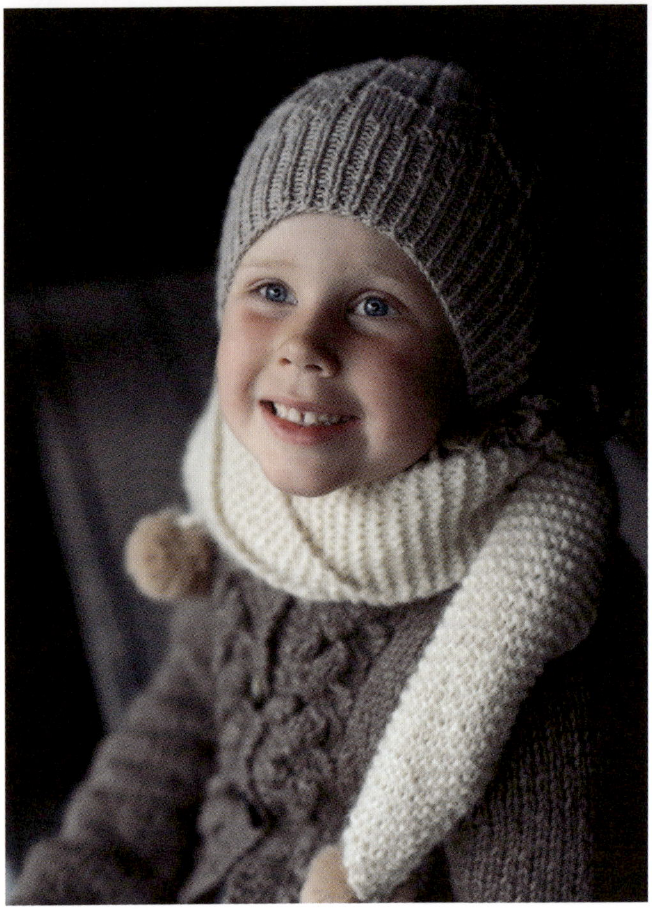

Bommelschal für Wichtelkinder

Diesen Schal mit den süßen Bommeln
und dem herrlich weichen Garn lieben Kinder einfach.

Schwierigkeitsgrad 1

GRÖSSEN
Einheitsgröße

GARN
Sandnes Garn Kos, Farbe 1012 oder 3161

MENGE
100 g

NADELN
Rundnadel Nr. 7, 40 cm

MASCHENPROBE
14 M mit Ndl Nr. 7 = 10 cm

Der Schal wird in Hin- und Rück-R gestrickt.

3 M mit Ndl Nr. 7 anschlagen. Krausrippen (= in allen R re M) str, dabei in jeder 2. R wie folgt zun:

1 M re, 1 M zun, re M str bis 1 vor R-Ende, 1 M zun, 1 M re.

So weiter zun, bis 27 M auf der Ndl liegen.

Jetzt Krausrippen ohne Zunahmen str.

Wenn die Arbeit 85 cm misst, in jeder 2. R wie folgt abn:

1 M re, 1 M abh, 1 M re, die abgehobene M darüberziehen, re M str bis 3 M vor R-Ende, 2 M re zus str, 1 M re.

So weiter abn, bis noch 5 M auf der Ndl liegen. 1 R re M str.

In der nächsten R wie folgt abn: 1 M re, 1 M abh, 2 M re zus str, die abgehobene M darüberziehen, 1 M re.

In der nächsten R die M abk. An jedem Ende einen Bommel aus Kunstpelz annähen.

Alle Fäden vernähen.

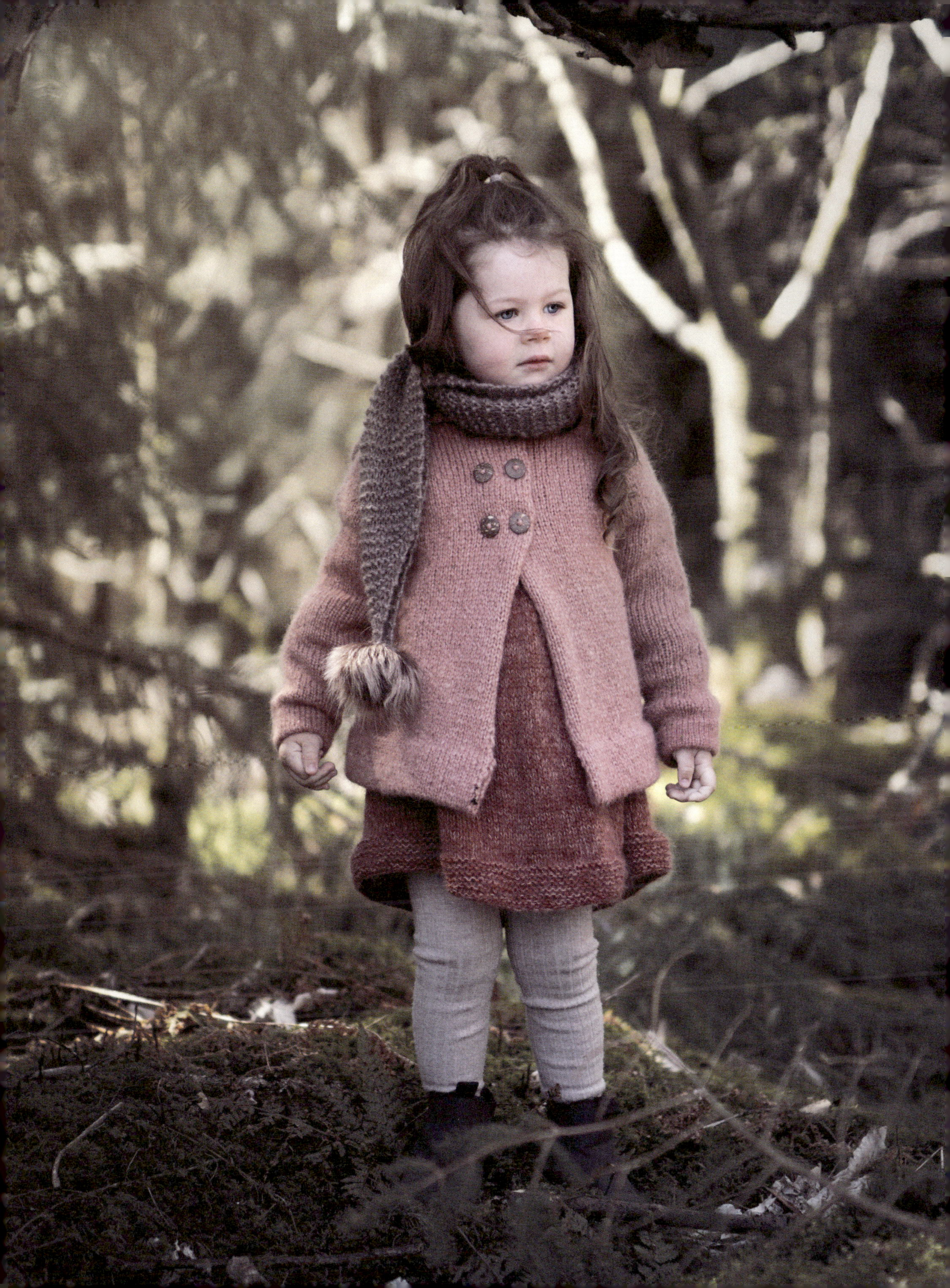

Wichtel-Fäustlinge

Einfache und schöne Fäustlinge mit dem gleichen Strukturmuster wie die Wichtelmützen im Buch.

Schwierigkeitsgrad 2

GRÖSSEN
1–2 (3–5) 6–8 (10–12 Jahre) S/M (L/XL)

GARN
KlompeLOMPE Merinoull, Farbe 1013, 2650 oder 9851

MENGE
50 (50) 100 (100) 100 (100) g

NADELN
Nadelspiele Nr. 3 und Nr. 3,5, evtl. Rundnadeln Nr. 3 und Nr. 3,5, je 80 cm, für Magic Loop

MASCHENPROBE
22 M mit Ndl Nr. 3,5 = 10 cm

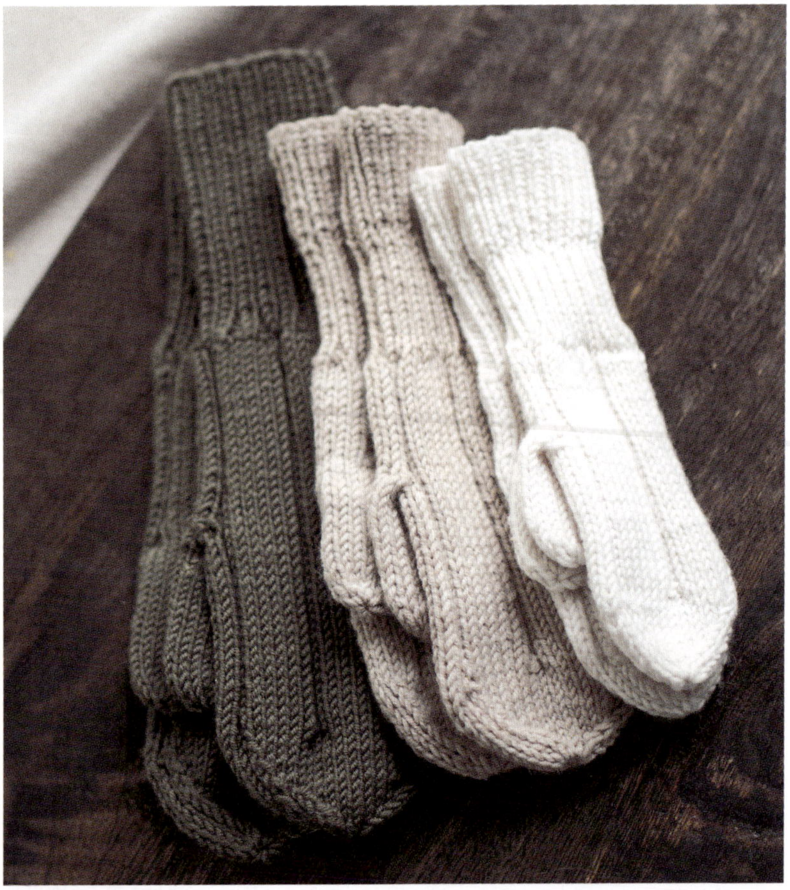

32 (32) 36 (36) 40 (44) M mit Ndl Nr. 3 anschlagen. 28 (30) 30 (32) 34 (34) Rd im Rippenmuster (1 M re, 1 M li im Wechsel) str. Zu Ndl Nr. 3,5 wechseln, 1 Rd re M str, dabei gleichmäßig verteilt M zun auf 32 (40) 40 (48) 48 (56) M.

Jetzt hat die Innenseite 16 (20) 20 (24) 24 (28) M und die Außenseite hat 16 (20) 20 (24) 24 (28) M.

Im Muster weiterstr: *2 M li, 6 M re*, von * bis * bis Rd-Ende wdh.

Weiter im Muster str, bis die Arbeit ab dem Rippenmuster 3 (4) 4,5 (6,5) 6,5 (7) cm misst. Mit einem Hilfsfaden für den Daumen auf der Innenseite str wie folgt:

RECHTER FÄUSTLING, INNENSEITE

1 M re, 6 (6) 6 (7) 8 (8) M mit dem Hilfsfaden str, die 6 (6) 6 (7) 8 (8) M zurück auf die li Ndl heben und erneut mit der Hauptfarbe abstr. Die restlichen 9 (13) 13 (16) 15 (19) M re str.

LINKER FÄUSTLING, INNENSEITE

9 (13) 13 (16) 15 (19) M re, 6 (6) 6 (7) 8 (8) M mit dem Hilfsfaden str, die 6 (6) 6 (7) 8 (8) M zurück auf die li Ndl heben und erneut mit der Hauptfarbe abstr, 1 M re.

Weiter mustergemäß in Rd str. Wenn die Arbeit ab dem Rippenmuster ca. 9 (11) 13 (14) 16 (17) cm misst, nur glatt rechts weiterstr und wie folgt abn:

AUßENSEITE

1 M re, 1 M abh, 1 M re, die abgehobene M darüberziehen, weiterstr bis zu den letzten 3 M, 2 M re zus str, 1 M re. Auf der Innenseite genauso str.

Diese Abnahmen in jeder 2. R insgesamt 3-mal arb, danach in jeder R insgesamt 3 (4) 4 (4) 5 (5)-mal str. Den Faden abschneiden, durch die M fädeln und festziehen.

DAUMEN

An beiden Seiten des Hilfsfadens M aufnehmen: 6 (6) 6 (7) 8 (8) M darunter und 6 (6) 6 (7) 8 (8) M darüber, dazu 1 M an jeder Seite. Den Hilfsfaden entfernen und 4 (5) 6 (6,5) 7 (8) cm glatt rechts in Rd str. Bis Rd-Ende stets 2 M re zus str.

Den Faden abschneiden, durch die M fädeln und festziehen.

Die Fäden vernähen, evtl. die kleinen Löcher beidseitig des Daumens schließen. Vorsichtig dämpfen oder unter einem feuchten Handtuch trocknen lassen.

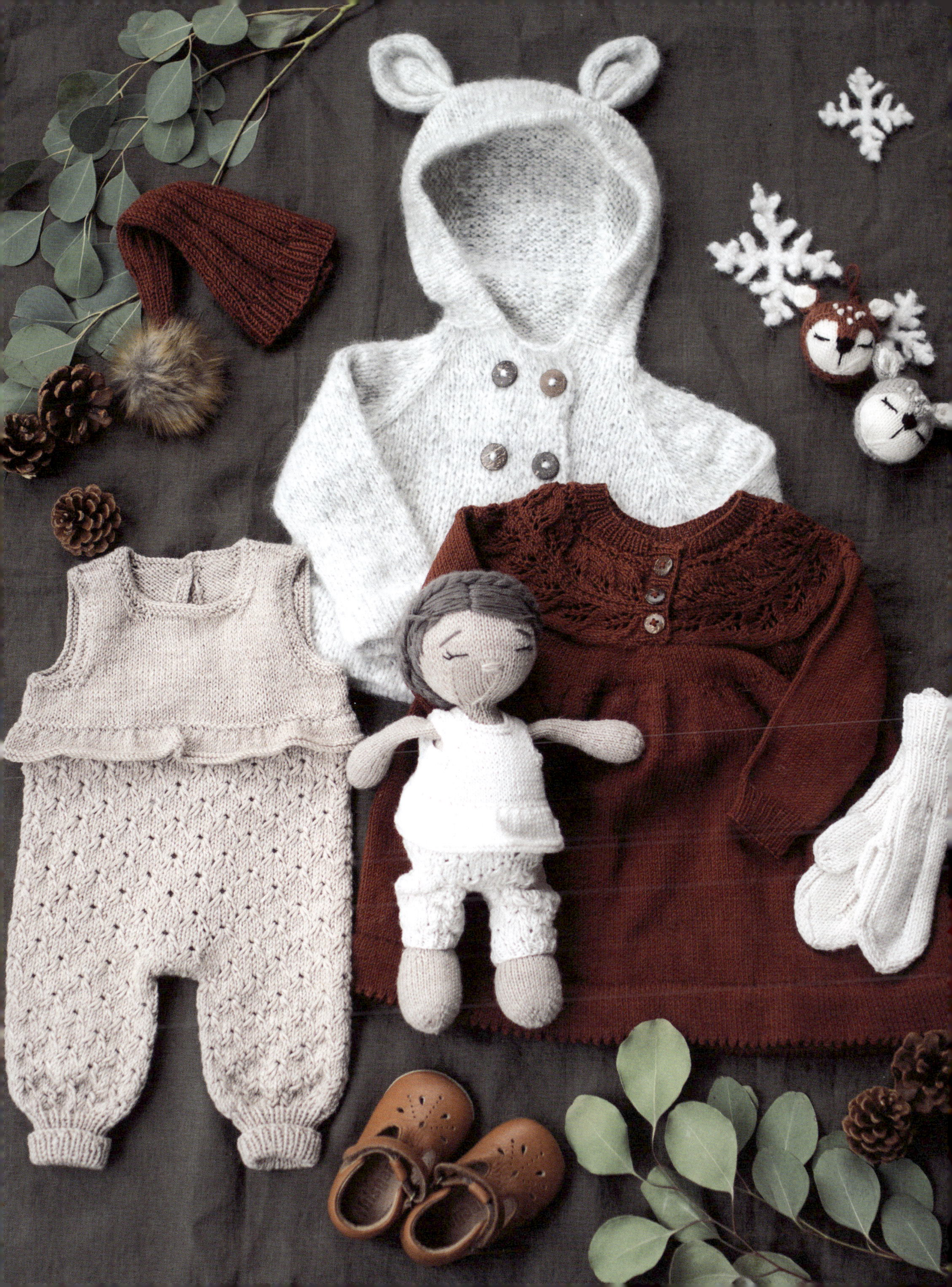

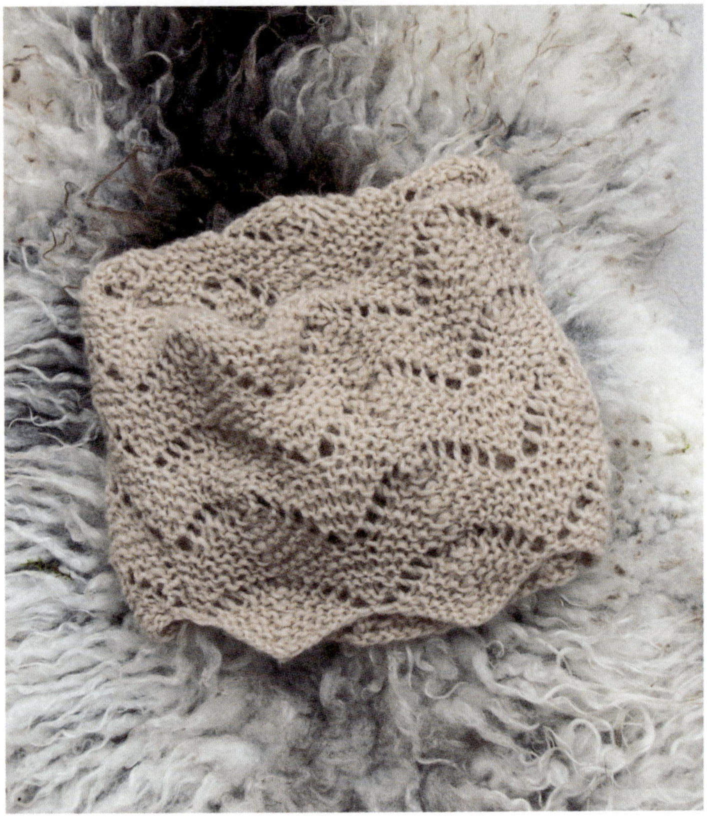

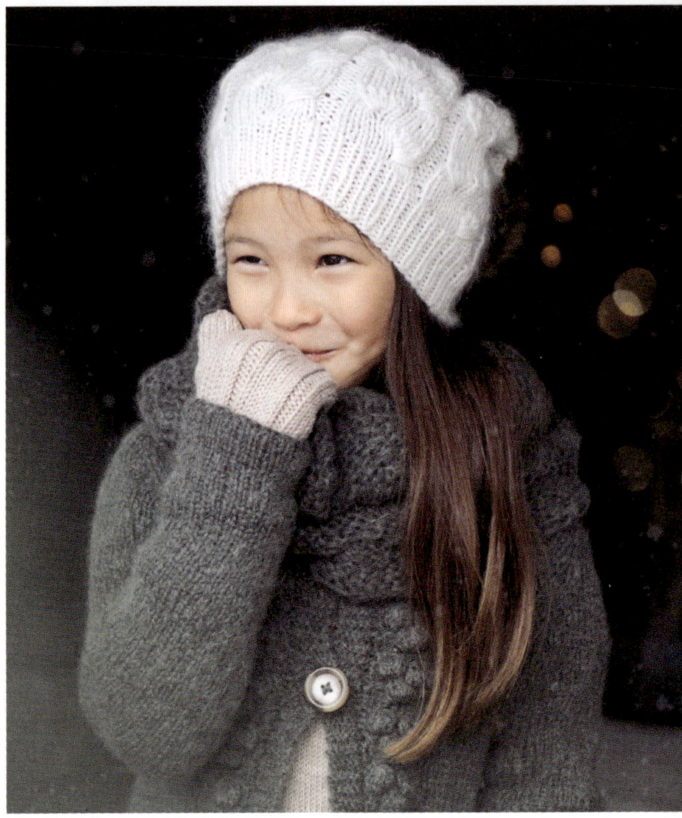

Loop Nora

Ein schöner, warmer Loop. Perfekt als Weihnachtsgeschenk für einen lieben Menschen oder als kleines Projekt zwischen den Jahren.

Schwierigkeitsgrad 1

GRÖSSEN
Einheitsgröße
GARN
Sandnes Garn KOS, Farbe 3532
MENGE
100 g
NADELN
Rundnadel Nr. 5, 60 cm
MASCHENPROBE
16 M mit Ndl Nr. 5 = 10 cm

84 M mit Ndl Nr. 5 anschlagen und zur Rd schließen. Nach der Strickschrift in Rd str.

Wenn die Strickschrift 8-mal gestrickt wurde, 1 Rd li M str und gleichzeitig die M locker abk.

Alle Fäden vernähen.

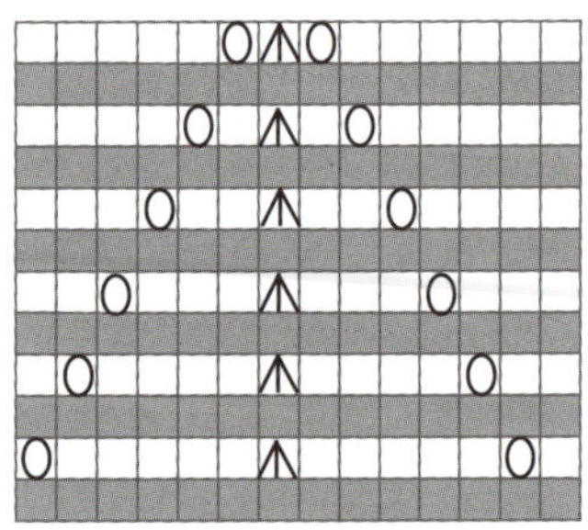

□ = 1 M rechts
■ = 1 M links
O = 1 Umschlag
Λ = 2 M wie zum Rechtszus str abh, 1 M re, die abgehobenen M zus darüberziehen

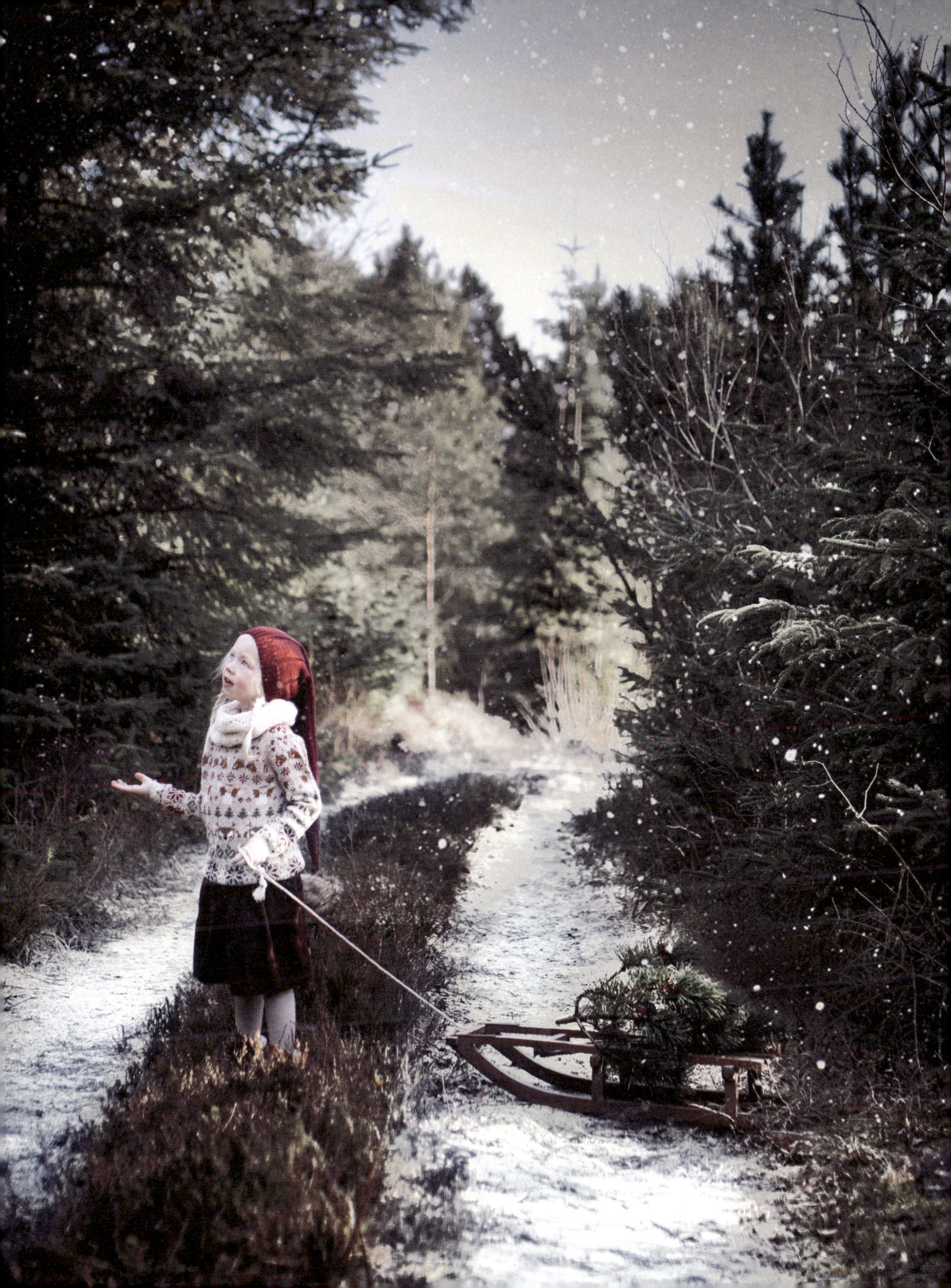

Weihnachtsbäumchen aus Naturmaterialien

Wir lieben Deko aus natürlichen Materialien. Diese kleinen Bäumchen schmücken sowohl die Treppe draußen als auch die Weihnachtstafel drinnen.

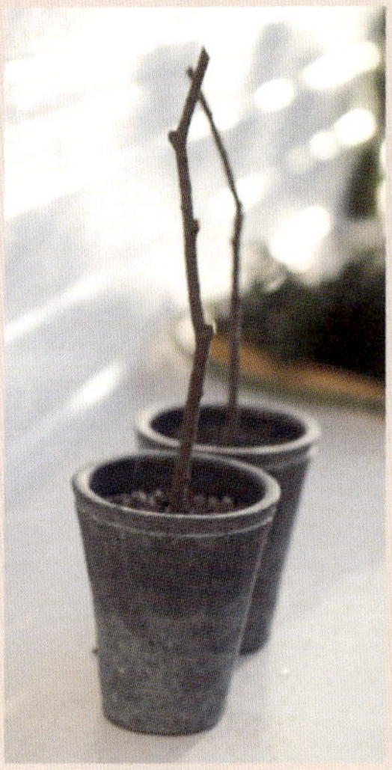

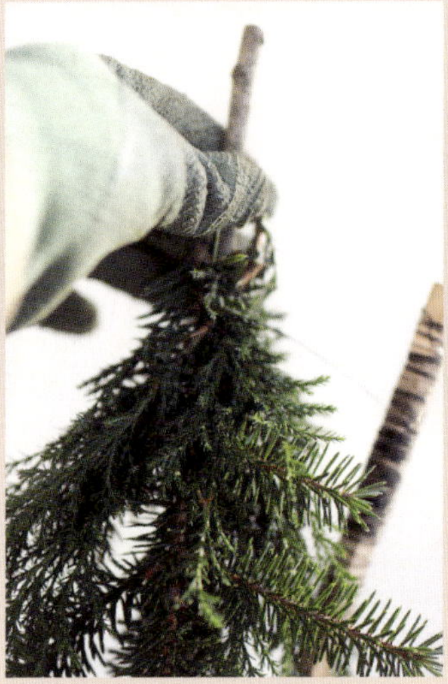

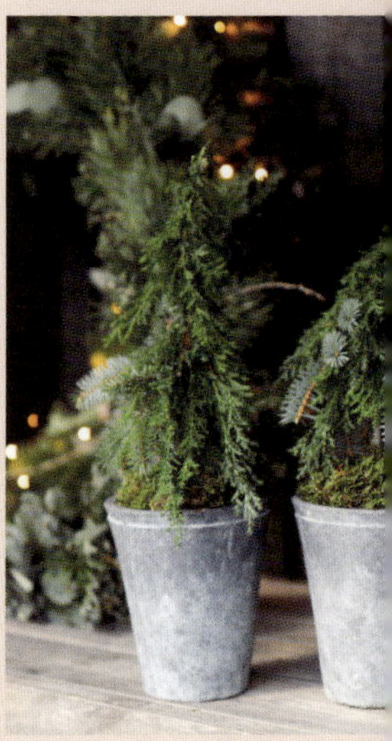

MATERIAL
Dickerer Ast als Stamm
Kleine, wintergrüne Zweige wie Fichte oder Thuja
Blumendraht

Mehrere kleine Zweige zu kleinen Sträußen zusammenfassen. Von unten nach oben überlappend mit Blumendraht am Stamm befestigen, bis der Stamm ganz mit grünen Zweigen bedeckt ist.

Tipp: Den Stamm in einen Eimer stellen, Kies einfüllen und oben mit Moos bedecken. Die Bäumchen mit kleinen Lärchenzapfen oder ähnlichem dekorieren.

Kranz: Einen Hula-Hoop-Reifen mit Blumenband bekleben. Rundum kleine Sträuße aus Wintergrün und Eukalyptus mit Blumendraht befestigen.

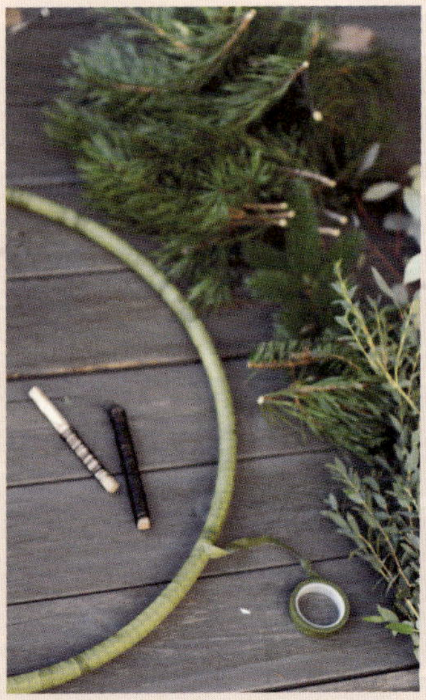

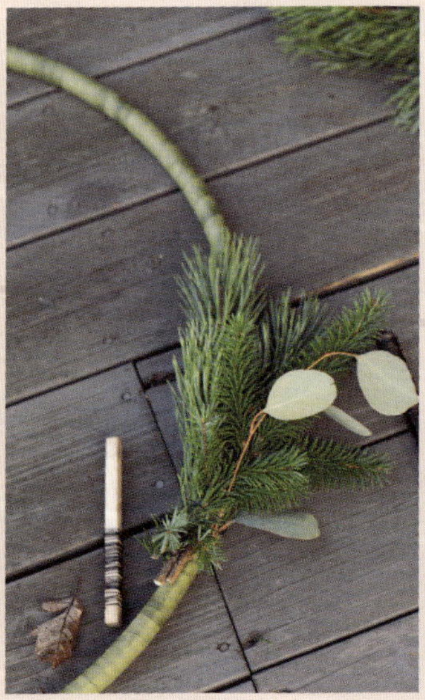

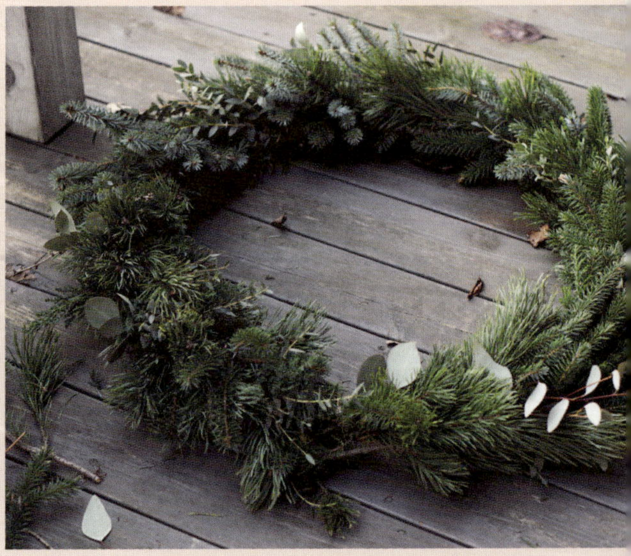

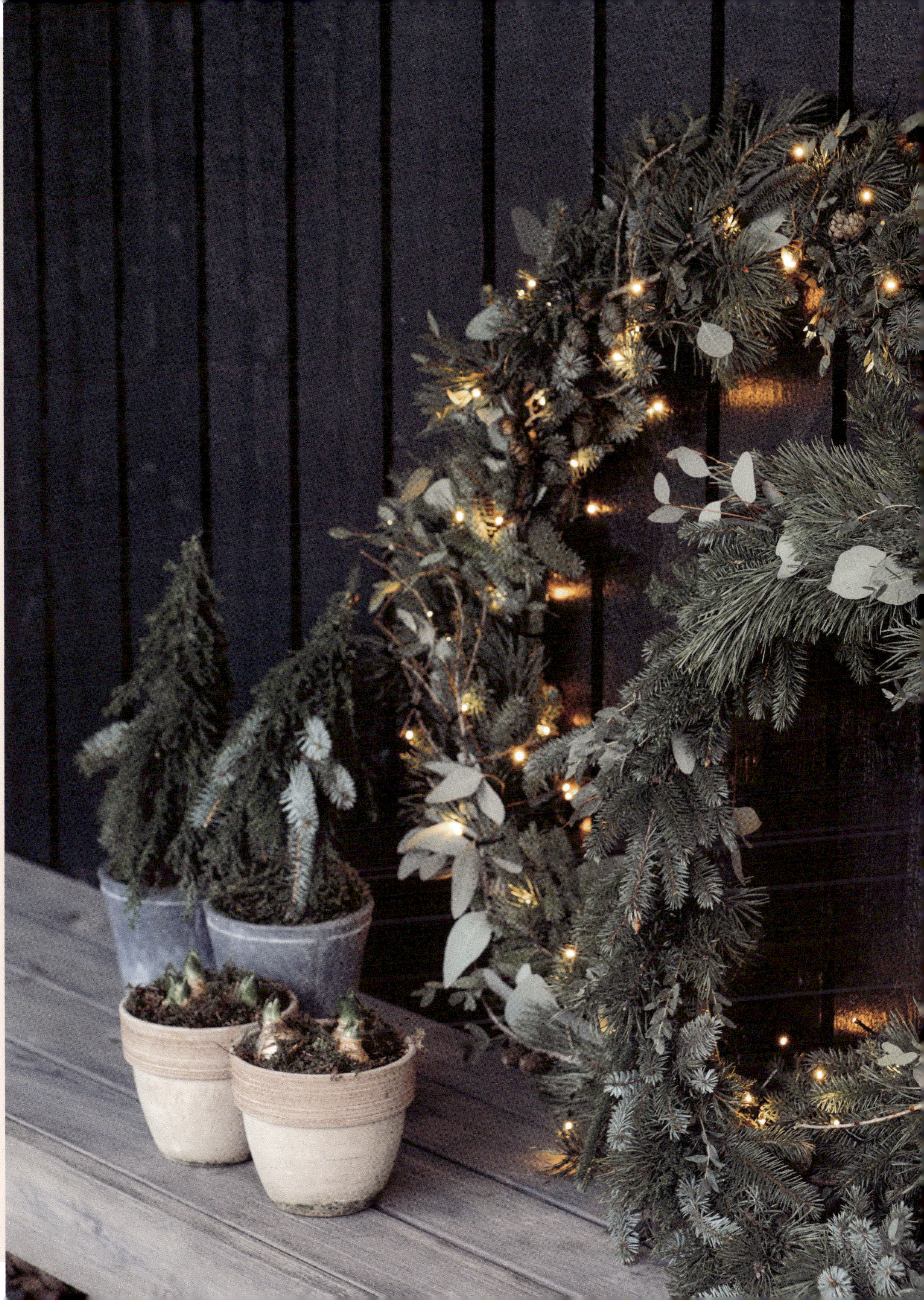

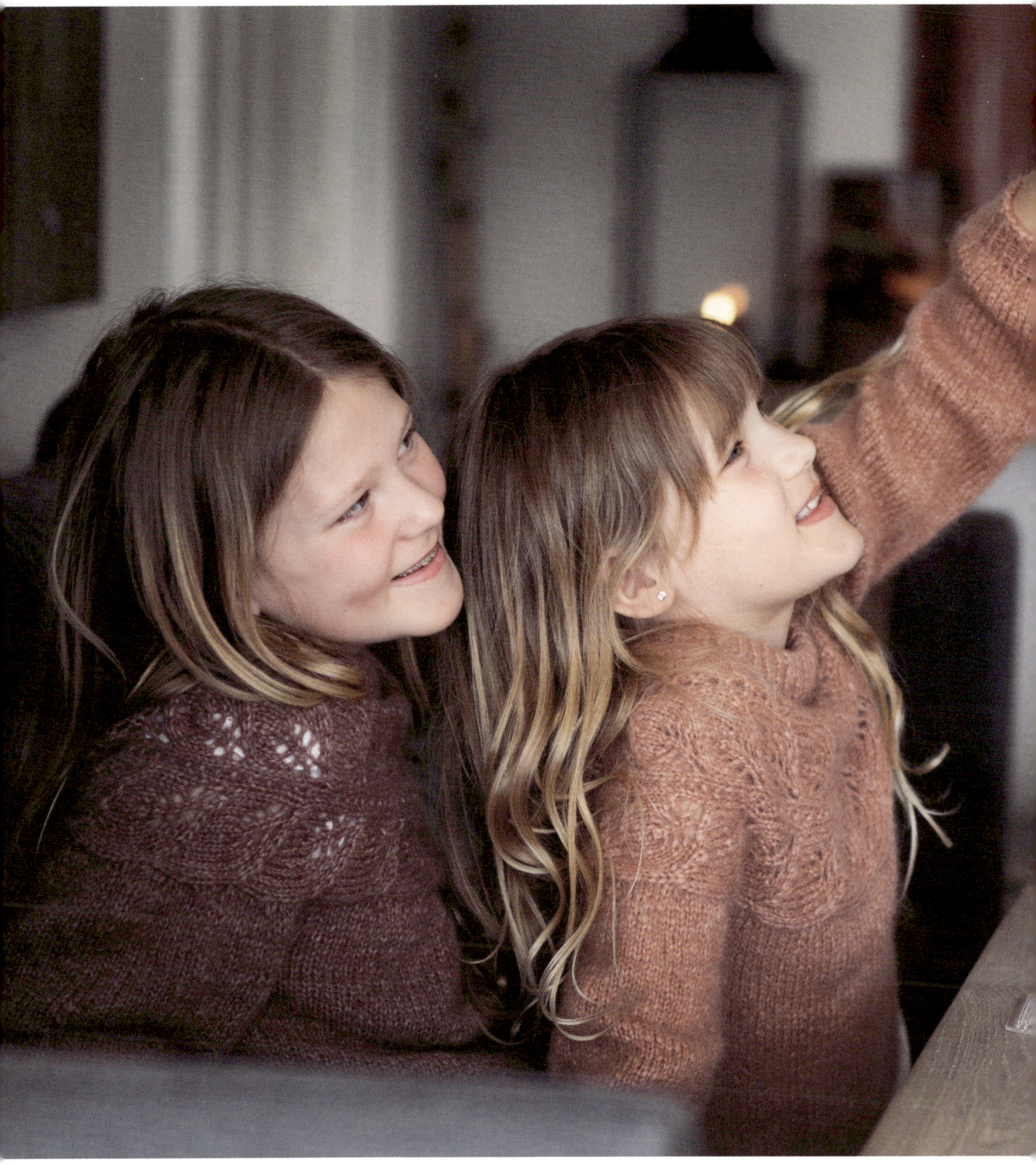

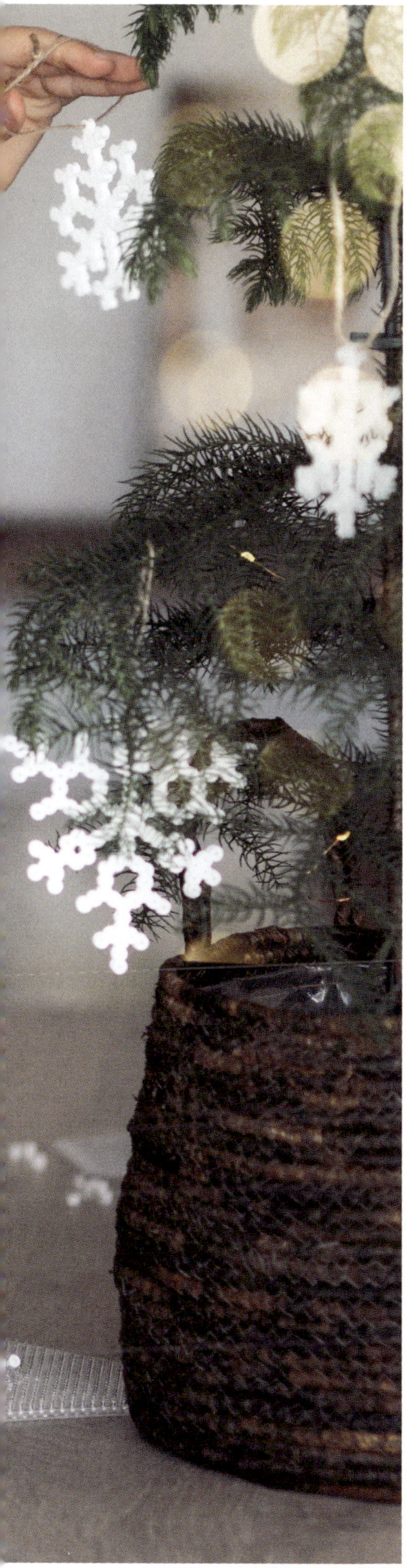

Dicker Pullover Lilly

Das Lilly-Muster, ein Klassiker bei uns, hier in einer neuen und dickeren Variante.

Schwierigkeitsgrad 2

GRÖSSEN
(1) 2 (4) 6 (8) 10 (12) 14 Jahre
GARN
Sandnes Garn KOS, Farbe 4032 oder 4342
MENGE
(150) 150 (150) 200 (200) 250 (250) 250 g
NADELN
Rundnadeln Nr. 3,5 und Nr. 5, je 40 cm und 80 cm
MASCHENPROBE
18 M mit Ndl Nr. 5 = 10 cm
MASSE
Oberweite: ca. (56,5) 57,5 (65,5) 69 (75,5) 79 (83,5) 89 cm
Gesamtlänge: ca. (29) 31 (35) 35 (42) 45 (47) 50 cm

Der Pullover beginnt mit dem Musterstreifen, der in Hin- und Rück-R gestrickt wird.

(24) 24 (24) 28 (28) 28 (28) 28 M mit Ndl. Nr. 5 anschlagen. Nach der Strickschrift mit der passenden M-Zahl (für 28 M Strickschrift A, für 24 M Strickschrift B) str.

Wenn das Blattmuster insgesamt (15) 16 (17) 17 (18) 19 (20) 21-mal gestrickt wurde, die M abk. Den Musterstreifen leicht mit dem Bügeleisen dämpfen, bevor Sie fortfahren. Die Enden zus nähen.

(82) 88 (94) 102 (108) 114 (120) 126 M aus der oberen Kante mit Ndl Nr. 5 auffassen. Die Rd beginnt in der rückwärtigen Mitte des Pullovers.

(2) 2 (4) 4 (4) 4 (4) 4 Rd re M str.

Jetzt verkürzte R mit »German Short Rows« str (siehe Video unter klompelompe.no).

Nächste Rd: (32) 35 (38) 42 (45) 48 (51) 54 M re, wenden, (64) 70 (76) 84 (90) 96 (102) 108 M li, wenden, re M bis 6 M vor dem letzten Wenden str, wenden, li M bis 6 M vor dem letzten Wenden str, wenden, re M bis 6 M vor dem letzten Wenden str, wenden, li M bis 6 M vor dem letzten Wenden str, wenden, re M bis Rd-Ende str.

1 Rd re M str, dabei gleichmäßig verteilt (10) 12 (14) 16 (20) 24 (28) 28 M abn = (72) 76 (80) 86 (88) 90 (92) 98 M auf der Ndl.

Zu Ndl Nr. 3,5 wechseln. 18 Rd im Rippenmuster (1 M re, 1 M li im Wechsel) str. Zu Ndl Nr. 5 wechseln, 1 Rd im Rippenmuster str, dabei locker abk. Die Kante nach innen falten und annähen.

(120) 128 (136) 151 (158) 166 (176) 184 M mit Ndl Nr. 5 aus der unteren Kante des Musterstreifens auffassen. 1 Rd re M str.

1 Rd re M str, dabei gleichmäßig verteilt (44) 42 (52) 45 (56) 29 (32) 37 M zun = (164) 170 (188) 196 (214) 195 (208) 221 M auf der Ndl.

(1) 2 (3) 2 (4) 2 (2) 2 Rd re M str.

Größen 10 (12) 14 Jahre:
1 Rd re M str, dabei gleichmäßig verteilt 29 (32) 37 M zun = 224 (240) 258 M auf der Ndl.

2 (3) 4 Rd re M str.

In der nächsten Rd die M für die Ärmel abteilen wie folgt: (22) 23 (27) 28 (31) 32 (34) 37 M re, die nächsten (37) 39 (41) 42 (45) 47 (51) 55 M auf einer Hilfsndl

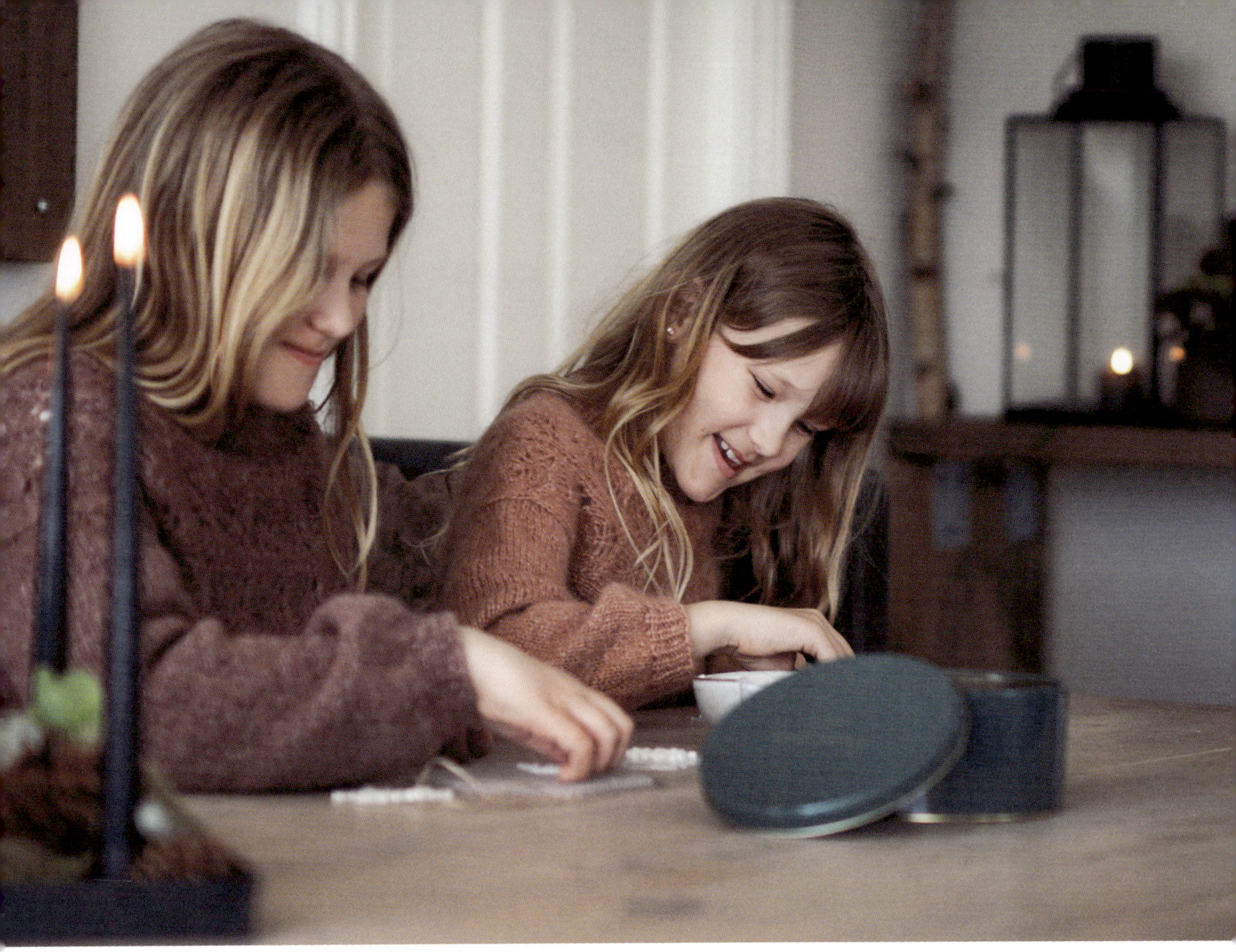

= 1 M re in der Hin-R, 1 M li in der Rück-R

= 1 M re in der Rück-R, 1 M li in der Hin-R

= 2 M re zus str

= 1 M wie zum Rechtsstricken abh, 1 M re, die abgehobene M darüberziehen

= 3 M re zus str

= 2 M wie zum Rechts str abh, 1 M re, beide abgehobenen M zus darüberziehen

= 1 Umschlag zwischen 2 M

= wenden

Strickschrift A

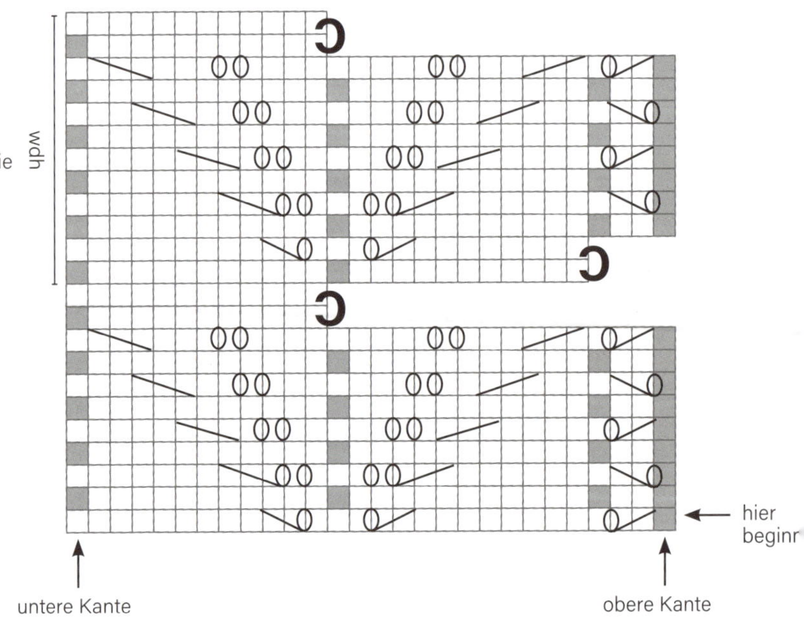

stilllegen (Ärmel-M), 6 M anschl, (45) 46 (53) 56 (62) 65 (69) 74 M re, die nächsten (37) 39 (41) 42 (45) 47 (51) 55 M auf einer Hilfsndl stilllegen (Ärmel-M), 6 M anschl, (23) 23 (26) 28 (31) 33 (35) 37 M re = (102) 104 (118) 124 (136) 142 (150) 160 M auf der Ndl. Glatt rechts in Rd str, bis die Arbeit (ab der vorderen Halskante) (25) 27 (31) 36 (38) 41 (43) 46 cm misst. Zu Ndl Nr. 3,5 wechseln, 11 Rd im Rippenmuster (1 M re, 1 M li im Wechsel) str, dabei in der letzten Rd die M abk.

ÄRMEL

Aus den unter dem Ärmel angeschlagenen 6 M ab der Mitte 3 M plus 1 M aus dem Übergang zum Rumpf auffassen, die (37) 39 (41) 42 (45) 47 (51) 55 M von der Hilfsndl re str, 1 M aus dem Übergang zum Rumpf plus 3 M bis Rd-Ende auffassen.

Glatt rechts in Rd ohne Abnahmen str, bis der Ärmel (19) 21 (23) 26 (31) 34 (36) 39 cm misst (aufgrund der langen Passe sind die Ärmel kürzer als üblich).

1 Rd re M str, dabei gleichmäßig verteilt M abn auf (30) 32 (34) 36 (38) 38 (40) 40 M.

Zu Ndl Nr. 3,5 wechseln.

9 Rd im Rippenmuster (1 M re, 1 M li im Wechsel) str, dabei in der letzten Rd die M abk.

Alle Fäden vernähen.

Strickschrift B

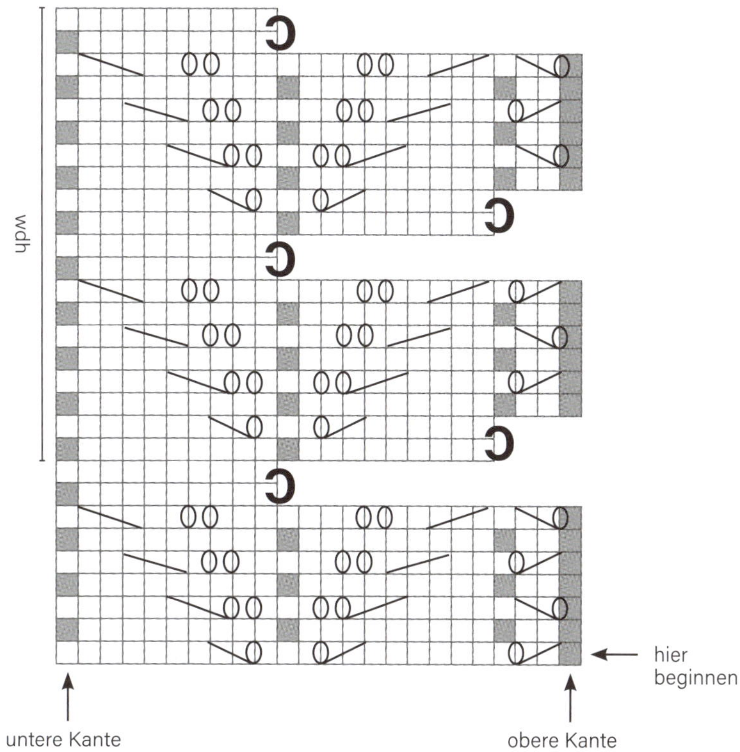

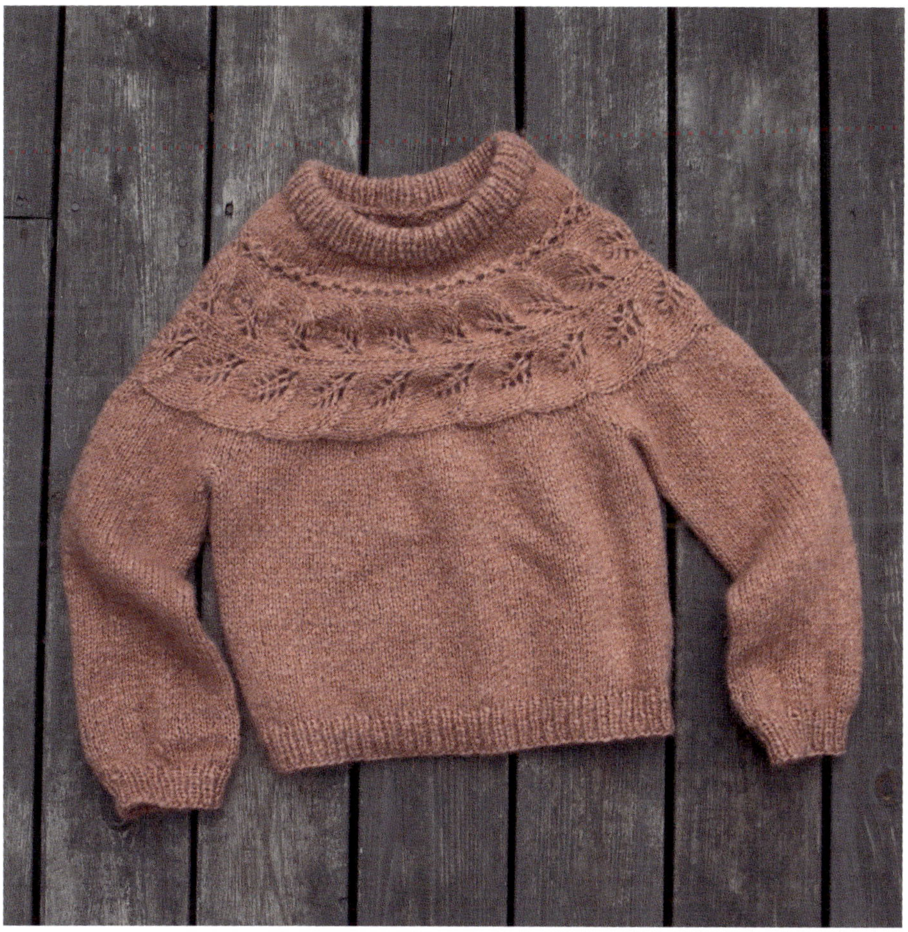

Overall Lilly

Die Strickschriften finden Sie auf Seite 172–173

Ein süßer Anzug mit dem entzückenden Lilly-Muster, das wir so sehr lieben.

Schwierigkeitsgrad 2

GRÖSSEN
(3 Mon) 6 Mon (9 Mon) 12 Mon (18 Mon) 2 Jahre

GARN
KlompeLOMPE Tynn Merinoull, Farbe 3355

MENGE
(150) 150 (200) 200 (250) 300 g

NADELN
Rundnadeln Nr. 2,5 und Nr. 3, je 40 cm und 60 cm,
Nadelspiele Nr. 2,5 und Nr. 3, evtl. Rundnadel, 80 cm, für Magic Loop

MASCHENPROBE
27 M mit Ndl Nr. 3 = 10 cm

MASSE
Oberweite: ca. (49) 51 (52) 53 (57) 57,5 cm
Gesamtlänge: ca. (45) 48 (51) 56 (61) 71 cm

Der Overall beginnt mit dem Musterstreifen, der in Hin- und Rück-R gestrickt wird.

(24) 24 (24) 28 (28) 28 M mit Ndl. Nr. 2,5 anschlagen. Nach der Strickschrift mit der passenden M-Zahl str. Für die drei kleinsten Größen nach Strickschrift B str.

Wenn die Strickschrift (23) 24 (25) 21 (22) 22-mal gestrickt wurde (= (23) 24 (25) 21 (22) 22 Blätter), in der Rück-R die M abk. Den Musterstreifen leicht mit dem Bügeleisen dämpfen, bevor Sie fortfahren.

Mit Ndl Nr. 3 von rechts (95) 101 (105) 119 (125) 125 M aus der oberen Kante des Mustersteifens auffassen. (1) 1 (1) 3 (3) 3 R glatt rechts (re M in der Hin-R, li M in der Rück-R) str.

1 Hin-R re M str, dabei gleichmäßig verteilt (20) 22 (24) 36 (36) 36 M abn = (75) 79 (81) 83 (89) 89 M auf der Ndl. Zu Ndl Nr. 2,5 wechseln und (6) 6 (6) 6 (6) 6 R im Rippenmuster (1 M re, 1 M li im Wechsel) str. In der letzten R die M abk.

Mit Ndl Nr. 3 von rechts (217) 223 (229) 241 (251) 257 M aus der unteren Kante des Mustersteifens auffassen. (3) 5 (7) 9 (13) 13 R glatt rechts str.

Die M für die Ärmel und den Rumpf wie folgt teilen:

(29) 31 (31) 32 (34) 35 M re, die nächsten (50) 50 (52) 56 (56) 58 M auf einer Hilfsndl stilllegen (Ärmel-M), 7 M unter dem Ärmel anschl, (59) 61 (63) 65 (71) 71 M re, die nächsten (50) 50 (52) 56 (56) 58 M auf einer Hilfsndl stilllegen (Ärmel-M), 7 M unter dem Ärmel anschl, (29) 31 (31) 32 (34) 35 M re = (131) 137 (139) 143 (153) 155 M auf der Ndl.

Glatt rechts in Hin- und Rück-R str, bis die Arbeit (29) 31 (32) 35 (37) 41 cm misst.

Am Ende 5 M anschl und ab jetzt in Rd str.

Beidseitig der 5 angeschlagenen M sowie der 5 mittleren M am Rückenteil je einen MM setzen.

Beidseitig der 5 M vorn und hinten in jeder 4. Rd je 1 M zun, insgesamt (4) 4 (4) 5 (5) 6-mal arb.

1 Rd re M str, dabei die markierten 5 M vorn und hinten abk = (71) 74 (75) 79 (84) 87 M pro Bein.

BEINE

Glatt rechts in Rd str. Am Rd-Beginn einen MM setzen.

Nach 2 cm wie folgt abn: 1 M re, 2 M re zus str, bis 3 M vor dem MM str, 1 M abh, 1 M re, die abgehob M darüberziehen, 1 M re.

Die Abnahmen alle 2 cm wdh, insgesamt (4) 5 (5) 5 (6) 8-mal arb. Weiterstr, bis das Bein (12) 13 (15) 16 (19) 24 cm misst.

1 Rd re M str, dabei gleichmäßig verteilt M abn auf (38) 40 (40) 42 (48) 48 M.

Zu Ndl. Nr. 2,5 wechseln und 3 cm im Rippenmuster (1 M re, 1 M li im Wechsel) str, dabei in der letzten Rd die M abk.

ÄRMEL

Aus den unter dem Ärmel angeschlagenen 7 M ab der Mitte 4 M auffassen, die (50) 50 (52) 56 (56) 58 M von der Hilfsndl re str, bis Rd-Ende 3 M auffassen.

Die Ärmel werden auf einem Nadelspiel in Rd glatt rechts gestrickt. Die 1. M (Markierungs-M) wird stets li gestrickt.

Wenn der Ärmel 1,5 cm misst, wie folgt abn: 1 M li (= Markierungs-M), 2 M re zus str, bis 2 M vor der Markierungs-M str, 1 M abh, 1 M re, die abgehobene M darüberziehen.

Die Abnahmen alle (1,5) 1,5 (2) 2 (2) 2,5 cm wdh, bis (39) 39 (43) 43 (45) 49 M auf der Ndl liegen. Weiterstr, bis der Ärmel (14) 16 (18) 20 (21) 23 cm misst. Die Markierungs-M abn.

Zu Ndl Nr. 2,5 wechseln und (2,5) 2,5 (3) 3 (3) 3 cm im Rippenmuster (1 M re, 1 M li im Wechsel) str. Die M abk.

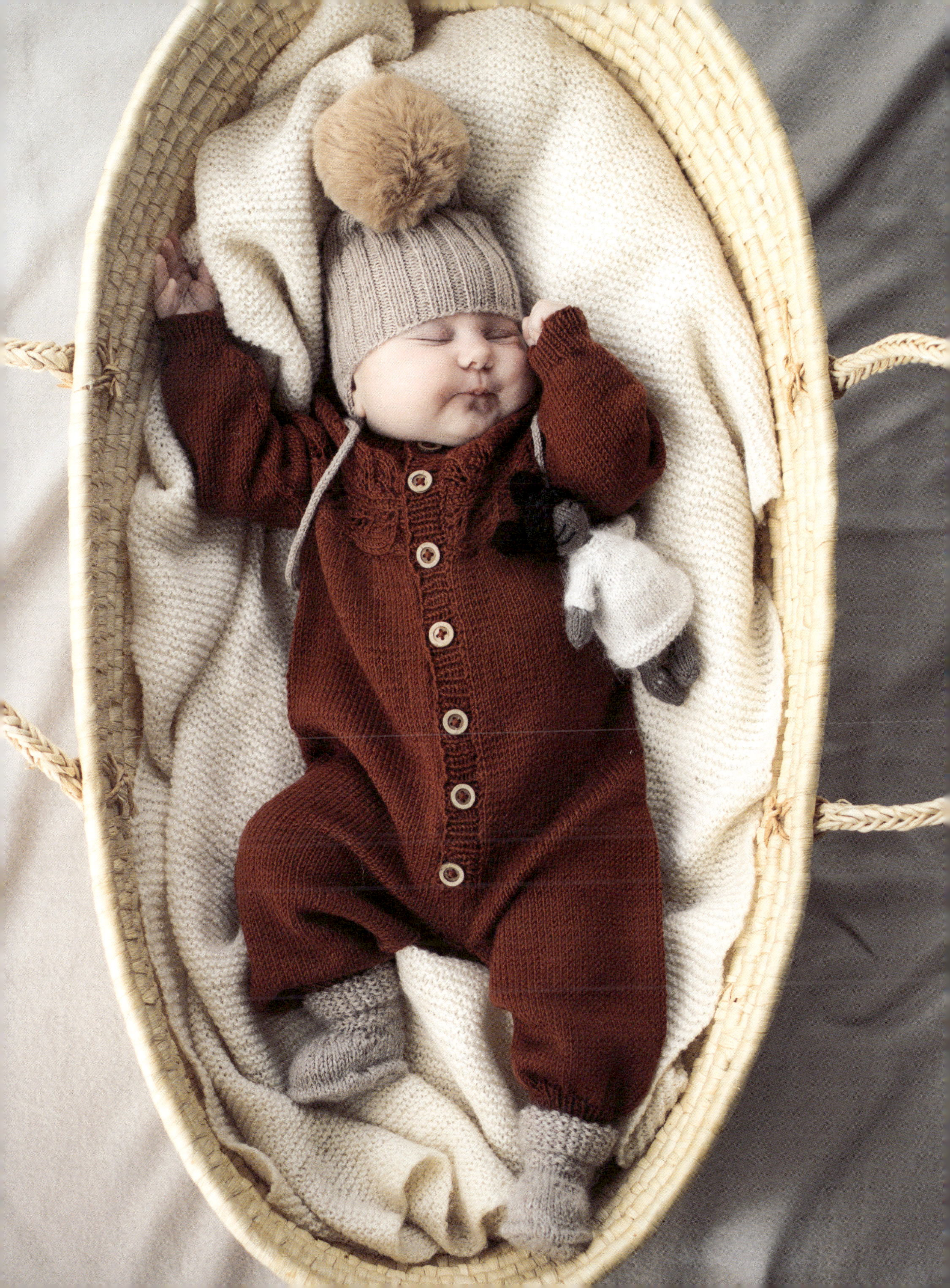

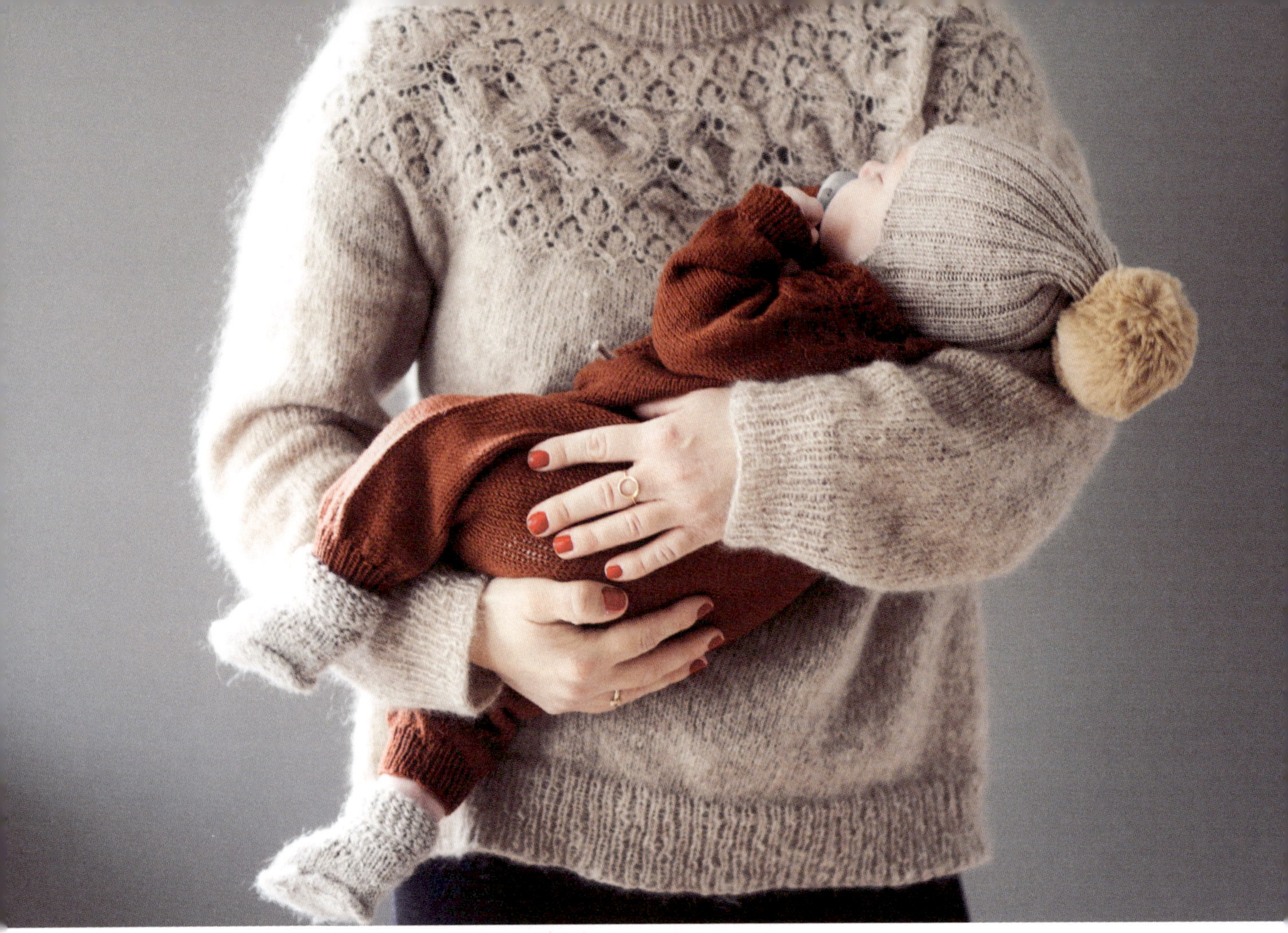

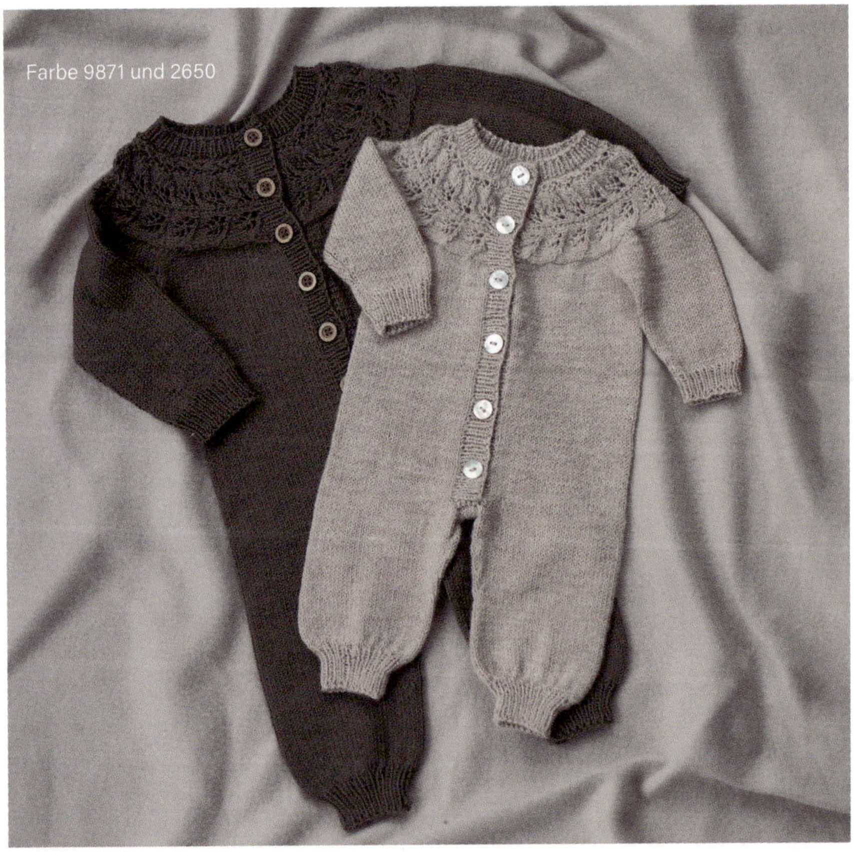

Für die Knopfleiste mit Ndl Nr. 2,5 ca. 1 M pro M aus den vorderen Kanten auffassen, auch am Halsbündchen bis ganz nach oben, dabei jede 4. M überspringen. 8 R im Rippenmuster (1 M re, 1 M li im Wechsel) str. In der rechten Knopfleiste gleichmäßig verteilt (6) 7 (7) 7 (8) 8 Knopflöcher (= 2 M re zus str, 1 U in der 3. R) einarb.

Alle Fäden vernähen und Knöpfe annähen. Das Strickstück unter einem feuchten Handtuch trocknen lassen.

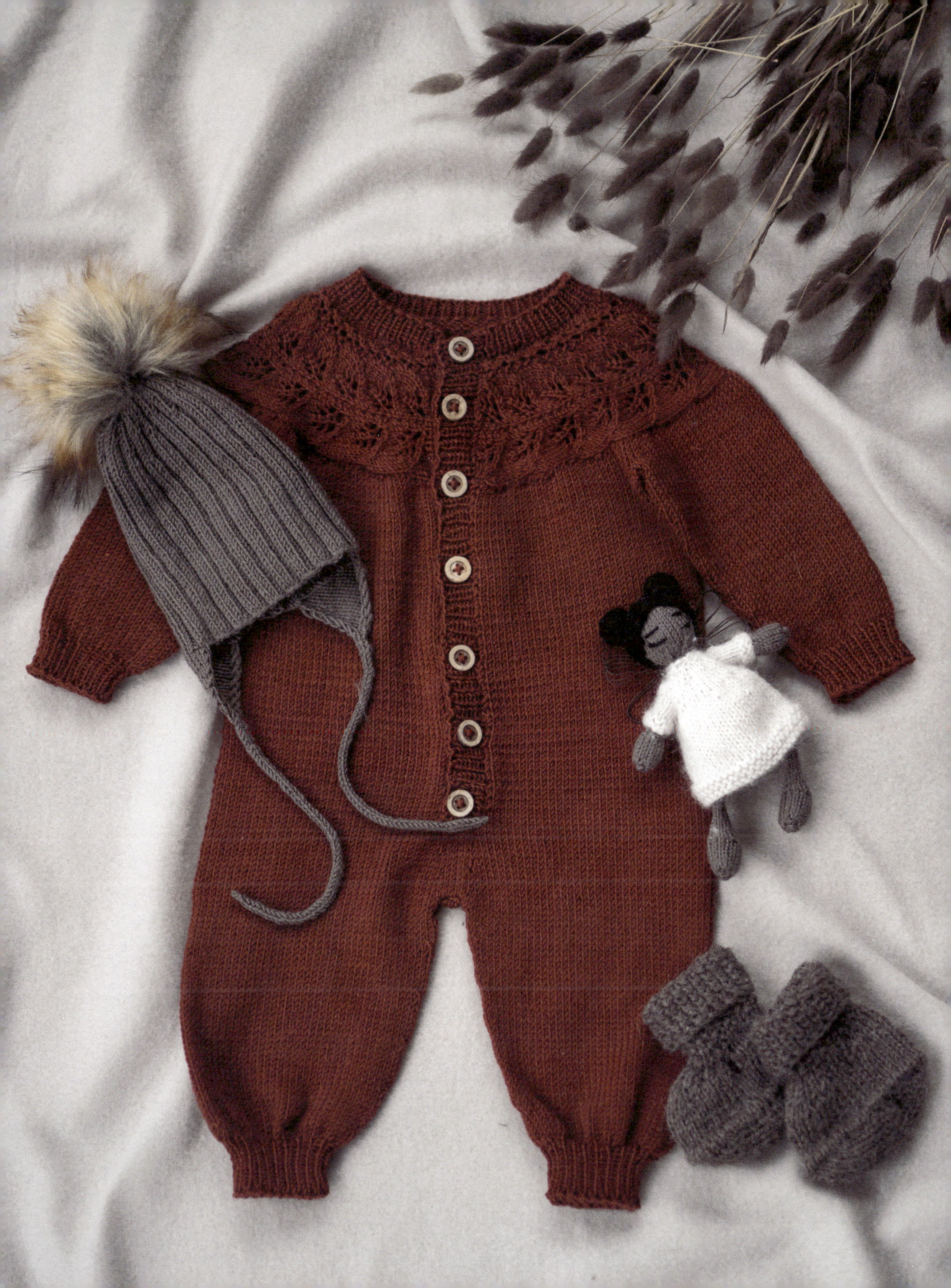

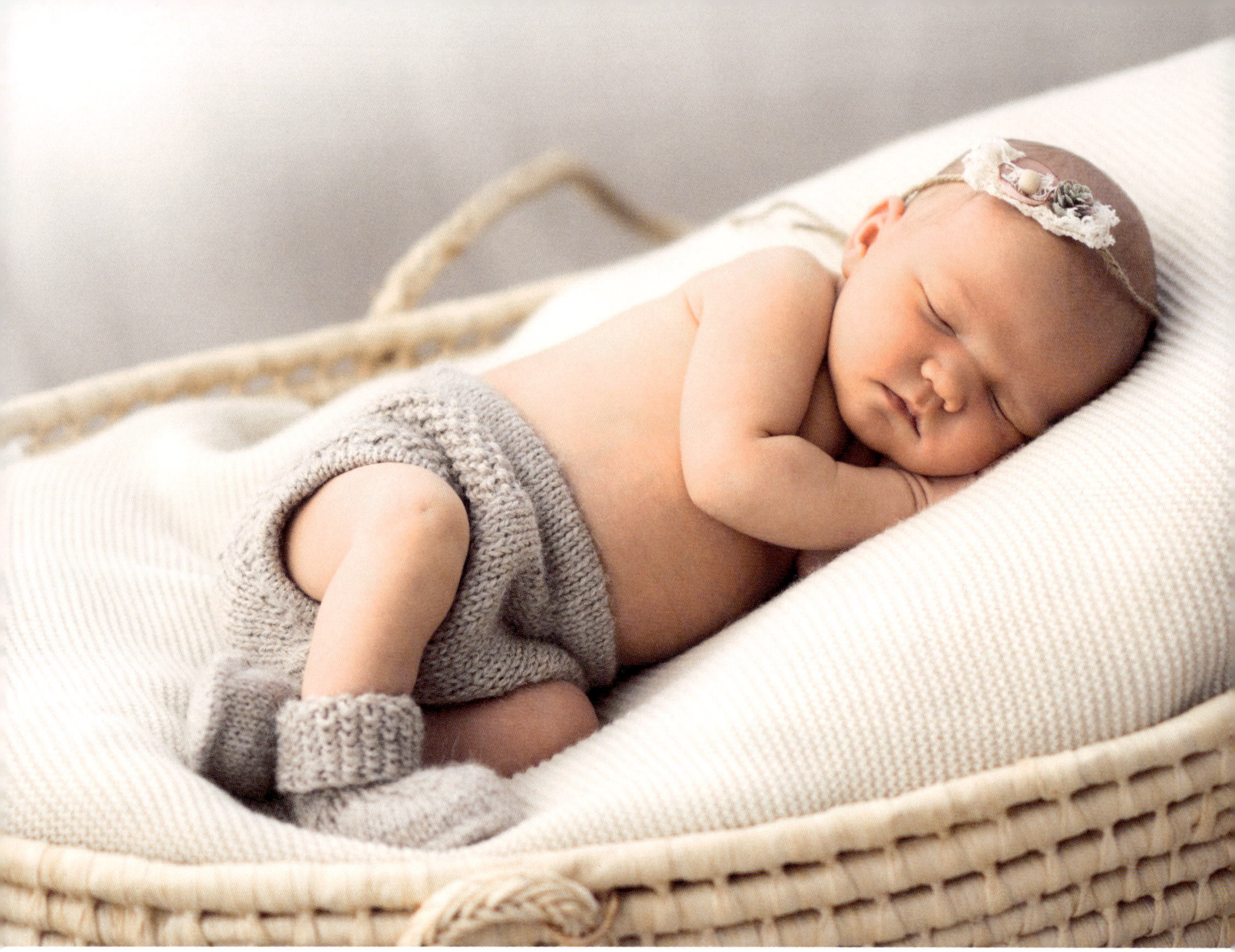

Windelhöschen für den kleinen Wichtel

Einfache und klassische Windelhöschen, die zu allem passen.

Schwierigkeitsgrad 2

GRÖSSEN
(0–1 Mon) 3 Mon (6 Mon) 12 Mon (18–24 Mon)

GARN
KlompeLOMPE Tynn Merinoull, Farbe 2650,
Sandnes Garn Mini Alpakka, Farbe 2650

MENGE
50 g von jeder Qualität für alle Größen

NADELN
Rundnadeln Nr. 3,5 und Nr. 4, je 40 cm, Nadelspiele Nr. 3,5 und Nr. 4 oder Rundnadel, 80 cm, für Magic Loop

MASCHENPROBE
20 M mit Ndl Nr. 4 = 10 cm

MASSE
Taillenweite: ca. (34) 37 (37) 41 (45) cm

(74) 82 (82) 90 (98) M mit Ndl Nr. 3,5 doppelfädig mit je einen Faden pro Garnqualität anschlagen. (13) 13 (13) 13 (15) Rd re M str. Der Rd-Beginn liegt in der rückwärtigen Mitte. In der nächsten Rd die Anschlagkante auf der Innenseite nach oben klappen und immer 1 M mit 1 M der Anschlagkante re zus str, jedoch eine kleine Öffnung zum Einziehen des Gummibandes lassen.

Zu Ndl Nr. 4 wechseln. 1 Rd re M str, dabei gleichmäßig verteilt 6 M zun = (80) 88 (88) 96 (104) M auf der Ndl.

Nächste Rd: (10) 12 (12) 13 (14) M re, MM setzen, (20) 20 (20) 22 (24) M im Perlmuster (1 M re, 1 M li im Wechsel, umgekehrt in der nächsten Rd), MM setzen, (20) 24 (24) 26 (28) M re, MM setzen, (20) 20 (20) 22 (24) M im Perlmuster, MM setzen, (10) 12 (12) 13 (14) M re.

In dieser Musterverteilung str, bis die Arbeit (11) 13 (14) 15 (16) cm misst.

Jetzt das rückwärtige Hosenteil verlängern wie folgt (»German Short Rows«, siehe Video auf klompelompe.no), dabei weiterhin glatt rechts und im Perlmuster wie zuvor eingeteilt str: (14) 15 (15) 16 (18) M str, wenden, (28) 30 (30) 32 (36) M str, wenden, (14) 15 (15) 16 (18) M str.

Den Faden abschneiden und die letzten (14) 15 (15) 16 (18) M auf die linke Ndl heben. Die nächsten (28) 30 (30) 32 (36) M in Hin- und Rück-R für das rückwärtige Hosenteil str. Die restlichen M auf einer Hilfsndl stilllegen. Weiterhin glatt rechts und im Perlmuster wie zuvor eingeteilt str. Das Perlmusterfeld wird nach und nach abgenommen.

2 R str. In der nächsten R beidseitig 1 M abn, dazu am Anfang und am Ende der R 2 M re zus str oder 2 M li zus str (je nachdem, was ins Perlmuster passt). Die Abnahmen in jeder Hin-R wdh, bis (14) 14 (16) 16 (18) M auf der Ndl liegen. Die M auf einer Hilfsndl stilllegen.

(15) 17 (17) 19 (19) M an beiden Seiten auf Hilfsnadeln stilllegen und die (22) 24 (24) 26 (30) M für das vordere Hosenteil separat str. Wie beim rückwärtigen Hosenteil str, jedoch wenn (14) 14 (16) 16 (18) M auf der Ndl liegen noch (0) 3 (3) 5 (5) R glatt rechts str.

Die M des vorderen und rückwärtigen Hosenteils im Maschenstich verbinden (siehe Abb. auf Seite 5). Alternativ kann man die Teile auch zuerst abk und dann zus nähen.

Den Beinausschnitt mit Ndl Nr. 3,5 arb: Aus dem Schritt ca. 1 M pro M auffassen, dabei jede 4. M überspringen, und die M auf der Hilfsndl re str. 5 Rd re M str, dabei in der letzten Rd die M locker abk.

Die Kante nach innen falten und im Maschenstich (nicht zu fest) annähen.

Alle Fäden vernähen. Das Strickstück unter einem feuchten Handtuch trocknen lassen.

Wir haben Knopflochgummi in der Taille verwendet und an einem Ende einen Knopf angebracht. So kann die Taillenweite angepasst werden, wenn das Kind wächst.

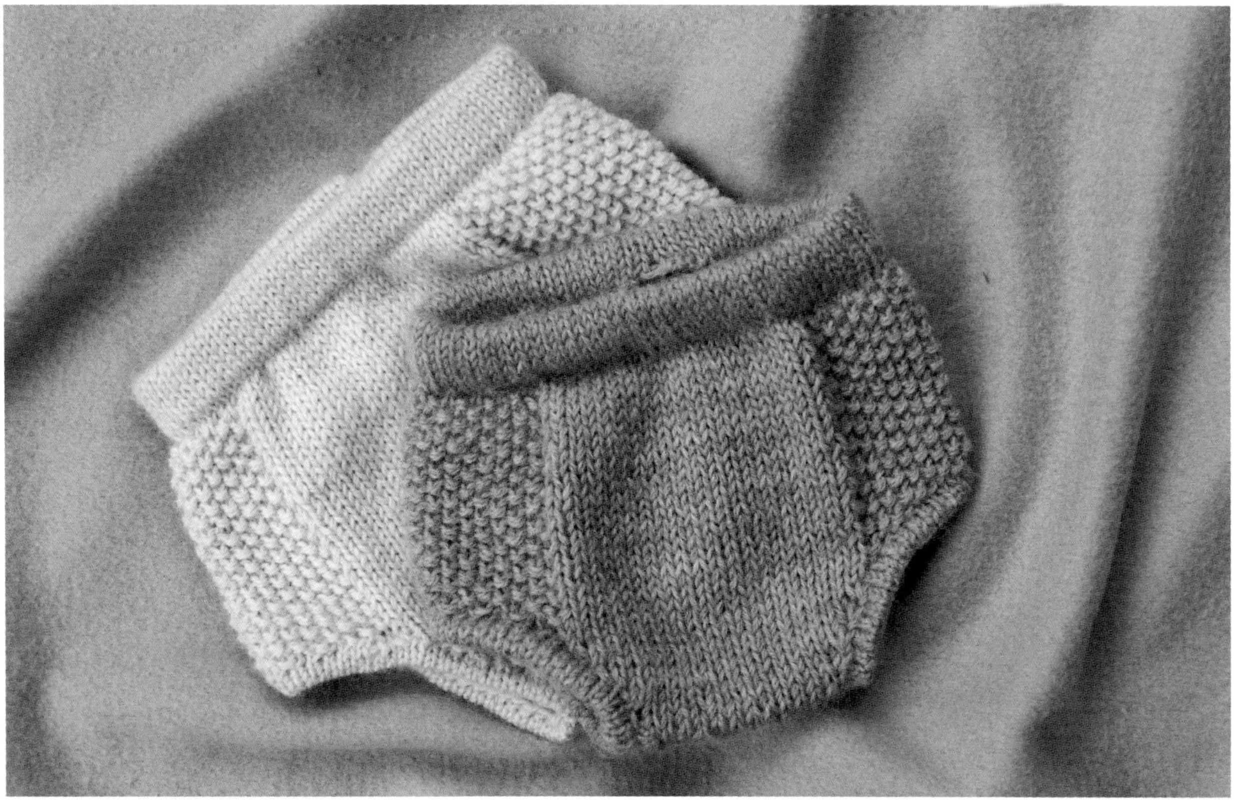

Weihnachtspantoffeln für den kleinen Wichtel

Supersüße Hausschuhe, die an Wintertagen gut wärmen, für das neugeborene Wichtel-Baby.

Schwierigkeitsgrad 2

GRÖSSEN
Neugeborenes (1–4 Mon) 5–12 Mon
GARN
KlompeLOMPE Tynn Merinoull, Farbe 2650,
Sandnes Garn Mini Alpakka, Farbe 2650
MENGE
50 g von jeder Qualität für alle Größen
NADELN
Rundnadel Nr. 3,5, 80 cm
MASCHENPROBE
22 M mit Ndl Nr. 3,5 = 10 cm

SOHLE (FERSE BIS ZEHEN)

8 (8) 10 M mit Ndl Nr. 3,5 doppelfädig mit je einem Faden pro Garnqualität anschlagen. Glatt rechts in Hin- und Rück-R str. Die 1. R ist eine Hin-R.

3 (3,5) 4,5 cm glatt rechts str.

Nächste R (Hin-R): 4 (4) 5 M re, 1 M zun, 4 (4) 5 M re.

3,5 (4,5) 5 cm glatt rechts str.

Nächste R (Hin-R): 2 M re zus str, re M str bis 2 M vor R-Ende, 1 M abh, 1 M re, die abgehobene M darüberziehen.

Nächste R: 2 M li verschr zus str, li M str bis 2 M vor R-Ende, 2 M li zus str.

1 R re M str, gleichzeitig die M abk.

In der hinteren Mitte der Sohle beginnen und M auffassen: Aus jeder M ab der hinteren Mitte 1 M, an einer Seite 10 (13) 16 M, vorn 10 (10) 12 M, an der anderen Seite 10 (13) 16 M, 1 M aus jeder M hinten bis Rd-Ende = 38 (44) 54 M auf der Ndl.

4 Rd re M str.

In der nächsten Rd werden die M an den um die Sohle herum aufgefassten M angestrickt (= stets 1 M und die aufgefasste M zus str).

4 (4) 5 Rd re M str.

Nächste Rd verkürzte R str, (siehe Video »German Short Rows« unter klompelompe.no): 30 (36) 46 M re, wenden, 22 (28) 38 M li, wenden, 7 (10) 15 M re, 2 M re zus str, 4 M re, 2 M re verschr zus, 5 (8) 13 M re, wenden, 16 (22) 32 M li, wenden, 5 (8) 13 M re, 2 M re zus str, 2 M re, 2 M re verschr zus, 3 (6) 11 M re, wenden, 10 (16) 26 M li, wenden, 1 (4) 9 M re, 2 M re zus str, 2 M re zus str, 2 M re verschr zus, 2 M re verschr zus, 6 (9) 14 M re, wenden, 16 (22) 32 M li, wenden, 1 (4) 9 M re, 2 M re zus str, 2 M re zus str, 2 M re zus str, 2 M re, 2 M re verschr zus, 2 M re verschr zus, 2 M re verschr zus, re M bis Rd-Ende str = 24 (30) 40 M auf der Ndl.

Größen Neugeborenes (1–4 Mon)
Nächste Rd: 4 (6) M re, 2 M re zus str, 1 M re, wenden, 10 (14) M li, 2 M li zus str, 1 M li, wenden, re M bis Rd-Ende str = 22 (28) M auf der Ndl.

Größe 5–12 Mon
Nächste Rd: 10 M re, 2 M re zus str, 2 M re zus str, 1 M re, wenden, 18 M li, 2 M li zus str, 2 M li zus str, 1 M li, wenden, re M bis Rd-Ende str = 36 M auf der Ndl.

Alle Größen
1 Rd re M str.

Nächste Rd: 7 (9) 11 M re, wenden, 14 (18) 22 M li, wenden, re M bis Rd-Ende str.

1 Rd re M str.

26 (26) 30 Rd im Perlmuster str. In der letzten Rd die M abk.

Den zweiten Pantoffel genauso str.

Alle Fäden vernähen.

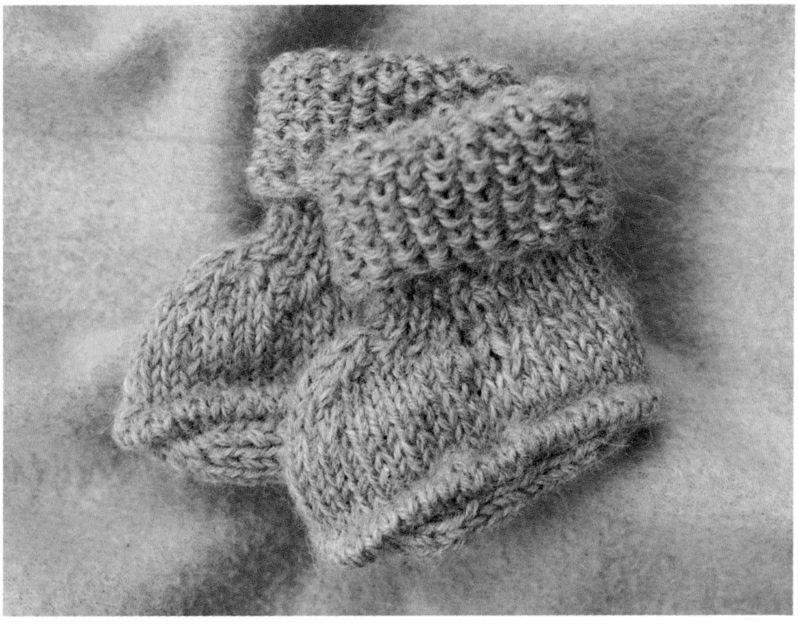

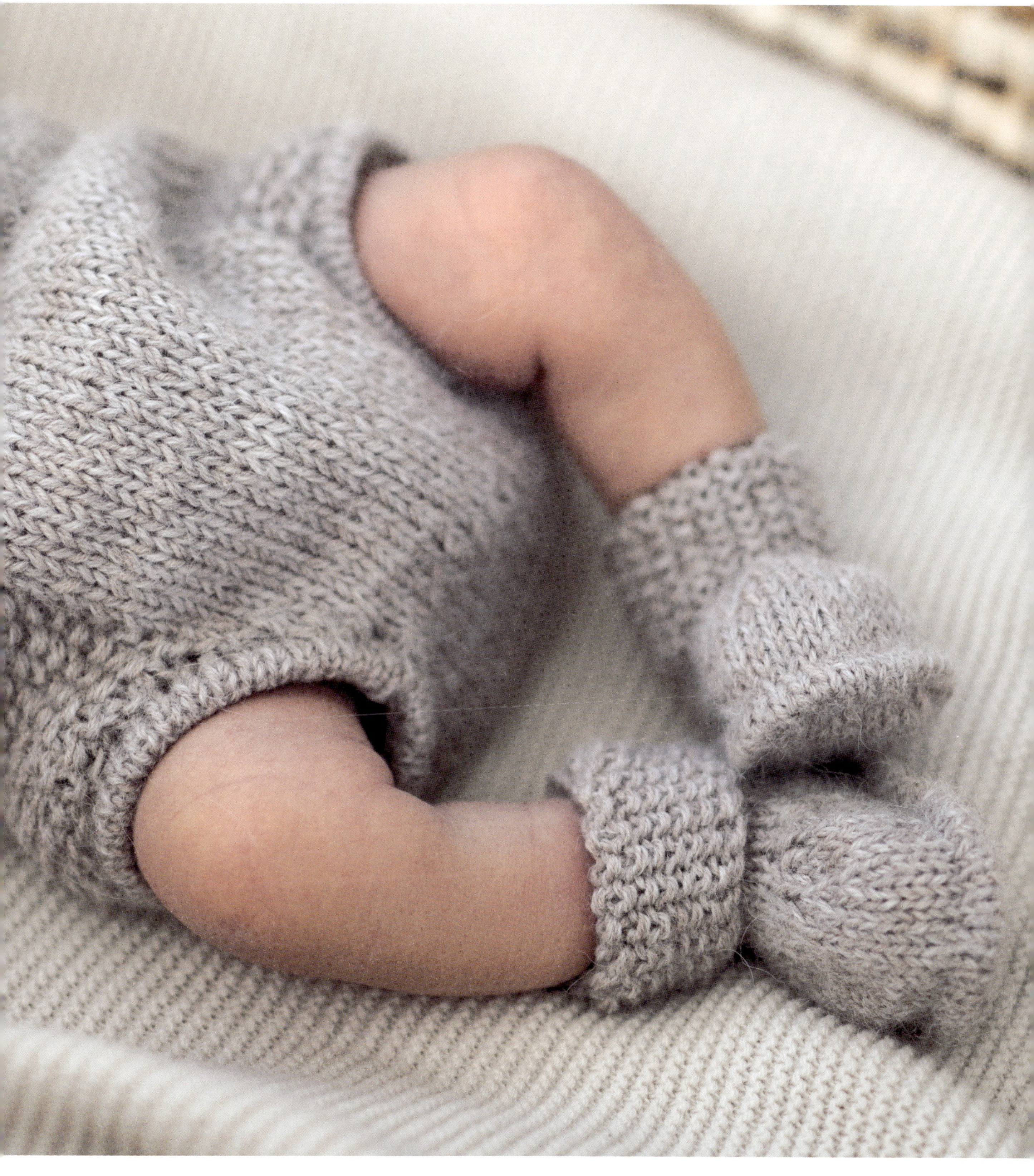

Danke

Bereits zum 14. Mal dürfen wir uns bei den Fans unserer Bücher bedanken. Wir haben es wieder geschafft, dank vieler guter Helfer.

Wir danken all den wunderbaren Menschen beim Verlag J.M. Stenersen und Kagge. Sie arbeiten unermüdlich dafür, dass die Bücher alle Buchhändler des Landes erreichen, und stehen unseren Ideen und Erfindungen immer positiv gegenüber. Ein extra Dankeschön möchten wir unserer Lektorin Solveig Øye zukommen lassen, die uns seit Beginn begleitet und uns in den Verlag geführt hat. Wir möchten Raymond danken, der immer eine gute Antwort hat, wenn wir etwas wissen möchten. Auch unserer Buchgestalterin Anne gebührt ein Dankeschön. Sie gestaltet das Buch genau nach unseren Wünschen und macht das Ergebnis so schön.

Danke an Sandnes Garn, das unsere Lieblingsgarnsorten herstellt.

Danke an unsere Teststrickerinnen, die wieder einmal einen tollen Job gemacht haben.

TESTSTRICKERINNEN:
Johanna F. K. Gismervik, Ingrid H. Hiller, Lena T. Yrke, Kristin Karlsen, Line Tangen, Bodhild Bang, Gunnvor Thulin, Mary Therese Utvik, Sissel Eikeland, Ingebjørg Thorsen, Aina Pedersen, Marianne Hartwedt, Bjørg E. Kvia, Svanhild Andreassen, Gro Torunn Utvik, Katrine Hettervik, Solveig Hartwedt, Vibeke Lindtner, Åse Osmundsen, Lillian Johanssen, Maria Hjelmås, Tina A. Kvilhaug, Caroline Lillesund, Magnhild Hovin, Ester Storesund, Linnea Hilbig, Ida Kvalevaag, Gunn Nordis Ekornrud, Randi Andreassen, Britt Alise K. Stange, Jenny Christine Ovesen, Ida Helland, Anna L. Larsen, Christine Ulland, Eva Britt Kvalevaag, Gunn Marit Hølland.

Vielen Dank auch an die lieben Models, dank euch bekommen wir so süße Fotos.

MODELS:
Matheus, Andrea, Helene A.E., Sofie, Sara Oline, Maja, Leah, Olivia, Anna Elise, Martine, Vilde, Kaja, Helene V., Åse, Linda, Tilda, Gustav, Iben, Tobias V., Solveig, Sarah, Tobias S., Brage, Johanna, Benjamin, Kristoffer, Ada, Karoline, Mads, Tora, Susanne, Ida, Even J., Even K., Jostein, Sophia, Jon Kjetil und Olav.

NFORMATIONEN ZU DEN VERWENDETEN GARNEN:

Sandes Garn KOS: 62 % Alpaka, 9 % Wolle, 29 % Nylon
Lauflänge: 150 m/50 g

Sandnes Garn Alpakka Silke: 70 % Babyalpaka,
30 % Maulbeerseide
Lauflänge: 200 m/50 g

Sandnes Garn Børstet Alpakka: 96 % Alpaka, 4 % Nylon
Lauflänge: 110 m/50 g

Sandnes Garn Mini Alpakka: 100 % Alpaka
Lauflänge: 150 m/50 g

Sandnes Garn Fritidsgarn: 100 % norwegische Schurwolle
Lauflänge: 70 m/50 g

Sandnes Garn Mandarin Naturell: 100 % Baumwolle
Lauflänge: 103 m/50 g

Sandnes Garn Merinoull: 100 % Wolle (Merino), superwash
Lauflänge: 105 m/50 g

Sandnes Garn Smart: 100 % Schurwolle (superwash)
Lauflänge: 100 m/50 g

Sandnes Garn Tynn Silk Mohiar: 57 % Mohair, 28 % Seide,
15 % Wolle
Lauflänge: 212 m/25 g

KlompeLOMPE Merinoull: 100 % Merino
Lauflänge: 105 m/50 g

KlompeLOMPE Tynn Merinoull: 100 % Merino
Lauflänge: 175 m/50 g

KlompeLOMPE Spøt: 40 % Alpaka, 40 % Merino,
20 % Polyamid
Lauflänge :135 m/50 g

Sandnes Garn erhalten Sie bei Ihrem Fachhändler. Bezugsquellen und Händler in Ihrer Nähe und Informationen zu den Garnen erhalten Sie hier: SandnesGarn Deutschland, Siv Molven Sliper Mail: siv.sliper@sandnesgarn.de und online unter: www.sandnesgarn.de

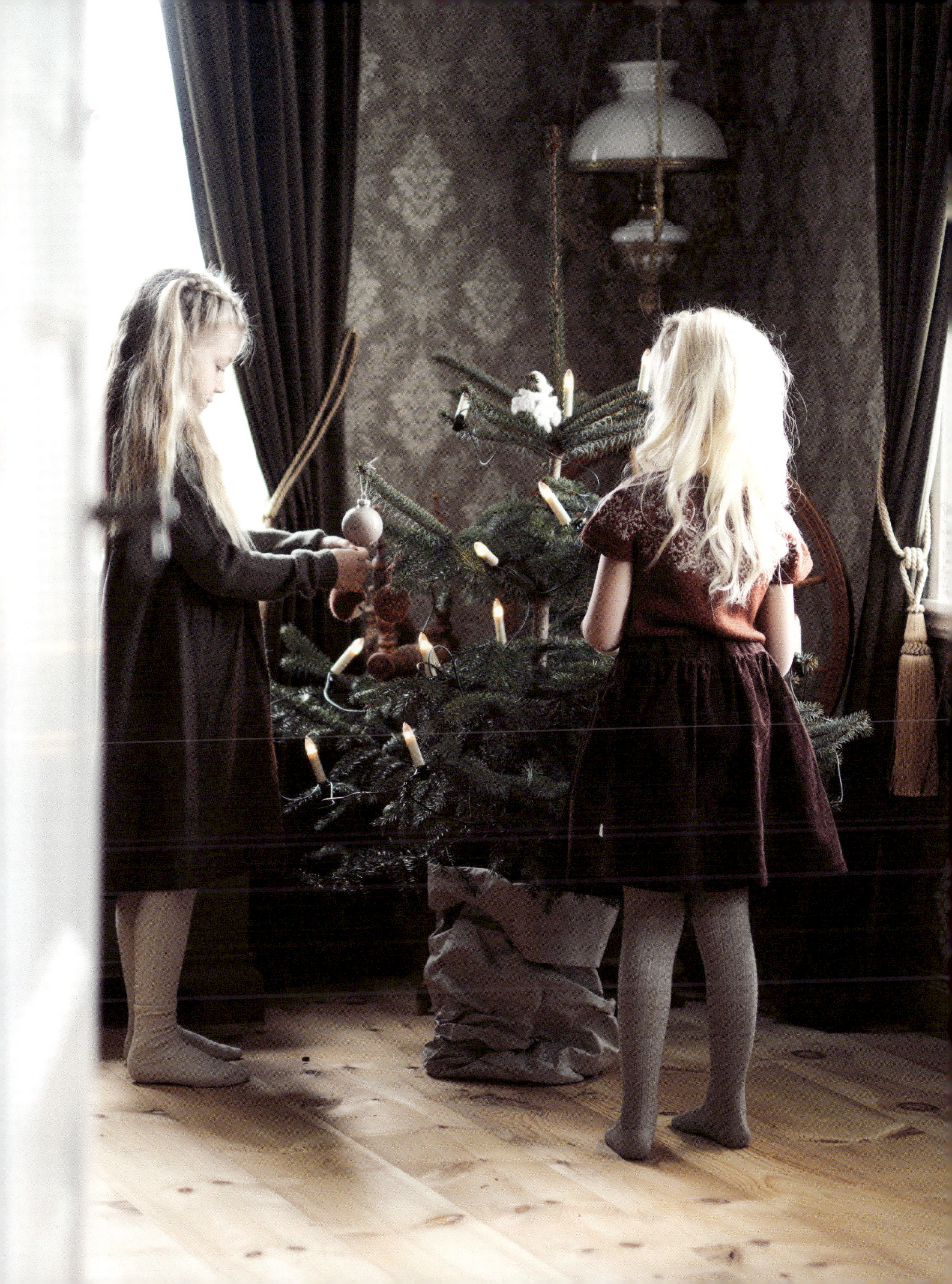

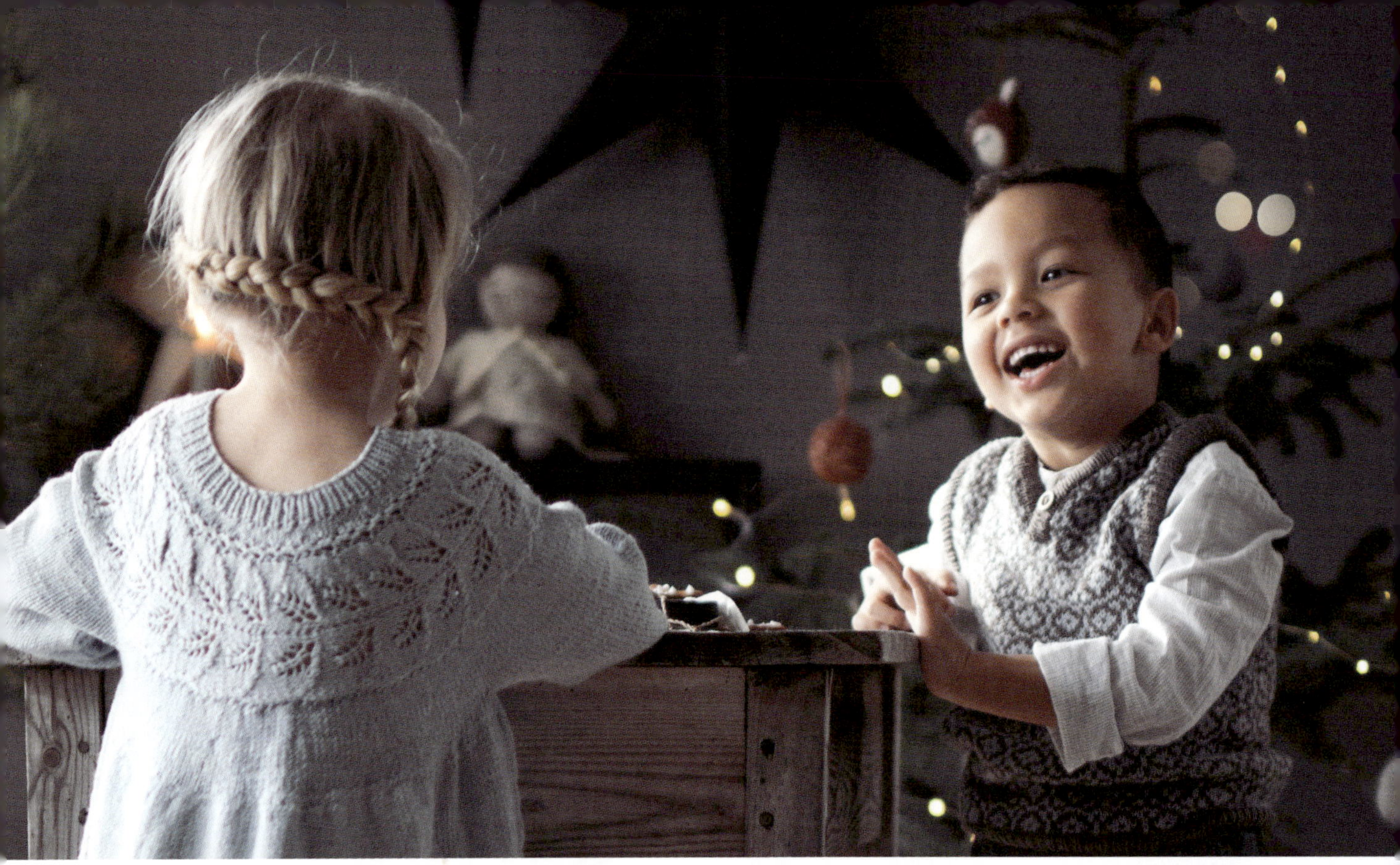
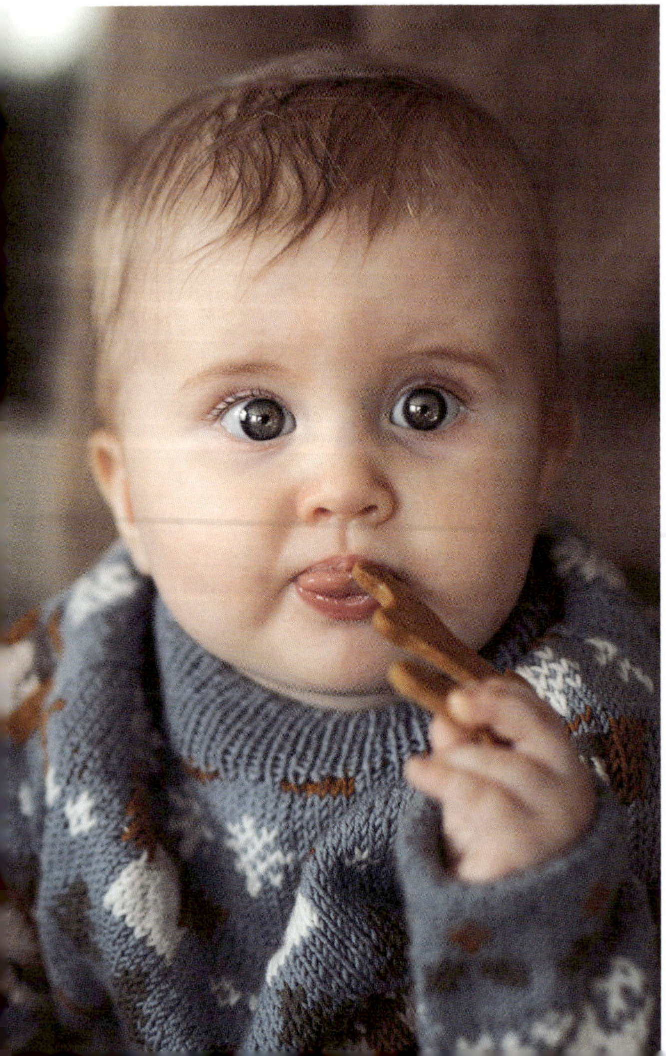
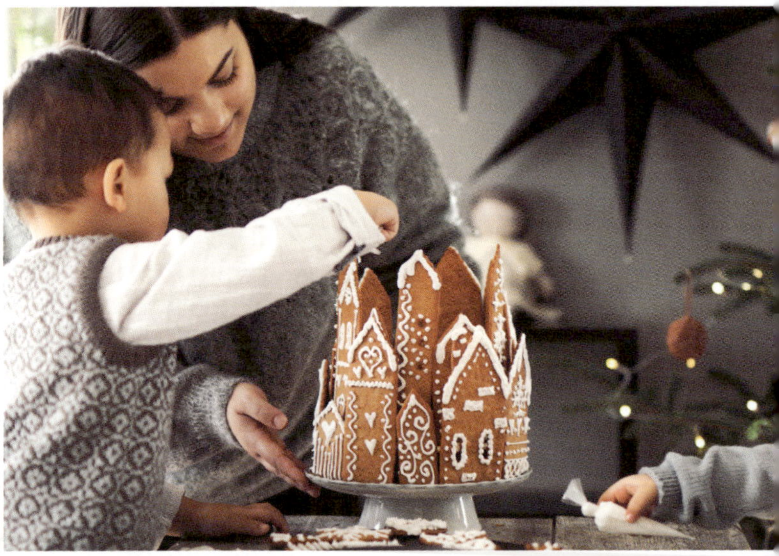
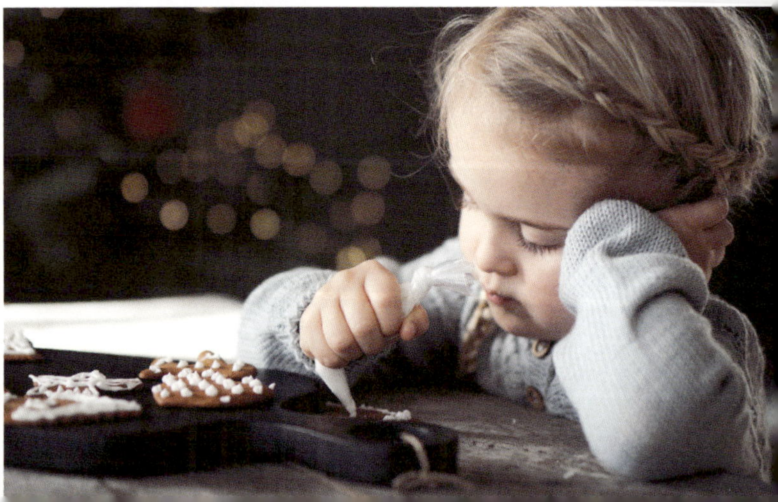

Register

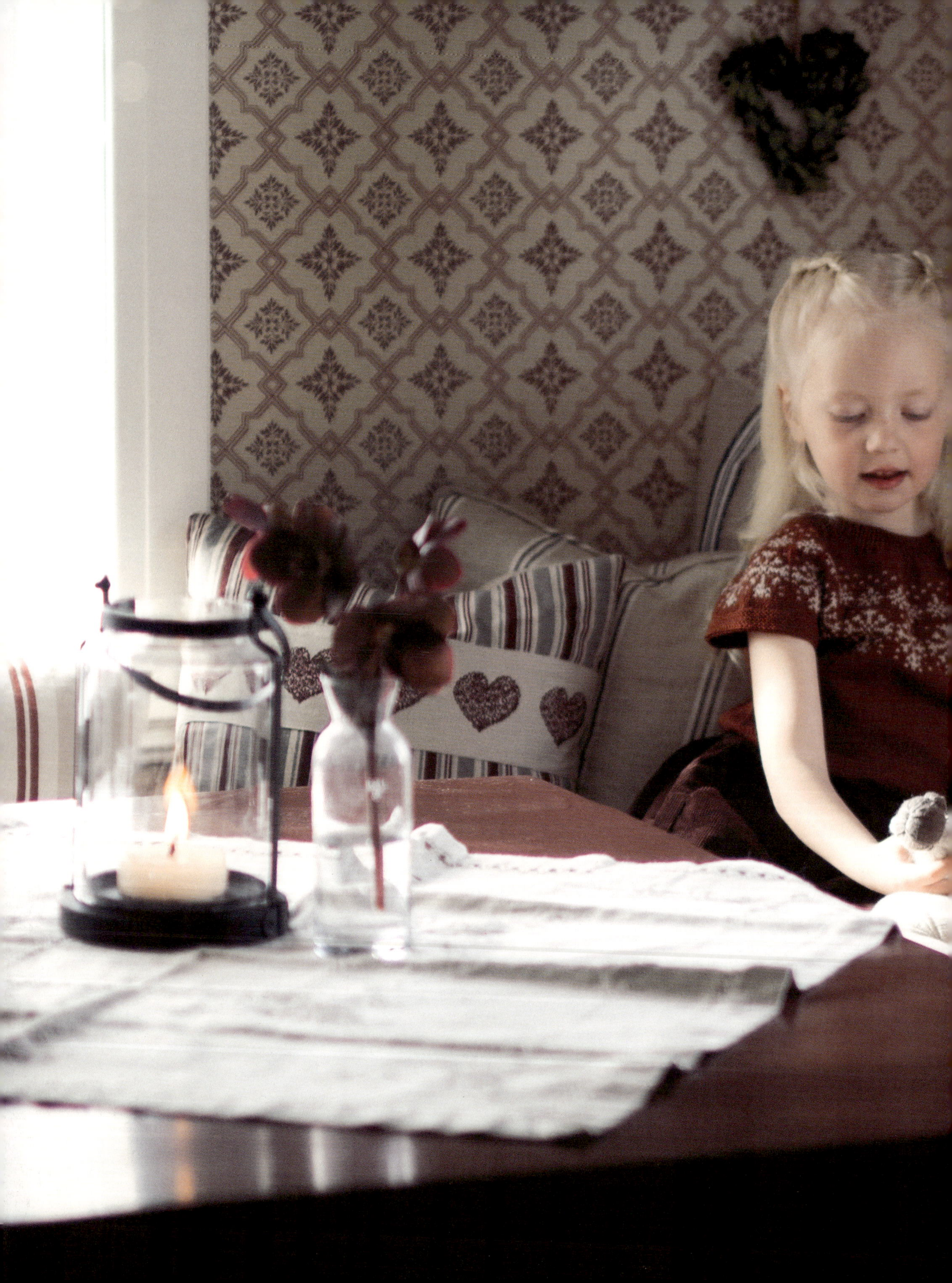